大学生军事理论课教程

DA XUE SHENG JUN SHI LI LUN KE JIAO CHENG

主编：彭泽立 陈立新 陈欣欣 夏敏

中南大学出版社
www.csupress.com.cn
·长沙·

图书在版编目(CIP)数据

大学生军事理论课教程 / 彭泽立等主编. —长沙：
中南大学出版社，2018.8(2020.8 重印)
ISBN 978 - 7 - 5487 - 3357 - 7

Ⅰ.①大… Ⅱ.①彭… Ⅲ.①军事理论—高等学校—
教材 Ⅳ.①E0

中国版本图书馆 CIP 数据核字(2018)第 201162 号

大学生军事理论课教程

主编　彭泽立　陈立新　陈欣欣　夏　敏

□责任编辑	刘　莉	
□责任印制	易红卫	
□出版发行	中南大学出版社	
	社址：长沙市麓山南路	邮编：410083
	发行科电话：0731 - 88876770	传真：0731 - 88710482
□印　　装	长沙印通印刷有限公司	

□开　　本	787 mm×1092 mm　1/16　　□印张 15.75　　□字数 402 千字	
□版　　次	2018 年 8 月第 1 版　　□2020 年 8 月第 3 次印刷	
□书　　号	ISBN 978 - 7 - 5487 - 3357 - 7	
□定　　价	34.80 元	

前　言

　　国防教育是建设和巩固国防的基础，是增强民族凝聚力、提高全民素质的重要途径。普及和加强全民国防教育，是中央始终高度重视的一个战略问题，对凝聚全民族的意志和力量，加强国防和军队现代化建设，推进中国特色社会主义事业，实现中华民族伟大复兴，具有重要而深远的意义。

　　国防教育是普通高等学校学生的必修课，在普通高等学校开展学生军事教育工作，是适应国家人才培养战略和加强国防后备力量建设的需要，对造就有理想、有道德、有文化、有纪律的社会主义新人，培养具有军事知识和技能的高素质后备兵员具有重要意义。同时，军训对于培养大学生吃苦耐劳的精神，强化坚忍不拔的意志，养成良好的生活习惯，增强国家、责任、荣誉认同具有重要意义。

　　为更好地落实大学生军事课，推进高校军事课课程建设，规范军事课教学内容，我们紧跟《普通高等学校军事课教学大纲》，紧跟新军事变革发展前沿和我国深化国防和军队改革的最新进展，编写了这本教材。本教材分军事理论和军事技能两部分，共十章。本教材着眼时代发展，力求创新，吸收最新军事科学成果，具有结构合理、内容完备、实用性和可读性强的特点，基本形成科学、完整的大学生军事课程体系，符合军事科学规律和普通高等学校军事课教学需要，有利于提高大学生国防观念和综合素质。在教材统编过程中，我们参考、吸收、引用了许多书刊、报纸、网络的精华，在教材中未能一一注明，在此表示衷心的感谢。

　　由于时间仓促，内容涉及面较广，不妥之处在所难免，恳请读者朋友们批评指正。

编者

2018 年 7 月

目录
Contents

第一章

中国国防

学 习 目 标

1. 了解我国国防历史和国防建设的现状及其发展趋势；
2. 熟悉国防法规和国防政策的基本内容；
3. 明确我军的性质、任务和军队建设的指导思想；
4. 掌握国防建设和国防动员的主要内容；
5. 增强依法建设国防的观念。

第一节　中国国防概述

国防，是人类社会安全与发展需要的产物，是国家安全和发展的核心问题。建立巩固的国防是现代化建设的战略任务，是维护国家安全统一和全面建设小康社会的重要保障。作为中华民族的一员，关注国防、了解国防、建设国防，是我们义不容辞的责任。

一、国防的含义和基本类型

(一)国防的含义

国防，即国家的防务，是指国家为防备和抵抗侵略，制止武装颠覆，保卫国家的主权、统一、领土完整和安全所进行的军事及与军事有关的政治、经济、外交、科技、教育等方面的活动。

国防是个历史概念，它随着国家的产生而产生，为国家的利益服务。国家的兴衰和国防密切相关，国防强弱直接关系到国家的安全、民族的尊严和社会的发展。

现代国防是一个庞大的系统，它包括武装力量建设、国防体制建设、国防科研、国防工业建设、国防工程建设和战场建设、军事交通、国防动员、国防教育等。

(二)国防的类型

国家的社会制度不同，其国防政策和国防目标也不同，目前世界上的国防类型主要有以下四种：

1. 扩张型国防

该类型国家奉行霸权主义政策，它们以国家安全和防务需要为幌子，将其疆域以外的国家和地区纳入本国的势力范围，对别国进行侵略、颠覆和渗透。如美国为了扩张，在世界各地建立了 300 多个军事基地，在全球各地实行军事力量"前沿存在"的国防，以维护美国的利益，同时对他国进行侵犯和干涉。

2. 自卫型国防

该类型国家以防止外敌侵略为目的，在国防建设上主要依靠本国力量，广泛争取国际上的同情和支持，以达到维护本国的安全以及周边地区和世界的和平与稳定的目的。我国的社会制度、国家利益决定了我国是自卫型的国防。

3. 联盟型国防

该类型国家以结盟形式，联合他国弥补自身力量的不足。有一元体联盟和多元体联盟两种类型。一元体联盟是指由一个大国做盟主，其他国家从属于它，如日本和韩国的国防是以美国为盟主建立的国防。多元体联盟则是各国出于伙伴关系，共同协商防卫大计，如"北约"。

4. 中立型国防

该类型国家为保障本国的安全、发展和繁荣，实行和平中立的国防政策，实施总体防御战略和寓兵于民的防御体系，如瑞士和瑞典。

中国是社会主义国家，在国际关系中强调和平共处、平等互利，提倡建设人类命运共同体，公开向世界承诺永远不称霸，不做超级大国，不依附任何大国，不同别国结盟，不首先使用核武器或以核武器相威胁，不对无核国家和地区使用核武器，不侵略别国。中国的发展和强大将促进世界和平、稳定与发展，不会对任何国家和民族构成任何威胁。

二、国防的地位和作用

任何一个国家，从诞生之日起，其首要的任务就是对内巩固政权，对外抵御侵略，保证国家的生存与发展。国防在国家职能中的地位和作用十分重要，其强弱与国家安危、荣辱和兴衰休戚相关。

(一)捍卫国家主权

国防必须保证国家能够充分行使主权。按照国际法规定，主权是一个国家不受外来控制的权力和自由。这种权力和自由是完整无缺、不可分割而独立行使的，是一个国家最高的权力和尊严。各国建设国防的目的，首要的是捍卫本国的主权。但是，任何一个独立国家在捍卫自己国家主权时又要尊重别国的主权完整，遵循各国主权平等的国际法基本原则，不得以任何借口侵犯别国主权。

(二)保卫国家领土完整和不受侵犯

所谓领土，是指属于一个主权独立国家的地球特定部分，包括领陆、领空、领水和领水的底土。领土是一个主权独立国家最重要的组成部分，是国家行使其最高权力的空间，国家对它享有完全的支配权和管辖权。任何一个国家不得破坏别国的领土完整。各国建设国防的目的之一，正是保卫本国的领土完整和不受侵犯。

(三)维护国家的安全

安全稳定是一个国家建设和发展的前提。为保障国家安全、促进国家发展,各国都从本国实际出发,努力加强国防建设,为国家的建设和发展营造有利的条件和环境。在全球化趋势下,国家安全面临的挑战更加多元,更趋复杂。现代国防的作用还突出表现为谋求国家政治、经济、军事和社会的综合安全。

(四)保障国家的发展

国家的发展利益是国家根本利益的重要方面。我国国防白皮书明确表述,国防基本目标和任务之一就是维护国家的发展利益,促进社会全面、协调、可持续发展,不断增强国家综合实力,实现全面建设小康社会的战略目标。因此,国防的重要地位和作用就是要创造有利于国家发展的战略态势,维护改革开放和社会主义现代化建设,保障全面建设小康社会的顺利开展,为实现国家的战略目标服务。

三、现代国防的主要特征

现代国防是对传统国防的继承和发展,是一种全新的国防观念和国防实践活动。其基本特征主要表现在以下五个方面:

(一)现代国防是多种斗争形式的角逐

现代国防斗争不仅继续以双方军事势力在战场上进行武力较量为基本形式,而且还要通过非武力斗争形式进行角逐,如政治斗争、心理斗争、经济斗争、科技斗争以及外交谈判、军备控制等。

(二)现代国防注重战争潜力转化

军事力量仍然是现代国防力量的主体,不仅如此,现代国防力量还包括国家潜力可转化为国防实力的力量要素,如国土面积、地理位置、自然资源、人口的数量和质量、地形气候、生产能力、科技和文化水平、交通运输、通信状况、社会制度、国家政策、管理能力、国际关系和国际地位等。

(三)现代国防是综合国力的抗衡

综合国力主要由人力、自然力、政治力、经济力、科技力、精神力、信息力和国防实力等组成。其中,经济实力、国防实力和民族凝聚力是综合国力的主要方面。事实证明,没有强大的综合国力,国防建设只会是空中楼阁。

(四)现代国防是国家行为与国际行为的有机结合

全球化趋势把世界各国和地区的安全与发展利益同国际社会的整体利益日益紧密地联系在一起。当今世界上的任何一个国家,都必须在立足于维护自身国家主权、安全和领土完整的前提下,争取维护世界和平与稳定,消除战争危险,努力营造有利于本国发展的国际环境。因此,现代国防已不仅仅是国家行为,而且日益成为一种国际行为。

（五）现代国防具有实战与威慑的功能

实战是战时国防的主要功能，而威慑则是和平时期国防的主要功能。无论是战时还是和平时期，实战和威慑都必须要有强大的现代化国防作后盾。特别是在和平时期，要获得有利于生存与发展的外部环境，必须发挥现代国防的实战和威慑功能。

四、中国国防历史与启示

我国国防具有悠久的历史，从公元前21世纪建立第一个奴隶制国家开始，国防便产生了。在几千年的历史发展长河中，我国国防也经历了荣耀与屈辱、昌盛与衰败，给后人留下了极其宝贵的历史经验。

（一）我国国防历史

1. 我国古代国防

公元前21世纪夏王朝建立，公元1840年鸦片战争后进入近代，历经数千年，在这漫长的国防历史发展过程中，中华民族经历了无数次血与火的洗礼，培育了民族的向心力和凝聚力，锤炼了民众维护国家和民族统一、勇于抵御外患的精神，最终形成了多民族、大疆域的国家。

（1）古代的国防政策和国防理论。

我国古代为提高国防能力提出了许多卓有成效的国防政策和国防理论：一是"以民为体""居安思危"的国防指导思想；二是"富国强兵""寓兵于农"的国防建设思想；三是"爱国教战""崇尚武德"的国防教育思想；四是"不战而胜""安国全军"的国防斗争策略等。

（2）古代的兵制建设。

所谓兵制，即军事制度，简称军制，它包括武装力量体制、军事领导体制、兵役制度等内容。

秦朝以前，武装力量比较单一，在军事力量构成上，实行兵民合一的民军制，平时生产劳动，战时集合成军，以临时征集的方式组合成军队。秦朝以后，随着政治制度的完善和经济生产的发展，各朝代根据国家的状况和国防的需要，以及驻防地区和任务，将军队区分为中央军、地方军和边防军，并对军队的组织编制、屯田戍边、兵役军赋、军队调拨、军需补给、驿站通道、武器制造和配发等都作了具体的规定，并通过法律的形式颁布执行，如唐代的《卫禁律》《军防令》等。

在军事领导体制上，夏、商、西周时期还没有专门的军事机构，君主一般亲自主持军政，领兵作战。春秋末期，国家机构出现将相制，以将为主组成军事指挥机构。战国时期，将军独立统兵作战已很普遍。秦统一六国后，设立了专门管理军事的机构，最高的军事官员称太尉。隋朝对国家机构进行改革，设立了三省六部制，专门成立了主管军事的部门——兵部。宋朝为了防止"权将"拥兵自重，在中央设立了枢密院，作为军事领导的最高机构，主官由文官担任。各朝代在军事领导体制方面的做法虽然不尽一致，但核心都是皇权至上，军队的调拨使用大权始终掌握在皇帝手中。

兵役制度则随着各个历史时期的政治、经济、人口状况和军事需要的变化而发展变化。奴隶社会时期，由于生产力低下，人口稀少，战争规模小，主要实行兵民合一的民军制度。

封建社会时期,民军制度逐渐演变为与当时历史条件相适应的兵役制度,如秦汉时期的征兵制、三国两晋南北朝时期的世兵制、隋唐时期的府兵制、宋朝的募兵制、明朝的卫所兵役制等。

(3)古代的国防工程建设。

我国古代为抵御外敌的侵犯、巩固边海防,修筑了数量众多、规模庞大的国防工程,如城池、长城、京杭运河以及海防要塞等。

城池是我国古代国防建设中时间最早、数量最多的工程。城池建筑始于商代,后规模不断扩大,结构日益完善,一直延续到近代。由此,城池的攻守作战成为我国古代战争中主要的形式之一。

长城是城池建设的延续和发展,东起山海关,西至嘉峪关,总长6700千米,是我国古代抵御北部少数民族侵扰的重要的边防要塞。长城气魄雄伟,是世界历史上的伟大工程之一。

京杭运河是我国古代伟大的水利工程,隋炀帝时期在原有的旧河道上开凿连贯而成。运河北起通州(今北京),南到杭州,全长1794千米,沟通了海河、黄河、淮河、长江和钱塘江五大水系,把南北许多州县连成一线,对军事交通运输和"南粮北运"起到了积极作用。

海防建设是从明代开始的。为防止倭寇的偷袭、骚扰,明朝在沿海重要地段陆续修建了以卫城、新城为骨干,水陆寨、营堡、墩、台、烽堠等相结合的海防工程体系。

2. 我国近代国防

我国近代国防是屡弱、破败和屈辱的。从1840年的鸦片战争开始,西方侵略者用坚船利炮击破了清王朝紧锁的国门,将殖民主义的枷锁套在中华民族的头上。在西方殖民主义者的侵略面前,腐朽的统治者却奉行"居安思奢""卖国求荣"的国防指导思想、"以军压民""贫国臁兵"的国防建设思想、"愚兵牧民""莫谈国事"的国防教育思想、"不战而败""攘外必先安内"的国防斗争策略。结果,有国无防,中国沦为半殖民地半封建社会。

至抗日战争结束,先后有英、美、法、俄、瑞典、挪威、荷兰、西班牙、意大利、奥地利、日本等近20个国家的侵略者践踏过我国的国土,抢掠过我国的财物,屠杀过我们的同胞。在1840年至1911年的70多年间,他们强迫腐败的清政府签订了几百个不平等条约(主要见表1-1),割让领土近160万平方千米,赔款2700万银圆,白银7亿多两。在当时中国18000多千米的海岸线上,竟然找不到一个中国自己享有主权的港口。国家有海无防,有边不固,绝大部分中国领土成了帝国主义的势力范围,中华民族美丽富饶的国土被蹂躏得支离破碎。

表1-1 1840年至1911年签订的不平等条约一览表

1842年 8月29日	中英 《南京条约》	开放广州、厦门、福州、宁波、上海为通商口岸;中国赔款2100万银圆;割让香港岛给英国;英国商人进出口货物缴纳的税款,中国须同英国商定
1858年	中俄 《瑷珲条约》	沙俄割占中国东北外兴安岭以南、黑龙江以北60万平方千米领土
1860年	中俄 《北京条约》	沙俄割占中国乌苏里江以东,包括库页岛在内的约40万平方千米领土
1864年	中俄 《勘分西北界约记》	沙俄割占中国巴尔喀什湖以东以南44万平方千米领土

续表1-1

1895年4月	中日《马关条约》	中国割让辽东半岛、台湾、澎湖列岛给日本；赔偿日本军费白银2亿两；开放沙市、重庆、苏州、杭州为商埠；允许日本在通商口岸开设工厂等
1901年9月	《辛丑条约》	中国政府向俄、英、美、日、德、法、意、奥等国赔款白银4.5亿两，以海关税收作保，分39年还清，本息共计9.8亿两；划定北京东交民巷为"使馆界"，允许各国驻兵保护，不准中国人居住；清政府保证严禁人民参加反帝活动；清政府拆毁天津大沽口到北京沿线设防的炮台，允许各列强国派兵驻扎北京到山海关铁路沿线要地

（二）中国国防历史的主要启示

国防的强弱取决于国家政治状况。从整个中国历史看，当统治阶级处于上升时期，政治清明，国家统一，国防就可能强大；而当统治阶级走下坡路的时候，政治腐败，国家四分五裂，国防就削弱或崩溃。

1. 经济实力是国防建设的物质基础

经济是国防的物质基础，国防的强大有赖于经济的发展。早在春秋战国时期，凡是著名的政治家、军事家就认识到，强兵之要在富国。一些立志图强争霸的国君，莫不奖励农耕，发展生产，并减轻民众负担。秦、汉、唐、明、清各代前期，也都首先注意劝课农桑，开垦荒地，兴修水利，减免赋税，实行这些措施的国家都不同程度地富强起来，从而奠定了国防强大的基础，造就了国防史上的一代伟业。至于近代，清朝在东西方帝国主义侵略下一败再败，国门洞开，有国无防，除政治腐败的原因外，封建经济落后也是一个重要原因。

2. 必须建设一支数量足、质量高的军队

春秋战国时期，在弱肉强食的激烈兼并战争中，各诸侯国无不崇尚武备，奖赏军功，激励士气，重视军队建设，提高军队战斗力。一些强大的诸侯国还致力于革新军制，使过去单一的车兵发展成为包括车兵、步兵、骑兵、舟师在内的多兵种军队。历史学家们在论及唐王朝的兴衰时，无不将其与军队建设的强弱相联系。唐代前期统治者十分重视对军队的训练，特别是唐太宗李世民深通武学，注重讲武，常亲自主持对士兵的技艺、阵法的考核，甚至常亲率将卒在野外进行近似实战的教战，把诸卫府兵训练成了将强兵勇、能征善战的精锐部队，从而把我国封建时代的国防发展到了鼎盛阶段。国防历史告诉我们，没有一支足够数量、高质量的常备军，国家的主权和领土完整就没有基本保证。

3. 武器装备的优劣是国防强弱的重要因素

唐朝以前，武器装备的优劣对战争、对国防的影响主要反映在车、马、骑兵地位的变化上。春秋时，魏舒"毁车以为行"，大败戎狄。西汉初年，大修马政，加强骑兵建设，在此基础上，汉武帝大军出击匈奴。唐朝国势强盛，四夷咸服，这同"秦汉以来，唐马最胜"也是一致的。宋代，火药运用于军事，在朝廷设置的兵器作坊中，就有专门制造火药的工场；我们的祖先制造了世界上第一支管状火器和第一门金属火炮；明初的造船业居于世界先进水平。但是，后来我国封建统治者闭关自守，发展缓慢，新技术推广应用不力，以致西方资本主义国家后来居上，并用我们祖先发明的武器装备打败了我们。

4.全民的国防意识是强大国防的精神根基

春秋战国时期的各国都十分重视对民众的国防教育，明确提出"国之大事，在祀与戎"，把加强国防摆到了头等大事的位置，把提倡和培养国人的习武、尚武精神看成是国家强大、征战胜利的首要条件。"演武为上，从戎为荣"是当时社会风气的显著特征。汉光武帝刘秀，三国时的诸葛亮、曹操，唐太宗李世民，明太祖朱元璋，以及清康熙帝爱新觉罗·玄烨等，都施行"富国强兵""文武并用"之策，注意在奖励"耕战"、兵农合一中培养全体军民固边实防的思想，使国防强大，外敌不敢小视。国家的昌盛、民族的振兴，离不开强大的国防，离不开"天下虽平，忘战必倾"的国防意识。

第二节　国防法规

国防法规指国家为了加强防务，尤其是加强武装力量建设，用法律形式确定并以国家强制手段保证其实施的行为规范的总称。国防法规作为国防活动的基本法规规范，其主要任务是调整和规范国家在国防领域中的各种关系，把国防建设纳入法制化轨道，确保革命化、现代化、正规化建设总目标的实现。

一、国防法规的特性

国防法规是一个国家统治阶级的意志在国防建设领域中的法律体现。国防法规与国家宪法和其他法律一样，都具有鲜明的阶级性。我国的国防法规，除了具有无产阶级的根本性质外，还具有很高的权威性、较强的从属性、一定程度的保密性。此外，国防法规还具有区别于其他法规的特殊性，主要表现在以下三个方面：

（一）调整对象的军事性

国防法规所调整的是国防和武装力量建设领域的各种社会关系，包括武装力量内部的社会关系、武装力量与外部的社会关系等。这些带有军事性的社会关系是国防法规特有的调整对象，是其他任何法律规范所不能代替的。但这些社会关系所涉及的行为主体并不都是军队和军人，政治、经济、外交、文化、科技和教育等各个部门和社会各阶层人士都与国防有关。因此，一切社会团体和个人都必须按照国防法规的要求，履行自己的国防义务。

（二）内容公开的相对性

从整体上讲，法制的公开性原则对国防法规也是适用的，一些基本的、主要的国防法规是公开的，如《中华人民共和国国防法》《中华人民共和国兵役法》《中华人民共和国国防动员法》等。但有些国防法规，特别是关于军队作战、训练、编制和战备工作等方面的法规只限一定范围的人员了解，如各种《战斗条令》《战备工作条例》等，都有保密等级。国防法规的公开性是相对的。

（三）司法适用的优先性

在解决与国防利益、军事利益有关的法律问题时，如果国防法规和普通法规都有相关规定，应以国防法规为准，在司法程序上实行排他性的"军法优先适用"的原则。优先适用不是指先后顺序，而是一种排他性的单项选择。在涉及国防利益、军事利益的案件中，只适用国防法规，不适用普通法。

（四）处罚措施的严厉性

国防法规所保护的国防利益，是关系国家兴衰存亡的最根本的国家利益，因而对危害国防利益的犯罪实行比较严厉的处罚。如《中华人民共和国刑法》(简称《刑法》)规定，抢劫罪通常处 3 年以上 10 年以下有期徒刑，而冒充军警人员抢劫的，或抢劫军用物资的，处 10 年以上有期徒刑、无期徒刑或死刑；对同一类型的犯罪，战时的处罚严于平时。如平时应征公民拒绝、逃避征集的，两年内不得被录取为国家公务员、国有企业职工，不得出国或者升学，还要处以罚款，而在战时则要依法追究刑事责任。对军人违反职责的犯罪从重处罚。《刑法》规定的军人违反职责罪有 30 项罪名，其中 12 项罪名的最高刑罚为死刑。对军人犯罪给予较重的处罚，是军事斗争的特殊性决定的，是保证完成军事任务的需要。

二、我国的国防法规体系

国防法规体系，指由不同层次、不同门类的国防法律规范构成的相互联系、相互制约的有机整体。

（一）根据我国的立法体制划分

我国国防法规在纵向结构上可分为四个层次：

第一个层次是法律。关于国防和武装力量建设的法律由全国人民代表大会及其常务委员会制定。

第二个层次是法规。由国务院和中央军委制定。由中央军委制定的为军事法规，由国务院制定或国务院与中央军委联合制定的为军事行政法规。

第三个层次是规章。由军委各部门、各军兵种、各战区制定的为军事规章，由国务院有关部委与军委有关部门联合制定的为军事行政规章。

第四个层次是地方性法规。主要指由省、自治区、直辖市人民代表大会及其常务委员会制定的贯彻执行国家国防法规的实施办法、实施细则、补充规定等。

（二）根据我国国防法规的性质、作用、调整对象划分

在横向上分为如下几个方面：

1. 国防基本法

国防基本法是指调整国防建设、武装力量建设和战争中各方面基本国防社会关系的最高层次的国防法律规范，是由全国人民代表大会制定的。它在国防法律规范体系中处于核心地位、具有最高的法律地位和法律效力。其主要规定了军队、军人和公民的基本国防权利与义务。属于这一层次的国防法律法规主要是《中华人民共和国国防法》。

2. 国防组织方面的法律制度

国防组织方面的法律制度主要指规定各种国防组织系统内的体制编制、职责权限划分及其相互关系的法律规范的总和。它调整国防组织中各种与国防有关的社会关系，涉及国防和武装力量的组织形式、体制编制、人员装备编配等组织层面上的内容。其内容包括军队各级

领导机关的组织原则和活动原则、机构设置、人员编制、职权权限、工作方式和工作秩序。当前，我国并没有专门的国防组织法典或单行的国防组织法律法规，有关规定散见于宪法、国防法和其他法律法规的条款中。

3. 兵役方面的法律制度

兵役方面的法律制度指国家调整兵役活动中的各种国防社会关系的法律规范的总和，是国家制定的关于兵役制度和公民兵役义务的法律规范。它主要规定了国家的兵役制度，公民的兵役义务，兵役工作机构的职责，兵员征集、招收和动员，公民服兵役的条件等内容，是国家开展兵役工作、确保公民服兵役、确保常备军和后备兵员充分的法律依据。兵役方面的法律制度主要体现在全国人民代表大会制定的《中华人民共和国兵役法》以及国家和军队制定的一系列兵役方面的法律法规。

4. 国防行政管理方面的法律制度

国防行政管理方面的法律制度是规定国家和军事机关进行国防行政管理，调整国防行政管理活动中的各种国防社会关系的法律法规的总称，其主要内容包括国家国防机关的职责、权限、管理和活动原则、工作秩序，军队管理教育的方针、原则、方法、制度以及军队的工作、学习、生活、执勤、战备秩序等，概括为内务制度、纪律制度、队列制度、警备制度、武器装备管理制度和保密制度，主要体现在《中国人民解放军内务条令》《中国人民解放军纪律条令》《中国人民解放军队列条令》《中国人民解放军武器装备管理工作条例》《中国人民解放军保密条例》等法律法规。

5. 国防后勤方面的法律制度

国防后勤方面的法律制度指调整国防后勤活动中各种社会关系的法律规范的总和，主要内容涉及国防经费拨款制度、军队后勤组织编制制度、后勤保障制度、国防工业管理体制、军工产品定型以及基建营房、绿化、保护等方面。

6. 优抚与安置方面的法律制度

优抚与安置方面的法律制度指调整武装力量成员优抚与安置活动中的各种社会关系的法律法规，是国家对军人实行优待、抚恤、安置的依据，主要包括优待、抚恤武装力量人员以及安置离退休、转业军人，对革命军人、革命残废军人和革命烈士家属、革命军人家属的优待等方面内容。

7. 国防教育和国防科技方面的法律制度

国防教育法律制度是国家对全民进行国防军事教育、提高全民族国防意识和国防素质的法律规范。它既包括国家权力机关制定的国防教育法律，如《中华人民共和国国防教育法》，也包括地方权力机关和行政机关制定的地方性法律法规和规章。其内容主要包括国防教育的指导思想、国防教育的基本原则、国防教育的方针、国防教育的层次和内容、国防教育机构的设置及其职责、民兵和预备役等参训人员的权利和义务及法律责任等。

国防科技方面的法律制度指关于国防科技的发明、研制、生产、使用和管理的法律法规的总称，它是国家对国防科研生产实施决策、管理、监督的法律依据。其主要涵盖了国防科技体制、国防科技情报、国防科技成果管理、国防专利管理、国防计量监督管理、国防科技保密和解密、国防科技合同管理、战略武器定型管理、武器装备维修管理、军队武器产品现代化管理等。

8.对外军事关系方面的法律制度

对外军事关系方面的法律制度指国家调整对外军事关系,处理对外军事事务的法律依据,主要有我国与外国签订的双边或多边军事条约以及我国参加的各种国际国防军事约章。其内容主要涉及交战行为,交战国之间、交战国与中立国或非交战国之间的关系,作战行为、方法、手段的原则、规章、规则,军控、军贸、军训、军工合作等。目前,我国缔结或加入接受的军事条约、约章主要有:《关于和平解决国际争端的马尼拉宣言》《关于改善战地武装部队伤者病者境遇的日内瓦公约》《关于战俘待遇的日内瓦公约》《关于战时保护平民之日内瓦公约》《不扩散核武器条约》等。

此外,国防法律规范体系还包括国防动员方面的法律制度、国防设施保护方面的法律制度、安全防卫方面的法律制度、军队政治工作方面的法律制度、人民武装警察部队方面的法律制度、军事训练制度、军事刑事法律制度、军事人事法律制度等国防法律规范体系的分支结构要素。

三、主要国防法规

(一)《中华人民共和国国防法》

现行《中华人民共和国国防法》由第八届全国人民代表大会第五次会议于1997年3月14日通过,并于当日颁布实施,共12章70条,对涉及国防领域各方面的关系进行调整。其主要内容如下:一是规范了国家防务建设的基本方针和基本原则,如抵御外敌入侵,防止颠覆,维护国家安全,捍卫国家主权,保证国家领土、领海、领空不受侵犯,坚持全民自卫,坚持国防建设与经济建设协调发展及独立自主处理国防事务等原则;二是规范国防建设的基本制度,如兵役、军事人事、军事经济、国防、科技、国防动员、国防协调会议、国防教育等若干基本制度;三是规定了党对武装力量的国防活动的领导及国家机构的国防职权等;四是规范了公民、国家机关、社会组织的国防义务和权利,如依法征兵,保证兵员质量,公民依法服兵役,自觉接受国防教育,相关企事业单位要保质保量地完成国防科研生产、接受国家军事订货等。

《中华人民共和国国防法》是根据《中华人民共和国宪法》制定的一部综合性的调整和规范国防与武装力量建设的基本法律,是用来调整和指导国防领域中各种社会关系的基本法律规范,它在国防法规体系中占有统帅地位并起着核心作用,是其他军事立法的基本法律依据。《中华人民共和国国防法》的颁布实施,是我国国防史上一件具有划时代意义的大事,也是国防和军事法制建设的一个重要里程碑。

(二)《中华人民共和国兵役法》

2011年10月29日,第十一届全国人民代表大会常务委员会第二十三次会议审议通过了《中华人民共和国兵役法修正案》,对2009年颁发的《中华人民共和国兵役法》进行了修正。现行《兵役法》共12章74条,主要包括以下内容:总则,平时征集、士兵的现役和预备役,军官的现役和预备役,军队院校从青年学生中招收的学员,民兵,预备役人员的军事训练,普通高等学校和普通高中学生的军事训练,战时兵员动员,现役军人的待遇和退出现役的安置,法律责任,附则。

(三)《中华人民共和国国防动员法》

2010年2月26日，第十一届全国人民代表大会常务委员会第十三次会议通过了《中华人民共和国国防动员法》，并于2010年7月1日正式施行。该法共14章72条，内容包括：总则，组织领导机构及其职权，国防动员计划、实施预案与潜力统计调查，与国防密切相关的建设项目和重要产品，预备役人员的储备与征召，战略物资储备与调用，军品科研、生产和维修保障，战争灾害的预防与救助，国防勤务，民用资源征用与补偿，宣传教育，特别措施，法律责任、附则等。《中华人民共和国国防动员法》的颁布施行，是我国国防动员建设的一件大事，标志着我国国防动员建设进入法制化、规范化发展的新阶段。

(四)《中华人民共和国国防教育法》

《中华人民共和国国防教育法》于2001年4月28日由第九届全国人民代表大会常务委员会第二十一次会议通过，第五十二号主席令颁布施行。该法共6章38条，主要规定了国防教育的方针原则、学校国防教育、社会国防教育、国防教育的保障和法律责任等。2001年8月31日由第九届全国人民代表大会常务委员会第二十三次会议通过的《全国人民代表大会常务委员会关于设立全民国防教育日的决定》是对《中华人民共和国国防教育法》的补充，确定每年9月第三个星期六为全民国防教育日。

(五)《反分裂国家法》

《反分裂国家法》于2005年3月14日由第十届全国人民代表大会第三次会议表决通过。同日，胡锦涛发布命令，宣布该法从即日起正式实施。该法共10条，旨在反对和遏制"台独"分裂势力分裂国家，促进国家和平统一，维护台湾海峡地区和平稳定，维护国家主权和领土完整，维护中华民族的根本利益，具有重大而深远的意义。制定《反分裂国家法》，体现了党和国家以最大的诚意、尽最大的努力争取实现和平统一的一贯立场，表明了全中国人民捍卫国家主权和领土完整、决不允许"台独"分裂势力以任何名义和任何方式把台湾从中国分裂出去的共同意志和坚定决心。它有利于团结包括台湾同胞在内的全体中国人民共同推动祖国的和平统一大业，有利于遏制"台独"分裂势力的分裂活动，有利于维护台湾海峡地区乃至亚太地区的和平稳定。

四、自觉遵守国防法律、法规

我国《宪法》规定："任何公民享有宪法和法律规定的权利，同时必须履行宪法和法律规定的义务。"权利和义务是有机的统一体，两者不可分离。公民的国防义务和权利，是我国公民的基本权利和义务的重要内容。我国《宪法》《兵役法》《国防法》等法律对公民的国防义务和权利作了明确规定。每一个公民应当自觉履行国防义务，正确行使国防权利。

(一)国防法律法规赋予公民的义务

公民的义务是由法律规定的、要求公民必须履行的某种责任，是维护国家利益、实现公民个人权利的前提。我国的国防法律法规赋予公民的义务主要有以下几项：

1. 兵役义务

《宪法》第55条规定:"保卫祖国、抵抗侵略是每个公民的神圣职责。依照法律服兵役和参加民兵组织是中华人民共和国公民的光荣义务。"我国公民履行《兵役法》规定的义务有以下四种形式:一是服现役。参加中国人民解放军和人民武装警察部队为服现役。二是服预备役。参加民兵组织、预备役部队,进行兵役登记。三是参加学生军训。普通高等学校和高级中学的学生,按照规定参加军事理论(知识)学习和军事技能训练。四是均衡负担有关费用。均衡负担义务兵家属的优抚费和参加军事训练的民兵、预备役人员的误工补助。有些虽然不是直接服兵役,但从"保卫祖国,人人有责"的角度来看,也应视为应尽的义务。

2. 支前参战的义务

根据《宪法》和《兵役法》的规定,在战争发生时,为了对付敌人突然袭击,抵抗侵略,适龄公民应当积极响应祖国的战时征召,一部分服现役参加战斗,其余的除了随时准备应召服现役外,要在政府的领导下,由当地军事指挥机关组织,积极担负战备勤务,支援前线作战,如向前线输送武器弹药、给养,守护重要军事设施和交通运输线路,参加军警民联防等。

3. 接受国防教育的义务

我国《国防法》第52条规定:"公民应当接受国防教育。"《国防法》还专门对国防教育作出了规定。普通高等学校、高级中学以及相当于高级中学的学生的国防教育是以集中军事技能训练和军事理论教学为主来进行的。通过开展国防教育活动,提高学生的思想政治觉悟,激发其爱国热情,增强国防观念,并掌握基本的军事知识和技能,从而为造就社会主义现代化建设的高级专门人才,为中国人民解放军训练后备兵员和培养预备役官兵打好基础。

4. 保护军事设施的义务

我国《军事设施保护法》明确规定:"中华人民共和国的所有组织和公民都有保护军事设施的义务。禁止任何组织或者个人破坏、危害军事设施。任何组织或者个人对破坏、危害军事设施的行为,有权检举、控告。"根据《国防法》《军事设施保护法》和国家其他有关保护军事设施规定的要求,公民应当自觉遵守各类军事设施的保护规定。《军事设施保护法》对军事禁区、军事管理区、军事禁区外围安全控制范围、作战工程安全保护范围都作了全面、具体的规定。

5. 保守国家军事机密的义务

我国《宪法》规定,保守国家机密(包括军事机密)是每个公民应尽的义务。《中华人民共和国保守国家秘密法》规定,国家秘密关系到国家的安全和利益,一切国家机关、武装力量、政党、社会团体、企事业单位的公民都有保守国家秘密的义务。《国防法》第52条规定:"公民和组织应当遵守保密规定,不得泄露国防方面的国家秘密,不得非法持有国防方面的文件、资料和其他秘密物品。"

6. 拥军优属、拥政爱民的义务

《国防法》第十章对"双拥"工作作了原则要求。《兵役法》第51条规定,现役军人,革命残废军人,退出现役的军人,革命烈士家属,牺牲、病故军人家属,现役军人家属,应当受到社会的尊重,受到国家和人民群众的优待。此外,国家和各地方政府还制定了具体的优抚条例,开展了经常性的拥军优属工作,并且得到群众的积极支持。关于拥政爱民工作,中央军委在《关于新时期军队政治工作的决定》中要求军队要认真做好拥政爱民工作。2016年12月中央军委军队规模结构和力量编成改革工作会议上,明确"双拥工作"为省军区系统主要职能之一。

(二)国防法律法规赋予公民的权利

公民按照国防法律法规履行国防义务，同时也享有权益。军属也享有某些特殊的权利和待遇。

1.褒扬抚恤

按照国务院颁布的《革命烈士褒扬条例》《军人抚恤优待条例》，在革命斗争、保卫祖国和社会主义现代化建设中壮烈牺牲的中国人民、中国人民解放军和武装警察部队指战员称为革命烈士，其家属为革命烈士家属。革命烈士或因公牺牲、病故的现役军人家属由政府发给一次性抚恤金。革命残废军人继续在部队服现役或者退出现役参加国家党政机关、团体、企业、事业单位工作的，按照因战残废、因公残废的不同标准由部队或者地方人民政府发给优抚金。对残废军人生活方面的特殊需要，国家也规定了抚恤办法。

2.优待

现役军人、残疾军人，退出现役军人，烈士、因公牺牲、病故军人遗属，现役军人家属，应当受到社会的尊重，受到国家和社会的优待。军官、士官的家属随军、就业、工作调动以及子女教育，享受国家和社会的优待。现役军人、残疾军人参观游览公园、博物馆、展览馆、名胜古迹享受优待，优先购票乘坐境内运行的火车、轮船、长途汽车以及民航班机。

3.安置

国家建立健全以扶持就业为主，自主择业、安排工作、退休、供养以及继续完成学业等多种方式相结合的士兵退出现役安置制度。

对退役大学生士兵的安置：现役军人入伍前已被普通高等学校录取或者是正在普通高等学校就学的学生，服役期间保留入学资格或者学籍，退出现役后两年内允许入学或者复学，并按照国家有关规定享受奖学金、助学金和减免学费等优待；入学或者复学后参加国防生选拔、参加国家组织的农村基层服务项目人选选拔，以及毕业后参加军官人选选拔的，优先录取。

对义务兵和士官的安置：义务兵和服现役不满十二年的士官入伍前是机关、团体、企业事业单位工作人员或职工的，服役期间保留人事关系或者劳动关系；退出现役后可以选择复工。义务兵和士官服役期间，入伍前依法取得的农村土地承包经营权，应当保留。

义务兵退出现役，按照国家规定发给退役金，由安置地的县级以上地方人民政府接收。根据当地的实际情况，可以发给经济补助。义务兵退出现役，安置地的县级以上地方人民政府应当组织其免费参加职业教育、技能培训，经考试考核合格的，发给相应的学历证书、职业资格证书并推荐就业。退出现役义务兵就业享受国家扶持优惠政策。义务兵退出现役，可以免试进入中等职业学校学习；报考普通高等学校以及接受成人教育的，享受加分以及其他优惠政策；在国家规定的年限内考入普通高等学校或者进入中等职业学校学习的，享受国家发给的助学金。义务兵退出现役，报考公务员、应聘事业单位职位的，在军队服现役经历视为基层工作经历，同等条件下应当优先录用或者聘用。

服现役期间平时荣获二等功以上奖励或者战时荣获三等功以上奖励以及属于烈士子女和因战致残被评定为五级至八级残疾等级的义务兵退出现役，由安置地的县级以上地方人民政府安排工作。

士官退出现役，服现役满十二年的，由安置地的县级以上地方人民政府安排工作；待安排工作期间由当地人民政府按照国家有关规定发给生活补助费。士官服现役满三十年或者年满五十五周岁的，作退休安置。

对军官的安置：军官退出现役，国家采取转业、复员、退休等办法予以妥善安置。作转业安置的，按照有关规定实行计划分配和自主择业相结合的方式安置；作复员安置的，按照有关规定由安置地人民政府接收安置，享受有关就业优惠政策；符合退休条件的，退出现役后按照有关规定作退休安置。军官在服现役期间因战、因公、因病致残丧失工作能力的，按照国家有关规定安置。

第三节　国防建设

国防建设是国家建设的重要组成部分，指为国家安全利益需要、提高国防能力而进行的各方面的建设。其主要内容包括武装力量建设，边防、空防及战场建设，国防科技与工业建设，国防法制建设，国防动员建设，国防教育建设，以及与国防相关的铁路、公路、水运、民航、邮电、能源、水利、造林、气象、卫生、航天等方面的建设。中华人民共和国成立后，在中国共产党的领导下，我国国防建设取得了令人瞩目的成就。

一、国防领导体制

国防领导体制，亦称军事领导体制，即国家或政治集团领导国防（军事）建设，指挥和管理武装力量的组织体系和工作制度。它包括国防领导机构的设置、职权划分、相互关系及相关制度等。它是国家政权组织形式和机构的重要组成部分。一般设有最高统帅、最高国防决策机构、国家行政机关中管理国防事务的部门、武装力量领导指挥系统等。根据《中华人民共和国宪法》和《中华人民共和国国防法》，中华人民共和国的国防领导权由中共中央、全国人民代表大会及其常务委员会、国家主席、国务院、中央军委来行使。

(一)中共中央的国防领导职权

中国共产党作为执政党，是领导中国特色社会主义事业的核心力量。《中华人民共和国宪法》和《中华人民共和国国防法》都规定了中共中央在包括国防事务在内的国家生活中发挥着决定性的领导作用。《中华人民共和国国防法》规定："中华人民共和国的武装力量受中国共产党领导。"《中国人民解放军政治工作条例》规定："中国人民解放军必须置于中国共产党的绝对领导之下，其最高领导权和指挥权归于中国共产党中央委员会和中央军事委员会。"

(二)全国人民代表大会及其常务委员会的国防领导职权

全国人民代表大会是中华人民共和国最高权力机关，它在国防方面的职权主要有：决定战争与和平问题；制定有关国防方面的基本法律；选举中央军事委员会主席；根据中央军事委员会主席的提名，决定中央军事委员会其他组成人员，并有权罢免以上人员；审查和批准包括国防经费预算在内的国家预算和预算执行情况的报告；改变或者撤销全国人民代表大会常务委员会在国防方面的不适当决定以及应由全国人民代表大会行使的国防方面的其他职权。

作为全国人民代表大会的常设机构，全国人大常委会在国防方面的职权主要有在全国人民代表大会闭会期间，决定战争状态的宣布；决定全国总动员或局部动员；制定有关国防方面的法律；审查和批准包括国防建设计划在内的国民经济和社会发展计划；监督中央军事委员会的工作；决定中央军事委员会其他组成人员的人选；任免军事法院院长和军事检察院检察长；决定同外国缔结的有关国防方面的条约和重要协定的批准和废除；规定军人的衔级制度；规定和决定授予在国防方面国家的勋章和荣誉称号；全国人民代表大会授予的国防方面的其他职权。

（三）国家主席的国防领导职权

中华人民共和国主席的国防领导职权主要包括：根据全国人民代表大会的决定和全国人民代表大会常务委员会的决定，宣布战争状态，发布动员令；颁布全国人民代表大会及其常务委员会制定的有关国防方面的法律；根据全国人民代表大会常务委员会的决定授予在国防方面国家的勋章和荣誉称号，批准和废除同外国缔结的有关国防方面的条约和重要协定。

（四）国务院的国防领导职权

中华人民共和国国务院是最高国家权力机关的执行机关，是最高国家行政机关。它在国防方面的职权是领导和管理国防建设事业，包括：编制国防建设发展规划和计划；制定国防建设方面的方针、政策和行政法规；领导和管理国防科研生产；管理国防经费和国防资产；领导和管理国防经济动员工作和人民武装动员、人民防空、国防交通等方面的有关工作；领导和管理拥军优属工作和退出现役军人的安置工作；领导国防教育工作；与中央军事委员会共同领导中国人民武装警察部队、民兵的建设和征兵、预备役工作以及边防、海防、空防的管理工作；法律规定的与国防建设事业有关的其他职权。

（五）中央军事委员会的国防领导职权

中央军事委员会是党和国家的最高军事机关，统领全国武装力量，负责党和国家的军事决策和军事指挥，根据党的路线、方针、政策和国家的安全与发展的需要，确定军事战略，领导军事建设。其职权主要包括：统一指挥全国武装力量；决定军事战略和武装力量的作战方针；领导和管理中国人民解放军的建设，制订规划、计划并组织实施；向全国人民代表大会或全国人民代表大会常务委员会提出议案；根据宪法和法律，制定军事法规，发布决定和命令；决定中国人民解放军的体制和编制；规定军委各部门、各军兵种、各战区等单位的任务和职责；依照法律、军事法规和规定，任免、培训、考核和奖惩武装力量成员；批准武装力量的武器装备体制和武器装备发展规划、计划，协同国务院领导和管理国防科研生产；会同国务院管理国防经费和国防资产；法律规定的其他职权。

二、国防建设目标和国防政策

（一）国防建设目标

国防建设目标指在一个固定的时期内，根据国际形势、周边环境以及国内条件的发展趋势，在已有国防建设的基础上，运用国家的各种条件和力量，在国防建设上所要达到的预期目的和结果。新时期中国国防的目标和任务，主要有以下内容：维护国家主权、安全、发展利益，维护社会和谐稳定，推进国防和军队现代化，维护世界和平稳定。

（二）国防政策

国防政策，指国家制定的在一定时期内指导国家防务的基本行动准则。一国的国防政策主要是由该国的国家性质和对外政策的目标决定的。中华人民共和国是中国共产党领导下的社会主义国家，中国的发展道路、根本任务、对外政策和历史文化传统，决定中国必然实行防御性的国防政策。新世纪新阶段中国的国防政策，主要包括以下内容：维护国家安全统一，保障国家发展利益；实现国防和军队建设全面协调可持续发展；加强以信息化为主要标志的军队质量建设；贯彻积极防御的军事战略方针；坚持自卫防御的核战略；营造有利于国家和平发展的安全环境。

三、武装力量

武装力量是国家各种武装组织的统称。我国的《兵役法》规定，中华人民共和国武装力量由中国人民解放军现役部队和预备役部队、中国人民武装警察部队及民兵组成。中华人民共和国武装力量属于人民，受中国共产党领导，武装力量中的中国共产党组织依照中国共产党章程进行活动。中华人民共和国武装力量的任务是巩固国防，抵抗侵略，保卫祖国，保卫人民的和平劳动，参加国家建设事业，全心全意为人民服务。

（一）中国人民解放军

中国人民解放军包括现役部队和预备役部队。中国人民解放军现役部队是国家的常备军，主要担负防卫作战任务，必要时可以依照法律规定协助维持社会秩序；预备役部队平时按照规定进行训练，必要时可以依照法律规定协助维护社会秩序，战时根据国家发布的动员令转为现役部队。

1. 中国人民解放军现役部队

中国人民解放军是我国武装力量的主体，它诞生于1927年8月1日南昌起义的战火中，经过几十年的建设，现已发展成为陆军、海军、空军、火箭军、战略支援部队五大军种的新型武装力量组织形态。2015年11月24日至26日，中央军委召开改革工作会议，深化国防和军队改革，依据"军委管总、战区主战、军种主建"的总原则，基于我国安全环境和军队担负的使命任务，把原来"七大军区"（北京军区、沈阳军区、济南军区、南京军区、广州军区、兰州军区、成都军区）调整为五大战区，即东部战区、南部战区、西部战区、北部战区、中部战区。这次改革，着眼于对领导管理体制和联合作战指挥体制进行一体设计，着力构建军委—战区—部队的作战指挥体系和军委—军种—部队的领导管理体系，调整军委总部体制，军委机关实行多部门制，组建陆军领导机构，健全军兵种领导管理体制，重新调整划设战区，组建战区联合作战指挥机构，打破了长期实行的总部体制、大军区体制、大陆军体制，实现了作战指挥职能和建设管理职能的相对分离。

调整组建后，军委机关由原来的总参谋部、总政治部、总后勤部、总装备部4个总部，改为7个部（厅）、3个委员会、5个直属机构共15个职能部门，即：军委办公厅、军委联合参谋部、军委政治工作部、军委后勤保障部、军委装备发展部、军委训练管理部、军委国防动员部、军委纪律检查委员会、军委政法委员会、军委科学技术委员会、军委战略规划办公室、军委改革和编制办公室、军委国际军事合作办公室、军委审计署、军委机关事务管理局。

2016年2月1日，中国人民解放军战区成立大会在北京举行，习近平向各战区授予军旗、发布训令，正式建立中国人民解放军战区。战区以原军区机关相关职能、机构为基础，充实军种指挥和保障要素，组建战区机关。战区作为本战略方向的唯一最高联合作战指挥机构，按照平战一体、常态运行、专司主营、精干高效的要求，履行联合作战指挥职能，担负应对本战略方向安全威胁、维护和平、遏制战争、打赢战争的使命。五大战区管辖的省份及指挥的武装力量如下：

东部战区：战区范围包括江苏、福建、浙江、上海、安徽、江西，指挥战区陆军、东海舰队、空军、火箭军、武警及其他武装力量。司令部驻南京。

南部战区：战区范围包括广东、广西、湖南、云南、贵州、海南及港澳。指挥战区陆军、南海舰队、空军、火箭军、武警及其他武装力量。司令部驻广州。

西部战区：战区范围包括四川、重庆、陕西、甘肃、宁夏、青海、新疆、西藏。指挥战区陆军、空军、火箭军、武警及其他武装力量。司令部驻兰州。

北部战区：战区范围包括辽宁、黑龙江、吉林、内蒙古。指挥战区陆军、空军、火箭军、武警及其他武装力量。司令部驻沈阳。

中部战区：战区范围包括河北、山西、山东、河南、湖北和北京、天津。指挥战区陆军、北海舰队、空军、火箭军、武警及其他武装力量。司令部驻北京。

调整划设战区，组建战区联合作战指挥机构，是党中央、中央军委和习主席着眼实现中国梦强军梦作出的战略决策，是全面实施改革强军战略的标志性举措，对确保军队能打仗、打胜仗，有效维护国家安全，具有重大而深远的意义。

（1）中国人民解放军陆军。

陆军是在陆地上作战的军种，它既能独立作战，又能和海军、空军协同作战。经过几十年的建设，我国的陆军已发展成为一支具有强大火力、突击力和高度机动能力的诸兵种合成军种，编有步兵、炮兵、装甲兵、工程兵、通信兵、防化兵等专业兵种，还编有电子对抗、测绘和航空兵部队。陆军是党最早建立和领导的武装力量，对维护国家主权、安全、发展利益具有不可替代的作用。2015年12月31日，新的陆军领导机构成立。2017年4月，中央军委决定，以原18个集团军为基础，调整组建13个集团军，全部启用新的番号（七十一至八十三集团军）。调整组建新的集团军，是对陆军机动作战部队的整体性重塑，是向建设强大的现代化陆军迈出的关键一步，对于推动陆军由数量规模型向质量效能型转变具有重要意义。新形势下，陆军将适应信息时代陆军建设模式和运用方式的深刻变化，按照机动作战、立体攻防的战略要求，加强顶层设计和领导管理，优化力量结构和部队编成，加快实现区域防卫型向全域作战型转变，努力建设一支强大的现代化新型陆军。

（2）中国人民解放军海军。

海军是以水面舰队为主体，具有在水面、水下和空中作战的能力，既能单独在海上作战，又能协同陆军、空军作战。中国人民解放军海军于1949年4月23日诞生在江苏泰州白马庙，经过六十多年的发展，现已成为一支由水面舰艇部队、岸防部队、潜艇部队、海军陆战队和海军航空兵组成的粗具现代化作战能力的海上防御力量。2012年9月25日，我国第一艘航空母舰"辽宁舰"交接入列，目前已形成战斗力。2017年4月26日，我国第一艘自行研制建造的航空母舰在大连下水。中国发展航空母舰，对建设强大的海军和维护海上安全具有深远意义。

海洋关系着国家的长治久安和可持续发展，海军对维护国家主权和安全、捍卫国家统一、拓展国家战略利益具有重要作用。新形势下，海军将按近海防御、远海护卫的战略要求，逐步实现由近海防御型向近海防御与远海护卫型相结合的转变，实现由黄水海军向蓝水海军的跨越发展。

(3)中国人民解放军空军。

空军是以航空兵为主体，空防合一，以航空空间为主战场的军种。空军是空中作战和对空防御的主要力量，在现代战争中，空军正发挥着越来越重要的作用。中国人民解放军空军成立于1949年11月11日，经过六十多年的发展，现已成为一支由航空兵、地空导弹兵、高射炮兵、雷达兵、空降兵、电子对抗兵、气象兵等多兵种合成，由歼击机、强击机、轰炸机、运输机、预警机等多机种组成的现代化的高技术军种。空军是战略性军种，在国家安全和军事战略全局中具有举足轻重的地位和作用。新时期将按照空天一体、攻防兼备的战略要求，实现国土防空型向攻防兼备转变，构建适应信息化作战需要的空天防御力量体系，提高空军作战能力，努力建设一支强大的人民空军。

(4)中国人民解放军火箭军。

中国人民解放军火箭军是中国人民解放军新的军种，于2015年12月31日正式命名成立。由原来的战略性独立兵种(第二炮兵)，上升为独立军种(火箭军)。火箭军是我国战略威慑的核心力量，是我国大国地位的战略支撑，是维护国家安全的重要基石。新时期将按照核常兼备、全域慑战的战略要求，增强可信可靠的核威慑和核反击能力，增强战略制衡能力，努力建设一支强大的现代化火箭军。

(5)中国人民解放军战略支援部队。

中国人民解放军战略支援部队是我国陆、海、空、火箭之后的第五大军种，于2015年12月31日正式命名成立。中国人民解放军战略支援部队是维护国家安全的新型作战力量，是我军新质作战能力的重要增长点，主要是将战略性、基础性、支撑性都很强的各类保障力量进行功能整合后组建而成的。成立战略支援部队，有利于优化军事力量结构、提高综合保障能力。战略支援部队包括情报、技术侦察、电子对抗、网络攻防、心理战五大领域。

2.中国人民解放军预备役部队

预备役部队，就是以现役军人为骨干，以预备役军官和士兵为基础，按统一编制为战时实施成建制快速动员而组建起来的部队，是我军后备力量的重要组成部分，是战时实施快速动员的重要组织形式。1983年，我国正式组建预备役部队并将其列入中国人民解放军编制序列，授予番号和军旗。随着国防和军队改革不断深入，预备役部队将进一步调整规模、结构和编制，推进由陆军为主向各军兵种协调发展、作战类部队为主向保障类部队为主、按地域编组向按地域编组与依托行业编组相结合转变，以适应信息化战争需要。

(二)中国人民武装警察部队

中国人民武装警察部队(简称"武警部队")是担负国家赋予的国家安全保卫和维护社会秩序任务的部队，是中国武装力量的重要组成部分。武警部队成立于1982年6月(前身是中国人民公安中央纵队，建于 1949 年 8 月），由内卫部队、边防部队、消防部队、警卫部队、黄金部队、水电部队、交通部队、森林部队等组成，受中华人民共和国国务院、中国共产党中央军事委员会双重领导。其中内卫部队是武警部队的主要组成部分，受武警总部的直接领导和管理；边防部队、消防部队和警卫部队均由公安部门管理；黄金、水电、交通和森林部队受国务院相关业务部门和武警双重领导，担负国家经济建设和安全、稳定的双重任务。中国人民武装警察部队的装备为步兵轻武器、少量重型武器和武警特种武器等。武警部队平时主要担负执勤、处置突发事件、反恐怖、参加和支援国家经济建设等任务，战时配合人民解放军进行防卫作战。

2017 年 12 月，中共中央决定调整武警部队领导指挥体制。自 2018 年 1 月 1 日零时起，中国人民武装警察部队改为由党中央、中央军委集中统一领导，实行中央军委—武警部队—部队领导指挥体制。武警部队职能属性不变，不列入解放军序列。

按照军是军、警是警、民是民原则，将列武警部队序列、国务院部门领导管理的现役力量全部退出武警，将国家海洋局领导管理的海警队伍转隶武警部队，将武警部队担负民事属性任务的黄金、森林、水电部队整体移交国家相关职能部门并改编为非现役专业队伍，同时撤收武警部队海关执勤兵力，彻底理顺武警部队领导管理和指挥使用关系。

（三）中国民兵

中国民兵是中国共产党领导下的不脱离生产的群众武装，是中华人民共和国武装力量的组成部分，是中国人民解放军的助手和后备力量，是新形势下进行人民战争的基础。中国民兵的任务主要有：一是积极参加社会主义现代化建设，带头完成生产和各项任务；二是担负战备勤务、保卫边疆、维护社会治安的任务；三是随时准备参军参战、抵抗侵略，保卫祖国。中国民兵始建于第一次国内革命战争时期，在中国共产党的领导下，根植于广大人民群众之中，支援配合人民军队与国内外反动派展开了坚决的斗争；为民族解放和中华人民共和国的建立，为保卫祖国和建设祖国发挥了十分重要的作用，是我国武装力量不可缺少的部分。

中国民兵由基干民兵和普通民兵组成。28 周岁以下退出现役的士兵和经过一定军事训练的人员都可编入基干民兵，女性民兵只编入基干民兵，人数控制在适当的比例内；其余 18 至 35 周岁、符合兵役条件的男性公民，可编入普通民兵组织。边疆、少数民族地区和城市有特殊情况的单位，基干民兵的年龄可适当放宽。我国人口基数十分庞大，加入民兵组织的人数相对有限，因此，对于未编入民兵组织但符合民兵条件的公民，需由地方政府兵役机关进行预备役登记。

全国民兵工作在国务院、中央军委领导下、由中央军委国防动员部主管。各省军区、军分区和县（市、区）人民武装部负责本辖区内的民兵工作。乡镇（街道）和企、事业单位人民武装部具体负责民兵和兵役工作。民兵工作只是省军区系统工作之一，根据深化国防和军队改革精神，中央军委国防动员部领导管理全国 28 个省军区（北京卫戍区、新疆军区、西藏军区归陆军领导管理），省军区、军分区、人武部承担国防动员、兵役征集、国防教育、国防设施保护、"双拥"工作等职能，拓展军民融合协调、离退休老干部服务保障职能。

四、现代化建设的成就

（一）中国人民解放军的现代化、正规化和革命化建设有了突破性的进展

中华人民共和国成立后，人民解放军在毛泽东军事思想、邓小平新时期军队建设思想、江泽民国防和军队建设思想、胡锦涛国防和军队建设思想、习近平国防和军队建设重要论述的指引下，不断向现代化、正规化和革命化迈进。特别是改革开放以来，我国国防实力得到进一步加强，国防现代化建设，尤其是军队的建设，有了突破性的进展，取得了一系列重大成就。经过六十多年的艰苦努力，人民解放军实现了由单一陆军向诸军兵种合成军队的发展。在发展武器装备方面，不仅掌握着种类比较齐全的常规武器装备，而且拥有了具有一定威慑力的原子弹、氢弹等尖端武器装备。在编制体制改革方面，人民解放军进一步压缩规模、优化结构、完善体制，编制体制更加符合信息化联合作战的需要。在教育训练方面，创新了一系列加强人才培养的机制，部队按照实战化训练要求，加强训练与演习，部队作战能力明显提升。新时期，我军将进一步深化改革，提高建设质量，把人民军队真正建设成为一支强大的军队。

（二）形成了门类齐全、综合配套的国防科技工业体系

国防科技是衡量一个国家综合国力的重要标志之一，也是国防现代化建设的一个重要方面。自中华人民共和国成立以来，在党中央、国务院、中央军委的关怀和领导下，经过几十年的建设和发展，我国的国防科技工业从无到有，从小到大，从落后到先进，建立起了包括电子、船舶、兵器、航空、航天和核能等门类齐全、综合配套的科研实验生产体系，取得了一大批具有国内或国际先进水平的科研成果，为我军现代化建设和切实增强我国的综合国力做出了重要贡献。

（三）国防后备力量建设取得了长足的发展

我们党和国家历来十分重视国防后备力量建设。我国国防后备力量建设，经过几代人的努力，形成了一整套制度和优良作风，为国防后备力量建设打下了坚实的基础，各项工作均取得了明显的成绩。一是实现了指导思想的战略性转变，走上了相对和平时期稳步发展的轨道。二是确立并实行了民兵与预备役相结合的制度，初步形成了具有中国特色的国防后备力量体系。三是注重宏观指导、合理布局，边海防、大中城市和重点地区的民兵工作得到加强。四是民兵、预备役部队在参战支前、保卫边疆、发展生产、扶贫帮困、抢险救灾、维护社会治安等方面发挥了重要作用，为国家的改革、发展和稳定做出了巨大的贡献。五是健全了国防动员机构，保证国家在一旦发生战争的情况下，能很快由平时状态转入战时状态，调动足够的人力、财力、物力应付战争的需要。六是加强了国防教育，恢复并加强了对大学、高中（含相当于高中）在校学生的军训工作，使国防教育正逐步纳入整个国民教育体系之中，走上了法制化、规范化的轨道。

第四节 大学生与国防教育

提到"国防"，很多同学会认为国防就是指军队防御外敌入侵，就是打仗。这种观点是很片面的。现代国防又叫社会国防、大国防、全民国防，包括武装建设、国防体制、军事科技和工业、国防工程、军事交通通信、人力动员、国防教育、国防法规、民族文化等诸多方面，是一个庞大而复杂的系统工程。从国家元首到每个公民，从军事到政治、经济、文化、教育、科技和意识形态，都与之密切相关。

一、国防教育目的

（一）教育目的

国防教育的目的是弘扬爱国主义精神，普及国防教育，使全民增强国防观念，掌握必要的国防知识和军事技能，自觉履行国防义务，关心、支持、参与国防建设。一是针对和平时期人们国防观念淡化，需要加强国防教育；二是为全民参与国防教育活动提供一个大众化、社会化的载体。依法确立一个每年都能让全体公民共同接受国防教育的时机，可以更好体现我国国防教育的全民性、全社会性的特点。

（二）历届主题

为使全民增强国防观念，掌握必要的国防知识和军事技能，自觉履行国防义务，关心、支持、参与国防建设，从 2001 年起设立"全民国防教育日"。历年"全民国防教育日"的宣传主题如下：

第一个：2001 年 9 月 15 日 "关注国防，就是关心自己的家园"
第二个：2002 年 9 月 21 日 "国家安全是全社会的共同责任"
第三个：2003 年 9 月 20 日 "国防连着你我他，安宁维系千万家"
第四个：2004 年 9 月 18 日 "勿忘国耻、强我国防"
第五个：2005 年 9 月 20 日 "牢记历史、珍爱和平、心系国防"
第六个：2006 年 9 月 16 日 "弘扬长征精神，共建钢铁长城"
第七个：2007 年 9 月 15 日 "热爱军队、情系国防"
第八个：2008 年 9 月 20 日 "维护国家安全、共筑和谐家园"
第九个：2009 年 9 月 19 日 "赞颂辉煌成就，建设强大国防"
第十个：2010 年 9 月 18 日 "富国强军，共筑长城"
第十一个：2011 年 9 月 17 日 "依法开展国防教育，增强公民国防观念"
第十二个：2012 年 9 月 15 日 "热爱人民军队、共筑钢铁长城"
第十三个：2013 年 9 月 15 日 "国家安全与国防义务"
第十四个：2014 年 9 月 20 日 "关心国家安全，维护海洋权益"
第十五个：2015 年 9 月 19 日 "弘扬伟大抗战精神,同心共筑强大国防"
第十六个：2016 年 9 月 17 日 "传承红色基因,共建巩固国防"
第十七个：2017 年 9 月 16 日 "赞颂辉煌成就、赓续红色基因、支持改革强军"

二、国防教育要求

2011 年 7 月 29 日，中共中央、国务院、中央军委下发了《关于加强新形势下国防教育工作的意见》，要求全面落实国防教育法，大力弘扬爱国主义精神，增强全民国防观念，促进建设和巩固国防。

国防教育是建设和巩固国防的基础，是增强民族凝聚力、提高全民素质的重要途径。普及和加强全民国防教育，是中央始终高度重视的一个战略问题，对于凝聚全民族的意志和力量，加强国防和军队现代化建设，推进中国特色社会主义事业，实现中华民族伟大复兴，具有重要而深远的意义。我国正处在发展的重要战略机遇期，国家安全形势保持总体稳定，但国家安全问题的综合性、复杂性、多变性趋势不断增强，对维护国家主权、安全和发展利益提出了新的要求，迫切需要从战略和全局的高度加大全民国防教育力度，强化广大干部群众的国家安全意识和忧患意识，营造关心支持国防和军队建设的良好氛围，增强我国的国防实力和民族凝聚力。

新形势下国防教育工作的总体要求是：高举中国特色社会主义伟大旗帜，以邓小平理论和"三个代表"重要思想为指导，深入贯彻落实科学发展观，着眼维护国家主权、安全和发展利益，坚持以国防教育法为依据，以弘扬爱国主义为核心，以领导干部、青少年学生和民兵、预备役人员为重点，贴近时代要求，丰富教育内容，创新方法手段，完善制度机制，推进全民普及，不断增强国防教育的主动性、针对性、实效性，为建设和巩固国防奠定坚实思想基础，为全面建设小康社会提供强大精神动力。

加强新形势下国防教育，必须围绕时代主题和形势任务，着眼推进经济建设与国防建设协调发展，大力宣传中央关于国防建设的方针政策，加强马克思主义国防观、战争观和国家安全形势教育，搞好党史、军史和我国国防史宣传教育，深入学习人民战争战略思想，普及和深化国防法律法规宣传教育，引导广大干部群众牢固树立维护国家主权、安全和发展利益，富国和强军相统一，军民融合式发展，依法履行国防义务等与科学发展观要求相适应的现代国防观念。要贯彻全民参与、长期坚持、讲求实效的方针，采取有力措施，抓好国防教育普及，不断扩大社会覆盖面。要突出抓好各级领导干部的国防教育，进一步增强国防观念、加强国防素养，提高履行国防职责的能力；重视强化党政机关其他工作人员的国防观念，结合理论学习和业务培训进行国防教育。要着眼培养社会主义事业的建设者、保卫者和接班人，坚持不懈地抓好青少年的国防教育。要把国防教育作为预备役部队和民兵思想政治教育的重要内容，增强民兵和预备役人员参与、投身国防建设的使命感和责任感。企业事业单位要把国防教育列入职工教育计划，普及国防常识。城乡基层组织要把国防教育纳入社会主义精神文明建设范畴，推动国防教育进入千家万户。解放军和武警部队要围绕大力培育"忠诚于党，热爱人民，报效国家，献身使命，崇尚荣誉"的当代革命军人核心价值观，广泛、深入、持续地抓好官兵的国防教育，弘扬为国牺牲奉献精神，在全民国防教育中发挥表率作用。

要适应经济社会发展新形势和人们精神文化生活新需求，积极改进和创新国防教育的方法手段，不断增强时代感和吸引力、感染力。充分发挥大众传媒的作用，注重运用互联网、手机等新兴媒体，加强国防教育普及宣传和舆论引导；坚持以群众性活动为载体，吸引广大干部群众积极参与国防教育；依托爱国主义和国防教育场所，开展生动形象的国防教育；采取多种形式，营造有利于开展国防教育的良好社会环境；注重与爱国拥军实践有机结合，引导适龄公民自觉履行兵役义务，教育引导广大干部群众热爱军队、尊重军人，支持部队建设，研究制定并落实优抚安置政策，不断巩固和深化国防教育成果。要完善国防教育政策法规，抓好国防教育基地建设，加强国防教育的师资力量，将开展国防教育的经费纳入财政保障范围，并根据当地经济社会发展水平逐步加大经费投入，提倡和鼓励社会组织、企业和个人捐赠，支持国防教育事业，保证国防教育工作规范运行、长远发展。

普及和加强国防教育是全党全社会的共同责任，必须加强领导，齐抓共管，科学组织，狠抓落实，努力形成党委政府重视、军地密切配合、社会各界支持、全民踊跃参与的良好局面。各级党委和政府要把国防教育纳入经济社会发展总体规划，各地国防动员委员会应将国防教育纳入国防动员范畴，持之以恒、常抓不懈。宣传、组织、人力资源社会保障、教育、民政、司法行政、工商行政管理、文化、新闻出版、广播电影电视等部门，工会、共青团、妇联等人民团体要切实履行职责，齐心协力抓好国防教育工作的落实。解放军、武警部队要积极支持和配合地方开展全民国防教育。各级国防教育领导和工作机构要认真履行组织、协调和指导国防教育工作的职责。要将国防教育检查和考评情况列入经济社会发展综合评价体系、双拥模范城（县）考评标准，纳入党政机关目标绩效管理考评体系。注重发挥各级人大、政协的作用，加强对落实国防教育法情况的监督检查。各地区各部门要大力培养和宣传国防教育的先进典型，调动社会各界参与国防教育事业、关心支持国防和军队建设的积极性、主动性，推动国防教育工作深入开展。

三、培育国防精神

自有国家，便有了国防。只要国家还存在，国防就不能懈怠。这已为人类历史所证明。国防精神是国防意识的集中表现，一般指与国防需要相适应的意识、思维和心理状态。国防精神的核心是培养爱国主义精神、革命英雄主义精神、爱军尚武的奉献精神和维护和平、反对侵略的国际主义精神。培养国防精神历年来是国防教育的重要内容，它有助于形成积极、深刻、理性的国防观，有助于形成全民性的良好的国防环境。强化这方面的教育，要通过开展广泛的以爱国主义为核心内容的教育，激发人们的爱国热情，增强国防观念和履行国防义务的自觉性；要紧密联系国际国内形势，通过抓好形势教育，帮助人们正确认识国际形势，充分认清国防建设的复杂性和严峻性，使人们增强忧患意识；要突出抓好革命英雄主义和人民军队光荣传统教育，以革命英雄主义教育广大群众，牢固树立敢打必胜的信念，弘扬不怕牺牲、勇敢顽强的民族精神；要通过开展人民军队的优良传统教育，使人们认识人民军队在社会主义现代化建设中的地位和作用，增强爱军尚武意识，从而更加关心和支持国防建设。

长期的和平环境，使一些人，尤其是一些大学生的和平麻痹思想滋长，国防观念淡薄。这说明国防意识和国防精神的教育培养工作在目前还处于一个薄弱环节，应当引起重视。因此，强调在全国人民中，尤其是大学生中广泛加强国防教育，提高大学生的国防观念，不仅具有重要的现实意义，而且具有深远的战略意义。

四、掌握防空知识

自20世纪90年代以来，世界局势发生了天翻地覆的变化，霸权主义和强权政治仍然是威胁世界和平与稳定的主要根源，世界仍不安宁。因此我们要时时提高警惕，要居安思危，学习防空知识，做好一切防空准备工作。空袭是现代战争的必胜手段，具有很大的杀伤性和破坏性。科索沃战争、伊拉克战争、阿富汗战争都是从空袭开始的，除军事目标外，大城市、工业区、港口、车站、机场、桥梁、仓库、水库等重要的地方，都是敌机空袭的目标。因此在现代战争中，不仅前方部队要防空袭，后方人民群众也要防空袭。

我们国家为最大限度地保护人民生命财产安全，专门成立了人民防空委员会，在战争的情况下，所有公民都必须听从人民防空委员会的指挥。一旦发现敌机来袭击，人民防空委员会将发出防空警报来通知和指挥人群。

警报信号有三种类型：

1. 防空袭预报

（预备警报）——鸣36秒，停24秒，重复3遍为一周期，每周期为3分钟。

2. 防空袭警报

（紧急警报）——鸣6秒，停6秒，重复15遍为一个周期，每周期为3分钟。

3. 解除空袭警报

（解除警报）——连续鸣3分钟。

在战争环境中，我们一旦听到防空警报，该怎么做呢？如果在学校听到防空警报，首先要保持冷静，并劝同学不要惊慌，应听从校长和老师指挥，立刻停止上课，收拾书包，跟随老师到指定地点隐蔽。

如果在家里听到防空警报，全家要立刻停止一切工作，分头关闭门窗，放下窗帘，关闭炉火、水管、电器的所有大小开关，带齐个人防护器材（毛巾、防毒面具）和急救药物到街道规定的人防工事或坚实的大楼内隐蔽。

如果在街上听到防空警报，要就地服从防空人员指挥，就近隐蔽。若在空旷的地方，则利用附近的地形物隐蔽，但要远离高压电线、易燃易爆物和容易倒塌的建筑物，听到解除空袭警报才能回家。

当今世界，经济、科技飞速发展，社会不断进步，和平虽然是时代的主题，但与此同时，强权政治和霸权主义从来没有停止过，"天下兴亡，匹夫有责"，不要忘记"国无防不立，民无防不安"。作为一名大学生，要增强爱国主义的责任感和使命感，刻苦学习，争取早日为国家做贡献。

第五节　国外的国防教育

一、美国的国防教育

美国的《国防教育法》于1958年出台。《国防教育法》是第二次世界大战结束以后美国的一项十分重要的立法，是美国联邦政府督促、协助有关部门加强全民和高校国防教育的基本法律依据。美国政府始终强调国防教育是"政府的首要职责""社会第一勤务"，强调每个公民献身国家、服务国家的观念，对国防教育的重视程度，可以说很少有国家能与之相提并论。

为了实现对国民国防意识的熏陶和教化，美国在国防教育中，把重点放在青少年的教育上、放在未来国防人才的培养上。他们制定的"培养美国人迎接21世纪"计划，认为美国的未来取决于青少年的素质尤其是国防素质。全民青少年国防教育主要从以下三个方面展开：

(一)开展颇具特色的军训

美国的学生军训，主要由后备军官训练团负责。在全国350所高等院校和多所高级中学均设有后备役军官训练团，由国防部统一领导。据统计，美国现役部队中有30%的将军和40%的校尉级军官来自后备役训练团毕业的大学生。美国政府还在许多中、小学开设了"核战常识"课程，邀请核专家、物理教授和国际问题专家主持"核战争"讲座。各州举办夏令营时，还组织儿童过军事生活，学习航海、航空航天知识，使青少年一代系统全面地了解现代军事科学技术知识。同时，大力支持鼓励青年学生报考军事院校，每年报考西点军校的人数并不逊于哈佛大学这样的国际名校。

(二)大力资助民间少年军训组织

在美国有种类似于俄罗斯少年军校性质的短期培训组织，通常受政府、军方、退伍兵或者老兵组织资助建立。这种带有一定民间色彩的军事化训练营，帮助美国政府培养了大批训练有素的潜在兵员，有效地解决了长期困扰美国军方的兵源不足的问题。其中，创建于1910年的美国"童子军"组织，至今已有会员几百万人，为国家选拔国防人才打下了良好的基础。

(三)推行义工制增强青少年的社会责任感和国家意识

美国人认为，对青少年首先是要进行国防教育，让他们增强国家意识，接受各种艰苦环境和军事技能的锻炼。其次就是通过做义工，让他们接触社会，增强服务国家、回报社会的意识，两者缺一不可。

美国人十分注重以文化浸润来教化国民，增强国家的向心力和凝聚力。为传播"美国精神"和"美国文化"，美国政府及民间有关机构可谓用心良苦，投入巨大，除了专业教育机构如公私学校、政府教育部门的有序渗透之外，还大力运用各种文化工具，包括戏剧、音乐、文学作品等，通过各种方式将文化扎根于国民的心中。据统计，美国官方媒体每年播放350多部国防教育的电视片，涉及国防教育内容的报刊杂志达200多种。世界级的影视文化加工厂——好莱坞的大片中有许多是在宣扬"美国精神"的，如《独立日》《珍珠港》《爱国者》等。有学者称，梳理70多年来奥斯卡的历史无疑就是梳理"美国精神史"。为了充分利用文化资源，美国政府还大量使用名人姓氏命名城市、街道、林地、公墓、公司、机场、学校等。首都华盛顿，有华盛顿纪念塔、林肯纪念堂、杰佛逊纪念堂和罗斯福纪念堂，还有肯尼迪文化中心，美国共有50个州，每个州都有用总统名字命名的市或县，这些场所永久性熏陶、感化和激励着人们。就此而言，美、俄国防教育具有很大的相似性。美国人善于捕捉时机，美国一些重要的节庆、纪念日都被精心安排了丰富的国防教育内容。据不完全统计，美国著名的节日、纪念日就有63个。美国政府非常重视把握这些节日的有利教育时机对全体国民进行国防教育，如把1941年12月7日日本偷袭珍珠港的日子定为"国难日"。每年都要举行纪念活动，提醒人们居安思危。此外，还把每年5月的第三个星期六定为"武装部队日"，把5月的第二个星期六至第三个星期六定为"武装部队周"。向公众展示军队的现代化武器装备，举行阅兵、招待会和飞行表演，强化平民对国防事业和武装部队的理解和敬意。美国不但寓国防教育于各种节日庆典教育活动之中，而且平时还巧妙地把国防教育与征兵、募兵活动的时机结合起来，大力进行国防教育。利用征兵简章和各种介绍材料，向青年们介绍美军现代化的装备、优渥的物质待遇，以及当兵可以周游世界、开阔眼界、增长见识等好处，吸引青年学生入伍。美国人还会针对一些具体事件开展一些触及灵魂的即时国防教育。

（四）增强军事职业的吸引力

美国一个普通中层军官的年薪在 6 万~10 万美金，一个高级军官的年薪在 12 万~18 万美金，虽不能与美国高级白领动辄几十万、上百万美金的年薪相提并论，但足以维持一个三口之家的生活了。近几场战争中，美军伤亡大幅减少，军人职业风险降低，以致在美军频频向外动武的年代还会有那么多人热衷于危险的军事职业。

美国军方既是国家防务的执行者，同时也是美国国防教育的主要实践者，如美国陆军就曾投资 60 多万美元建立了美国陆军在线网站，开展陆军国防知识的传播及国防人才的招揽工作。此外，美国各类民间军事院校在国民国防教育上发挥了重要作用。美国民间军事院校主要有 6 所——弗吉尼亚军事学院、要塞学院、诺威奇大学、北乔治亚学院、德克萨斯农业机械大学、弗吉尼亚工业学院。每年从这些学校走出的毕业生中，平均 15% 的人在部队担任初级军官。

在 100 多年的历史中，这些民间军事学院不仅为美军培养和输送了大批军事人才，同时也为美国普及全民国防教育做出了巨大的贡献。美国正是通过上述种种措施，不间断地向国人灌输着"国家至上""民族自豪"和"社会责任感"等价值理念，以润物细无声的方式塑造国民的国家责任、尚武精神及民族忧患意识的。

二、俄罗斯的国防教育

俄罗斯颁布了许多国防教育法律法规，为国防教育的组织实施提供必要的依据和保障。1996 年颁布的《国防法》为国家对全民进行国防教育奠定了法律基础，确立了国防教育在维护国家安全和加强国防建设中的重要地位。《国防法》第 7 条明确规定：俄罗斯联邦政府、联邦主体执行权利机关和地方自治机关在国防领域的重要职能之一，就是与军事指挥机关相互配合，在自己的职权范围内，开展对俄罗斯公民的军事爱国主义教育。1998 年颁布的《兵役义务与服役法》，对国家在公民服役前进行国防教育的范围、内容、组织形式以及物质保障等作出明确规定，使国防教育向制度化、规范化、法制化发展。

俄罗斯保持了苏联利用国民教育为军队培养人才的做法并有所发展。继续开办少年军校，招收读完普通中学 8 年级的男学生，进行初级军事教育。对普通中学 9~10 年级、年龄在14~15岁的中等专业和职业学校的学生进行初级军事训练，并在寒、暑假期间学校和驻军共同组织野外训练和军事夏（冬）令营。在普通高等院校设置军事系，培养专业技术军官，在高等职业教育机构设置军事教研室，培养预备役军官。对所有 16 周岁及 16 周岁以上，尚未为国家服过役的适龄男性青年，进行强制性军训，规定他们每周两次到部队基地设立专门的"学校"上课或进行军事训练，训练成绩将与就业等挂钩。21 世纪初，普京总统下令，中学生每年要进行 1 周军训，以加强国防意识和对军人职业的了解与支持，增强参军服役的神圣感和光荣感。普通学校学校 10 年级学生和各类技校、专科学校的同龄男学生，每年要到就近部队的基地接受强制性的军训，时间为 5 天；女学生可自愿申请参加军训，到就近部队的基地接受军事教育和训练。学生在军事训练中学习军事基础知识、部队的光荣历史、军事技能，并进行实际操练。俄罗斯国家杜马修改的教育法规定，从 2005 年 9 月起，全国所有学校都要将以军事基础知识为主要内容的国防教育课列为必修课。从 2008 年起，所有国立高等院校非军事系的大学生都必须依法服兵役，只有军事系的大学生才可以缓服兵役。部分国立高等院校将保留军事教研室，这些院校由俄罗斯军队总参谋部确定。

俄罗斯官方和民间在重大节日和纪念日，经常举办各种弘扬军事爱国主义的纪念活动。活动期间，举行集会、游行、阅兵等活动，通过广播、电影、电视、报刊等媒体对全民进行热爱祖国、保卫家园的宣传。通过老战士协会、退伍军人委员会、全俄支援陆海空军志愿协会等，组织老战士向青少年讲述战争年代抗击外敌、同法西斯战斗的历史。俄罗斯国防部电视台国防教育频道的"星火"节目，每天早、中、晚三次共 12 小时播放，以加深年轻一代对军队历史和荣誉的了解，增强其保家卫国、爱军习武的意识。

三、英国的国防教育

英国的国防教育以《民防法》为法律依据，以全民为对象，在英国政府的领导与监督下，由国防部负责，由军队、大学和中学、民防组织、民间团体与媒体共同配合，通过多种途径，以多种方式进行，主要内容包括爱国主义、基本防务知识和相关法律等，目的是树立军队形象，让全民了解、支持军队，增强国防意识；提高军人的社会地位，加强军人的荣誉感和责任感。

英国国防部一年一度公开发表国防白皮书，阐述政府对安全形势的看法、国防政策、军队面临的使命和任务，介绍军队装备、国防设施建设，以及军队建设存在的问题、加强军队建设的措施等。国防部预备役局在全国 10 余所大学设立陆军军官训练团、海军训练中心和空军飞行中队，分别负责所在地区的国防教育和征兵宣传工作，以及大学学生的军事训练；同时负责向参加军事训练的学生发放参训费，鼓励参训学生与国防部签订服役合同，毕业后到军队服役。英国许多大学设有专门的军事学位，吸引学生学习。不少大学建立各种军事研究团体，广泛吸收学生参加。英国陆海空三军都在全国的中学里招募学兵，根据自愿的原则组织中学生参加少量军事训练，假期组织夏(冬)令营，到军队参观。各地中学的军事训练活动都得到国防部的资助。英国政府办有专门的军事刊物，并广泛利用报刊、杂志、电台、电视台等大众传播媒介，以大、中学生为主要对象，开辟《我对防务问题的看法》专栏和有关国防与军事的专题节目，采用点将的方法，指明让学生回答相关防务的基本知识和一些重大问题，以培养青年学生对国防与军事问题的兴趣。

英国国防教育的历史源远流长，军事色彩浓厚的庆典、纪念活动和普通中学、大学里的军事组织延续几百年经久不衰。王室成员从军习武、担任军职成为光荣的传统，崇尚军事职业成为民族精神的重要特征而深入人心。

英国政府每年 11 月在伦敦市隆重举行阵亡将士纪念活动，女王、王室成员和内阁成员亲自出席，新闻媒体进行广泛报道，在全民中产生巨大影响。由国防部赞助，在伦敦和爱丁堡定期举行为期 10 天左右的大型综合军体艺术表演。海军每年举办海军节，空军每年在全国一些地方组织面向全民的飞行表演等，届时军事基地、各种军舰、军用飞机等武器装备都向全民开放。政府还在重要街道、广场建造著名军事将领的雕像，在各地较大城镇修建永久性烈士纪念碑，以提高公众的国防意识。

四、德国的国防教育

德国在第二次世界大战后，没有制定专门的国防教育法，有关国防教育的规定主要包括在《义务兵役法》《民防法》《灾害保护法》《紧急状态法》等法律以及国防白皮书中。《义务兵役法》规定了对依法服兵役公民进行国防教育和军事训练的内容、时间和要求等。《民防法》规定了民防人员训练的方式和要求。《灾害保护法》规定灾害保护力量的训练、公民抢险自救知识与技能的培训。《紧急状态法》规定了公民战时的义务和责任。国防白皮书中明确规定了实施国防教育的机构与任务，政府各部门、新闻各部门、新闻和舆论机构、军队在国防教育中的职责与工作，宣传教育的内容等。同时要求公民承担因防务需要而应尽的个人义务，家长和学校对青年一代进行国防教育的责任。德国国防教育中，军队的军事训练、预备役训练和民防人员训练起着重要作用。

德国实行普遍义务兵役制，法律规定年满 18 岁的男性公民在 28 岁之前服完兵役，女性公民自愿服役。服现役期满后符合条件的转服预备役，符合义务兵役条件而未服义务兵役者，也要服预备役。大多数男性公民在服兵役期间，接受正规的国防教育和军事训练。在服预备役期间，还要通过到现役部队参加军事轮训，到预备役部队训练中心参加培训、参加各种演习，继续接受国防教育和军事训练。德国没有专门的民防部队，民防主要依靠150 万义务和志愿人员。他们按地区组成抢救队、消防队、维修队、卫生队、三防队和空中救护队等，要接受 12 个月的专业训练。

德国政府每年组织青年学生参观军队、国防部及北大西洋公约组织驻德国的军事机构。德国军队定期举办开放日活动，开放部分军事基地、军事设施和武器装备供民众参观，使民众了解军队，了解国家的安全政策。

五、瑞士的国防教育

瑞士的所有政党都通过不同形式在全国宣传国防政策和总体防御思想。瑞士政府通过立法将国防教育制度化、法规化。1944 年，瑞士制定了《民防法》，以后经过多次修改，补充了与之配套的 17 种法律法规，使民防工作和国防教育的训练、经费、工程、人力资源使用和物资储备等都有明确的法律规定。

瑞士政府重视对各级官员的国防教育，规定政府官员和地方负责人要定期到国防学院轮训，每期 2～4 周，进行国际形势、国家安全政策、战略与资源管理等内容的学习和研究。政府编写印刷《民防手册》，发到每个家庭。

瑞士国防教育中，现役、预备役民兵部队和准军事部队（民防部队）的训练占有重要地位。瑞士 1874 年起实施普通义务兵役制基础上的民兵制，年满 20 岁的男性公民必须服兵役，接受 4 个月正规军事训练，然后返回原单位，定期参加复训，直至 50 岁。瑞士仅有职业军人 1500 余人，义务兵约 1.85 万人，但是每年到部队或军事院校参加训练的预备役人员有30 万～50 万人。瑞士政府还通过组织各种形式的军事演习，扩大部队在群众中的影响，激发民众支持国防建设的热忱。瑞士民防有完善的训练制度，包括对民防人员和一般公民的民防训练。

对于其他民众，瑞士法律规定，所有 12～19 岁的青少年必须接受服役前教育和训练，提高保家卫国的责任感，并为服兵役打下基础。每年新兵学校军事训练结束前，都邀请了新兵亲属和驻地群众参观、座谈，以扩大影响，教育一般民众。

瑞士各地普遍成立有军官与士兵协会、公民协会、射击协会等官方或半官方的国防教育机构，与社会、学校、军队、民防组织和各种宣传机构互相配合，形成多层次、全方位的国防教育网络系统。政府每年组织数次规模较大的英雄纪念活动。空军与民防部队每年都举行公众日活动，邀请当地群众参观飞行表演，并组织民众喜闻乐见的各类军事体育竞赛，如每年举行的全国性射击比赛、军事越野或武装马拉松比赛，以及传统的妇女轻武器射击比赛等。这些活动参加人数众多，范围广泛，影响深远。

思 考 题

1. 现代国防的基本特征是什么？
2. 中国主要的国防法规有哪些？
3. 简述我国的国防体制。
4. 中国的武装力量由哪几个部分组成？
5. 你所了解的防空知识有哪些？
6. 国外的国防教育对我们有什么启示？

第二章

军事思想

学 习 目 标

1. 理解军事思想的基本概念；
2. 了解军事思想的形成和发展过程；
3. 熟悉我国现代军事思想的主要内容、地位作用及科学含义；
4. 树立科学的战争观和方法论；
5. 初步学会用军事思想的基本原理分析军事领域的现实问题。

第一节　军事思想概述

一、军事思想的基本含义

军事思想是关于战争、军队和国防的基本问题的理性认识。它揭示了战争的本质、战争的基本规律以及进行战争的指导规律，阐明军队和国防建设的基本理论和原则，从总体上考察和回答军事领域的普遍性、根本性问题，揭示军事领域的一般规律，提出军事斗争和军事建设的基本方针和基本指导原则，为人们研究和解决军事问题提供总体性理论指导。军事思想的内容大体可分为两个层次：一是军事哲学，包括战争观、军事问题的认识论和方法论；二是军事实践基本指导原则，包括战争指导的基本方针和原则、军队建设的基本方针和原则、国防建设的基本方针和原则等。军事思想的基本含义在于对战争规律的科学认识，根本用途是为打赢战争、遏制战争提供强大的理论指导。军事思想是人们长期从事军事实践活动的经验总结和理论概括，它来源于军事实践，又给军事实践以理论指导，并随着军事实践的发展而发展。

二、军事思想的科学体系

在《中国军事百科全书》中，军事思想是一个知识门类，下设马克思恩格斯列宁斯大林军事理论与毛泽东军事思想、军事辩证法、中国历代军事思想和外国军事思想四个学科。

军事思想在军事学科体系中处于基础性地位，其与其他军事学科的关系，是一般与特殊、共性与个性的关系。军事思想从军事实践活动的全过程研究战争、军队和国防的总体性规律，各门具体学科研究军事领域中的某个侧面、某个部分或某个阶段的规律。按照辩证唯物主义的观点，一般存在于特殊之中，共性存在于个性之中。各门具体学科的研究成果，经过抽象思维，就可以得出一般的、共性的认识，也是更概括、更高、更本质的认识，从而上升到高层次理性认识的军事思想，即对战争和军事领域矛盾运动一般规律的认识。同时，各门具体学科也离不开军事思想所揭示的一般规律的指导。军事思想是军事科学的综合性基础理论，既对军事其他门类的研究与发展具有总体指导作用，又从军事学科其他门类中汲取营养，使自身不断发展。

三、军事思想的基本特征

军事思想是一定历史阶段的产物，受社会政治、经济、科技、文化、地理以及人们认识水平等方面因素的影响。不同的军事思想会表现不同的特征。但总体而言，所有的军事思想都具有一些共同的基本特征。它们主要表现在以下五个方面：

（一）阶级性

阶级性是军事思想的本质属性。不同阶级的军事思想，都是为各自阶级利益服务的，无不打上阶级的烙印，反映各自阶级的世界观、思想观念和政治、经济利益。作为军事理论重要组成部分的某些作战方法和作战原则，以及军事技术、武器装备等因素，是为实现战争政治目的服务的手段，它们本身并不具有阶级性，对中外军队都是适用的，但不会因此改变军事思想的本质属性。

（二）实践性

军事思想是军事实践的产物，受军事实践的检验，并随着军事实践的发展而发展。军事实践是检验军事思想是否先进的唯一标准。军事思想的实践性有别于其他科学的实践性，更加独特。和平时期通过军事实践所总结提出的军事思想是否先进，也只有通过下一次战争实践的检验，才能完全得到证实。

（三）继承性

军事思想是在不断批判地继承的过程中发展起来的。正如封建社会军事思想是在批判地继承奴隶社会军事思想的基础上发展起来的一样，资产阶级军事思想是在批判地继承封建社会军事思想的基础上发展起来的，无产阶级军事思想是在批判地继承资产阶级及其以前的军事思想成就的基础上发展起来的。同时，继承不是静止的，而是在运用和发展中继承。

（四）时代性

任何军事思想都是一定历史发展阶段的产物，不同时期的军事思想都有深刻的历史烙印，具有明显的时代特征。奴隶制社会的军事思想是在使用冷兵器的基础上创立的，封建社会的军事思想是在使用冷兵器和早期火器的基础上建立起来的，而近代资产阶级军事思想的建立，则是与资本主义大工业、机器生产和各国庞大军队及广泛使用火器分不开的。正确认识时代发展与军事思想的内在联系，才能着眼于时代特点，科学看待军事思想，并使军事思想跟上时代的步伐，更好地发挥军事思想对战争、军队和国防建设实践的指导作用。

（五）创造性

军事思想是最活跃、最富有创新色彩的。历史上，大凡有建树的军事家，都善于根据发展变化的军事斗争实际，不断发展和更新军事思想，创立新的军事原则。大凡先进的军事思想，都是人们适应新的历史条件的变化、充分吸收历史营养、创造性地发展前人军事理论的思维产物。军事实践表明，战争的胜利总是属于那些敢于迎接现实军事斗争挑战、勇于变革的军事家。

第二节　中国古代军事思想

中国古代军事思想是指中国在奴隶社会、封建社会时期，各阶级、民族、政治集团及其军事家、兵学家关于战争、军队和国防等一系列军事问题的系统理性认识。中国古代经历了许多战争，积累了极其丰富的战争经验，涌现出了许多著名的军事家和军事理论家，形成和发展了中国古代军事思想。

一、中国古代军事思想的形成与发展

与社会形态相适应，中国古代军事思想的形成与发展，经历了萌生、形成、充实提高、系统完善四个时期。

（一）萌生时期——夏、商、周时期的军事思想

大约在公元前 21 世纪至公元前 8 世纪的夏、商、周时期，是中国古代军事思想的萌生时期。

（1）出现了军队。第一个奴隶制国家夏王朝建立后，出现了夏王统治的常备军。夏启继承王位后，由部落成员参加的战争转变为由军队进行的战争。商代军队开始庞大起来，由商王指挥的军队，分为左、中、右三军，共 3 万余人，军队编制的最大单位是师。西周时代已有军、师、旅、卒、两、伍的编制，周王朝的常备军达 14 万多人。

（2）出现了车战。文献记载，商代后期，车战已成为主要作战方式，西周军队主力是战车兵。车战一般只在平原进行，根据地形条件将战车列成方阵，作战时通常是对攻。在作战指挥上，西周中、晚期已用金鼓旌旗。

（3）运用军事谋略。据载，夏少康以武力夺回王位时，在战前使用了军事间谍。商灭夏，先攻取夏的属国，后伺机决战。周灭商采取由近及远、先弱后强地剪除对方羽翼的谋略，然后趁商王室内部纷乱、商都空虚之机，联合诸侯大举东征。

（4）军事文献开始出现。古代军事思想散见于国家的典章法令和其他文献之中。《易经》的卦辞和爻辞中就有一些反映商、周之际谋略思想的内容。中国古代最早的文献汇编《尚书》和诗歌总集《诗经》记述了夏、商、周三代一些军事理论片断和零星的谋略思想及战争情况。春秋以前已有专门的军事文献《军志》《军政》。《军志》主张允当则归，知难而退；有德不可敌，先人有夺人之心，后人有待其衰等。《军志》中提出言不相闻，故为金鼓；视不相见，故为旌旗等原则。《军志》和《军政》等专门兵书的问世，是中国古代军事思想萌生的重要标志。

（二）形成时期——春秋战国时期的军事思想

大约从公元前 8 世纪至公元前 3 世纪的春秋战国时期，是中国古代军事思想的形成时期。随着生产力的发展，在由奴隶制向封建制过渡的社会大动荡、大变革中，各诸侯国都大力发展军事力量，以图争霸称雄，战争极为频繁。著名的战例主要有：长勺之战、泓水之战、城濮之战、柏举之战、桂陵之战和马陵之战等。由于战争规模的扩大和战争方式的改变，产生了专门指挥作战的将领和军事家。著名的军事家和名将主要有：春秋时期的孙武，战国时期的吴起、孙膑、尉缭子等。战争实践不仅促进了军事技术、军队的组织和战略战术的发展，而且将我国古代军事思想推向了高潮。

军队的组织制度初步完善。春秋战国晚期，开始进入以铁兵器代替铜兵器的时代。为适应军事技术和战争的客观要求，军队在组织制度方面进行了一系列的改革。主要是改革了车兵为主的体制，相继出现了步兵、舟师和骑兵等兵种；改革了兵制，春秋战国后期已逐渐打破了"国人"从军的旧制，普遍实行郡县征兵制，并采取募兵制，军队和常备军逐渐扩大。春秋战国末期，齐、鲁等拥有兵车两三千乘，楚国达五千乘，齐、燕各有带甲步兵数十万，秦、楚号称"带甲百万"，各国竞相扩编常备军，出现了专职将帅统兵作战。

战略战术的原理、原则更加系统。这主要表现在谋略、作战样式和战法等方面。在谋略方面，逐渐否定了重信轻诈等用兵之道，重视审时度势、因利乘便，如晋国欺骗虞国，假途灭虢回师灭虞；注意军事斗争和外交斗争相结合以及敌友力量的分化组合，以军事实力为后盾举行数国谈判和多国会议。在作战样式上，春秋战国末期将战车上的甲士改编为徒兵，易车战为步战；春秋战国后期，步战已成为主要作战样式，车、步、骑配合，水陆并用；春秋战国之际，城寨攻防成为重要的作战样式。在战法方面，逐步突破商、周以来的两军对阵、正面攻击的惯例，采用了两翼突破、再捣中坚，设伏诱敌、乘势歼灭，疲敌而击、后发制人等。坚守要害和利用城池防御，有的还挖地道作战。在阵法上，春秋战国初期，创造了有名的鱼丽之阵。春秋战国之际，为适应战争指导的需要，大量反映军事思想的军事理论著作相继问世，《孙子兵法》是其中杰出的代表。这部名著中的军事思想和哲学思想，都达到了当时的最高水平，成为后世兵书的典范。继《孙子兵法》之后，战国时期兵书中具有代表性的有《吴子》《孙膑兵法》《尉缭子》《六韬》等。

（三）充实提高时期——秦汉至五代时期的军事思想

公元前 3 世纪至公元 10 世纪中期，经历了秦、汉、三国、两晋、南北朝、隋、唐和五代等朝代。发生的著名战例主要有：成皋之战、昆阳之战、官渡之战、赤壁之战、淝水之战等。著名的军事人物有：蒙恬、韩信、曹操等。主要的军事著作有《三略》《李卫公问对》和《太白阴经》。中国古代军事思想的发展，在这一时期主要表现在战略战术、整理兵书和注释《孙子兵法》等方面。

（1）战略战术的发展。秦统一六国和汉唐封建社会的进一步发展，特别是公元 808 年火药在中国首先研制成功，并于公元 904 年首次用于战争，秦汉时把全国军队区分为京师兵、州郡兵和盘防兵，始于西汉盛于三国的军事屯田制度，南北朝时创立的府兵制，西汉时骑兵一度成为主要兵种等，都有力地促进了战略战术的发展。秦、汉、晋、隋、唐等时期，统一全国的几次大规模战争分别成功地运用了由近及远、各个击破，避实击虚、声东击西，水陆并进、分进合击，先疲后打、奇兵突击，以及骑兵长途奔袭，步骑配合实施奇袭和用车结营制骑兵等战法。还有几次大规模渡江作战和农民起义等，对战略战术的发展也做出了贡献。

（2）整理兵书和注释《孙子兵法》。西汉王朝深知兵书的重要，立国之初就命张良、韩信整理兵法。这是我国历史上第一次由政府组织整理兵书。当时，共搜集到182家兵书，其中战国时期兵书占大多数，经过删取，选定了35家。后来经步兵校尉任宏重新编制分类著《兵书略》，把兵书及其著作分为权谋家、兵形势家、兵阴阳家和兵技巧家等四大类。三国的曹操注释《孙子兵法》，开启了注释先秦兵书的先河。整理兵书和注释《孙子兵法》是中国古代军事思想发展的一个重要标志。

（四）系统完善时期——宋代至清代前期的军事思想

公元10世纪至19世纪中叶，经历了宋、辽、西夏、金、元、明、清前期等朝代。此期间著名的战争有：宋攻灭南唐之战、朱元璋北上灭元之战、郑成功收复台湾。著名的军事人物有：成吉思汗、朱元璋、努尔哈赤。著名的军事著作有：《武经总要》《武经七书》《纪效新书》《练兵实纪》《阵纪》《登坛必究》《武备志》等。宋代至清代前期，中国古代军事思想的发展，主要表现在谋略和战术以及军事思想研究等方面。

（1）谋略和战术的发展。从北宋至第二次鸦片战争的近900年中，战争频繁，加之北宋初火器用于战争，开始了战史上火器与冷兵器并用的时期，指南针在11世纪已用于舟师导航等，从而促进了谋略和战略战术的发展。在谋略方面，赵匡胤建立宋王朝后，以军事实力为后盾，先消灭荆南和潮南两个政权，而后按先南后北、各个击破的方略统一全国。元末农民领袖朱元璋建立以金陵为中心的根据地，积粮练兵，扩充实力；进而利用矛盾，以军事进攻和政治攻心相结合的方式逐次消灭对手，尔后以先剪羽翼、后捣腹心的策略，北上灭元。明末农民领袖李自成，采取先取关中、再攻山西，先消灭明军主力、后夺京师的战略，灭亡了明朝。在战术方面，元末明初，朱元璋的军队创造了火器与冷兵器相结合的水战战术、野战战术和攻城战术等；戚继光提出了以火器为先，冷兵器中以长兵器为先，兵器配置要以长护短的原则；明末徐光启对使用火炮守城提出了以台护铁、以锐护城、以城护民的原则；骑兵战术在北方少数民族军队中有很大发展，到成吉思汗时，骑兵的远程奔袭、快速突击、迂回包抄、在野战中歼敌的战法，已发展到一个新的水平；军队指挥增加了运用火力、组织火器与冷兵器之间以及不同兵种之间的协同等。

（2）兴办武学和军事思想研究的发展。宋朝自公元1072年正式兴办武学，教育学生攻读历代兵法，研究军事思想，训练弓马武艺。北宋前期，提倡文武官员研究历代"军旅之政，讨伐之事"，并编撰出中国第一部新型兵书《武经总要》，其后又将《李卫公问对》《三略》与先秦时期的《孙子兵法》《吴子》《司马法》《尉缭子》《六韬》五部兵书汇编为《武经七书》，作为武学的必修课程。明代后期，因日本的威胁，欧洲殖民者的挑衅，促使一些有识之士研究军事，有许多军事著作问世，主要有：最早提出御近海、固海岸、严城守的海防战略兵书《筹海图编》；练兵教战、用器、布阵的《纪效新书》《练兵实纪》《阵纪》；近似军事百科全书性质的著作《武备志》等。鸦片战争前夕，还出现了一些总结实战经验或论述防务、训练的兵书，如《洋防辑要》和《筹海初集》等。

二、《孙子兵法》简介

《孙子兵法》产生于春秋末期，是目前世界现存最古老、最著名的兵书，被公认为东方的"兵学圣典"。作者孙武，字长卿，齐国乐安(今山东惠民)人。据《史记》记载，孙武经伍子胥介绍，"以兵法见于吴王阖闾"，"阖闾知孙子能用兵，卒以为将"。《孙子兵法》以朴素的唯物主义辩证法思想，从战争的实际出发，总结和揭示了战争的普遍规律和基本的战略战术原则，同时具有着深刻的谋略内涵、道德内涵和哲学内涵，具有超越所处时代的思想性和创造精神，至今仍被人们广泛而深入地研究。

(一)《孙子兵法》产生的时代背景

春秋时期的政治情况主要表现为奴隶制没落，封建制兴起。《史记·周本纪》记载，西周灭亡以后，周天子的权力逐渐失去了权威，出现"周室衰微，诸侯强并弱，齐、楚、秦、晋始大，政由方伯"的政治局面。此时西方戎族、北方狄族和南方蛮族构成了对华夏诸国的严重威胁，齐桓公、晋文公等五霸的相继登场正是这一社会政治现象的反映。

春秋时期的经济情况表现为生产有了较大的发展。由于铁的利用、牛耕的推广、生产技术的改进、水利灌溉能力的提高等，使得当时社会经济生活中占主导地位的农业迅速地发展起来，并带动和促进了手工业和商业的发展，从而促进了整个社会经济的迅速发展。经济上的变革导致阶级关系随之发生变动，部分奴隶主逐渐转化为封建代表人物，并为战争提供了物质基础，如铜兵器质量的提高和弓箭射程的增大，铁制兵器的出现。这些都为各诸侯国扩充军队、改善装备、扩大战争规模提供了物质技术优势。

春秋时期的战争大体有三大类：一是诸侯国兼并与大同争霸的战争，二是新兴地主势力向奴隶主夺取政权的战争，三是奴隶起义的战争。战争的结果是：旧势力逐步没落衰亡、新势力逐步发展壮大，加速了奴隶社会向封建社会转型的进程。

新兴地主阶级为了军事斗争的需要，对军事思想提出新的要求，而频繁的战争为发展军事思想提供了有利条件。《孙子兵法》正是适应这一历史要求，在这样一个特定的历史条件下产生的。

(二)《孙子兵法》的思想精华

《孙子兵法》有13篇，共6100余字。

《计篇》主要论述了研究和谋划战争的重要性，强调先计后战，并提出了"兵者，诡道也"，"攻其无备、出其不意"的军事名言。

《作战篇》从战争对人力、物力和财力的密切依赖关系，着重论述了"兵贵胜、不贵久"的速胜论思想，并提出了"因粮于敌"的原则。

《谋攻篇》主要论述了筹划进攻的策略，并强调了以智谋取胜的战略方针，揭示了"知彼知己，百战不殆"的战争规律。

《形篇》主要论述军队在作战原则上，要时刻掌握主动权，使自己立于不败之地，然后寻求打败敌人的可乘之机，以压倒的绝对优势打击敌人，达到"自保而全胜"的目的。

《势篇》主要论述在军事实力的基础上，只有充分发挥指挥员的聪明才智，制造和利用有利态势，才能出奇制胜地打击敌人。

《虚实篇》主要论述在作战指导方针上必须"避实而击虚""因敌而制胜",以调动敌人而不被敌人所调动,主动灵活地打击敌人。

《军争篇》主要论述的是对立的两军如何争取胜利的问题。其核心是力争时刻掌握战场上的主动权,并提出了"避其锐气,击其惰归"的军事原则。

《九变篇》主要论述了要根据情况的变化灵活用兵的原则,提出了有备无患的备战思想。

《行军篇》主要论述了行军作战的要领和观察判断敌情的方法,并提出"令之以文,齐之以武"的治军思想。

《地形篇》主要论述了军队在不同地形条件下的行动原则,强调将帅要重视对地形的研究和利用。

《九地篇》主要论述了在九种不同的作战区域的用兵原则,并强调了"兵之情主速""并敌一向,千里杀将"等问题。

《火攻篇》主要论述了火攻的种类、目的、条件和实施方法,同时提出了"主不可以怒而兴师,将不可以愠而致战"的慎战思想。

《用间篇》主要论述了使用间谍的重要性及其方法,强调了侦察敌情的重要性,并提出了"先知敌情""不可取于鬼神""必取于人"的朴素唯物主义观点。

《孙子兵法》13篇,篇次有序,立论有体,是一部独立完整的兵书。其主要军事思想精华为:揭示了以"道"为首的战争制胜条件,揭示了"知彼知己"的战争认识方法,提出了以"致人而不致于人"为核心的一系列作战原则,反映了战争问题上的朴素唯物论和辩证法。

(三)《孙子兵法》的学术地位及深远影响

《孙子兵法》的问世,标志着独立的军事理论著作从此诞生,在世界军事史上具有划时代的意义。与色诺芬(前403—前355)的号称古希腊第一部军事理论专著《长征记》、罗马军事理论家弗龙廷(约35—103)的《战略物说》、韦格蒂乌斯(4世纪末)的《军事简述》相比,它不仅成书时间要早,学术性要强,而且有独特新颖的思想体系、深邃的军事观点,科学揭示了军事领域的一些基本规律,成为后世兵书的典范。它的理论意义,不仅跨越了奴隶制时代和封建时代,而且至今仍有宝贵的借鉴作用和一定的指导意义。因此,在世界军事思想史上,产生了极为深远的影响。

《孙子兵法》在唐朝中期传入日本,18世纪下半叶传入法国,后来又传入俄、英、德等国,成为近代资产阶级军事思想的一个源泉。美国约翰·柯林斯在1973年出版的《大战略》中说:"孙子是古代第一个形成战略思想的伟大人物。他于公元前400—前320年间写成了最早的名著《兵法》。孙子十三篇可与历代名著包括2200年后克劳塞维茨的著作媲美。今天没有一个人对战略的相互关系、应考虑的问题和所受的限制比孙子有更深刻的认识,他的大部分观点在我们的当前环境中仍然具有和当时同样重大的意义。"

第三节　中国近代军事理论

1840年爆发的鸦片战争,暴露出清王朝军事理论方面的严重弱点,中国传统兵学受到西方军事理论的严重冲击。随着列强历次侵华战争的进行和侵略的逐步加深,中国传统军事理论受到西方资产阶级军事理论越来越猛烈的冲击和挑战,导致了中国近代资产阶级军事理论的产生和发展，其过程主要包括以下几个时期：

一、萌芽时期

鸦片战争时期，以林则徐、魏源为代表的有识之士，初步认识到西方列强的"舢坚炮利"，提出了"师夷长技以制夷"的口号，标志着变革传统军事思想的开端，对中国近代军事理论的产生和发展具有重要影响。

19世纪50年代初爆发的以太平天国农民起义为主导的席卷全国的各族人民大起义，将腐朽的清朝武装——八旗、绿营打得溃不成军，迫使统治阶级中的某些人物产生了"改弦更张"的思想。曾国藩为了镇压太平天国起义，编练了一支新型地主武装——湘军，冲破了清廷"以骑射为根本"的思想束缚，从国外购进一批火炮装备其水陆师，具有较强的战斗力。

在战争实践中，曾国藩、胡林翼、左宗棠、李鸿章等继承传统的军事理论，从实战中总结经验教训，形成了一套比较系统的作战指导思想。他们对战争持慎重态度，主张"谨慎为先""稳慎为主"。在战略上能着眼全局，审时度势，慎静缓图，谋定后动。

在镇压太平军的作战中，曾国藩、胡林翼采取"先剪枝叶，后图本根"的方略；在镇压捻军的作战中，曾国藩、李鸿章先后采取"以静制动""扼地兜剿"的方略；在镇压西捻军和陕甘回民起义军的作战中，左宗棠采取"先捻后回""先秦后陇"的方略，都取得了成功。在作战指导上，胡林翼等强调"全军为上策""杀贼为上策""得城池次之"，并善于运用"围城打援"等战法，体现了以歼灭对方有生力量为主的思想。

太平天国农民战争是中国旧式农民战争的顶峰。太平军建立之初，就在严密组织的思想指导下进行组建，仿照《周礼》制定《太平军目》，以军、师、旅、卒、两、伍的序列编组部队，先后建立起陆营、土营和水营，实行具有供给制性质的"圣库"制度，成为中国农民战争史上纲领最明确、组织最正规的起义武装，并开始用缴获、购置的洋枪洋炮装备部队。在作战上强调"灵变"，初期即以"略城堡、舍要害、专意金陵"的战略指导取得重大胜利。定都天京（今南京）后，更擅长于战役、战斗的指挥，熟练地运用"围魏救赵"等灵活战法，取得二破江北江南大营等多次胜利，给清军以沉重的打击。但从总体上看，作战方式仍显得简单呆板，战略谋划不足，军事上未能摆脱被动地位。

二、局部变革时期

第二次鸦片战争结束后，统治阶级中一部分被称作洋务派的官僚奕䜣、曾国藩、左宗棠、李鸿章等，出于镇压农民起义和抵御外敌侵入的双重目的，继承"师夷长技以制夷"的思想，开展了一场"自强"运动（史称"洋务运动"）。他们本着"自强以练兵为要，练兵又以制器为先"的方针，首先兴办近代军事工业，仿造西式枪炮战舰，为新的军事理论的产生提供了物质条件。他们还着手整顿、编练军队，向西方购买舰船，筹组近代海军。其设防思想也开始由以陆防为主发展到陆、海并重。1888年，北洋海军正式成军。《北洋海军章程》的制定，标志着近代资产阶级军事理论开始在海军中占据主导地位。此外，洋务派还着手兴办聘有洋人当教员的军事学堂，并选派学生出国留学，在培养军事人才的领域内开始冲破科举制的束缚，吸收并贯彻近代资产阶级军事理论。

在此期间先后发生的清军收复新疆战争、中法战争和中日甲午战争，其结局虽然有胜有负，但伴随着武器装备的更新，作战样式和作战方法等方面都较前有了不少变化，主要体现在：以古代火器与冷兵器相结合的海战，发展为以运用火器为主的近代水平的海上交战；陆海协同的抗登陆作战出现；步骑、步炮协同作战开始普遍采用，阵地战、运动战的水平也有所提高；战斗队形开始由密集向疏散发展，并出现了攻守结合的野战工事"地营"；电报、铁路和航运开始用于作战保障。所有这些都标志着作战指导思想向近代化迈出了一大步。

但是，由于受"中学为体，西学为用"指导思想的束缚，建军、作战思想明显落后于时代发展的需要。在治军方面，八旗、绿营军制的部分改变，仍未能脱出湘军的窠臼；军队的管理教育，仍以封建纲常与宗法思想为基本内容，带有浓厚的封建色彩；作战指导思想方面，严重滞后于武器装备的发展变化，对西方列强的入侵多实行单纯防御。

三、全面变革时期

中国在甲午战争中失败，朝野震动，纷纷主张全面仿照西法创练新式陆军。清政府决定抛弃湘淮军体制，改革陆军军制，按照西法编练新军。此时所编的新军，设有步、马、炮、工程各队，一律装备新式枪炮，采用德国操典练兵。这是晚清建军思想从旧营制向"以步队为主，骑、炮、工程队为辅"的合成军队方向迈出的决定性的一步。

1900年，清军在抗击八国联军入侵战争中失败，迫使清政府进一步变革政治。军事制度改为以日本陆军编制为蓝本。苦练新军，确立了全面学习外国先进军制的思想，标志着清代军制正式步入近代化的轨道。对各省的旧军汰弱留强，改编成巡防营，初步形成了类似野战军与地方军相结合的武装力量体制。还正式宣布废除武举制度，确定在全国广设学堂，建立由陆军小学、中学、大学和专门军事技术学校组成的较完整的军事教育体系。

在清军实行全面变革的过程中，还翻译、编撰了一批军事学术著作，西方资产阶级的战争理论、军制学、战略学等开始在中国传播。一些军事家已直接论述到战争是"政略冲突的结果"，倡导实行西方的义务兵役制。徐建寅编写的《兵学新书》，袁世凯等编纂的《训练操法详细图说》等，在传播西方军事理论、促进中西军事理论融合方面，作了初步的尝试。

这一时期学习西方的内容，仍偏重于军事方面，并以模仿西方军制和传播西方军事理论为基本特征。在政治制度的变革上，则竭力维护封建专制制度。以孙中山为代表的资产阶级革命党人，认识到在中国"和平之法无可复施"，决心弃改良主义，走武装夺取政权的道路。清王朝在辛亥革命中被推翻后，中央统治权落入袁世凯手中，中国陷入内战连绵的军阀混战时期。袁世凯死后，各割据势力依附于不同的帝国主义势力，互争雄长，全国统一的军制被各自为政的军阀所破坏，军队的私属性更为明显，带有浓重的半殖民地半封建的性质。

这一时期军队建设、作战样式以及作战指导思想较前均有明显的变化：基于战争情况复杂多变，各级司令部的作用被提到重要位置，前线指挥员也被赋予较多的临机处置之权；比较普遍地注意利用近代交通、通信工具来机动部队和提高指挥效能；预备队的掌握与运用已引起重视；飞机开始用于遂行侦察、轰炸任务；随着火力的加强，更加重视防御工事的构筑与改进。由于机械地套用外军做法，作战样式偏重于阵地战。

四、进一步发展时期

以孙中山为代表的资产阶级革命党人，进行了讨袁战争、护国战争、护法战争。他们从依靠一部分军阀反击另一部分军阀结果招致军阀挟制的惨痛教训中认识到，南北军阀乃是"一丘之貉"，必须重新建立一支革命军队。在共产国际和中国共产党的帮助下，孙中山提出了"以党治军""军队与国民相结合""进而成为群众的武力"的建军方针。他还在军队中建立党代表和政治工作制度，对官兵进行三民主义的教育，在建军思想方面迈出了新的一步。

1926 年，经孙中山改组过的中国国民党与中国共产党合作，指挥国民革命军开始了推翻北洋军阀统治的北伐战争。正当北伐战争顺利进展之际，蒋介石、汪精卫于 1927 年 4 月、7 月先后叛变革命，倒转枪口残杀中国共产党人和革命人民。共产党人被迫发动武装起义，建立中国工农红军，实行工农武装割据，反对蒋介石集团的反动统治。

1927 年南京国民政府成立伊始，代表大资产阶级利益的蒋介石集团即本着统一军权、改革军制的指导思想，着手军队的整顿和建设。他在逐一击败各地方割据势力后，开始改革军制、建立军事统率机构、更新武器装备、健全后勤供应系统；组建装甲兵等特种兵，发展空军，加强海军，形成陆海空三军的联合军队体制；本着"打仗就是打将"的指导思想，举办各种军事学校和军官训练团，培养军官和各类专业人才。与此同时，向官兵灌输"绝对服从命令""忠于领袖""不成功便成仁"等封建道德观念，加强对军队的思想控制；甚至实施"连坐法"，设立特务组织，监视官兵的言行，实行恐怖统治。所有这些措施，反映了蒋介石集团把先进的军事技术、军事组织与封建主义、法西斯主义相结合的建军思想。

蒋介石集团还在"攘外必先安内"的反动思想指导下，一边对日妥协，一边加紧"围剿"工农红军，使民族危机空前深重。抗日战争爆发后，蒋介石集团"以空间换取时间"，实行持久消耗战略，在正面战场牵制了相当数量的日军。但是，由于实行片面抗战路线，减弱了全民抗战的力量，尤其在抗战初期，实行以阵地战为主的专守防御方针，使大片国土沦丧，军队损失惨重，而消耗敌军不多。中后期又实行"消极抗日、积极反共、保存实力"的方针，结果，正面战场的部队只知死守阵地，被动应战，最终导致战略性溃败。这一时期，还翻译出版了欧美和日本的军事著作，一些爱国将领与军事理论家也著书立说，在结合中国实际运用西方军事科学方面作了新的探索，其中如蒋百里的《国防论》、杨杰的《国防新论》具有较高的水平。

中国在百余年间完成了从传统军事理论向近代军事理论的过渡，就其发展速度而言，远胜于以往上千年所走过的历史进程。但是，中国近代军事理论的发展具有明显的被动性，往往在被外敌击败之后，迫于形势而改弦易张，抛弃一些旧东西，蹒跚地向前迈出一步。中国社会的落后，决定了中国近代军事理论并非是植根于自身机体的自然发展，而主要是模仿欧美。在借鉴欧美资产阶级军事理论的过程中，既存在照搬照套、生吞活剥、忽视中国优良传统的倾向，也存在死守封建宗法思想不放、拒绝接受时代精华的倾向。所有这些，都严重地束缚了中国军队向现代化迈进的步伐，也阻碍了中国近代军事理论的健康发展。

第四节　毛泽东军事思想

一、毛泽东军事思想的科学内涵与价值

毛泽东是伟大的马克思主义者，是伟大的无产阶级革命家、战略家、军事家和理论家，是中国共产党、中国人民解放军和中华人民共和国的主要缔造者。他为中国革命战争的胜利立下了不朽的功勋，为世界被压迫民族的解放和人类的进步事业做出了卓越的贡献。领导中国革命战争是毛泽东整个革命活动中最精彩的篇章。他集伟大的统帅、军事家和军事理论家

于一身,不仅指导中国革命战争、人民军队建设取得了伟大胜利,而且是中国革命军事理论的奠基人和集大成者。据不完全统计,仅在土地革命战争时期和解放战争时期,毛泽东组织指挥和参与组织指挥的战役战斗就达239次之多,从1927年到抗美援朝战争时期,他亲手撰写的尚存的军事论著和指挥作战的文电就达5000余篇,约400万字。在新的历史条件下,学习和研究毛泽东军事思想,完整准确地掌握其科学体系,对继承和发展毛泽东军事思想,用以指导当前和今后的军事斗争,具有极其重要的意义。

毛泽东军事思想是以毛泽东为代表的中国共产党人关于中国革命战争和军队问题的科学理论体系,是马列主义的基本原理与中国革命战争具体实践相结合的产物,是中国革命战争和军队建设实践经验的科学总结,是以毛泽东为主要代表的中国共产党人集体智慧的结晶,同时又是毛泽东思想的重要组成部分。

二、毛泽东军事思想的主要内容

毛泽东军事思想是一个科学的体系,它包括无产阶级的战争观和方法论、人民军队、人民战争、人民战争的战略战术和国防建设等内容。

(一)无产阶级的战争观和方法论

毛泽东指出,战争是从有私有财产和有阶级以来就开始了的,用以解决阶级和阶级、民族和民族、国家和国家、政治集团和政治集团之间在一定发展阶段上的矛盾的一种最高斗争形式;在阶级社会中,离开革命战争就不能完成社会发展的飞跃;革命的中心任务和最高形式是武装夺取政权。这些关于战争本质的认识,是中国人民进行革命战争的基本依据。

毛泽东认为,战争这种特殊的社会活动形态较之其他社会现象更难捉摸,更少确定性,即更带随机性。但是,战争是一种物质的必然运动,是可以认识的。军事理论来源于战争实践,战争规律是客观实际在人们头脑中的反映。研究和指导战争必须从敌我双方各方面的情况出发,探索战争的客观规律,并按照这种规律去指导战争。不同的战争有不同的规律,我们不但要研究一般战争的规律,更要结合当时当地的战争实际,研究特殊的战争规律。在计划与实施作战中,认识的对象必须包括敌我两个方面。认识情况的过程不但存在于军事计划建立之前,而且存在于军事计划建立之后,要按照侦察、判断、决心、部署的逻辑顺序,不断深化对战争的认识,解决主客观之间的矛盾,实施正确的战争指导。毛泽东把唯物辩证法纯熟地运用于军事,形成了具有中国特色的无产阶级战争观、战争问题上的认识论和方法论。它是毛泽东军事思想的理论基础,是无产阶级研究和指导战争的思想武器。

(二)人民战争思想和人民军队思想

毛泽东把人民群众是历史的创造者这一马克思主义的基本原理运用到战争领域,确立了在共产党领导下,动员、组织与武装群众进行人民战争的思想。以建立农村根据地作为坚持革命战争的战略基地,实行党政军民一元化领导,以武装斗争为中心,全面担负组织武力与使用武力的责任,实行正规军与游击队、民兵相结合,主力兵团相结合,武装群众与非武装群众相结合,把各种形式的斗争同武装斗争这个主要的斗争形式直接或间接结合起来。由此可见,中国共产党领导的人民战争完全不同于历史上任何自发的人民战争,而是具有鲜明的革命性、科学性、组织性和广泛性的特点。人民战争思想反映了革命战争的客观规律,是中国共产党进行战争的根本指导路线。

毛泽东把建立人民军队作为首要问题提出,强调"没有一个人民的军队,便没有人民的一切"。建军初期,他就着手解决把以农民为主要成分的革命军队建设成为无产阶级性质的人民军队的问题。经过三湾改编和古田会议,人民军队的建军思想开始确立,并在以后的斗争实践中逐步完善,形成一整套人民军队的建军原则。它主要包括:坚持共产党对军队的绝对领导;坚持全心全意为人民服务的宗旨;执行以战斗队为主,在一定条件下又是工作队、生产队的任务;建立革命的政治工作,明确党领导下的军事工作和政治工作具有同等地位,必须紧密结合;强调政治工作是以革命精神教育部队,从思想上、政治上、组织上保证党的路线、方针、政策的执行和军事任务的完成;以官兵一致、军民一致、瓦解敌军为政治工作三大原则;拥政爱民,遵守三大纪律八项注意;严格要求发扬勇敢战斗、不怕牺牲和艰苦奋斗的优良作风;等等。坚持和实行这些原则使这支新型军队永远保持人民军队的本质,具有坚强的战斗意志,得到人民的拥护和支援,永远立于不败之地。

(三) 人民战争的战略战术思想

人民战争的战略战术,体现了毛泽东人民战争思想的战略指导原则和作战方法,是毛泽东高超的战争指导艺术在人民战争中的体现,揭示了中国革命战争的指导规律,是毛泽东军事思想中十分精彩的部分,其内容非常丰富。

1. 战略上藐视敌人,战术上重视敌人,保存自己,消灭敌人

毛泽东科学地指出,帝国主义和一切反动派既是"纸老虎",又是"真老虎"。这一论断规定了人民战争的战略战术原则。在战略上,敌人是"纸老虎",我们要藐视它,建立敢斗必胜的信心。在战术上,敌人又是"真老虎",我们要重视它,注意善斗善胜的方法,讲究斗争艺术。敌我双方战争力量的强与弱,是绝对性与相对性的统一。在特定的时间和空间内,作战双方总有一方强一方弱。强的一方形成战争的主动与进攻态势,弱的一方则处于被动和防御态势,这就是绝对性。但在构成战争力量的诸因素中,往往都是有强有弱、强弱并存、强中有弱、弱中有强。总体上强,某些局部上有弱;总体上弱,某些局部上有强,这就是相对性。毛泽东在指导弱小的人民军队抵抗强大的敌军时,在充分认识绝对性和相对性的基础上,通过巧妙的指导艺术,抑制和削弱敌之强点,扩大和利用敌之弱点,并同时增加和扩大我军之强点,弥补弱点,先以我之局部的强,打击敌之局部的弱,一战取胜。然后照此原理,各个击破,逐步削弱敌人整体上之强,最后完成整体上由弱变强的转变。这种战略和战术上的巧妙结合和运用,便造成敌人由"真老虎"向"纸老虎"的转化,取得我胜敌败的结局。

保存自己、消灭敌人,是战争的目的。消灭敌人的含义是指解除敌人的武装,剥夺敌人的抵抗能力,不是要完全消灭敌人的肉体。毛泽东指出,保存自己、消灭敌人是战争的目的和本质,"是战争的基本原则,一切技术的、战术的、战役的、战略的原理原则"。进攻,是直接为了消灭敌人,同时也是为了保存自己。防御,是直接为了保存自己,同时也是辅助进攻或准备转入反攻以有力杀伤敌人的一种手段。两军相争的实质就是争夺战争中保存自己、消灭敌人的有利时机。毛泽东用辩证唯物主义的方法,将两者统一起来,指明这是对立统一于同一矛盾体之中的关系。"保存自己的目的,在于消灭敌人;而消灭敌人又是保存自己最有效的手段。"战争的多数场合,消灭敌人是优先考虑的原则,是第一位的,保存自己是第二位的。但在特定条件下保存自己上升到第一位,比如在敌我力量十分悬殊的情况下,不能与敌

人硬拼，需要后退摆脱敌人，这时保存自己就处于优先考虑的地位。

2. 积极防御，集中优势兵力，以歼灭战为作战方法

开始时敌强我弱的条件，决定了人民革命战争在较长的时间内总体上处于劣势和防御地位。如何采取正确的防御方法，促使由被动向主动方面转化，是战略指导的中心任务。毛泽东将防御与进攻巧妙地结合起来，实行防中有攻的"积极防御"方法。而只有防御不求进攻的方法叫做"消极防御"。积极防御战略思想的基本精神是从自卫的后发制人的立场出发，在敌强我弱的总形势下，将战略上的防御与战役战斗上的进攻紧密结合起来，以积极的攻势行动抗击敌人，不断消灭和消耗敌人，转化敌我力量对比，夺取战略主动权，并适时地把战略防御导向战略反攻和进攻，彻底消灭敌人，夺取战争的全面胜利。

集中优势兵力的目的是为了各个歼灭敌人。毛泽东在指导战争中，确定了把歼灭战作为我军基本的作战方针。在战役的总体上，以歼灭战为主，以消耗战为辅。集中优势兵力与各个歼灭敌人，二者是不可分割、辩证统一的。只有集中优势兵力，才能达到各个歼灭敌人的目的；只有各个歼灭敌人，才能形成和保持兵力的优势。在敌优我劣的情况下，要使我军由战略上的弱者变为战役战斗上的强者，最根本的办法就是集中优势兵力，各个歼灭敌人，在战役战斗上实行外线速决的进攻战，达到以多胜少、以强胜弱、速决歼敌之目的，然后转移兵力，再击他路。随着时间的推移，逐渐改变敌我力量对比，使我军变为战略上的优势，赢得战争的主动权。连续三年半的解放战争，只有 120 万兵力的人民解放军，歼灭敌军 807 万人，取得了战争的胜利。

3. 慎重初战，不打无准备、无把握之仗

初战，是指战争或战役的第一仗。首战获胜，对己会产生极大的鼓舞作用，对敌士气则产生沉重打击。初战胜负，对随后战争或战役的发展影响极大。因此，毛泽东非常重视初战，他提出了初战三个原则：第一，必须打胜；第二，必须照顾全战役计划；第三，必须照顾下一战略阶段。毛泽东不打无准备无把握之仗的原则具有普遍意义。他指出："每战都应务求有准备，力求在敌我力量对比下有胜利的把握。""准备"与"把握"是紧密相连的，作战胜利的把握建立在事先有准备的基础之上。"准备"的内容，包括人力、物力的准备，包括敌情侦察和了解，包括作战对象、作战地域、作战时机和作战方向的选择，包括兵力的部署与展开以及作战方法的确定、预作几套方案和临机处置的办法等。准备的程度，从敌我对比中，以我有把握取得胜利为前提。准备的立足点要从困难处着眼，估计最困难、最危险的可能性，预备解困的方案。在作战实践中就能措置裕如，解困排险，争取最好的结局。

(四) 毛泽东军事辩证法

军事辩证法是毛泽东军事思想的精髓。军事辩证法这一科学概念是毛泽东首先提出来的。1936 年，他在陕北红军大学以"军事辩证法"为题作过讲演。他说，军事辩证法是运用马克思主义哲学，结合战争实践经验研究战争和战争指导规律的学问。后来发展成一门独立的学科。军事辩证法是关于军事领域矛盾运动的一般规律的科学，是唯物辩证法一般原理在军事领域的运用和特殊表现，是各门具体的军事科学的理论基础，是认识战争和指导战争的方法论。毛泽东军事辩证法对马克思主义军事辩证法的主要贡献，首先在于把无产阶级丰富的战争经验升华为科学理论，其次是把这个理论逐步充实完善，使之成为既包含一般军事辩证法基本原理，又具有中国特色的军事辩证法，比以往一切军事辩证法思想都更加丰富、更加

系统、更加完善，详尽地阐述了马克思主义的战争观，确立了认识和研究战争规律的基本方法，提出和完善了战略学和战术学中的唯物辩证法诸范畴，等等。

1.毛泽东的战争观

毛泽东坚持马克思主义战争观，对战争的起源、战争的本质、对待战争的态度及消灭战争的途径等一系列问题作了深刻的探讨和科学的论述。

(1)战争的起源和现代战争的根源。毛泽东指出："战争——从私有财产和有阶级以来就开始有了。"私有财产和阶级的出现，是发生战争的根本原因；只要有私有制和阶级存在，战争就不可避免。

(2)战争的本质和目的。毛泽东认为："战争本身就是政治性质的行动，从古以来没有不带政治性的战争""政治是不流血的战争，战争是流血的政治。"任何战争都有它的政治目的。毛泽东指出："政治发展到一定的阶段，再也不能照旧前进，于是爆发了战争，用以扫除政治道路上的障碍""障碍既除，政治目的达到，战争结束，障碍没有扫除得干净，战争仍须继续进行，以求贯彻"。战争是手段，政治是目的。

(3)战争的性质和对待它的态度及消灭的途径。毛泽东提出："历史上的战争分为两类，一类是正义的，一类是非正义的。一切进步的战争都是正义的，一切阻碍进步的战争都是非正义的。"判定某一战争的性质，决不能单看战争发动者的言辞，也不能把军事上的进攻和防御作为区分战争性质的标准，必须看它在当时的历史条件下是否有利于解放生产力，是否推动人类社会向前发展。

毛泽东指出："我们是坚持和平，反对战争的。但是，如果帝国主义一定要发动战争，我们也不害怕。"今后，有谁胆敢对我国发动侵略战争，我们必将用反侵略战争给以坚决的回击，彻底消灭侵略者。毛泽东还就人类的永久和平作了科学的展望。他指出："人类社会进步到消灭了阶级，消灭了国家，到了那个时候，什么战争也没有了，反革命战争没有了，革命战争也没有了……这就是人类永久和平的时代。"

2.毛泽东的战争方法论

毛泽东关于研究和指导战争的方法论，就是毛泽东提出的认识战争和指导战争的根本方法。他运用辩证唯物主义和历史唯物主义观察和解决战争指导问题，形成了战争问题的认识论和方法论。

(1)认识和掌握战争的规律性。毛泽东认为，战争作为一种社会历史现象，同自然界和其他社会活动一样，是有规律可循的。战争规律就是战争产生发展进程中各个方面的本质联系及其必然趋势。战争规律是战争双方在政治、军事、经济、自然条件等因素上的内在联系，它贯穿于战争始终，规定着战争发展的必然趋势。认识、揭示战争规律的目的，在于运用战争规律，争取指导战争。因此，毛泽东提出"战争指导规律"这一科学概念，是指合乎战争规律的战争指导原则。它是基于人们对战争客观规律的正确认识所制定的战争指导路线和战略战术原则。战争指导规律是战争指导者对战争规律的能动反映，只有符合客观规律，才能取得战争的胜利。

(2)主观指导必须符合客观实际。战争规律是客观的，是不以人的意志为转移的；人们不可能超越客观规律去企求战争的胜利。正确解决主观认识符合客观实际的问题，是战胜敌人的关键，是人的因素在战争指导者身上的具体体现。要解决指导上的主客观一致，需要着重解决好以下三个问题：

第一个问题，要熟识敌我双方的客观情况。"知彼知己"是指导一切战争普遍适用的原则。毛泽东指出："指挥员的正确部署来源于正确的决心，正确的决心来源于正确的判断，正确的判断来源于周到、必要的侦察，和对各种侦察材料连贯起来的思索。"战争指挥员运用各种手段收集敌我各方面的材料，进行去粗取精、去伪存真、由此及彼、由表及里的整理，去发现各个材料间彼此的关联，从中找出规律性的东西，帮助自己构成正确的判断，定下决心实施部署。毛泽东指出："这是军事家在作出每一个战略、战役或战斗计划之前的一个整个的认识情况的过程。"而更重要的是在实施过程中，由于战场发展错综复杂，战情瞬息万变，指挥员必须不间断地把握变化了的情况，作出新的判断，定下新的决心，这是原计划实施后发生"敌变我变"的过程。这两个过程都体现了认识战争的主观能动性。可见，熟识敌我双方的客观情况，不仅是取得胜利的基础，而且是正确实施战争指导的前提。

第二个问题，要善于学习，勇于实践。毛泽东指出："一切真知都是从直接经验发源的。但人不能事事按直接经验，事实上大多数的知识都是间接经验的东西""在我为间接经验者，在人则仍为直接经验"。学习前人在战争中积累的正反两方面的经验，武装自己的头脑，增长才智，是每一个战争指导者获取真知的捷径。

第三个问题，要在客观物质基础上充分发挥主观能动性。毛泽东指出："战争就是两军指挥员以军力、财力等各项物质基础作地盘，互争优势和主动权的主观能力的竞赛。"只有具备了客观物质条件之后，加上取胜的主观条件，才能将胜利由可能变为现实。因此，在具备了一定的物质条件之后，人的主观能动作用就成为战争胜负的决定因素。

（3）着眼其特点和发展，关照全局和掌握重要关节。毛泽东指出："战争情况的不同，决定着不同的战争指导规律，有时间、地域和性质的差别""我们研究在各个不同时间、地域和性质战争的指导规律，应当着眼其特点和着眼其发展，反对战争问题上的机械论"。所谓着眼其特点，就是既要研究战争的一般规律，又要研究其特殊规律，要从战争的共性和个性的区别和联系中把握战争的特殊规律。所谓着眼其发展，就是对战争规律的认识，要随着历史的发展而发展，随着战争的发展而发展。毛泽东强调："读书是学习，使用也是学习，而且是更重要的学习。从战争中学习战争——这是我们的主要方法。"

局部是战争全局的一部分、一个方面或一个阶段。全局和局部都是相对的，在一定的场合是全局性的东西，在另一场合就可能是局部性的东西。战争指导者的首要任务是关照好全局。毛泽东指出："战争胜败的主要和首要的问题，是对于全局和各阶段关照得好或关照得不好。"因此，指挥战争全局的人，最要紧的是把自己的注意力摆在照顾战争全局上面，关照好各方面和各个阶段的相互关系，善于照顾全局。战争指导者在把握战争全局的同时，必须重视有决定意义的局部去带动整个战争的发展，把自己的重心放在对全局最有决定意义的问题上。

三、毛泽东军事思想的形成与发展

毛泽东军事思想是一定历史阶段的产物，它产生于 20 世纪 20 年代的中国革命战争，其形成和发展经历了一个逐步完善的过程。关于毛泽东军事思想的形成和发展，大体上可分为以下三个时期：

（1）产生时期（1921 年 7 月—1935 年 1 月）。从中国共产党成立到遵义会议前，是毛泽东军事思想的产生时期，主要标志是：接受了马列主义关于暴力革命的学说，掌握和影响了部分武装力量；开创了农村包围城市、武装夺取政权的革命道路；缔造了一支新型的人民军队。

（2）形成时期（1935 年 1 月—1945 年 8 月）。遵义会议至抗日战争胜利，是毛泽东军事思想的形成时期。有代表性军事理论著作有：《中国革命战争的战略问题》《抗日游击战争的战略问题》《论持久战》等。这些军事著作所阐述的内容，包括了无产阶级战争观和方法论、人民军队、人民战争、人民战争的战略战术等，标志着毛泽东军事思想形成了一个比较完整的科学体系。

（3）丰富和发展时期（1945 年至今）。抗日战争胜利至今，是毛泽东军事思想的丰富和发展时期。毛泽东提出了十大军事原则、建设现代化和正规化的国防军、确立了发展"两弹一星"的国防科技战略、积极防御的战略思想有了新的发展。

第五节　邓小平新时期军队建设思想

邓小平在新的历史条件下，继承和发展毛泽东军事思想，以巨大的政治勇气和理论勇气，开创有中国特色的精兵之路，创造性地总结和提出新时期军队建设思想。这一思想是新时期军队和国防现代化建设的根本依据和指导方针。邓小平新时期军队建设思想的内容极其丰富，从宏观上可以概括为以下四个方面：

一、阐明了新时期加强军队建设的根本依据

邓小平阐明的新时期必须加强军队建设的根本依据，主要包括以下三点：

（一）必须始终不渝地坚持人民军队的性质

军队是国家政权的主要成分，谁想夺取国家政权并想保持它，谁就应该拥有强大的军队。我国在新的历史条件下要巩固无产阶级政权和保卫社会主义制度，一个重要的条件就是保持我军的无产阶级性质，使我军永远是一支在中国共产党绝对领导下的人民军队。邓小平明确指出："这个军队永远是党领导下的军队，永远是国家的捍卫者，永远是社会主义的捍卫者，永远是人民利益的捍卫者。"

面对改革开放和复杂环境，特别是在国内外各种敌对势力妄图改变我军性质的情况下，加强政治建设，坚持党对军队的绝对领导，对于始终不渝地保持人民军队的性质、巩固国家政权和发展社会主义事业，都具有十分重要的意义。

（二）必须更好地履行我军的根本职能

我军是一支执行革命的政治任务的武装集团，对外反侵略、对内反颠覆是我军的根本职能。面对国际、国内形势发生的深刻变化和现代科学技术的发展，要使我军更好地履行自己的职能，必须加强自身建设，有效地提高我军的战斗力。早在 1978 年的全军政治工作会议上，邓小平就指出："这次会议着重研究和解决在新的历史条件下，发扬政治工作的优良传统，提高我军战斗力的问题。"正是根据邓小平的有关论述，中央军委连续在 1988 年、1989 年和 1990 年的三次扩大会议上，都强调要把提高战斗力作为军队建设和改革的出发点和落

脚点，从而为我军建设指明了正确方向。

(三) 必须适应军队建设指导思想的战略性转变

进入 20 世纪 80 年代以来，世界形势发生了明显的变化。邓小平正确把握国际战略形势发展的总趋势，及时地作出和平和发展是当代世界的两大主题的正确论断，为我军建设指导思想实行战略性转变奠定了理论基础。他指出："冷静地判断国际形势，多争取一点时间不打仗还是可能的。在这段时间里，我们应当尽可能地减少军费开支来加强国家建设。"在邓小平主持下召开的 1985 年的军委扩大会议上，做出了军队建设指导思想实行战略性转变的重大决策。军队建设指导思想实行战略性转变的实质，就是要充分利用今后较长时间内大仗打不起来的和平环境，在服从国家经济建设大局的前提下，抓紧时间，有计划、有步骤地加强以现代化为中心的根本建设，提高军政素质，增强我军在现代战争条件下的自卫能力。

二、确立了我军"三化"建设的总目标

邓小平根据新时期我军肩负的历史使命，为我军确立了"三化"建设的总目标，即"把我军建设成为一支强大的现代化、正规化的革命军队"。

(一) 加强革命化建设，确保我军政治上永远合格

邓小平深刻地分析了新时期我军面临的复杂环境，对加强我军革命化建设，给予了极大的重视。他在接见首都戒严部队军以上干部时的讲话中指出："处理这件事对我们军队是一次很严峻的政治考验，实践证明，我们的解放军考试合格。""我讲考试合格，就是指军队仍然是人民子弟兵，这个性质合格。"邓小平对于如何加强我军革命化建设、确保我军政治上永远合格的问题，一方面要求我军加强思想政治工作，发扬优良传统，使政治工作在新的条件下发展提高，另一方面要求我军深入开展坚持四项基本原则、反对资产阶级自由化的教育，切实保证党对军队的绝对领导。

(二) 以现代化建设为中心，努力适应现代战争的要求

邓小平指出："现在我们一定要承认我们的科学技术水平与世界先进水平相比，还差很长的一截。要承认我们军队打现代化战争的能力不够。"这就指明了现代化水平不高是我军的薄弱环节。邓小平进一步提出："我们一定要在国民经济不断发展的基础上，改善武器装备，加速国防现代化。""靠空讲不能实现现代化，必须有知识，有人才。""要办各级学校，经过训练，使军队领导干部掌握现代科学文化知识和现代战争知识。"对体制编制的现代化问题和军事科学理论研究工作，邓小平也非常重视。

(三) 加强正规化建设是搞好革命化、现代化建设的重要保证

在强调加强革命化和现代化建设的同时，邓小平深刻阐明了我军加强正规化建设的必要性和重要意义，对如何加强我军正规化建设的问题，邓小平特别强调要通过努力完善各种法规制度，来进一步提高我军的正规化水平。进入新时期以来我军在完善法规制度方面做了大量工作，取得显著的成效，明显地减少了工作指导上的主观随意性，提高了我军的正规化水平。

三、指出了走有中国特色的精兵之路必须解决的主要问题

邓小平关于新时期军队建设的思想，不仅为我军确立了"三化"建设的总目标，而且明确指出了注重质量建设走中国特色的精兵之路，必须着重解决好以下三个问题：

（一）军队建设必须服从国家建设大局，与经济建设相适应

军队建设指导思想实行战略性转变的首要任务，就是逐步理顺军队建设的内部、外部关系，特别是处理好军队建设与国家建设的关系。邓小平指出："现在需要的是全国党政军民一心一意地服从国家建设这个大局，照顾这个大局。这个问题，我们军队有自己的责任，不能妨碍这个大局，要紧密地配合这个大局，而且要在这个大局下面行动。"对于在服从国家建设大局的前提下，如何搞好军队建设的问题，邓小平一方面提出军队要"忍耐"，"军队装备真正现代化，只有国民经济建立了比较好的基础才有可能"，另一方面，他明确指出这种"忍耐"是积极的，绝不是消极的，要求我们立足现有条件，努力做好各项工作，绝不能降低我军的装备水平和忽视人员素质的提高。这些论述深刻地反映了邓小平关于军队建设必须在忍耐中积极求发展的基本思想。

（二）军队建设必须在改革中前进

邓小平指出："改革是全面的改革，不仅经济、政治，还包括科技、教育等各行各业。"根据邓小平的有关论述和指示，中央军委于 1988 年制定的《关于加快和深化军队改革的工作纲要》提出："军队改革的总任务，就是要建立适应国际战略环境，适应国民经济发展水平和国防建设需要、适应现代战争要求的军事体制和运行机制，把我军建设成为具有中国特色的现代化、正规化革命军队。"邓小平对我军改革的重点和必须遵循的基本原则，做出一系列重要的理论阐述。他一方面强调现阶段我军必须把搞好体制改革作为一个重点问题来抓，另一方面，他要求军队改革必须积极而稳妥地进行，强调"胆子要大，步子要稳"。

（三）军队必须减少数量，提高质量，增强战斗力

早在 1975 年，邓小平就指出"现在，好多优良传统丢掉了，军队臃肿不堪。军队的人数增加很多，军费开支占国家预算的比重增大，把很多钱花费在人员的穿衣吃饭上面。更主要的是，军队膨胀起来，不精干，打起仗来就不行"。邓小平还进一步指出精简军队与提高战斗力的关系，他说："军队要提高战斗力，提高工作效率，不'消肿'不行。"对于我军如何减少数量、提高质量的问题，邓小平着重强调了三点：一要进行体制编制整顿，从体制、编制上解决"肿"的问题。二要把精简军队与体制改革结合起来，通过体制改革来克服我军存在的一些弊端，有效地提高战斗力。三要通过健全各种制度来精简军队。实践证明，只要认真贯彻落实邓小平的这些基本要求，就能够通过减少数量、提高质量来保证我军战斗力的不断增强。

四、提出了新时期军队建设必须采取的全局性措施

为了确保我军"三化"建设总目标的实现，邓小平在全面总结我军建设经验的基础上，根据未来战争的要求和我军现阶段建设中存在的薄弱环节，从理论的高度提出了一系列关乎国防和军队建设全局的重大战略举措：

(一) 把教育训练摆在战略位置

1975 年，他强调，"要把训练放在战略问题的一个重要位置上"。1977 年邓小平再次复出后，在当年 8 月召开的军委座谈会上，又专门以"军队要把教育训练提高到战略地位"为主题作重要讲话。以后他又反复强调这个问题。在邓小平这一思想指引下，全军形成了共识，形成了制度，教育训练出现了新局面。

(二) 培养和造就一大批治军人才

国防和军队建设发展的关键在人才，人才培养的关键在教育。他提出要通过办学校解决干部问题。在他主持军委工作期间，先后四次召开全军院校工作会议，研究解决加强院校建设的一系列重大问题，理顺了初、中、高三级培训体制，形成了具有我军特色的院校体系，把我军院校建设推进到一个崭新的阶段。

(三) 依法建设和管理部队

根据邓小平的意见，1977 年军委会议制定并通过了 9 个决定、条例，内容包括教育训练、武器装备、编制体制等许多方面。十一届三中全会后的一段时间，在邓小平领导下，先后制定颁发了 60 个军事法规。法规建设是一项基础建设、长远建设。邓小平主持制定的一整套法规制度，是长期指导和规范国防和军队建设的重要法典，是新时期治军的依据，同时也为我军依法建设和管理部队开辟了道路。

(四) 恢复发扬我军的优良传统和作风

军队的优良传统和作风是一种无形的战斗力和无价的精神财富。对此，邓小平格外珍视，并从中提炼概括出"五种革命精神"，号召全军予以发扬。直到党的十四大前夕，他还一再谆谆嘱咐全军要发扬优良传统，保持老红军的本色。按照邓小平的要求，我军始终保持着优良传统和优良作风的优势。

第六节　江泽民论国防和军队建设思想

在新的时代背景下，我国国防和军队建设既面临着难得的机遇，也面临着严峻的挑战。对于新时期的军队建设，江泽民同志最关注的是两个历史性课题：一个是能否跟上世界军事发展的趋势，打赢未来可能发生的高技术局部战争；一个是能否保持人民军队的性质、本色和作风，始终成为党绝对领导下的革命军队。江泽民国防和军队建设思想的全部内容，都是围绕着解决打得赢、不变质这两个历史性课题而展开的。

一、主要内容

(一) 打得赢、不变质

1990 年 12 月，江泽民同志提出全面加强军队建设的"五句话"总要求，强调全军部队必须做到"政治合格、军事过硬、作风优良、纪律严明、保障有力"。这为我军履行打得赢、不变质的历史使命指明了方向。

1. 打得赢，是人民军队的根本职能和神圣使命

江泽民同志深刻洞察当今世界发展的大趋势，始终从国际战略全局和国家发展大局的高度谋划国防和军队建设，以宽广前瞻的世界眼光，精心构建面向未来的强军方略。

海湾战争初露高技术战争端倪，战争形态、战场环境、作战方法、指挥手段等与以往战争大不相同。江泽民同志主持制定新时期积极防御的军事战略方针，对我军战略指导实行重大调整，把军事斗争准备的基点，从应付一般条件下的局部战争转到打赢现代技术特别是高技术条件下的局部战争上来。

随着高技术战争的出现和发展，追求军事质量优势，已成为大国军事角逐的潮流。江泽民同志提出把科技强军、加强质量建设作为我军发展大计，要求军队建设实现由数量规模型向质量效能型、由人力密集型向科技密集型的转变。

当今，信息化成为世界军事变革的基本特征。江泽民同志强调，要实现我军现代化建设的跨越式发展，努力完成机械化和信息化建设的双重历史任务，坚持信息化为主导，机械化为基础，以信息化带动机械化，以机械化促进信息化，推进机械化和信息化的复合式发展。

加强国防和军队现代化建设必须具有前瞻性思想。1997 年，在江泽民同志主持下，中央军委提出国防和军队现代化建设跨世纪发展"三步走"的战略构想，确定争取到 21 世纪中叶，基本实现国防和军队现代化。2003 年，又进一步明确，实现国防和军队现代化的基本标志是信息化。

2. 不变质，是对人民军队本质的要求，也是打得赢的根本保证

我军之所以能够从胜利走向胜利，最根本的原因就是始终不渝地凝聚在党的旗帜下。党对军队的绝对领导，是我们党和军队的优良传统和特有的政治优势。面对国际风云变幻和国内改革开放的新形势，面对我军历史任务和人员构成的新变化，江泽民同志把党对军队的绝对领导作为军队建设和发展的首要问题，始终予以高度关注。

江泽民同志指出："一个军队要有军魂。我看，我们军队的军魂就是党的绝对领导。"他反复强调，"党对军队的绝对领导是我军永远不变的军魂"。他把党对军队的绝对领导提到"军魂"的高度，深刻揭示了我军作为党的军队、人民的军队、社会主义国家军队的本质所在。

坚持党对军队的绝对领导，必须依靠强有力的思想政治建设作保证。江泽民同志要求军队各级党委和领导必须高度重视思想政治建设，把它摆在各项建设的首位，贯穿于一切工作之中，落实到军事训练、后勤保障、装备建设等各个方面，为打得赢提供强大的精神动力，为不变质提供可靠的政治保障。

他反复强调思想政治工作要围绕军队中心任务切实发挥服务保证作用，着眼于加强思想政治建设这个总要求，充分发挥"生命线"的作用。

坚持党对军队的绝对领导，必须保证枪杆子永远掌握在忠于党的可靠的人手里。江泽民同志反复强调，要把培养选拔优秀年轻干部作为重大而紧迫的战略任务切实抓紧抓好。鉴于高中级干部是建军治军的骨干，江泽民同志特别强调必须突出抓好高中级干部的教育管理。

江泽民国防和军队建设思想，是新的历史条件下的强军治军之道、新的战争形态下的克敌制胜之策。它处处体现着与时俱进、开拓创新的精神，标志着我们党对国防和军队建设规律的认识达到了一个新的高度。

（二）走中国特色的精兵之路

如果说打得赢、不变质是贯穿于江泽民国防和军队建设思想的历史性课题的话，那么，坚定不移地走中国特色的精兵之路，积极推进中国特色军事变革，则是贯穿于江泽民国防和军队建设思想的根本性指针和主导性思想。

1.改革军队体制编制，贯彻精兵、合成、高效原则

随着高新技术和武器装备的发展，世界主要军事大国都在不断压缩军队规模，注重提高军队建设的质量。我军虽然经过20世纪80年代的较大幅度的精简整编，但由于历史的原因，规模大、人数多的问题仍然比较突出，制约着军队现代化建设的发展。

江泽民同志洞察世界主要国家军队体制编制的发展趋势，得出一个结论：兵贵精不贵多，必须继续调整体制编制，进一步压缩规模，坚定不移地走中国特色的精兵之路。

军队体制编制是人与武器装备相结合的组织形式，是战斗力构成的重要因素。压缩军队规模，不单纯是减少数量，还要优化结构，提高质量。对此，江泽民同志指出，军队体制编制调整改革必须贯彻精兵、合成、高效的原则，立足于我军的根本职能，深入研究高技术战争对军队体制编制的影响，着重解决领导指挥和管理体制以及部队编成中存在的矛盾和问题，建立具有我军特色的组织编制体制和领导指挥体制。

在走精兵之路思想的指引下，我军体制编制进行了一系列重大调整改革。

（1）1992年4月，江泽民同志和中央军委作出"八五"期间军队体制编制调整改革的决定，通过继续压缩军队规模，精简机构，为20世纪80年代百万大裁军画上了一个圆满的句号。

（2）1997年9月，江泽民同志在党的第十五次全国代表大会上庄严宣布，我军在20世纪80年代裁军百万的基础上，今后3年将再裁减员额50万。

（3）1998年4月，中央军委制定了"九五"期间军队体制编制调整改革方案，决定对我军领导指挥体制、保障体制、部队编成、院校体制进行重大调整改革。这一年，在江泽民同志的提议下，正式成立了总装备部，实现了我军武器装备建设的集中统一领导。

2.推进军队现代化建设，加强军队质量建设

以质量建设为目标的多次体制编制调整改革，使我军不断朝着规模适度、结构合理、机构精干、指挥灵便、战斗力强的方向迈进，为加速我军现代化建设创造了条件。

以海湾战争为转折点，世界新军事变革进入一个新的质变阶段。信息化是世界新军事变革的核心，人类社会的战争形态正由机械化战争转变为信息化战争，工业化时代的机械化军队正在转变为信息化军队。面对这样的发展趋势，江泽民同志很是关注，他及时跟踪研究近期每一场局部战争，深刻分析世界新军事变革的本质、特点、发展趋势及对我军建设的影响，号召全军以改革创新精神迎接世界新军事变革的严峻挑战，积极推进中国特色军事变革。

江泽民同志指出："发达国家与发展中国家的军事技术形态出现又一轮'时代差'。历史上西方列强以洋枪洋炮对亚非拉国家的大刀长矛的军事技术优势，正在转变为发达国家以信息化军事对发展中国家的机械化半机械化的新的军事技术优势。"他还尖锐地指出，世界新军事变革既给我们带来了严峻挑战，同时也给我们提供了历史机遇。要求全军增强紧迫感，牢牢抓住难得的战略机遇期，通过深化改革，实现军队建设的整体转型，建设一支能够打赢未来信息化战争的强大的现代化正规化革命军队。

面对科学技术和世界新军事变革的滚滚潮流，江泽民同志始终坚持以开放的世界意识和

超前的战略眼光，紧紧抓住推进中国特色军事变革这个主导性思想，认真思考和筹划我军现代化建设。

武器装备是军队现代化的重要标志。坚持自力更生方针和突出重点、有所为有所不为的原则，增强自主创新能力，狠抓关键技术攻关，促进武器装备建设长足发展。陆军基本形成立体机动作战的装备体系和配套的支援保障体系，海军基本形成海上机动作战、基地防御作战和海基自卫核反击作战的装备体系，空军基本形成歼击机、攻击机、运输机和多种支援保障飞机相结合的装备体系，第二炮兵基本形成近中远程齐全、核常兼备的武器系列。

3. 坚持发展军队院校教育体系，培养高素质军事人才

人才是强军、治军之本。坚持把院校教育摆在优先发展的战略位置，初步形成具有我军特色的院校教育体系，走依托国民教育培养军队干部的路子，一大批新型军事人才走上各级领导岗位。全军已有博士、硕士2.6万多名，作战部队军、师、团领导班子中，具有大专以上文化程度的比例分别为88%、90%、75%。

先进的军事理论是战争制胜的重要因素。坚持开拓进取，勇于创新，积极探讨新形势下军队建设的特点和规律，深入研究战胜敌人的战法，有力地促进了军队现代化建设的发展和军事斗争准备的落实。

4. 依法治军，从严治军

正规化是革命化、现代化建设的重要保障。坚持依法治军、从严治军方针，逐步建立和完善军事法规体系。国家和军队先后制定了10多部军事法律、100多件军事法规、2000多件军事规章，国防和军队建设走上了法制化轨道。

推进中国特色军事变革任重道远。人们不会忘记，近代中国，由于政治统治腐败而丧失了军事变革的机遇，最终陷入了任人宰割的境地。历史的教训绝不能重演。我们一定要增强忧患意识，以时不我待的精神，把中国特色军事变革不断推向前进。

二、地位和作用

江泽民国防和军队建设思想与毛泽东军事思想、邓小平新时期军队建设思想，是一脉相承而又与时俱进的军事科学体系，统一于我们党领导国防和军队建设事业的伟大实践中。

作为不同历史条件下诞生的三大军事理论成果，毛泽东军事思想主要回答了在中国处于半殖民地半封建社会的历史条件下，如何建设一支新型人民军队和夺取武装斗争胜利，以及在取得政权后如何建立现代国防的问题；邓小平新时期军队建设思想，主要回答了在和平与发展成为时代主题、国家实行改革开放的历史条件下，如何开创中国特色的精兵之路，建设一支强大的现代化正规化革命军队的问题；江泽民国防和军队建设思想，主要回答了在世界多极化曲折发展，世界新军事变革不断深入，国内推进改革开放和发展社会主义市场经济的历史条件下，如何积极推进中国特色军事变革，解决好人民军队打得赢、不变质两个历史性课题，为建设中国特色社会主义提供安全保障的问题。

江泽民国防和军队建设思想内容丰富、博大精深。从国防和军队建设的地位作用到目标任务，从指导方针到总体思路，从根本途径到战略步骤，从发展动力到政治保证，构成了完整系统科学的军事理论体系。它要求我们从国际战略全局和国家发展大局来谋划国防和军队建设，妥善处理国防建设和经济建设的关系，解决好新时期军队建设打得赢、不变质两个历史性课题，始终坚持党对军队的绝对领导，用新时期军事战略方针统揽军队建设全局，积极

推进中国特色军事变革，按照"五句话"总要求全面加强军队建设，把思想政治建设摆在各项建设的首位，实施科技强军战略，培养和造就大批高素质新型军事人才，把发展武器装备摆在提高军事实力的突出位置，把改革作为军队现代化建设的根本动力，坚持依法治军、从严治军，依靠人民建设国防、建设军队，创新发展中国特色的军事理论等。

如同毛泽东军事思想、邓小平新时期军队建设思想一样，江泽民国防和军队建设思想创立和形成的过程，也是一个不断推进实践创新和理论创新的发展过程。作为中国共产党人领导国防和军队建设所形成的最新理论成果，江泽民国防和军队建设思想所贯穿的根本性指针，就是坚定不移地走中国特色的精兵之路；所贯穿的历史性课题，就是打得赢、不变质；所贯穿的主导性思想，就是积极推进中国特色军事变革。这一思想的形成，开辟了马克思主义军事理论的新境界。我们必须坚定不移地坚持江泽民国防和军队建设思想的指导地位。

我们已经踏上了21世纪的征程。新的世纪，新的阶段，我们党确定全面建设小康社会的目标，在中国特色社会主义道路上实现中华民族伟大复兴。国防和军队建设，要为全面建设小康社会、维护国家安全和统一提供坚强保障。

新征程，新目标，新使命，对国防和军队建设提出了新的更高的要求，我们能不能解决好打得赢、不变质这两大历史性课题，能不能完成建设强大的信息化军队的历史性任务，事关全面建设小康社会奋斗目标能否实现，事关中国特色社会主义事业的全局，事关国家的安危和中华民族的生存和发展。这是时代的选择、历史的必然！

第七节　胡锦涛关于国防和军队建设的重要论述

胡锦涛关于国防和军队建设的重要论述，是胡锦涛站在继往开来的历史关头，全面继承和发展毛泽东军事思想、邓小平新时期军队建设思想、江泽民国防和军队建设思想，开创性地对加强国防和军队建设作出的一系列战略思考和重要指示，是科学发展观在国防和军队建设领域的生动展开，是新世纪新阶段国防和军队建设的科学指南。

一、主要内容

（一）新世纪新阶段我军的历史使命

21世纪头20年，是我们必须紧紧抓住并且可以大有作为的重要战略机遇期。抓住机遇促进发展，对全面建设小康社会、加快推进社会主义现代化至关重要。战略机遇期来之不易，抓住和用好战略机遇期，更不容易。历史上，我国既有丧失机遇而落伍的沉痛教训，也有抓住机遇实现快速发展的成功经验。机遇难得，稍纵即逝。抓住和用好战略机遇期的一个基本前提，是要有一个良好的安全环境。当前影响和危害战略机遇期的因素仍不少，国家安全问题的综合性、复杂性、多变性进一步增强。必须加强国防和军队建设，为创造一个有利于全面建设小康社会、加快推进社会主义现代化的长期安全环境做出应有贡献。

1.为维护国家利益提供有力的战略支撑

捍卫国家利益及其发展，是军队的价值所在，是军队的使命所在。随着时代的进步和我国的发展，我国安全利益逐渐超出传统的领土、领海和领空范围，不断向海洋、太空和电磁空间扩展和延伸。这就要求我们必须拓展安全战略和军事战略视野，不仅要维护国家生存利益，还要维护国家发展利益；不仅要维护领土、领海和领空安全，还要维护海洋、太空和电磁空间安全以及其他方面的国家安全。

2. 为维护世界和平与促进共同发展发挥重要作用

维护世界和平与促进共同发展，是全人类的共同愿望和责任。随着经济全球化的不断发展，中国经济和世界经济已经融为一体。中国的发展离不开世界，世界的繁荣稳定也离不开中国。作为联合国安理会常任理事国之一，作为世界上人口最多、发展最快的社会主义大国，我国理应在国际事务中承担起与我国国际地位相称的职责和作用。维护世界和平与促进共同发展，除了运用经济、政治、外交等和平方式外，还必须拥有强大的军事实力作后盾。这就要求我们必须努力建设一支与我国国际地位相称和我国发展利益相适应的军事力量，增强我军应对危机、维护和平，遏制战争、打赢战争的能力，在维护世界和平与促进共同发展中发挥更大作用。

（二）加快中国特色军事变革

21世纪，世界军事领域中的变革越来越迅猛，竞争越来越激烈。世界各主要大国和我国周边一些国家的军队，在军事变革上采取多种措施，加快了变革步伐。这对处在机械化任务尚未完成、同时又面临信息化任务这一特殊历史时期的我军来说，构成了严峻的挑战和巨大的压力。加快中国特色军事变革，时不我待，势在必行。这是我军应对多种安全威胁、完成多样化军事任务、有效履行历史使命的必然要求，是逐步缩小与国际先进军事技术水平的差距、实现军队现代化发展的必由之路。

1. 改革创新是推进国防和军队建设、加快中国特色军事变革的强大动力

国防和军队改革是我国改革开放事业的重要组成部分，其主要内容是体制机制的调整改革。这既是中国特色军事变革的重要方面，同时又发挥着为中国特色军事变革提供强大动力和体制机制保障的重要作用。

2. 必须大力推进军事理论、军事技术、军事组织和军事管理创新

军事理论创新对中国特色军事变革具有基础性、前瞻性和先导性作用，军事技术创新对加快中国特色军事变革起着原动力的作用，军事组织创新对提高战斗力、实现人与武器装备的最佳结合起着重要的纽带作用，军事管理创新对降低军队建设成本、提高军事系统运行效率同样具有非常重要的作用。加快中国特色军事变革的根本目的是提高战斗力，要以此为出发点和落脚点，用战斗力标准来统一改革思想、制订改革措施、检验改革成效，通过改革创新不断加快中国特色军事变革的前进步伐。

（三）军队思想政治建设

胡锦涛强调思想政治建设是革命化建设的核心，是军队最根本的建设，科学界定了思想政治建设的地位作用；强调加强军队思想政治建设最根本的是要坚持党对军队的绝对领导、坚持全心全意为人民服务，指出了思想政治建设的本质要求；强调坚持不懈地用马克思主义科学理论、中国特色社会主义理论体系和党的理论创新的最新成果武装全军，阐明了思想政治建设的首要任务；强调引导官兵树立坚定的理想信念和正确的世界观、人生观、价值观，始终保持政治上的坚定和思想道德上的纯洁，明确了思想政治建设的根本任务；强调以社会主义核心价值体系为引领、构建当代革命军人核心价值观，搞好我军历史使命、理想信念、

战斗精神和社会主义荣辱观教育,规范了思想政治教育的重点内容;强调更加有力、更加扎实、更加富有成效地推进思想政治建设,在加强思想政治教育的主动性、针对性、实效性上下功夫,在抓基层、打基础上下功夫,在克服形式主义、官僚主义上下功夫,指明了加强和改进思想政治建设的科学思路。这些重要论述意境高远、内涵丰富、思想深刻、富于创新,形成了较为完整的理论体系,进一步丰富发展了我军思想政治建设理论。

加强和改进思想政治工作。新世纪新阶段,我军建设正处于承前启后、继往开来的重要历史时期,思想政治建设所处的时代背景和历史条件发生了深刻变化,思想政治建设面临着前所未有的挑战和考验,担负着更为繁重的任务。加强和改进思想政治工作,是确保党对军队绝对领导的必然要求,是确保部队打得赢、不变质的必然要求,也是确保广大官兵健康发展的必然要求。胡锦涛指出,加强和改进思想政治工作,必须着眼时代发展和形势任务变化对思想政治工作提出的新要求,根据部队官兵的成分变化和思想实际,有的放矢地做工作,增强思想政治工作的针对性、实效性。既要弘扬我军优良作风和光荣传统,又要积极创新和改进思想政治工作的内容、形式和手段。要把解决思想问题和解决实际问题结合起来,把促进思想进步与保持心理健康结合起来,把加强思想教育与完善政策制度结合起来。特别是要把党的先进性要求真正贯彻和体现到党的思想、组织、作风、制度建设各个方面,充分发挥党委的核心领导作用、党支部的战斗堡垒作用、共产党员的先锋模范作用,使思想政治建设真正落到实处。

(四)全面建设军队现代后勤

全面建设军队现代后勤,是胡锦涛国防和军队建设重要论述的有机组成部分,是党的十七大对我军后勤建设提出的一项重大战略任务,也是全军后勤广大官兵的光荣历史责任。

1. 全面建设军队现代后勤是有效履行我军历史使命的必然要求

新世纪新阶段,我军历史使命对后勤建设提出了新的更高要求。全面建设军队现代后勤这一战略构想的根本出发点,是着眼于有效履行我军历史使命,全面提高综合保障能力。这就要求我们深化保障体制改革,创新保障方式,发展先进保障手段,提高后勤管理水平,努力使后勤现代化水平与保障打赢信息化条件下局部战争的要求相适应,后勤保障能力与履行我军历史使命的要求相适应,保障我军能够在各种复杂形势下有效应对危机、维护和平,遏制战争、打赢战争。无论陆、海、空、天、电哪个领域,仗在哪里打,军事任务在哪里执行,后勤就必须保障到哪里。这是有效履行我军历史使命,提高保障我军应对多种安全威胁、完成多样化军事任务能力的必然要求。

2. 全面建设军队现代后勤是一个有机的统一整体

全面建设军队现代后勤内涵深刻,意义重大,其主要内容是保障体制一体化、保障方式社会化、保障手段信息化、后勤管理科学化。

保障体制一体化,就是将国家、地方与军队力量统筹运用,将陆海空三军后勤保障融为一体,将战略、战役、战术后勤紧密衔接。保障方式社会化,就是把国防和军队现代化建设融入国家经济社会发展之中,充分利用和依托民用资源与社会保障资源,逐步建成骨干在军、主体在民的社会化保障体系。保障手段信息化,就是运用现代的信息技术、基础平台、网络环境和信息资源,推进后勤信息系统与后勤保障装备的一体融合,实现保障需求实时可知,保障资源实时可视,保障活动实时可控。后勤管理科学化,就是综合利用现代管理理论、技术和方法，对后勤保障活动进行全过程的科学管理，主要包括建立健全科学的管理体制、规范的管理机制、先进的管理手段、有效的监督控制。由此可见，全面建设军队现代后勤是一种体系建设，这四个方面的内容是统一的、不可分割的。

3. 以科学发展观为指导，切实把军队后勤建设纳入科学发展的轨道

全面建设军队现代后勤，必须坚持从实际出发，立足国情军情，发扬艰苦奋斗、勤俭建军的优良传统，坚决反对大手大脚、铺张浪费，坚定不移地走投入较少、效益较高的国防和军队现代化建设路子，切实把有限的军费管好用好，用在刀刃上，用出效益来。必须坚持走中国特色军民融合式发展路子，能利用民用资源的就不自己铺摊子，能纳入国家经济科技发展体系的就不另起炉灶，能依托社会保障资源办的事都要实行社会化保障，把军队后勤建设深深融入国家经济社会发展体系之中。必须统筹国防军队建设与国家经济建设的关系，军队后勤建设与军队整体建设的关系，军事斗争后勤准备与后勤建设的关系，后勤建设中当前与长远、重点与一般、局部与全局、需要与可能等各种关系，按照时代发展要求，实现后勤保障理念、保障体制、保障方式、保障手段、后勤管理和后勤人才队伍的全面进步和发展。

4. 全面建设军队现代后勤是现阶段的战略性任务

全面建设军队现代后勤，是我军现代化建设的重要组成部分，是新世纪新阶段后勤建设发展的战略性任务。我们必须紧紧围绕我军历史使命，自觉适应新形势新任务新要求，以创新的精神、创新的思路和创新的办法，积极探索全面建设军队现代后勤的特点规律，努力实现我军由陆军主导型后勤向三军一体型后勤、由封闭型后勤向开放型后勤、由人力密集型后勤向科技密集型后勤、由经验管理型后勤向科学管理型后勤的根本转变，不断开创全面建设军队后勤新局面，推动后勤建设取得质的跃升和新的进展。

二、地位和作用

（一）科学发展观为国防和军队建设提供了理论遵循

胡锦涛对中国特色社会主义理论体系的重要贡献是提出了科学发展观这一重大战略思想。胡锦涛关于国防和军队建设贯彻落实科学发展观的一系列重要论述，是新世纪新阶段国防和军队建设又好又快发展的科学指南。

当今世界和当代中国正在发生广泛而深刻的变化，机遇前所未有，挑战也前所未有。和平、发展、合作是当今时代的潮流，国际战略形势保持总体和平、缓和、稳定的基本态势。国内改革开放和社会主义经济、政治、文化、社会建设不断向前推进，军队现代化水平不断提高，国防实力明显增强。但是，我国安全形势仍面临许多不利因素。既面临境外敌对势力西化、分化政治图谋的严峻挑战，又面临我国改革发展进入关键时期新矛盾新问题的复杂考验。我军建设正处于机械化任务尚未完成、同时又面临信息化任务的特殊历史时期，现代化水平与打赢信息化条件下局部战争的要求还不相适应，军事能力与履行新世纪新阶段我军历史使命的要求还不相适应。新世纪新阶段，国防和军队建设要又好又快地向前发展，就必须有科学的理论指导。因此，国防和军队建设贯彻落实科学发展观，是适应国家安全形势发展变化的迫切要求，是实现国防建设与经济建设协调发展的必然要求，是新世纪新阶段军队建设发展的内在要求。

胡锦涛指出，新世纪新阶段国防和军队现代化建设的发展，必须是融入国家现代化战略

全局、与国家安全和发展利益相适应的发展，是注重全面建设、革命化现代化正规化相统一的发展，是坚持以人为本、推动军队建设与促进官兵全面发展相一致的发展，是走中国特色精兵之路、速度质量效益相协调的发展，一句话，必须努力实现国防和军队现代化建设又好又快发展。这一重要论述表明，国防和军队现代化建设，关键是做到好中求快。又好又快发展是全面落实科学发展观的本质要求，是军队贯彻落实科学发展观的根本着眼点。

牢固树立科学发展观在国防和军队建设中的指导地位，把科学发展观确立为国防和军队建设的重要指导方针，是胡锦涛在立足国家发展战略全局、准确把握新世纪新阶段国防和军队建设内在要求、全面总结我军建设发展经验的基础上提出来的，是党的军事指导理论的重大创新发展。国防和军队建设贯彻落实科学发展观，是时代赋予我们的重大责任。我们要切实增强国防和军队建设贯彻落实科学发展观的坚定性和自觉性，提高贯彻落实科学发展观的素质能力，坚定不移地以科学发展观为指导，科学筹划和推进部队建设，努力推动新世纪新阶段国防和军队建设又好又快地向前发展。

（二）为国防和军队建设提供了重要保证和发展途径

胡锦涛在党的十七大报告中提出："在全面建设小康社会进程中实现富国和强军的统一。"这一重要战略思想对于发展中国特色社会主义、实现中华民族伟大复兴，具有重大而深远的意义。

1. 富国和强军都是我国现代化建设的战略任务，是发展中国特色社会主义、实现中华民族伟大复兴的重要基石

长期以来，我们党在领导社会主义建设实践中，总是站在国家安全和发展战略全局的高度来谋划国防和军队建设。中华人民共和国成立初期，毛泽东就提出了必须建立强大的国防和强大的经济两大发展目标，后来又描绘了"四个现代化"的宏伟蓝图。十一届三中全会以后，邓小平在科学分析和准确判断国际战略格局和国家发展形势的基础上，提出以经济建设为中心、国防和军队建设必须服从服务于经济建设这个大局的思想。20 世纪 90 年代，江泽民提出"以经济建设为中心，经济建设与国防现代化建设两头兼顾、协调发展"的方针。新世纪新阶段，以胡锦涛为总书记的党中央提出科学发展观等重大战略思想，中国特色社会主义事业总体布局又有了新的拓展。胡锦涛高度重视国防和军队建设，指出"国防和军队建设，在中国特色社会主义事业总体布局中占有重要地位"，强调"必须站在国家安全和发展战略全局的高度，统筹经济建设和国防建设，在全面建设小康社会进程中实现富国和强军的统一"。这一重要战略思想凝结着党的三代中央领导集体和十六大以来党中央为探索社会主义现代化建设规律付出的智慧和心血，适应了全面建设小康社会新的发展要求，是我们党探索社会主义现代化建设规律的又一崭新成果，是党领导社会主义现代化建设在理论上和实践上更加成熟的重要体现。

2. 建设富强民主文明和谐的社会主义现代化国家，在当前集中表现为全面建设小康社会

全面建设小康社会，必须以安全为基础，所以要有巩固的国防，没有国防，没有安全，就没有最基本的生存保障，就谈不上全面小康。我国是一个发展中的社会主义大国，如果不在发展经济的同时加强国防建设，既不能获得应有的国际地位，也难以有效保障经济建设的成果，就会在诸多方面受制于人。只有在全面推进经济、政治、文化、社会建设的同时，加强国防和军队建设，不断增强包括经济实力、国防实力、文化软实力在内的综合国力，中华民族

才能真正走向富强民主文明和谐。

3. 实现富国和强军的统一,是对中国历史经验教训的深刻总结

在中华民族的历史上,凡是繁荣昌盛的时期,都是国富兵强的盛世;反之则是屈辱、衰败、落后和挨打的时期。汉唐盛世,国富军强,人民安居乐业。宋朝经济富裕、文化繁荣,但重文轻武,在受到外族入侵时,无力抗击,虽英雄辈出,却一败再败。大清王朝,鸦片战争前经济总量占当时世界经济的28%左右,是世界头号经济大国,高于欧洲的总和,但在区区几千英兵的进攻下,却一败涂地。甲午战争爆发时,中国的经济总量是日本的4倍,但北洋水师全军覆没。从1840年到1945年,外国侵略者共强加给中国1100多个不平等条约。其中清政府就签订了500多个。凭借这些条约和武力侵占,帝国主义列强在侵占中国大片土地的同时,对中国实行强盗式的勒索。仅从《南京条约》到《辛丑条约》的8次赔款来看,总计约达19.53亿两白银,相当于清政府1901年国库收入的16倍。历史反复证明:贫穷落后要挨打!国富军弱也要挨打!

4. 实现富国和强军的统一,关键是统筹好经济建设和国防建设

统筹好经济建设和国防建设,对实现富国和强军的统一至关重要。经济实力的增强是国防和军队建设发展的前提基础,国防和军队建设的发展又为国家发展提供可靠的安全保障。统筹好经济建设和国防建设,必须坚持军民结合、寓军于民,走出一条中国特色军民融合式发展路子。要坚持把社会主义制度能够集中力量办大事的优势和市场在资源配置中的基础性作用结合起来,将国防建设有机融入经济社会发展之中。既充分利用经济社会发展成果推进国防和军队现代化建设,又积极发挥国防和军队现代化建设对经济社会发展的重要拉动作用,使富国和强军统一于全面建设小康社会的伟大实践。

第八节 习近平关于加强国防和军队建设的论述

建设与我国国际地位相称、与国家安全和发展利益相适应的巩固国防和强大军队,是我国社会主义现代化建设的战略任务。党的十八大以来,习近平总书记着眼于坚持和发展中国特色社会主义、实现中华民族伟大复兴中国梦,对加强国防和军队建设做出一系列重要论述,鲜明回答了在世界形势发生深刻复杂变化、我国全面建成小康社会进入决定性阶段新的历史条件下,建设一支听党指挥、能打胜仗、作风优良的人民军队的重大课题。这些重要论述是习近平总书记系列重要讲话精神的"军事篇",为在新的历史起点上加快推进国防和军队现代化提供了根本遵循。

一、主要内容

(一)牢牢把握党在新形势下的强军目标

1. 建设强大的人民军队是我们党的不懈追求

在各个历史时期,我们党都根据形势任务的变化,及时提出明确的目标要求,引领我军建设不断向前发展。毛泽东同志领导制定了建设优良的现代化革命军队的总方针,邓小平同志提出了建设一支强大的现代化正规化革命军队的总目标,江泽民同志提出了政治合格、军

事过硬、作风优良、纪律严明、保障有力的总要求，胡锦涛同志提出了按照革命化、现代化、正规化相统一的原则加强军队全面建设的思想。党的十八大后，习近平总书记鲜明提出党在新形势下的强军目标。2013年3月，在十二届全国人大一次会议解放军代表团全体会议上，他明确指出，建设一支听党指挥、能打胜仗、作风优良的人民军队，是党在新形势下的强军目标，并强调"全军要准确把握这一强军目标，用以统领军队建设、改革和军事斗争准备，努力把国防和军队建设提高到一个新水平"。这一目标，回答了为什么要强军、强军目标是什么、怎样走中国特色强军之路的重大课题，体现了新的形势和任务对军队建设的新要求，是我们党在新形势下建军治军的总方略。

2. 强军目标明确了加强军队建设的聚焦点和着力点

邓小平同志曾说过，"军队要像军队的样子"。总结我军历史和现实需要，"军队的样子"就是要坚决听党指挥，要能打仗、打胜仗，要保持光荣传统和优良作风。听党指挥是灵魂，决定军队建设的政治方向；能打胜仗是核心，反映军队的根本职能和军队建设的根本指向；作风优良是保证，关系军队的性质、宗旨、本色。这三条决定着军队发展方向，也决定着军队生死存亡。建军治军抓住这三条，就抓住了要害，就能起到纲举目张的作用。

3. 强军目标是实现中华民族伟大复兴中国梦的必然要求

实现中国梦对军队来说就要实现强军梦。富国与强军，是坚持和发展中国特色社会主义、实现中华民族伟大复兴中国梦的两大基石。中国梦包含强军梦，强军梦支撑中国梦。历史经验表明，任何一个国家要真正强大起来，没有坚强的军事实力作后盾是决然不行的。现在，我们前所未有地靠近世界舞台中心，前所未有地接近实现中华民族伟大复兴的目标，前所未有地具有实现这个目标的能力和信心。但中华民族伟大复兴绝不是轻轻松松、顺顺当当就能实现的，我们越是发展壮大，面临的阻力和压力就会越大，遇到的风险和挑战就会越多。没有一个巩固的国防，没有一支强大的军队，中华民族伟大复兴就没有安全保障。强军目标顺应了我国由大向强迈进关键阶段的时代呼唤，昭示了我们党着眼实现中国梦建设强大国防和军队的决心意志，进一步阐明了国防和军队建设在党和国家事业全局中的重要战略地位，要求我们把国防和军队建设放在实现中华民族伟大复兴这个大目标下来认识和推进，为实现中国梦提供坚强的力量保证。

4. 强军目标适应了国际战略形势和国家安全环境发展变化

形势决定任务，安全需求引领军事力量建设。当今世界，求和平、谋发展、促合作已成为不可阻挡的时代潮流，国际形势保持总体和平、缓和、稳定的基本态势，但天下还不太平，霸权主义、强权政治和新干涉主义有所上升，世界依然面临着现实和潜在的战争威胁，世界急剧变化增大了我国安全的不稳定性不确定性。我国周边特别是海上方向安全面临的现实威胁呈上升趋势，亚太地区正成为国际战略竞争和博弈的一个焦点，一些西方国家千方百计对我国进行战略遏制和围堵，我国周边领土主权争端、大国地缘竞争、军事安全较量、民族宗教矛盾等问题更加凸显，我们家门口生乱生战的可能性增大。世界新军事革命加速发展，世界主要国家都在加紧推进军事转型，这给我军提供了难得的历史机遇，同时也提出了严峻挑战。维护国家政治安全和社会稳定的任务更加艰巨。我国安全形势的复杂性和严峻性，要求国防和军队建设必须有一个大的发展。强军目标从时代发展和国家利益全局的高度思考军事问题，充分体现了放眼世界的战略视野、居安思危的战略清醒、强军兴军的战略筹划。

5. 强军目标抓住了军队建设面临的突出矛盾和问题

经过几代人的不懈努力，我军已发展成为诸军兵种合成、具有一定现代化水平并加快向信息化迈进的强大军队。我们从来没有像今天这样接近强军梦想，更加有信心、有能力实现强军目标。但要清醒看到，目前我军正处于机械化建设尚未完成、信息化建设加速发展阶段，我军现代化水平与国家安全需求相比差距还很大，与世界先进军事水平相比差距还很大。同时，面对意识形态领域复杂斗争和官兵成分结构变化，如何确保部队绝对忠诚、绝对纯洁、绝对可靠；面对世界新军事革命加速发展和战争形态深刻演变，如何提高打赢信息化条件下局部战争的能力；面对社会环境变化和不良风气影响，如何保持我军光荣传统和优良作风，这些都是当前我军建设亟须回答和解决的时代性课题。强军目标的提出，体现了鲜明的问题导向，抓住了建设强大军队的关键和要害，为推动国防和军队现代化建设跨越式发展提供了有力牵引。

（二）铸牢听党指挥这个强军之魂

1. 坚持党对军队的绝对领导是我军的立军之本

人民军队之所以有力量，根本就在于有凝聚军心意志的神圣军魂。我军是党缔造的，一诞生便与党紧紧地联系在一起，始终在党的绝对领导下行动和战斗。我们党是马克思主义政党，是全心全意为人民服务的政党，只有坚持党对军队的绝对领导，才能从根本上保证人民军队的性质。八十多年来，我军之所以能始终保持强大的凝聚力、向心力、战斗力，经受住各种考验，不断从胜利走向胜利，最根本的就是靠党的正确领导。这是我军的军魂和命根子，永远不能变，永远不能丢。2012年11月，习近平总书记在中央军委扩大会议上强调，"保证党对军队的绝对领导，关系我军性质和宗旨、关系社会主义前途命运、关系党和国家长治久安"。这个最根本的问题守不住，军队就会变质，就不可能有战斗力！任何时候任何情况下，都必须铸牢听党指挥这个强军之魂，坚持党对军队绝对领导的根本原则和人民军队的根本宗旨不动摇。

2. 坚持党对军队的绝对领导是由我军的性质决定的

要不要坚持党对军队的绝对领导，始终是我们同各种敌对势力斗争的一个焦点。当前，意识形态领域斗争异常激烈。我军是党的军队、人民的军队、社会主义国家的军队，这是高度一致的。敌对势力极力鼓吹"军队非党化、非政治化"和"军队国家化"，打着所谓"民主政治""公器公用"的幌子攻击我们，就是妄图动摇党对军队的绝对领导。历史和现实都告诉我们，在这个根本政治原则问题上，我们要头脑特别清醒、态度特别鲜明、行动特别坚决，决不能有任何动摇、任何迟疑、任何含糊。

3. 坚持党对军队的绝对领导，必须落实在行动上，以行动来检验

坚持党对军队的绝对领导，最紧要的是始终在思想上、政治上、行动上同党中央保持高度一致，坚决维护党中央、中央军委的权威，一切行动听从党中央、中央军委指挥。这一条要作为最高的政治要求来遵守，作为最高的政治纪律来维护。坚持党对军队的绝对领导，要靠一套制度作保证。党对军队实施绝对领导有一系列根本原则和制度，无论战争形态怎么演变、军队建设内外环境怎么变化、军队组织形态怎么调整，都必须始终不渝坚持。要坚持把从思想上、政治上建设和掌握部队摆在突出位置，坚持不懈用中国特色社会主义理论体系武装官兵，持续培育当代革命军人核心价值观，大力发展先进军事文化，有的放矢加强意识形

态工作，组织官兵认真学习国史党史军史，着力增强思想政治教育的时代性和感召力，坚定党对军队绝对领导的政治自信和政治自觉，打牢官兵高举旗帜、听党指挥的思想政治基础。要全面加强军队党的建设，保持党员队伍的先进性和纯洁性，把各级党组织建设成为坚强领导核心和战斗堡垒。要端正选人用人导向，坚持从政治上考察和使用干部，确保枪杆子永远掌握在忠于党的可靠的人手中。

（三）扭住能打仗、打胜仗这个强军之要

军队首先是一个战斗队，是为打仗而存在的。新形势下我军职能使命不断拓展，但作为战斗队的根本职能始终没有变。文无第一，武无第二。战场打不赢，一切等于零。中华民族是爱好和平的民族，我们坚持走和平发展道路，但如果有人要把战争强加到我们头上，军队必须能决战决胜。历史经验表明，能战方能止战，准备打才可能不必打，越不能打越可能挨打，这就是战争与和平的辩证法。我军素以能征善战著称于世，创造过许多辉煌的战绩。同时，我们必须看到，能打胜仗的能力标准是随着战争实践发展而不断变化的，以前能打胜仗不等于现在能打胜仗。我军打现代化战争能力不够，各级干部指挥现代化战争能力不够，这两个问题很现实地摆在我们面前。2012年12月，习近平总书记在广州战区考察时强调，"要牢记，能打仗、打胜仗是强军之要，必须按照打仗这个标准搞建设抓准备，确保军队能够做到召之即来、来之能战、战之必胜"。

1. 牢固树立战斗力这个唯一的根本的标准

军队建设各项工作，如果离开战斗力标准，就失去其根本意义和根本价值。要始终坚持用打得赢的标准搞建设，坚持把提高战斗力作为全军各项建设的出发点和落脚点，坚持用是否有利于提高战斗力来衡量和检验各项工作，使全军各项建设和工作向实现建设信息化军队、打赢信息化战争的战略目标聚焦，向实施信息化条件下联合作战的要求聚焦，向形成基于信息系统的体系作战能力聚焦。要按照战斗力标准理清发展思路、实施决策指导、配置力量资源、选拔任用干部、评定工作实绩，真正把战斗力标准在军队建设中立起来、落下去。要进一步解决好影响战斗力生成提高的思想观念、体制机制等方面的突出矛盾和问题，形成更加明确的用人导向、工作导向、评价导向、激励导向，推动战斗力建设不断取得实质性进展。各级党委和领导干部，要把全部心思向打仗聚焦、各项工作向打仗用劲，真想打仗的事情，真谋打仗的问题，真抓打仗的准备。

2. 推动军事战略创新发展

军事战略是关于军事力量建设和运用的总方略，是国家战略的重要组成部分。实施正确的军事战略指导，是我军能打仗、打胜仗的必然要求，对军队建设和军事斗争准备具有引导和牵引作用。军事战略指导的生命力在于创新。新形势下，我们要坚持贯彻新时期积极防御的军事战略方针，同时要丰富和完善积极防御战略思想的内涵。创新军事战略指导，必须紧紧抓住战争指导这个根本。战争是政治的继续，必须坚持军事服从政治、战略服从政略，从政治高度思考战争问题，着眼国家利益全局筹划和指导军事行动。加强各战略方向战略指导研究，搞清楚、弄明白未来与谁打仗、打什么仗、怎么打胜仗这些重大问题，立足最复杂最困难情况搞好应对强敌军事干预的战略筹划，增强军事战略指导的针对性和有效性。军事战略指导重心要前移，更加注重运用军事力量和军事手段营造有利战略态势，把预防危机、遏制战争、打赢战争统一起来，把备战和止战、威慑和实战、战争行动和和平时期军事力量运用

作为一个整体加以运筹，为国家发展营造良好的外部环境和战略格局。

3. 坚持不懈拓展和深化军事斗争准备

军事斗争准备是军队的基本实践活动，是维护和平、遏制危机、打赢战争的重要保证。要始终扭住核心军事能力建设不放松，统筹安排并抓好非战争军事行动能力建设，把各项准备工作往前头赶、朝实里抓。把日常战备工作提到战略高度，保持箭在弦上、引而待发的高度戒备态势，坚持平战一体，抓住平战转换这个枢纽，提高快速反应能力。坚持以军事斗争准备为龙头带动军队现代化建设整体发展，推动信息化建设加速发展，扎实做好新型作战力量建设，努力建设保障打赢现代化战争、服务部队现代化建设、向信息化转型的后勤。大力发展高新技术武器装备，夯实能打胜仗的物质技术基础。加强高素质新型军事人才培养，实施人才强军战略，坚持院校优先发展战略，把联合作战指挥人才、新型作战力量人才培养作为重中之重，努力培养造就能够担当强军重任的优秀军事人才。深化国防和军队改革，把领导指挥体制作为重点，优化结构、完善功能，深化政策制度改革，推动军民融合深度发展，解决制约国防和军队建设的突出矛盾和问题，构建中国特色现代军事力量体系。

（四）夯实依法治军、从严治军这个强军之基

1. 作风优良是我军的鲜明特色和政治优势

古往今来，作风优良才能塑造英雄部队，作风松散可以搞垮常胜之师。在长期实践中，我军培育和形成了光荣的传统和优良的作风，把这些宝贵精神财富一代代传下去，这关系军队建设全局，关系军队形象和战斗力建设。任何时候任何情况下，我军人民军队的性质永远不能变，老红军的传统永远不能丢，艰苦奋斗的政治本色永远不能改。

现在，社会环境变化了，社会上一些不良风气在部队都会有所表现，一些病菌也在不断侵蚀部队的肌体。有病就要治，而且大病小病都要治，要及时治。如果讳疾忌医，小病拖成了大病，宿疾难医，军队就不成其为军队，更谈不上能打胜仗了！"木之折也必通蠹，墙之坏也必通隙。"如果我们不能及时解决自身存在的问题，任其发展下去，就会自毁长城。2013 年 8 月，习近平总书记在视察原沈阳战区部队时强调，要坚持按照标准更高、走在前列的要求不断把部队作风建设引向深入，努力实现作风建设根本性好转。

2. 要继承和发扬我军光荣传统和优良作风

要自觉践行人民军队的根本宗旨，带头牢记和落实与人民心心相印、与人民同甘共苦、与人民团结奋斗的要求。大力弘扬艰苦奋斗的光荣传统。作为党领导下的人民军队，如果不提倡艰苦奋斗，贪图享乐，不可能成为一支具有强大战斗力的军队。坚持勤俭办一切事业，反对大手大脚、讲排场比阔气、公款吃喝，坚决抵制享乐主义和奢靡之风。要重点在解决"四风"问题、纠治发生在士兵身边的不正之风方面下功夫，旗帜鲜明反对腐败、反对特权，着力在纠治官兵反映强烈的突出问题上见到成效，在解决深层次矛盾和问题上见到成效，在构建规范化、制度化的长效机制上见到成效，保持人民军队长期形成的良好形象。

3. 从严治军是建设强大军队的铁律

古语说得好，慈不掌兵。要夯实依法治军、从严治军这个强军之基，坚持以纪律建设为核心，下大气力整肃军纪，培养官兵自觉而又严格的组织纪律观念，坚决克服管理松懈、作风松散、纪律松弛现象。加强军事法制建设，提高法规制度执行力，坚决克服有法不依、执法不严、违法不究的问题。把关心关爱官兵和从严治军统一起来，把严格管理和科学管理统

一起来，增强管理工作科学性和有效性。研究新的历史条件下建军治军的特点和规律，建立健全一整套适应现代军队建设和作战要求的组织模式、制度安排、运作方式，推动军队正规化建设向更高水平发展。

4. 基层是部队全部工作和战斗力的基础

部队所有工作都要靠基层去落实，在第一线冲锋陷阵也全靠基层。要强化强基固本思想，把工作重心放在基层，把党支部建设作为基层建设的重点来抓，研究解决基层建设中的突出矛盾和问题，推动基层建设全面进步、全面过硬。坚持士兵至上、基层第一，切实把官兵冷暖放在心上，积极为官兵排忧解难，关心官兵成长进步和安危冷暖，注意把人力物力财力向边防、向基层、向一线倾斜。坚持把基层一线作为培养锻炼干部的基础阵地，科学设置干部的成长路径，给基层一线成长起来的干部一个施展才干的空间。组织好下连当兵、蹲连住班，广泛开展尊干爱兵、兵兵友爱活动，培养干部对士兵的感情，培养士兵对干部的感情，培养全军官兵对军队的深厚感情，把部队基础打得更加牢固。

5. 深度发展军民融合

实现强军目标，必须同心协力做好军民融合深度发展这篇大文章。军民融合发展作为一项国家战略，关乎国家安全和发展全局，既是兴国之举，又是强军之策。在更广范围、更高层次、更深程度上推进军民融合，有利于促进经济发展方式转变和经济结构调整，有利于增强国家战争潜力和国防实力。军队要遵循国防经济规律和信息化条件下战斗力建设规律，自觉将国防和军队建设融入经济社会发展体系。地方要注重在经济建设中贯彻国防需求，自觉把经济布局调整同国防布局完善有机结合起来。要加紧在国家层面建立推动军民融合发展的统一领导、军地协调、需求对接、资源共享机制，努力形成全要素、多领域、高效益的军民融合深度发展格局。

二、地位和作用

习近平国防和军队建设重要论述，在强军兴军中彰显出巨大理论价值和实践威力。政治工作必须充分认清习近平重要论述的根本指导作用，切实用以指导全部工作实践，把握发展大势、提升起点标准、保持正确方向。

(一) 集中体现了党在军事领域的意志主张，为政治工作指明了前进方向

习近平站在我国由大向强的历史交汇点谋划推进国防和军队建设，发出实现强军目标的伟大号召，要求军队为实现中华民族伟大复兴中国梦提供坚强力量保证。必须深刻认识习主席重要论述充分体现了国家和民族最高利益对人民军队的历史重托，体现了党的执政使命对军队建设的时代要求，也从根本上规定着新形势下军队政治工作的方向和任务。政治工作只有高举实现中国梦强军梦的时代旗帜，才能筑牢官兵团结奋斗的共同思想基础；只有紧紧围绕党、国家和军队工作大局思考筹划，才能科学确立发展目标和思路；只有准确把握新的伟大事业赋予的使命责任，才能更好地适应新形势、经受新考验、实现新发展。

(二) 丰富发展了党的军事指导理论，为政治工作提供了理论引领

习近平围绕建设巩固国防和强大军队，提出许多富有创见的新思想、新观点、新论断、新要求，与毛泽东军事思想、邓小平新时期军队建设思想、江泽民国防和军队建设思想、胡

锦涛国防和军队建设思想既一脉相承又与时俱进，续写了马克思主义军事理论中国化的新篇章。必须深刻认识习主席重要论述为党的军事指导理论注入新的时代内涵，丰富了政治工作的直接理论依据；贯穿强军目标这条红线，拎起了政治工作的"魂"和"纲"；蕴含科学的立场观点方法，为政治工作提供了有力思想武器，切实作为科学理论深入学习贯彻好；包含着新形势下政治建军的战略运筹，为政治工作拓展了发展空间。习近平对军队政治工作极为重视，做出许多重要指示，特别强调政治工作永远是我军的生命线，必须把思想政治建设摆在首位，围绕强军目标加强思想政治建设，为全面加强我军革命化、现代化、正规化建设提供可靠政治保证、强大精神动力、有力人才支持。这些重要指示涵盖军队政治工作的方方面面，科学阐明了政治工作的地位作用、方针原则、内容任务和基本要求，把我军政治工作的理论和实践推到新的发展阶段，为保持和发展我军特有政治优势、加强和改进政治工作提供了根本遵循。

（三）凝结着当代革命军人的价值追求，为政治工作集聚了强大动力

习近平重要论述高扬中国特色社会主义的精神旗帜，为政治工作铸牢官兵信念根基构筑了精神家园；承载全党全军全国人民建设强大军队的热切期盼，为政治工作聚合强军兴军正能量创造了良好条件；体现中国梦强军梦与官兵个人梦想的高度契合，为政治工作发展进步注入了力量源泉；立起合格军人、优秀党员、好干部的时代标准，为政治工作解决官兵立身做人问题提供了行为准则；展现理论真理力量与领袖人格力量的高度统一，为政治工作树立了光辉典范。习近平国防和军队建设重要论述，创造性回答我军建设发展面临的时代课题。政治工作必须紧跟时代发展步伐，顺应国家治理体系和治理能力的现代化要求，使生命线在创新发展中焕发新活力。

（四）适应信息技术革命新浪潮，提高政治工作信息化水平

把握信息化这个最鲜明的时代特征，注重用数据链加固生命线，以信息力强化生命力。把运用信息化作为基本指导方式，强化信息意识、网络思维、共享观念，推动信息手段在政治工作领域广泛运用；把开展网络政治工作作为重要引擎，加强网络平台建设，开发和用好大数据，赋予传统做法新的实现形式；把提升信息素养作为重要支撑，培养熟练运用信息技术手段开展工作的政治干部队伍。

（五）适应依法治国治军新要求，提高政治工作法治化水平

坚持完善法规与严格执纪并重，规范职权与有序运转并行，强化自觉与监督惩戒并举，把各项工作纳入依法决策、依法指导、依法落实的轨道。树立法治思维，注重学法用法，使敬畏法治、坚守法治成为重要理念和行为习惯；坚持依法指导，部署任务恪守法治要求，解决问题运用法治手段，工作落实依靠法治保障；强化制度约束，把依法指导开展工作作为作风建设的重要方面、干部考核的重要指标、行政监察的重要内容，防止发生"破窗效应"。

（六）适应军事力量运用新拓展，提高政治工作实战化水平

坚持平战一致原则，深刻把握信息化战争的特点规律，始终着眼打仗谋划推进各项工作特别是军事斗争准备的政治工作，做到一旦有事拿得出、用得上、有作为；围绕多样用兵行动，做好政治攻略、舆论攻心、法理攻势等工作，发挥政治工作的威力；紧贴国家利益拓展，探索完善与之相适应的组织模式和运行方式，做到军事实践延伸到哪里，跟进结合渗透工作就做到哪里。

（七）适应军民融合深度发展新趋势，提高政治工作开放化水平

我军应充分利用社会资源，最大限度地吸纳社会文明进步成果，丰富内容形式和方法手段；积极拓宽协作领域，总结军地协作有益做法，探索更广范围、更高层次、更深程度的军民融合；健全共建共享机制，形成军地资源共享、工作共融、发展共赢的政治工作格局。

思考题

1. 军事思想的基本含义是什么？它具有哪些基本特征？

2. 军事思想的指导作用有哪些？

3. 我国古代军事思想的发展经历了哪几个时期？

4. 《孙子兵法》军事思想的精华有哪些？

5. 简述毛泽东军事思想的主要内容？

6. "走有中国特色的精兵之路"是谁提出来的，内容是什么？

7. 全面加强军队建设的"五句话"总要求是什么？

8. 加快中国特色军事变革的内容有哪些？

9. "夯实依法治军、从严治军这个强军之基"是谁提出来的，内容有哪些？

第三章

国际战略环境

学 习 目 标

1. 掌握有关战略的基础理论；
2. 了解国际战略格局的现状、特点和发展趋势；
3. 正确认识我国的周边安全环境现状和安全策略；
4. 增强国家安全意识。

第一节　战略环境概述

　　任何国家都处在生存与发展的特定的战略环境之中，没有一个有利的战略环境，国家的生存就要受到威胁，经济与社会的发展也必然受到一定的影响。当今世界，各种斗争错综复杂，变幻莫测。只有密切关注战略环境的发展变化，才能根据这种变化的特点和规律，以及主客观条件的实际情况，适时调整自己的战略，才能争取和维护有利于和平与发展的战略环境，实现国家安全的战略目标。

一、战略的基本概念

(一)战略的含义

　　战略是指导战争全局的方略。通常指军事战略，即战争指导者为达到战争的政治目的，依据战争规律所制订和采取的准备和实施战争的方针、策略和方法。战略在军事斗争实践中产生，并随军事斗争实践不断发展、深化而丰富和完善。战略具有重要的地位和作用。它是国家根本性的军事政策，是军事活动的主要依据，是运用军事力量支持和配合国家进行政治、经济、外交斗争的重要保障。

(二)战略的构成要素

1.战略目的
战略目的是战略行动所要达到的预期结果，是制订和实施战略的出发点与归宿点。战略目的根据战略形势和国家利益的需要确定。

2. 战略方针

战略方针是指导战争全局的方针，是指导军事行动的纲领和制订战略计划的基本依据。它具有很强的针对性。对不同的对象、不同的条件，应采取不同的战略方针。

3. 战略力量

战略力量是战略的物质基础和支柱。它以国家的综合国力为后盾，以军事力量为核心。

4. 战略措施

战略措施是为准备和实施战略目的而进行的具有全局意义的保障，是战略决策机构根据战略需要所采取的各种全局性的确实可行的方法和步骤。

(三)战略的分类

科学地进行战略划分和建立合理的战略层次结构是战略理论与实践演进的必然结果，也是战略理论与实践深入发展的客观要求。

依据不同的战略目的和战略需要，从不同的侧面和不同的个性特征可以将战略划分为不同的类型。

按作战行动的性质和样式，可以将战略划分为进攻战略和防御战略两大类。

依据作战行动的时间特征，可以将战略划分为速决战略和持久战略两种类型。

根据作战行动的主要手段，可以将战略划分为核战略、常规战争战略和信息化战争战略。

根据战争规模和涉及的范围，可以将战略划分为全面战争战略和局部战争战略。

(四)决定战略的要素

1. 国家利益

国家利益是一个国家赖以生存与发展的客观物质需求与精神需求的总和。国家利益是决定一个国家战略走向的基本依据，是国家战略的出发点和归宿点。

2. 政治因素

政治对战略具有统率和支配作用，它将决定战略的性质和目的，赋予其任务和要求，影响战略的制订、实施和调整。战略服从服务于政治，满足政治的需求，完成政治赋予的任务。

3. 战争力量

战争力量是指战争实力和战争潜力。战争实力与战争潜力共同构成国家或政治、军事集团总体的战争力量。战争实力与战争潜力包括地理条件、人口状况、科技和经济发展水平、军事力量状况、国家的社会状况和民族精神。

4. 地缘战略关系

地缘战略关系包括地缘关系和国家间地缘战略关系。地缘关系即人类在共同地域内从事居住、生活、生产等社会活动而形成的空间关系。国家间地缘战略关系即相关国家间在自然地理和地缘环境形成利益相关的诸种战略关系。在制订战略时主要表现在大国关系形成的地缘战略格局的战略定位。

5. 战略文化传统

战略文化传统是一个国家在战略行为上所表现出来的持久性和相对稳定的文化特征。它是一个民族与文明的历史经验、民族特性、价值追求以及文化心理在战略领域的集中反映。

6. 国际法

国际法是调节武装冲突的法律依据，是影响战略决策的重要因素。其作用为：揭露敌人争取战略主动地位的有力武器；区分战争正义性与非正义性；确定和惩治战争罪犯。

(五)战略的基本特征

1. 全局性

统筹各个方面和各个部分。全局性表现在空间和时间两个方面：空间——战略的各个方面和各个部分。时间——战略的各个阶段和全过程。

2. 阶级性

战争是政治的继续，具有很强的政治目的。任何战略都反映了一定阶级、民族、国家或政治集团的根本利益，是为其政治目的服务的。

3. 对抗性

不可调和的矛盾斗争和激烈较量，表现在战略的整体性和连续性上。整体性——整个国家的所有力量。连续性——平时和战时均存在。

4. 预见性

预见性是谋略的前提，决策的基础，能揭示未来事件的特点、规律，是制订、调整和实施战略的客观依据。

5. 谋略性

战略是建立在客观基础上的一种策略，它的目的是要"不战而屈人之兵"。

二、战略环境

战略环境是指国家(集团)在一定时期内所面临的影响国家安全和军事斗争全局的客观情况和条件，主要是指国际国内的政治、经济、科技、军事、地理等方面的基本状况，以及由此而形成的战略态势，特别是战争与和平的总态势。战略环境是国家(集团)制订战略的重要依据，它关系到国家的生存与发展、安危与兴衰，影响一个国家(集团)军事斗争的对象、性质、目标、敌友关系，以及据此确定的军事力量建设与运用的基本方向，因而是国家(集团)制订战略必须首先考察和关注的。

战略环境是一个庞大的系统，涉及领域广泛，内容丰富，性质复杂。这一系统的构成要素比较多，主要有时代特征、国际格局、国际秩序和国际机制、地缘关系等。

(一)时代特征

时代，是依据某种特征为标准划分的社会事物发展的历史阶段，凡是被称为时代的阶段，必须以重大的事件为主要标志，具有特定的内容，能产生时间较长和氛围较广的深远影响。时代是关于世界发展进程和基本方向的最高概括。时代具有整体性。列宁认为要区分不同时代的特征，只能从整个人类社会的历史运动出发，而不是个别国家的个别历史事件，因为"只有了解了某一时代的基本特征，才能在这一基础上去考虑这个国家或那个国家的更加具体的特点"。时代还具有综合性。时代是世界各种现象的总和，包括各种各样典型的和不典型的、大的和小的、先进国家和落后国家等固有的现象。所以，列宁指出："时代是各式各样现象的总和，是各种关系的总和。"时代具有阶级性。它以某个阶级为中心，决定着时代的主要内容、发展方向、历史背景的主要特点等。从战略高度分析时代，就是要找出时代的主题、时代的潮流、决定和推动时代发展的主要力量等，在此基础上制订顺应时代潮流的战略。

（二）国际格局

国际格局是指在一定时期内，主要国家或由国家集团的实力之间相互作用、相互影响而构成的具有全局性和相对稳定的一种结构，或者说是一种实力的对比态势。正确认识世界大国或主要行为体之间相互作用而构筑的格局，揭示和把握世界格局的发展趋势，是判断国际战略环境的重要"参数"，是制订、实施和调整国家安全战略的重要依据。国际格局具有相对稳定性。只要大国之间的实力对比不发生根本的变化，国际格局就不会有质的飞跃。但一旦大国之间的实力不平衡达到一定程度，原有的结构就会瓦解，新的国际格局将会粉墨登场，取而代之。目前，一般将国际格局分为单极格局、两极格局和多极格局三种。

（三）国际秩序和国际机制

国际秩序是指某一时期国际体系中各行为主体之间相互关系的行为规则和相应的保障机制。国际秩序以国际机制为纽带，国际机制是国际秩序的核心。国际秩序和国际机制对于国家所面临的外部环境只有重大影响。分析国际秩序和国际机制的主要目的是确定有关国家之间的关系，确定国际形势的状态，特别是要确定国家与相关国家之间关系是否存在国际机制的控制，要明确国家与国际体系和国际机制之间的关系，是处于机制之外，还是为机制所控制。一般说来，在国际秩序转换时期，国际机制的发展程度并不成熟，国家之间的关系并不确定和稳定，有关国家面临的外部形势较为动荡，面临的威胁多且严重。而在国际秩序相对稳定时期，国际机制发育成熟，国家之间的关系基本确定和稳定，可以增加国家之间的相互了解，减少误解。

（四）地缘关系

地缘关系，指以地理位置、综合国力和距离等地缘要素为基础产生的国家之间的地缘政治、地缘经济、地缘军事等关系，主要表现在国家之间的相互作用。地缘因素在国家的安全实践中具有重要影响。地缘关系是威胁的重要来源，在其他情况相同时，国家更有可能针对邻近的国家而不是距离远的国家组建联盟。对地缘关系进行分析，主要目的有：一是确定本国的地缘特点。例如，本国是内陆国家、濒海国家还是岛国，邻国多少，是否有强国等。地缘特点影响了国家的实力建设、部署等。比如，内陆国家就不可能发展海上力量，不存在应对海上威胁的问题。邻国多，国家面临的威胁和冲突可能多元，如果与强大的国家接邻，始终受到压力。二是确定本国与主要国家之间的地缘关系，首先要确定威胁国是邻国还是距离远的国家。一般说来，任何国家或国家集团产生外部影响的能耗都将随着距离的增加而增加。也就是说，影响力随着距离远近而变化，距离越近、受到威胁国家的影响强度越强；反之，则弱。三是要确定本国与其他邻近国家之间的利益关系，明确这些国家是同盟国家、友好国家、中立国家还是敌对国家。

三、战略环境与战略的关系

战略环境与战略是客观实际与主观指导的关系，前者是独立于战略指导者意识之外的客观存在，后者则是军事斗争客观规律在人们头脑中的反映。一方面，战略环境是制订战略的客观基础，任何国家(集团)的战略，都是基于特定的战略环境而谋求各自的战略利益，无不受一定的战略环境的制约和影响，随着战略环境的变化而变化。因此，任何战略都是一定的战略环境的产物，从来没有脱离战略环境而凭空产生的战略。另一方面，战略对战略环境的发展变化也具有重大的能动作用，因为环境在一定条件下是可以改变的。人们可以通过主观能动性的发挥，创造必要的条件，推动和影响战略环境的变化，战略作为对军事斗争全局的筹划与指导，不论其正确与否，都对维持或改变战略环境有重大影响。实践证明，在一定的物质条件下，正确的战略可以改变险恶、不利的战略环境，化险为夷，转危为安。因此，任何国家(集团)，不论其政治目的和决策者的素质如何，都力图通过制订和推行自己的战略，促使战略环境朝着有利于己方的方向发展。

第二节　国际战略格局

格局一般是指事物内在的力量配置、结构或者模式。国际战略格局指主要的国际政治行为体在一定历史时期所形成的某种力量对比结构或者态势。它又分为国际政治格局、国际经济格局和国际军事格局，国际战略格局是这几种格局的综合，也称"国际格局"。

国际战略格局的含义包括三个方面：第一，国际战略格局的构成角色只能是国际战略力量，因为只有它们才具有超过大多数国家的强大实力，有全球性的战略、利益和影响力(从这个意义上说，成为国际战略力量的必须是大国或者国家集团)。第二，几大战略力量之间形成的相互关系。第三，这种相互关系在一定时期内相对稳定。

理解国际战略格局的关键在于掌握国际行为的主要角色这个概念。一个国家想充当国际行为主要角色，一般要具备以下基本条件：主权独立、综合实力强大、国际地位重要。

国际战略格局通常包括两个基本的要素：一是各国之间的实力对比状态；二是国家之间相互作用的性质，其中各国之间的实力对比是决定国际战略格局类型的更为基础性的因素，国家之间的关系结构受制于彼此的实力对比状态。

一般来说，从演变的形式看，国际战略格局的演变可以分为渐变与突变。从演变出现的时间看，国际战略格局的演变通常发生在一次大规模的战争或一场广泛的涉及许多重要的国家变革之后。从演变所具备的条件看，国际战略格局演变的条件包括：国际上各种基本力量对比发生重大变化；国家间关系经历深刻变化。

一、国际战略格局概述

孙子曰："兵者，国之大事，死生之地，存亡之道，不可不察也。"一个国家选择的国际战略正确与否，直接关系到这个国家的生存与发展、安危与兴衰。当前世界各国之间的经济、政治和军事关系日益密切，世界的各个部分已经成为一个既相互联系又相互矛盾的统一体。战略家们再也不能就军事来研究军事，就安全来谈安全了。只有超越纯军事领域，树立大战略观，把战略谋划提高到国际战略的高度，才能成功地把握未来。

（一）国际战略格局的基本含义

所谓格局，是指态势、模式或构架，是几种力量交互作用后出现的一种暂时平衡状态。国际战略格局指对国际事务具有重要影响力的战略力量，在一定历史时期内相互联系、相互作用而形成的较为稳定的力量结构。它是国际战略力量之间在全球政治层面上的实力对比关系。国际战略格局包括国际政治格局、国际经济格局和国际军事格局三个部分，有时也称为"国际格局""世界格局""大格局"等。

国际战略格局是指，国际社会中国际战略力量之间在一定历史时期内相互联系、相互作用而形成的具有全球性的相对稳定的力量对比结构及基本态势。

（二）国际战略格局的构成要素

国际战略格局的构成要素主要是国际战略力量。国际战略力量的行为能力主要是综合国力。综合国力主要由政治力量、经济力量、军事力量、科技力量、社会文化力量等组成。

（三）国际战略格局的本质

国际战略格局的本质，是国际战略力量的对比关系。国际战略力量对比表现为影响力的对比。影响力又表现为主导性力量、从属性力量、潜在力量和战略地位。

（四）国际战略格局的结构类型

世界历史上的国际格局一共出现过单极、两极、多极三种类型：

1. 单极格局

所谓单极格局，是指由某一个主要的大国（霸权国）或国家集团在国际政治中占据主导地位，在该国周围存在着一系列其他主权国家，但并不能成为与之抗衡的政治力量。霸权国，是指在经济、军事、政治等方面实力远远超过其他国家，能强行推行其意志，并在一定时期得以实现的大国。在单极格局中，通常只有一个实力最强的国家或国家集团在国际事务中起主导地位和支配作用，即一国独霸世界。单极格局中和平的主要特征是世界体系中只有一家世界性支配者，它具有超群的实力（以经济实力和军事实力为基础）和无与伦比的国际影响力，能够制定和维持符合其利益的国际规则，并能在一定历史阶段和一定范围内迫使其他国家服从自己的统治和支配。

2. 两极格局

所谓两极格局，是指由两个世界大国或国家集团在国际政治中占据主导地位。在这种格局中，两个大国或国家集团之间形成一种势力均衡的状态，它们之间是相互联系、相互制约的，共同影响国际事务，主导国际进程。

冷战时期美苏长达半个世纪的对抗是这种两极对抗格局的很好注脚。二战后，美苏战时同盟和合作的基础不复存在，美苏根本利益的矛盾、冲突和对立日渐突出。

3. 多极格局

多极格局也叫均势格局，是指在某一国际体系中多个政治力量相互制约，在国际事务中各自对立，大体平等，相互间不存在结盟或领导与被领导的关系。

在我国历史上的战国时期就是这样一种情况。战国七雄互相之间是一种均势，谁也管不了谁，谁也吃不了谁。这种格局的形成是有条件的，它必须有一系列的力量上大体平衡的国家存在，它们的利益相互矛盾，形成了一种相互制约的关系。多极格局的国际关系的基本形态是网状型，每个国家是网上的一个点，所有国家的关系是非常密切的，但从整体上看，这种多极格局是处于无政府状态，体系内存在着一种自发的维持这种国际格局的力量。比如说，有一个国家非常强大，其他国家就会受到威胁，它的安全就没有保障，于是这些国家就会联合起来，把这个最强大的国家压下去，就形成了一种持续的维持多极格局的一种压力。

二、国际战略格局的历史演变

国际战略格局是一个历史范畴，当人类发展到近代资本主义时期，资本主义生产方式扩展到世界各地区，形成了全球性的政治经济联系，这时才出现国际战略格局的问题。历史上，一个格局维持了一段时间以后最后都走向终结，或者直接衔接着另一个格局，或者孕育另一个格局。近代以来世界格局的态势已经经历了以下几次重大变化：

（一）维也纳格局（1815 年至 1865 年）

严格意义上的"世界格局"形成于 19 世纪初。以拿破仑战争失败、维也纳会议召开为标志，第一个国际战略格局正式形成。当时世界上的重要战略力量是俄国、英国、普鲁士、奥地利和法国。拿破仑的失败导致欧洲列强重新建立政治军事的均势格局。俄国、英国、奥地利成为当时国际政治中的主导力量。各列强都企图利用维也纳会议来达成自己的战略目标。最后，形成了维也纳体系。其主要内容就是要防止法国的重新崛起，维持欧洲大陆的均势，避免发生新的战争。同时，消除 18 世纪法国大革命的一切后果，并在欧洲大陆上恢复封建专制制度，对欧洲版图进行了重新分割。维也纳会议形成的均势格局在较长时期内确保了欧洲列强之间没有爆发新的战争。但是，由于维也纳会议没有解决列强之间的内在矛盾，因此，到了 19 世纪 50 年代，这个均势格局便开始走向崩溃。

（二）欧美列强瓜分世界的殖民掠夺格局（19 世纪末至 20 世纪中期）

维也纳格局维持近 50 年，欧美诸国相继爆发资产阶级革命性质的内战或改革。美国的南北战争、意大利与德国的统一战争、俄国的农奴制改革、日本的"明治维新"，这些重大事件改变了维也纳格局形成的国际力量对比，尤其是美、日等北美、亚洲国家也上升为世界列强，于是欧美与日本等列强之间争夺殖民地的局面逐步形成。自 19 世纪 60 年代开始，普鲁士经过 3 次王朝战争，最终于 1871 年完成了德意志的民族统一，成为德意志帝国。德国的崛起打破了已有均势，不仅彻底改变了欧洲格局，也使世界战略格局发生了变化，引起帝国主义列强重新划分势力范围。新兴强国德国开始挑战老牌强国英法等国。在 19 世纪后 30 年瓜分世界的狂潮中，欧洲列强的矛盾日趋加剧，帝国主义集团终于形成以英、法、俄为一方的协约国集团和以德、奥、意为另一方的同盟国集团相互抗争格局，并最终引爆了第一次世界大战。第一次世界大战结束后，为了瓜分战败的德国、奥匈帝国和土耳其帝国的遗产，帝国主义列强召开了巴黎和会及华盛顿会议，形成了"凡尔赛—华盛顿体系"，成立了以战胜国为主导的国际联盟，形成了多极格局。

(三)20世纪上半叶的帝国主义阶段

第一次世界大战导致了第一个社会主义国家苏联的诞生，并成为世界战略格局中的一支重要力量，从而打破了帝国主义国家一统天下的局面。第一次世界大战使英国和法国逐渐开始衰落，德国暂时削弱，美国开始崛起，加入了争夺世界的行列。由于对"凡尔赛—华盛顿体系"的不满，以及世界经济危机的爆发，促进了法西斯政治思想势力在欧洲的兴起和发展。1922年，意大利法西斯夺取了政权；1933年，希特勒掌握了德国的政权，成立了第三帝国；日本法西斯军国主义也十分猖獗。德、日、意三国形成了轴心国同盟，决心称霸世界。1939年，第二次世界大战爆发，世界开始分为两个战争集团。一个以德、日、意为主的法西斯同盟，一个以苏、美、英为主的反法西斯同盟。双方进行了长时间的激烈战争。

(四)20世纪中期至20世纪90年代的两极对立阶段

第二次世界大战后，美苏两国的战时同盟关系迅速破裂，形成了长期的冷战局面。在意识形态上，美国和苏联根本对立；在政治经济体制上，双方完全不同；在军事上，北约和华约两大军事集团相互对峙。60年代末70年代初，在美苏两极之外，世界出现了西欧、中国和日本等新的力量中心，再加上第三世界力量的增长及因各种动荡所造成的全球不稳定因素的增加，使美苏两个超级大国再也没有足够的能力去控制世界。因此，美苏在这一时期的对外政策都出现了较大变化。美国尼克松至布什政府的对外政策均处于不断调整之中，但坚持全球扩张的总体战略目标并未根本改变；苏联从勃列日涅夫到戈尔巴乔夫的对外政策则转向全面收缩。1991年，苏联解体，两极格局崩溃，促使世界格局重新构建，世界各种战略力量重新定位和整合。世界格局正处于动荡和调整时期，多极格局是世界格局的发展方向。

(五)20世纪90年代至21世纪初

冷战的结束并没有停止在冷战过程中已经出现的世界多极化的发展趋势。美国作为世界上唯一的超级大国，认为由美国领导的国际关系体系的"单极阶段"终于到来了，于是依靠美国的权势和价值观来建立"世界新秩序"。但是，俄罗斯仍然是唯一能够与美国相抗衡的核武器大国，作为联合国的常任理事国，俄罗斯在世界事务中的作用仍然不可低估。与此同时，欧共体向欧盟的成功发展有力地表明了西欧是国际政治中的一极重要力量。

以中国、韩国和东盟成员国为代表的亚洲的崛起，同样显示出该地区除了日本以外的其他国家正在确立和发挥它们在世界事务中的重要作用。占有联合国多数席位的第三世界国家作为一个整体对国际事务的影响也不容忽视。因此，自20世纪60年代末就初露端倪的世界多极化发展趋势，便更加清晰地呈现出来。同时，一个以全球化为基础的"无国界的世界"正在世界范围内形成，出现了经济全球化浪潮。由此，自第二次世界大战结束以来人类社会就向往的世界和平与社会发展，在冷战结束之后，终于更加突出地成为时代的主题和世界人民共同追求的目标。

三、国际战略格局的发展趋势

从国际战略格局的发展趋势上看，多极制衡乃大势所趋。从根本上讲，国际关系演变的终极原因在于经济，世界经济发展不平衡正在改变着世界战略力量的对比。因此，经济全球化、区域经济一体化的发展必将推动国际战略格局的多极化。

(一)除美国之外的世界主要国家仍处于持续发展的良性态势之中

中国综合国力的持续发展是世界发展进程中最为引人注目的亮点，日益崛起的中国也是推动世界多极化发展的重要力量。目前，中国的经济总量已跃居世界第二位。军队现代化建设也迈出了新的步伐，科学技术和文化的原创能力逐步得到提升。与此同时，中国奉行积极的多边主义外交政策，在地区和国际上的影响力逐步上升，进一步确立了负责任的大国形象。俄罗斯的政治、经济转型已初见成效，俄罗斯不仅拥有经济发展所需的重要战略资源，而且还拥有良好的技术条件、人力资源和军事潜力。在外交领域，俄罗斯及时扭转了冷战后初期向西方一边倒的外交政策，不仅注重巩固独联体国家的团结与合作，而且积极争取在亚太、中东等地区发挥建设性的作用，从而在一定程度上提升了自身在世界事务中的地位和作用。日本追求与其经济实力相称的政治大国地位的目标没有改变，不仅谋求在亚太地区的主导权，而且还积极争取在国际安全和政治事务中发挥更大的作用。印度、巴西等国也在经济建设、科技创新和军事发展等方面有较好的表现，不仅在本地区(分别是南亚、拉美地区)拥有了当之无愧的大国地位，而且其全球影响力也正在得到凸显。

(二)地区一体化及其载体形式的地区组织成为多极化趋势新的推动力量

地区一体化，是指一些地理位置相近并有着某种历史或经济联系的国家组建地区组织或地区国家集团，以实现本地区的政治稳定与经济发展。冷战结束后，两极格局的解体复活了国际关系的地区空间认同，扩大了地区国家的活动空间，与此同时，全球化的加速发展促使地区一体化出现了前所未有的大发展。一是原有的地区组织或国家集团相继推出了许多新的一体化动议，使地区内的政治、经济日益整合，地区意识和地区认同也得到了进一步强化。目前，欧盟在诸如全球安全和发展等领域的表现得越来越活跃，并且敢于表达自己独特的声音和主张。欧盟已经成为一个拥有相当权能的超国家组织，势必会成为世界多极化中的重要一极。德国、法国等欧洲大国主要是通过欧盟这一集体舞台来实现其目标，尽管它们都具有相当的经济实力并有很好的发展，但就其单独而言还难以在国际事务中发挥更大的作用。二是新的地区组织不断涌现。除了欧洲、亚太和北美等地区拥有较为成熟的地区一体化形式外，中东、拉美和非洲等地区都有形态不一的地区一体化形式。三是跨越地域限制和经济发展差距的"南北型"一体化形式也获得了空前发展，如亚太经合组织、欧洲—地中海自由贸易区。这种政治经济区域化、集团化的实践是世界多极化的又一推动力量。随着政治经济力量在一定区域内的不断聚合，地区和次地区力量的逐步兴起，现有大国越来越多地融入区域集团，一个区域化的世界最终会出现。可以预见，未来多极化世界将不再是一个仅仅由大国构成的点状结构，而是一个由主要大国和地区组织共同组成的点状和块状相结合的世界。

(三)国际组织地位与作用的上升是反对单边主义的一种重要方式

冷战结束后，国际组织得到了蓬勃发展，不仅数量得到急剧增加，而且其活动方式和内容也得到了极大的丰富和拓展。在当今世界上，无论是联合国、世界贸易组织、国际货币基金组织等政府间国际组织，还是诸如绿色和平组织、国际奥委会、各种形式的人道主义组织等非政府间组织，都更加积极地加入了国际事务的处理和协调之中。一方面，它们在处理有关国内动荡、地区冲突、战后重建与传统安全事务中发挥着重要的作用，其中联合国在维护国际和平方面的能力在冷战后有了较大提高，相继成功地组织了一系列国际维和行动，另一方面，国际组织在处理能源短缺、金融危机、非法贩运、恐怖主义、自然灾害等非传统安全威胁中发挥着难以替代的重要作用。非传统安全威胁超越了传统安全威胁以各国边界为主的地理空间，具有突出的跨国性，因此需要各国、各地区采取共同的应对措施加以防范和遏制。在处理这种以非传统安全威胁为主的"全球性问题"中，国际组织能够充分动员世界舆论、积聚国际力量、提供相关信息和对策，并且能够采取实际行动参与各种危机的处理工作。

（四）大国协调的加强是多极化趋势发展的又一表现

冷战结束后，美国凭借其超强的"硬实力"和"软实力"试图进一步强化对世界事务的主导和控制，以图继续维持美国的全球霸权，"再造一个美国世纪"。面对美国咄咄逼人的进攻态势，在当今世界有重要影响的其他主要大国开始采取各种方式加强彼此的协调与合作，显示出非美式大国合作的强劲发展态势。在联合国安理会中，中、俄、法等国频频接触，交换意见，并敢于在重大的安全问题上表达与美国不同的声音。自1996年以来，中国还相继同俄罗斯、法国、日本等国家建立了各种形式的"战略伙伴关系"。其中，中俄两国的战略合作尤其引人注目，双方不仅明确提出了世界多极化发展的主张，而且在能源、国防等战略领域加强了合作，在中亚、东北亚等地区事务的处理上也多采取联合态势，表达了反对美国一超独霸的决心。即便是对于美国的盟友英、法、德等国家来说，它们也能利用欧盟这一地区舞台来加强自身的国际影响力，并且在北约的改革和发展中提出自己的主张。世界主要大国在美国之外的协调与合作，无疑是对单边主义和霸权主义的一种反对。

当前多极化趋势的发展表明，多极化获得了与以往不同的表现形态，其主要特征不在于采取公开的方式去反对超级大国的霸权作风和强权政治，而是通过国家发展、地区组织的构建、国际事务的共同治理等非对抗形式扎扎实实地推进多极化进程。

思考题

1. 简述战略环境的基本概念。
2. 什么是国际战略格局？
3. 我国周边安全环境有哪些主要特点？
4. 我国相对稳定的周边安全环境中存在哪些不稳定因素？
5. 面对复杂的周边环境，我国采取的对策有哪些？

第四章

军事高技术

学 习 目 标

1. 了解军事高技术的内涵、分类、发展趋势及对现代战争的影响；
2. 熟悉高技术在军事上的应用范围；
3. 掌握高技术与新军事变革的关系；
4. 激发学习科学技术的热情。

第一节　军事高技术概述

现代战争在很大程度上主要表现为军事高技术的较量，谁拥有军事高技术优势，谁就更容易取得战争的主动权。因此，迎接新军事变革的挑战，重视发展军事高技术，成为当今世界许多国家的重要国策。

一、军事高技术的基本概念

高技术是指在科学技术领域中处于前沿或尖端地位，对促进社会和经济发展、增强国防力量起巨大推动作用的技术群。从总体上讲，高技术主要包括相互支撑、相互联系的六大技术群，即信息技术、新材料技术、新能源技术、生物技术、海洋开发技术和航天技术。

军事高技术是建立在现代科学技术成就基础上，处于当代科学技术前沿，对国防和军队现代化建设起巨大推动作用，以信息技术为核心的那部分高技术的总称。军事高技术是高技术在军事领域的应用，是高技术的重要组成部分。之所以强调军事高技术以信息技术为核心，是因为当今信息时代的整个高技术群主要是信息技术发展推动的结果，没有信息技术的重大突破，也就没有整个军事高技术的发展和应用。

二、军事高技术的特点

高技术与一般技术相比，有七大特点：

（一）高智力

高技术是知识密集型技术，它的发展必须依靠创造性的智力劳动，依靠富有创新意识、创新能力的高素质人才，体现了高智力的特性。比如半导体集成电路，从成本上讲，原料及能源仅占其总成本的2%，而其余98%都是其智力含量。

（二）高投资

高技术的研究开发需要昂贵的设备和较长的研制周期，因而研制过程需要耗费巨额资金。据统计，目前，一般高技术企业用于研究开发的经费占其产品销售额的比例高达10%～30%，而科研成果产业化的投资又比研究开发投资高出5～20倍，形成高技术产业后的设备更新投资还会越来越大。比如制造集成电路的设备，十年之中关键设备就更新了三代，每更新一代，设备投资就要增加一个数量级。

（三）高竞争

高技术的时效性决定了谁先掌握技术、谁先开发出产品并抢先投放市场或用于战场，谁就能获得优势，占据主动。为此，世界军事强国和大国都制订了高技术发展计划，试图在世界高技术发展的竞争中占有一席之地。

（四）高风险

高技术竞争的失败，对企业而言，就意味着投资的失败；对国家而言，意味着国家利益将要受到损害。此外，高技术研究本身也蕴含着巨大的风险，甚至要以生命作为代价。以航天技术的发展为例，40多年来，航天技术取得了神话般的巨大成就，但其风险也高得惊人。1961年3月23日，苏联的邦达连科就成为为航天事业献身的第一人。另据英国《新科学家》杂志数据分析：目前正在组装的国际空间站，在组装过程中，发生至少一次重大失误的可能性为73.6%。

（五）高效益

高技术产品是高附加值产品，其形态是知识的物化形式，所以其价值远远超过所消耗的原材料和能源的价值。实践证明，高技术成果一旦转化为市场化的产品，就能获得巨大的经济收益，一旦得到实际应用，就能产生广泛的社会影响。比如航天技术，其投资效益比高达1:14，充分体现了高效益的特点。

（六）高渗透

高技术本身具有极强的综合性和技术辐射性或渗透性，隐含着巨大的技术潜力，不仅可以用于新兴产业的创立，而且可以用于传统产业的改造，成为经济、国防、科学、技术、政治、外交和社会生活等各个领域发展变化的驱动力。

（七）高速度

高技术产业是目前发达国家经济中最活跃也是增长最快的经济部门。美国经济在"9·

11"事件前已连续十多年呈现高增长、低通胀趋势，而且美国 GNP 占世界总值的比例也由 20 世纪 90 年代初的 24.2% 增加到 2000 年的 30%。这些都是以信息技术为龙头的高技术产业带来的结果。高技术产业的成功不仅表现在产值、产量的发展高速度上，而且还突出表现在产品性能更新的高速度上，比如计算机芯片的处理速度，30 多年来，几乎每 18 个月就翻一番。现在普遍使用的高性能计算机，其运算速度已可达每秒十几万亿次，微机处理速度也已可达每秒 10 亿次。

三、军事高技术对现代作战的影响

军事高技术的发展与应用使武器装备的战术技术性能，如作用距离、机动能力、命中精度、毁伤威力、防护能力、生存能力等，提高到前所未有的水平，已经并将继续对现代作战产生重大影响。

（一）信息化武器装备成为提高军队作战能力的重要因素

信息化武器装备主要是指具备信息获取、处理、控制等功能的武器装备，即"物质＋能量＋信息"类型的武器装备。20 世纪 90 年代以来，以信息技术为主导的新技术革命导致高技术武器装备大量涌现和广泛使用，促使作战领域发生了深刻变化：侦察监视网络化、作战空间多维化、指挥控制自动化、目标打击精确化、战场对抗体系化、战争保障超常化等。高技术战争表明，信息已经成为武器装备效能发挥的主导因素，也就是说信息化武器装备已成为军队战斗力的重要因素。

（二）获取信息的优势成为作战取胜的关键

获取信息优势，指利用高技术侦察手段提高我方信息获取能力，采取干扰、隐毁等手段降低敌方信息获取能力的行动。其目的是增大敌方作战的不确定性，减少己方的不确定性，其实质是增大敌我双方的不确定性反差，并在这种动态对抗过程中形成信息优势。信息优势达到一定程度，即形成了制信息权，在一定时间内掌握着对战场信息的控制权，能在了解敌方情况的同时阻止敌方了解己方情况，实现战场单向透明化。谋求建立信息优势，控制己方信息的有序运行，同时破坏敌方的信息流，已经成为争夺控制权、制海权、陆地控制权的前提，并且直接影响到战争的进程和结局。海湾战争、伊拉克战争已向我们充分证明了这一点。

（三）精确打击成为战场打击的主要手段

精确制导武器是对火力摧毁方式影响最大的一种武器，已经在现代战争中逐步确立了战场打击的主角地位。

精确打击可以使火力摧毁从面杀伤转为"点穴式"攻击。从理论上讲，武器的命中精度提高一倍，其毁伤力可提高四倍，精确制导武器在实现"点穴式"打击的同时，也大幅度降低了战场附带性毁伤。

作战力量从追求数量规模转向注重质量效能。精确制导武器与高技术作战平台的结合，增强了从敌防区外实施远程精确打击的能力，大大降低了武器平台的损伤。攻击精度的不断提高，大大减少了武器消耗数量。

作战方式从接触式、线式转向非接触式、非线式。作战行动将在所有作战空间和战场全纵深同时展开，首要打击目标将直接指向敌最高决策层和具有极其重要价值的目标，从而迅速达成作战目的。战争进程大大缩短，战争强度却极大地提高。

（四）一体化联合作战成为现代作战的基本形式

一体化联合作战建立在信息优势和精确打击基础之上，是对作战指导思想和战法上的重大变革。一体化联合作战是现代作战的必然趋势，这是因为战场空间从单维发展到多维，形成了一个陆、海、空、天、电磁等多维一体、有形空间与无形空间交融的新型作战环境。这种作战环境下的作战，不可能是单一战场上的较量，而只会是一体化联合作战行动。

作战力量从军种间的协作走向大联合。信息化战争条件下，单一军兵种难以独立完成作战任务，必须进行多军兵种融合的一体化联合作战，发挥各军种参战部队的作战优势和最大潜力，实现作战能力的优化重组、作战力量的大联合。

战场对抗从单兵单件武器对抗转向体系与体系的对抗。信息化战争将不再完全依赖于坦克、飞机、军舰等单件作战平台的战斗性能，而是取决于由综合电子信息系统、精确制导武器、信息战装备和高技术作战平台等组成的信息化武器装备体系的整体作战效能的发挥。

（五）指挥信息系统成为现代作战的"力量倍增器"

在信息化战争条件下，作战指挥是一体化联合作战的龙头，必须使用先进的指挥信息系统对作战行动实施高效的指挥控制。由于信息化甚至智能化武器装备的大量使用，指挥信息的获取、传递、处理和使用显得特别重要。使用传统的指挥手段，已经不能对军队进行有效的控制，也不可能有效地控制作战进程，进而也就不能夺取战场的主动权和战争的胜利。实践已证明，进行信息化作战必须依赖于指挥信息系统的运用，指挥信息系统的广泛运用将使各种武器系统的作战效能成倍增长。

（六）复杂的电磁环境成为影响作战行动成败的重要因素

复杂的电磁环境，指在一定的时空和频谱范围内，由多种密集交迭的电磁信号构成的强度动态变化，对抗特征突出，对电子信息系统、信息化装备和信息作战产生显著影响的电磁环境。

信息化条件下的一体化联合作战，要将分布在陆、海、空、天等战场的各种侦察探测系统、指挥控制系统和武器系统有机结合起来，形成统一、高效的作战体系。正是由于组成各种系统的大量电子设备的运行，使得电磁频谱高度占用，电磁辐射不断增强，各种电磁信号密集交织，装备之间的电磁影响不断加剧，战场电磁环境异常复杂。这种看不见的密集电磁波，既是联合作战、体系对抗和精确打击等所依赖的重要物质基础，同时也成为影响各种系统正常工作的"杀手"，制电磁权已成为夺取一体化联合作战胜利的重要基础。在这种情况下，应对复杂电磁环境不再只是局限于技术手段和装备运用，而是更多地需要在作战筹划与作战指挥层面寻求解决方案。

（七）战场空间空前扩大，作战效能大幅度提高

随着各种武器系统射程、航程及作战半径的提高，军事航天技术的发展与运用，使战场

空间空前扩大，太空已成为人类的第四战场，作战行动将在太空、空中、地面、水上和水下交错进行。战场侦察与监视系统不仅能为指挥员提供直观的、不同距离的、全方位的、有声有色的情报，而且指挥员还可利用计算机帮助计算和分析，对制订的计划方案进行"对抗模拟"，以比较方案的可行性，选择最佳方案，从而提高指挥效能。大量精确制导武器系统的使用使得作战效能成倍增长。统计资料表明，在海湾战争中，尽管多国部队所使用的精确制导武器弹药量仅为总弹药量的8%，但其摧毁的预定目标却达80%以上。英阿马岛战争期间，20万美元一枚的"飞鱼"反舰导弹一举击沉了价值2亿美元的"谢菲尔德"号驱逐舰。因此，精确制导武器是一种作战效益很高的武器，其效费比通常为常规武器的25～30倍。

四、正确认识高技术战争

（一）以发展的眼光看待战争

我们对待战争的态度是，既要十分珍视过去的经验，又要高度重视变化的现实。随着科学技术的发展，特别是信息技术的迅猛发展，战争本身也在不断变化，特别是战争观念与以往相比也发生了重大变化。战争观念包括：战争的胜负观，战争的平战观，战争的主权观。

信息时代的胜负观已不再以歼灭敌人多少有生力量为标准，而是以使作战对象失去多少战斗能力为标准。

信息时代的平战观表现为，信息技术的发展已使信息对抗成为最普遍的对抗形式，而信息对抗从一定意义上模糊了战争时期与和平时期的界限。和平时期对一个国家的电磁频谱进行大规模的侦察与干扰，严格地说，就是进行着一场无硝烟的战争。

信息时代主权观的变化主要体现为，信息时代的国家主权已不仅仅包括领土、领海和领空主权，而且还应包括频率资源在内的电磁领域的主权。保卫频率资源、电磁主权和信息安全已成为国家主权的重要内容。

在战争观念发生重大变化的同时，全球正在兴起一场新的军事革命，这场革命包括：作战理论、火力打击、协同作战、信息作战、应急作战、作战力量的编制体制、军队组织的等级化、作战样式、作战部署以及军队编成的变化以及这些变化给作战训练、条令条例等带来的深刻影响。面对这些变化，我们必须以发展的眼光，认真研究其特点和规律，同时针对未来我军将面临的战争环境，研究作战理论，探究作战方法，为打赢仗做好各项准备。

（二）以务实的态度研究战法

所谓"务实"，就是既要着眼于打高技术条件下的战争，又要立足于以劣势装备取胜。我们研究战法，不能脱离一个"中心"，这个中心就是中央军委提出的新时期积极防御的战略方针。离开了这个方针，我们的战法研究就要迷失方向，就要失去意义。同时我们还要着眼于"两个基本点"，一个基本点是打赢现代技术特别是高技术条件下的局部战争，另一个基本点是立足于以劣势装备或者以手中武器来取胜。

未来的战争将是高技术战争，但从目前我国国力出发，我们还必须立足于以现有武器装备来打。同时，在力所能及的范围内，还应加紧研发出几件称得上我们拿手好戏的"撒手锏"。这些撒手锏，就是让"敌人丧胆，我们壮胆"的高技术武器装备。

(三)以全面的观点加强战备

所谓全面的观点就是,既要加速改善武器装备,又要抓紧人才素质的提高。我们不能只把眼睛盯在武器装备的差距方面,还要看到人才素质方面的差距。我们应该"两条腿走路",一是改善武器装备,二是提高人才素质。从现代战争的经验中我们可以看出,不是光有高技术武器装备就能打赢高技术战争,作为一名现代军人,一要有很高的觉悟,二要有很高的科学素养,二者缺一不可。

总之,只要按照中央军委制定的积极防御的战略方针,抓住机遇,盯住条件,迎接挑战,内紧外松,少说多干,那么,我们的国防科学技术就会每过几年上一个台阶,我们的武器装备就会不断地更新换代,实现中央军委提出的打赢可能发生的现代技术特别是高技术条件下的局部战争的要求。

第二节 高技术在军事上的应用

一、当代军事高技术的发展

当代高技术的发展可谓日新月异,而且种类也是形形色色。就其分类方法而言,也不尽相同。从宏观层次上来分,目前军事高技术主要可分为六大技术群,即信息技术、新材料技术、航天技术、生物技术、新能源技术和海洋技术。其中信息技术又包括微电子技术、计算机技术等。"十五"期间,我国在确定对提高综合国力起重要作用的高技术领域时,又增加了一个"先进防御技术"。

从军事高技术与高技术武器装备的关系出发,军事高技术还可划分为两类技术:一是支撑高技术武器装备发展的共性基础技术,其主要包括微电子技术、光电子技术、电子计算机技术、新材料技术、高性能推进与动力技术、仿真技术、先进制造技术等;二是直接应用于武器装备并使之具有某种特定功能的应用技术,其主要包括侦察监视技术、伪装与隐身技术、精确制导技术、电子战与信息战技术、指挥自动化系统技术、军事航天技术、核武器和化学武器及生物武器技术、新概念武器技术等。

在这些高技术分类中,共性基础技术和应用性技术究竟又有哪些高技术对未来武器装备的发展、对未来军事斗争的影响具有最关键性导向作用呢?这是大家都比较关心的问题。结合目前世界各国军事高技术发展现状,并根据国内外权威部门的调查征询,比较多的人认为,竞争的"制高点"主要包括以下五个方面:

(一)军用微电子技术

微电子技术,就是使电子元器件及由它组成的电子设备微型化的技术,其核心是集成电路技术。电子设备包括民用的收音机、电视机、录像机,军用的无线电台、雷达,以及军民共用的计算机,等等。

20世纪40年代以前的电子设备主要由电子管、电阻、电容组成。由于电子管体积太大,所以用电子管组成的电子设备的体积也很大。1946年,世界上第一台电子计算机就是用1.8万个电子管再加上1万个电阻、1万个电容、1500个继电器等元器件组成的。做成后,体积达 90 立方米，占地 170 平方米，重达 30 吨，耗电 150 千瓦时，运算速度每秒 5000 次。1948 年人类发明了晶体管，用晶体管做出的收音机体积就大大缩小了，可以装在口袋里，但用它做军用电子设备，体积还是太大。到了 1952 年，英国雷达研究所一位名叫达默的科学家提出了一个标新立异的设想：能否按照电子线路的要求，把一个线路中所包含的晶体管和二极管以及其他必要的元器件统统集合在一块半导体晶片上，从而构成一块具有预定功能的电路？这就是后来被称为集成电路或集成化的最初设想。到了 1958 年 9 月 13 日，美国一位年轻的工程师基尔比把达默的设想变成了现实。他使用一根半导体硅单晶制成了一个相移振荡器，这个振荡器包含 2 个晶体管、8 个电阻、2 个电容，其间无须金属导线进行连接。这就是世界上第一块集成电路。集成电路是衡量微电子技术发展水平高低的重要标志。在单位面积上集合的晶体管越多，我们就说它的集成度越高；集成度越高，微电子技术发展水平就越高。

随着微电子技术发展水平的不断提高，做出的集成电路芯片的体积将变得越来越小，同时其性能也将越来越强，对人类社会进步、国防实力提高将会产生巨大影响。2000 年 3 月 27 日，韩国三星电子公司推出了世界上最小的容量为 8MB 的 SRAM（静态可读写存储芯片）。这种芯片被放在一枚直径为 2.3 厘米的韩国硬币上，也只占到其面积的 1/3。体积虽小，但功能却很大，它被用于需要小尺寸、大容量存储芯片的移动电话中。从目前情况看，随着高性能集成电路芯片的广泛应用，将会给人类社会的各个领域带来翻天覆地的变化。概括起来，有"三化"，即：设备小型化、机器智能化、用途广泛化。

在现代高技术武器装备发展过程中，微电子技术也在发挥着"四两拨千斤"的作用。过去武器装备的发展求大、唯多和大规模杀伤破坏，而今天，正在被小巧、灵活、精确所代替。目前衡量一个装备发展水平高低的标准，很大程度上已经取决于电子设备的水平，而电子设备的更新换代在很大程度上又取决于微电子技术的发展水平。在现代高技术武器装备发展过程中，用于发展电子设备的资金占总成本的份额越来越大。据统计，目前军用车辆成本的 24%，军舰成本的 25%，军用飞机成本的 33%，导弹成本的 45%，航天器（包括卫星、飞船、航天飞机等）成本的 66%，通信电子战设备成本的 90% 都花在电子设备上。由于电子设备水平的不断提高，致使现代武器装备的性能也得到巨大提高，具体来说，就是武器系统的体积更小、重量更轻、功能更强、可靠性更高、作战效能和威力更大。比如：现代导弹既可打面目标，又能打点目标；现代坦克既可白天作战，也可晚上夜战；电子战设备既能对付在固定频率工作的敌电台、雷达，也能对付频率敏捷更换的敌电台、雷达。从这个意义上来说，现代战争已经从"打钢铁"转变到"打钢铁更要打硅片"的新阶段。

微电子技术虽然在各个领域都有重要作用，但要达到高水平，却不是一件轻而易举的事情，需要闯过一道道难关：材料要超纯、环境要超净、工艺要超精细，哪一项上不去都不行。为了加速实现四个现代化，我国的微电子技术从无到有，取得了可喜的成绩。但是与世界先进水平相比，我们还存在着相当大的差距，这在很大程度上成了制约我国工业发展和武器装备上台阶的"瓶颈"因素。为此，我们国家已经下决心把这项高技术尽快搞上去。"八五"期间，微电子技术就已被作为科技攻关重点项目进行研究，并取得重要突破。1996 年，中国科学院微电子中心自力更生实现了 0.8 微米集成电路加工技术，成都光电所研制成功 0.8 ~ 1 微米分步重复投影光刻机，标志着我国微电子技术跨上了一个新水平。"九五"期间，国家实施了"909"工程，建设采用 0.24 ~ 0.35 微米技术、8 英寸硅片，月产 2 万片的超大规模集成电路芯片生产线，不仅能满足国内民用军用的需要，而且可以有一定数量的出口。2001 年 7

月，美国摩托罗拉公司天津半导体集成电路生产中心成功采用0.35微米制作出国内第一块高精度逻辑芯片，从而使我国移动通信多年来一直依赖国外进口产品的局面得到改观。总之，只要我们坚持自力更生方针，积极引进与消化国外先进技术，微电子领域的差距一定会逐步缩小，从而为推动国内各项高技术的发展创造良好的条件。

（二）军用航天技术

航天技术是一项与军事斗争密切相关的现代工程技术，其难度之高，影响之大，都是前所未有的。在人类通向太空的征途中，每攻克一道难关——上天、回收、一箭多星、地球同步、太阳同步、载人航天——不仅标志着科学技术跨上了一个新台阶，而且也预示着在军事斗争领域增添了一种角逐的新手段。据统计，自1957年人类发射成功第一颗人造卫星至今，全球一共发射了5000多颗卫星，目前在轨运行的大约还有700多颗，其中约400颗主要用于军事。

第一关是上天。上天，是人类征服宇宙所闯的第一关。所谓上天，就是把卫星或其他飞行器加速到足够大的速度、推进到足够高的高度，让它绕地球转起来。过这一关有两大难点，一是速度要足够大，大到每秒钟7.91千米，也就是一小时28476千米，换句话说，就是不到一个半小时绕地球转一圈。二是高度足够高，高到卫星上天后离地球最近也要在120千米以上。有资料显示，在卫星上天的头20年当中，平均每发射1公斤有效载荷，需要耗费12220美元。这就是说，在地面抓一把黄土，送到天上就贵如黄金。由此可见其难度之高、代价之大，正因如此，所以直到目前为止，世界上200多个国家和地区，能够独立研制并发射人造卫星的国家只有9家，按先后顺序，依次是：苏联（1957年10月4日）、美国（1958年1月31日）、法国（1965年11月26日）、日本（1970年2月11日）、中国（1970年4月24日）、英国（1971年10月28日）、印度（1980年7月18日）、以色列（1988年9月19日）、朝鲜（1998年8月31日）。

第二关是回收关。所谓回收关就是把发射的卫星按预定的要求再回收回来，并落在预定地域。目前过了这一关的国家只有3家，即中、美、俄，其他国家都不回收。为什么不回收？因为回收是一件难度很高的事情，回收过程中不仅要卫星减速、低头，而且还必须落回到地面预定地域，这些对遥测、遥控技术提出了很高的要求。据测算，卫星在返回地面过程中，如果速度误差达每秒5米，卫星落地点就要偏离70千米；如果角度误差0.1度，卫星落地点就要偏离300千米。因此从这个意义上讲，回收要比发射更加困难。到目前为止，在掌握回收技术的3个国家中，我国回收成功率是最高的：我国从1975年11月26日回收成功第一颗卫星到现在，共发射17次，回收成功16次，成功率达94%。这一点连美国和苏联这样的航天大国也都没有办到。回收关过了，在军事领域就意味着空间侦察技术已经成熟。在民用领域，使用回收卫星可以进行科学实验和搭载实验，为人类探索太空奥秘、开发新材料提供有力的支持和帮助。

第三关是一箭多星关。所谓一箭多星是指用一枚火箭同时发射多颗卫星。这种发射有两种方式：一是在大多数情况下，多星轨道基本相同；二是把卫星分别送入不同轨道。打个比方，前一种情况类似于民航，所有乘客同时上下飞机；后一种则类似于空降兵，大家从同一地方上飞机，但在不同地方下飞机，所以难度更大一些。我国1981年9月20日过了这一关，当时我们使用"风暴一号"火箭同时发射了三颗卫星，即"实践一号""实践一号甲""实践一号乙"。除了我国之外，目前掌握这一技术的国家还有美国、俄罗斯和欧洲空间局几家。一箭多星技术与分导技术有非常密切的联系，所以谁掌握了一箭多星技术，就意味着向分导技术迈进了一大步。

第四关是地球同步关。所谓地球同步关，就是把卫星发射到地球赤道上空，离地面垂直高度为 35786 千米，方向正东，速度为每秒 3.07 千米，这样，卫星绕地球旋转一周的时间正好与地球自转一周的时间相同，这样从地面看上去，位于地球同步轨道上的卫星仿佛"挂"在天上一样静止不动。在地球赤道上空静止的卫星，由于其观测范围广，跟踪简单，使用方便，能够 24 小时连续工作，所以在军事领域和民用领域都具有非常巨大的应用价值。目前，通信、广播、导航定位、导弹预警、气象观测等卫星都采用这种轨道，使得这种轨道大有供不应求之势。再加上这条轨道的唯一性，未来打天战，这里将成为兵家必争之地。我国目前不仅能发射本国的地球同步卫星，而且还能正式对外承揽发射任务，据统计，目前国际上 7% ~ 9% 的发射任务已被我国承揽，这是一件非常了不起的事情。

（三）定向能技术

所谓定向能技术就是把强激光、高能粒子束或强微波等产生的高温、电离或辐射效应集合，然后以束的形式向一定方向发射，借以摧毁或损伤目标的技术。这种技术具有军民兼用的性质。在军事领域，按照使用范围的不同，定向能武器一般可分为战略和战术两大类。

战略定向能武器，主要用于攻击飞机、导弹和卫星，其技术成熟程度以激光武器为最高。激光武器最大的特点，是速度快，精度高，单发成本低，附带毁伤小。正因为如此，不仅各国竞相研制，而且有一段时间被吹得神乎其神。当然，实际做起来，并不是那么容易，它会遇到各种各样的难关：能源关、聚焦关、瞄准关、传输关等，哪一关都不好过。目前已经实验成功的战略激光武器有美国的陆基中型红外高级化学激光器（MIRACL）。它曾是美国星球大战计划的一部分，是美国为防止敌国核打击以及免受他国卫星对自己的威胁而秘密研制的一种反卫星武器。

1997 年 10 月 17 日，美国在新墨西哥州南部沙漠深处的白沙导弹靶场高能激光系统试验中心就成功地进行了一次激光打卫星试验。这次试验使用的激光器是由汤普森·拉莫·伍尔德里奇公司研制，耗资 8 亿美元，激光器发射的光束宽约 2 米，波长 3.8 微米，输出能量 200 万瓦。作为"靶子"的是美国空军 1996 年 5 月发射升空的 MSTI - 3 号气象卫星，该卫星大小相当于一台电冰箱，携带有红外探测器，轨道高度约 420 千米，飞行速度 26800 千米/小时。试验中，激光武器向快速移动的卫星发射了两束高能激光，第一波束用于测定高速运行中的卫星的准确位置，然后再射击 10 秒左右的强激光脉冲，从而准确击中了这颗日益老化的卫星。

战术定向能武器，主要用来使人致盲和让武器失效。1995 年 3 月，美国和以色列两国曾联手实施"鹦鹉螺"战术高能激光器概念评估计划。1996 年 2 月 9 日，一枚 EM - 21 短程火箭在飞经美国白沙导弹靶场上空时被美以联合研制的战术高能激光器击落。2000 年 6 月 6 日、8 月 28 日和 9 月 22 日，美以两国又连续三次进行了战术激光武器打靶试验，并成功地击落了 5 枚短程喀秋莎火箭。战术激光武器除了能打飞机和导弹以外，还正在研究更加小型的激光武器，以对人眼造成致命伤害。过去叫打"冷枪"，未来就将叫打"冷光"。

除激光武器外，还有微波武器。它不仅能毁坏电子设备中的时钟，而且对其他灵敏元器件也具有破坏作用。此外，微波对人的生理和心理也具有较大的损害作用。如果一个人长期受微波照射，那么他的身体肯定会受影响，甚至整天头昏脑涨，无法进行正常工作。

军事高技术的发展及其在军事领域的广泛应用，已经对武器装备和作战行动产生了巨大影响，概括起来就是"八化"，即：侦察立体化、打击精确化、反应高速化、防护综合化、电子武器化、控制智能化、信息多媒化、现装年轻化。

二、高技术武器与应用

(一)精确制导技术

在精确制导技术和精确制导武器出现之前，就已经出现了制导武器。制导武器是按照特定基准选择路线，控制和引导战斗部对目标进行攻击的武器。制导武器出现于第二次世界大战中，如1942年德国研制成 V－1 飞航式导弹和 V－2 弹道导弹，但因技术不成熟，命中精度不够高，在战争中的影响不大。20世纪60年代中期电子技术的飞跃为精确制导技术的发展奠定了基础，20世纪70年代以来，精确制导技术开始广泛运用于军事领域，精确制导武器出现，并受到了各国的高度重视。尤其是海湾战争以后，精确制导武器已经成为战场的主角。

精确制导技术，是按照一定规律控制武器方向、姿态、高度和速度，引导战斗部准确攻击目标的军用技术。它是以微电子技术、电子计算机和光电转换技术为核心，以自动控制技术为基础发展起来的高新技术。

精确制导武器指直接命中概率大于50%的制导武器。精确制导武器出现于20世纪60年代，包括导弹(占93%)、制导炸弹(占4.3%)、制导炮弹(占2.4%)等。

精确制导系统，是根据各种精确制导技术原理研制的控制和导引武器装备自动飞向目标的整套装备。精确制导系统由测量装置、中央计算机、敏感装置、执行机构等组成，一般有三种形式。

1. 自主式制导

自主式制导是指引导指令由弹上制导系统按照预先拟订的飞行方案控制武器飞向目标。制导系统与目标、指挥站都不发生联系，武器控制完全自主，适合攻击固定目标，一般用于复合制导武器初始飞行段。优点：隐蔽性好、抗干扰能力强。缺点：导弹一经发射就不能再改变弹道，有积累误差。

2. 遥控制导

遥控制导是依靠设在地面(海上、空中平台)指挥站来测定目标和导弹的相对位置，并向导弹发出控制导引指令，以攻击目标的制导方式。特点：制导精度高、抗干扰强，随距离增大积累误差大。由于飞行中制导系统与目标和制导站都发生联系，它适用于攻击运动目标。

3. 寻的制导

主动式寻的制导指导弹主动向目标发射能量并接收目标反射能量形成控制指令，使导弹跟踪目标。该制导方式具有"发射后不用管"的优点，命中精度高，但易受干扰。

半主动式寻的制导指地面(或空中、水上平台)制导站向目标发射能量，遇目标后反射，被导弹接收形成控制指令，控制引导导弹击毁目标。半主动式制导站功率大，可重复使用，导弹轻、造价低，但制导站易遭敌干扰和攻击。

被动式寻的制导指导弹接收目标辐射能量形成指令控制，引导导弹飞向目标。被动式寻的制导较为隐蔽，但易受天气影响，受敌干扰欺骗。

精确制导技术在武器系统中的运用，主要有导弹。导弹是依靠自身的动力装置推进，由制导系统导引、控制其飞行路线并导向目标的武器。

制导炮弹，是利用自身的制导装置，发射后能在弹道末段实施导引、控制的炮弹。这是一种打击点状目标的精确制导武器，主要用于毁伤坦克、装甲车辆、舰艇等活动目标。目前，制导炮弹主要有四种类型：激光制导炮弹、毫米波制导炮弹、红外成像制导炮弹、双模式制导炮弹。

制导炸弹，是加装制导装置和操纵面的航空炸弹。它的出现是航空炸弹发展史上的一个重大里程碑。从 20 世纪 60 年代开始，制导炸弹已发展了 4 代，如电视制导炸弹、激光制导炸弹、红外制导炸弹和"联合直接攻击弹药"（JDAM）等。其特点是命中精度高，主要用于攻击桥梁、机场、电站、指挥所、舰船等点目标。

（二）伪装与隐身技术

随着电子信息技术高速发展及其在军事领域中的广泛应用，战场军事侦察的技术手段已经实现了高技术化。精确制导武器的广泛应用，意味着战场目标"发现即可命中"，这就促使了反侦察技术的发展。现代战争中，伪装和隐身技术作为高技术反侦察手段已成为战场重要组成部分。

伪装技术是为了隐蔽自己和欺骗、迷惑敌人所采取各种隐真示假的技术措施，是军队战斗保障的一项重要内容。

隐身技术又称隐形技术或低可探测技术，是改变武器装备等目标的可探测信息特征，使敌方探测系统不易发现或发现距离缩短的综合性技术。

隐身技术是传统伪装技术的一种应用和延伸，是现代内装式伪装的典型代表。

军事伪装和隐身技术有很强的综合性，所涉及的学科包括光学、电学、声学、热学、化学、植物学、仿生学、流体力学、材料学等。针对高技术侦察的特点，现代伪装技术主要是为减少目标和背景在光学、热红外、无线电波等方面的反射或辐射能量差异而采取的各种工程技术措施。

现代伪装的分类：按其在作战中的运用范围，可分为战略伪装、战役伪装和战术伪装。战场目标的隐身技术属于战术伪装。按伪装所对付的高技术侦察器材的工作频谱范围，可分为防光学探测伪装、防热红外探测伪装、防雷达侦察伪装和防声测伪装。目前，各种隐身兵器是以防雷达侦察为主，兼顾到对付可见光侦察。

1. 伪装与隐身技术的发展

伪装自古就为兵家所重视。《孙子兵法》中就指出："兵者，诡道也。故能而示之不能，用而示之不用，近而示之远，远而示之近。"这是关于在战争中如何运用伪装的最早论述。在古代战争中，曾有许多实施伪装的成功战例。如：我国春秋时期的平阴之战、战国时期的即墨之战。到了近现代，伪装得到进一步的广泛运用，成为保障军队作战必不可少的战斗措施。在第二次世界大战的诺曼底登陆战中、在朝鲜战争中、在第四次中东战争、马岛战争、海湾战争、科索沃战争等高技术战争中，伪装在新的技术基础上得到广泛运用，所采用的隐蔽、佯动、设置假目标、施放烟幕和兵器隐身等技术措施，发挥了很大作用。

现代隐身技术首先应用于航空领域，在 20 世纪 30 年代初，随着无线电技术特别是雷达的问世，最早的"隐身"材料也出现了，如荷兰科学家研制的雷达用吸波材料，以及日本人开发的铁氧体材——硅钢片。第二次世界大战期间，美国及纳粹德国开始研制新型吸波材料，并在飞机和舰艇上使用，使敌方雷达的探测距离大大缩短。20世纪50年代，为了获取情报而又能隐蔽飞行，美军在侦察飞机上涂上了吸波材料，以减弱电磁波反射强度。以后，又采用了更先进的隐身吸波涂层，使其防雷达探测性能有很大提高。在越南战争中，美军还使用了一种采用红外特征减弱措施的武装直升机，从而大幅度降低了苏制红外制导地空导弹的命中率。

随着高技术侦察器材的广泛运用，隐身技术的发展进入了一个新的发展阶段。以美国为首的发达国家竞相开展隐形技术的开发研制工作。到20世纪80年代，美国的多种隐身作战飞机开始装备部队，并在局部战争中发挥了令人瞠目的巨大作用。

2. 现代伪装器材

目前各国装备部队的伪装器材一般都是配套的遮蔽伪装器材，包括遮障面和支撑系统。其中遮障面（伪装网、伪装盖布）是进行遮障伪装的主体，可单独使用。针对现代侦察技术和手段，世界各国所使用的遮障面都具有防可见光、红外线和雷达侦察的综合性能。其中美军伪装装备在性能上较为优越。

我军现装备的人工遮障制式器材有成套遮障、各种伪装网、角反射器等。

外军列装的气溶胶即烟幕伪装器材有40多种，包括发烟手榴弹、发烟火箭、发烟炮弹、发烟炸弹、烟幕施放器、飞机布撒器和航空发烟器等。

3. 隐身技术

隐身技术的出现已使伪装技术由消极被动变为积极主动，不仅可以由于"隐真"而保存自己，也可以因"示假"而迷惑对方。

4. 隐身兵器

隐身兵器是把隐身技术应用于武器装备上而形成的新式武器。它可以是对原来不具隐身能力的武器装备的改进，也可以是新设计、研制的武器。

（1）隐身飞机。是研制最早、发展最快、隐身技术含量最高的隐身兵器。它的发展经历了利用单一技术对飞机进行局部隐身和运用综合技术对飞机进行全面隐身两个阶段。已研制成功的隐身飞机主要有：SR-71隐身战略轰炸机、F-117A隐身战斗轰炸机、B1-B隐身战略轰炸机、B-2隐身战略轰炸机等。其中F-117A和B-2两种飞机隐身性能最好。

（2）隐身导弹。目前已研制成功的导弹只有美国的隐身战略巡航导弹和隐身战术导弹。隐身战略巡航导弹有AGM-86B和AGM-139两种型号。隐身战术导弹也有两个型号：空中发射的AGM-137型和地面发射的MGM-137型。

（3）隐形舰船。隐身舰船的概念是近年来提出的。也是由于各种侦察系统、红外寻的反舰导弹、新一代鱼雷和水雷迅速发展，要求降低舰船可探测概率的结果。

隐身舰艇采用的隐形措施主要有：为减少雷达反射截面，改进舰体及上层建筑形状，使用吸波、透波材料，采用尾流隐蔽技术，千方百计地降低噪声辐射，抑制红外辐射，控制电磁特征。近年来，研制比较成熟的有：英国的23型护卫舰，美国的"阿利·伯克"级导弹驱逐舰等。而高隐身性能的舰船用于战场已为时不远。如美国海军正在研制SSN-21"海狼"隐身潜艇和掠海航行的非金属双船体的隐身舰船等。

5.隐身兵器对作战的影响

隐身飞机的使用，增大了对空防御难度。部分隐身飞机和隐身导弹的研制成功并用于战场，使空袭武器的结构发生了变化。随着其他隐身飞行器的不断出现，空袭武器装备将发生根本性的飞跃。这必定给反空袭作战带来很大的困难。普通预警系统将失去预警功能，无法实施有效的对空防御。隐身飞机由于其目标信息特征小，一般的雷达系统无法发现，使得已有的防空兵器无法发挥作用。

地面隐身兵器的出现，使战场生存能力明显提高。地面兵器隐身性能的提高，将极大地增强其隐蔽性和防护力。如研制中的新一代坦克和其他装甲车辆，广泛地采用了隐身材料、外形设计、结构设计和部件设计技术，使目标的暴露特征信息明显降低。

指挥系统面临生存威胁。现代战争是诸兵种协同作战，对指挥系统的依赖极大，交战双方都把打击对方的指挥系统作为打击的重点目标和首要任务。而武器系统的隐身攻击能力提高，使得指挥系统面临生存威胁，使电子对抗、侦察和反侦察的斗争更加激烈。大量用于战场的隐身兵器，由于采用电子对抗隐身技术，将使电子对抗的均势被打破，伪装由消极的反侦察向积极的反侦察方向发展。这必将刺激电子支援技术和侦察技术的发展，从而形成更高层次的电子对抗和侦察反侦察的斗争。

（三）侦察与监视技术

现代科学技术特别是高技术的发展，使军事侦察与监视的技术水平和能力有了极大提高。现代侦察设备器材或侦察探测系统有可见光、微波、红外、声学侦察探测设备，并可部署在地面、海上、水下和空中、太空。利用高性能的侦察探测系统可进行全时域、大空域及覆盖全侦察与监视，可迅速、准确、全面掌握敌方情况。世界各国都非常重视现代侦察监视技术的发展，现代侦察监视技术已成为军事高技术重要领域。

侦察，是军队为获取军事斗争，特别是战争所需敌方或有关战区的情况而采取的措施，是实施正确指挥、取得作战胜利的重要保障。侦察监视技术是指发现、识别、监视、跟踪目标并对目标进行定位所采用的技术。现代侦察与监视系统是根据现代战争的需要，把各种高新技术设备有机结合起来，以实现各种侦察目的的情报保障系统。直接目的是探测目标，分发现、识别、监视、跟踪及对目标定位。

发现：依据目标与周围背景的某些不连续性，将目标提取出来，确定某个地方有目标。

识别：确定目标的真假和区分真目标的类型。

监视：严密注视目标的动静。通常隐蔽地实现。

跟踪：对目标的连续不断的监视。

定位：按照一定的精度探测确定出目标的位置，即方位、高度和距离。

侦察监视技术就是指发现、识别、监视、跟踪目标并对目标进行定位所采用的技术。理论上，自然界中任何实物目标及其所产生的现象总会有一定的特征，并与其所处的背景有差异。目标与背景之间的任何差异，如外貌形状差异，或在声、光、电、磁、热、力学等物理特性方面的差异，都可直接由人的感官或借助一些技术手段加以区别，这就是目标可以被探测到的基本依据。侦察监视系统根据目标的特征信息，包括声、光、电、磁、热、力学等特征信息，完成任务。

1. 现代侦察与监视技术分类

现代侦察技术有多种分类方法，通常分为以下几类：

根据目标性质、范围、情报使用和所引起的作用不同分为战略侦察、战役侦察和战术侦察。

根据侦察设备的运载工具及其使用的不同分为地（水）面、水下、空中和空间四个侦察系统。

根据遥感设备的不同分为可见光、多光谱、红外、微波、声学侦察等。

（1）可见光侦察。

可见光：波长 0.4 ~ 0.76 微米的电磁波作用于视网膜上感光细胞，引起视觉。对可见光能感觉光的不同颜色，红、橙、黄、绿、青、蓝、紫等。色光呈现不同色彩，是因为波长不同。当眼睛同时受到各种颜色光的作用时，产生白光感觉，白光是复合光。

电磁波：电磁波根据波长或频率不同分无线电波、微波、红外线、可见光、紫外线、X 射线、Y 射线等。同一物体对不同波长电磁波反射能力不相同；不同物体对同波长电磁波反射能力也不相同。物体对可见光不同的反射特性决定了它们本身的颜色。电磁波波长不同，在大气中传输能力不同。大气中水汽（H_2O）、二氧化碳（CO_2）、臭氧（O_3）等气体分子对不同波段的电磁波有不同程度的吸收作用（选择性吸收），使有些波段电磁波被削弱，有些波段完全消失。大气吸收较少的波段（大气透过率较高）称"大气窗口"。

根据目标在可见光波段的物理特征，主要侦察器材有各种光学观察器材、照相侦察器材、电视侦察器材、微光夜视侦察器材和激光侦察器材等。

（2）红外侦察。

红外侦察指根据物体在红外波段的热辐射，侦察、探测目标。

任何物体温度高于绝对零度时，不断以电磁波形式向外释放能量，称热辐射。同一物体不同温度时，热辐射能量按波长的分布也不同。温度高，热辐射总能量增大，能量多数分布在波长短的一侧。温度愈高，峰值波长愈短。一般军事目标温度在 −15℃ ~37℃ 之间，辐射波长约为 9 ~10 微米，处于红外波段。多数目标在常温下的热辐射波长都在红外波段，即使夜间，也能通过接收物体红外辐射来进行侦察。

红外线：可见光红光外端，波长 0.76 ~1000 微米电磁波。红外线分近红外（0.76 ~3 微米）、中红外（3 ~6 微米）、中远红外（6 ~20 微米）和远红外（20 ~1000 微米），其中近、中、中远红外波段被各类红外侦察器材所利用。

红外侦察设备主要分成像红外探测器和不成像红外探测器两种。成像红外探测器主要有红外照相机、红外夜视仪、热成像夜视仪等，不成像红外探测器主要有红外预警探测器。

（3）雷达侦察。

雷达侦察指利用雷达波发现、探测物体。

雷达侦察是利用物体对无线电波的反射特性来发现目标和测定目标状态（距离、高度、方位角和运动速度）的一种侦察手段。具有探测距离远、测定目标速度快、精度高、能全天候使用等特点，在战场上应用十分广泛，成为现代战争的一种重要侦察手段。

（4）电子侦察。

电子侦察指接收无线电通信信号、接收雷达信号来测向、侦听。

电子侦察特点：隐蔽、被动、距离不小于被侦察设备工作距离。

电子侦察一般分两大类：一类是无线电探测，一类是侦察雷达。

无线电侦察是使用无线电收信器材，截收和破译敌方无线电通信信号，查明敌方无线电通信设备的配置等情况。具有侦察距离远，速度快，工作隐蔽，受环境、地形、气候等自然条件影响小的特点。包括侦听和测向定位两个方面。

无线电通信侦听主要是运用电波传播、信号及联络三个规律来实施侦察。无线电通信侦听设备主要是无线电接收机。

（5）多光谱侦察。

多光谱侦察是把目标发射和反射的各种波长的电磁波划分成若干窄的波段，在同一时间内，用几台仪器分别在各个不同的光谱带上对同一目标进行照相或扫描，将所得图像或信号进行加工处理，分析比较，就可以从物体光谱和辐射能量的差异上区分目标。在多光谱侦察获得的图像上，生长旺盛的活体植物呈现红色，伪装用的砍伐植物呈蓝色，涂绿漆的金属物体呈现黑色。

多光谱照相机由于受感光胶片光谱响应的限制，其工作范围一般在 0.35 ~ 0.9 微米波段，至多不超过 1.35 微米。

（6）声学侦察。

声波是一种弹性波，声波在不同的介质中的传播速度不同。空气声波传播速度每秒 340 米左右。常用的有声响传感器。它的探测器是一个传声器，是一种声电转换器。工作原理与麦克风相同。最大优点是分辨力强。处理后能重现目标运动时所发出的声响特征。如果运动目标是人员，则不仅可以直接听到声音，还能根据话音查明其国籍、身份和谈话内容；如果运动目标是车辆，则可根据声响判断车辆的种类。同时它还能排除自然干扰。声响传感器的探测范围也较大，对人正常对话 40 米，对运动车辆达数百米。

声呐是利用水声传播特性对水中目标进行传感探测的技术设备。海洋中使用的声波，水中传播速度达每秒 1450 米以上。声波在水中的传播速度受温度、盐度及海水静压力（即深度）的影响，温度越高，速度越大；盐度及静压力的增加，也会加快声波的传播速度。

声呐用于搜索、测定、识别和跟踪潜艇和其他水中目标。声呐按工作方式分被动式声呐和主动式声呐。根据使用对象不同，分水面舰艇声呐、潜艇声呐、航空声呐和海岸声呐等。

被动式声呐又称噪声声呐。主要搜索来自目标的声波，特点是隐蔽性、保密性好，识别目标能力强，侦察距离远，但不能侦察静止无声的目标，也不能测出目标距离。

主动式声呐又称回声声呐，可以探测静止无声的目标，并能测出其方位和距离。但容易被敌方侦听而暴露自己，且探测距离短。

声学侦察设备主要有声响传感器、炮兵声测仪、水下探测设备等。

2. 侦察监视技术对作战的影响

侦察监视技术的发展及其在战场上的应用，使战场侦察与监视手段显著改善。侦察手段多样化，各种手段综合运用，大大提高了大面积监视能力、精确侦察能力、夜间或复杂条件下全天候侦察能力、实时或近实时侦察能力和识别伪装的能力，对作战也产生了深刻的影响。

现代侦察监视系统不仅能为指挥员提供直读、直观、直闻的不同距离的、全方位的、有声有色的情报，可用计算机的逻辑功能帮助计算、分析和判断，可对指挥员作出的计划方案进行"对抗模拟"，比较方案的可行性，以便于选择最佳方案，提高了指挥质量。

3.促进反侦察技术发展

以假乱真，以假当真。侦察技术在战场上的运用，促进了反侦察技术的发展。战场"透明度"越来越大，部队隐蔽行动企图更加困难，必须探索新的伪装方法和行动方法。如常用的伪装方法对目视侦察和微光侦察有效，但热成像器材出现后，这些方法失去了作用。高技术侦察设备大量使用，使战场目标的生存面临更大的威胁。为提高战场目标的生存能力和达成战役战斗的突然性，必须发展反侦察技术。

4.现代侦察监视技术的发展趋势

空间上立体化，全空域。由于现代武器的射程急剧增加，部队的机动能力迅速提高，现代战争必须是大纵深的立体战争。为了适应这种特点，侦察与监视体制必须是由空间、空中、地（水）面、水下组成的"四合一"系统。

速度上实时化，全时域。现代战争快速多变，要求侦察与监视所用的时间尽量最短。因此，信息处理和传输速度是关键。随着遥感技术和计算机技术的发展，必须借助以计算机为核心的遥感图像自动分类和识别技术，提高处理速度。

手段上综合化。随着侦察技术的不断改进，各种反侦察设备和伪装干扰技术也得到了发展，为了识别伪装，提高侦察效果，要加速研制新的红外、激光、微波遥感器，使用多种遥感器，同时观测同一地区，这样既能获得多种信息，又能增加侦察监视效果。

侦察监视与攻击一体化。侦察、监视与攻击系统一体化就是将部队的侦察监视系统与武器装备有机地结合起来，构成一个合理的整体，以便及时发现和摧毁目标。如有的遥控飞行器携带有侦察、跟踪、瞄准装置和弹药，侦察发现目标后，能很快将目标摧毁。

提高侦察监视系统生命力。各种反侦察武器特别是精确制导武器的出现，对侦察监视系统构成了严重的威胁。侦察监视系统本身的生存能力成了完成任务的重要因素。因此，提高整个侦察监视系统自身的生存能力，又成了迫切需要解决的新课题。

（四）电子对抗技术

电子对抗是指敌对双方争夺电磁频谱使用权和控制权的斗争。1993年美军定义：电子对抗指利用电磁能和定向能以控制电磁频谱或用电磁频谱攻击敌方的任何军事行动。1997年《中国人民解放军军语》定义其"为削弱、破坏敌方电子设备（系统）的效能，保护己方电子设备（系统）正常发挥效能而采取的各种措施和行动的统称"。

电子对抗技术宏观上包括电子对抗技术与电子反对抗技术。从具体的对抗方式来看，主要有侦察与反侦察、干扰与反干扰、欺骗与反欺骗、隐身与反隐身、摧毁与反摧毁、制导与反制导等。

由于未来的高技术战场是系统对系统、体系对体系的斗争，任何单一的电子战装备或多种电子战装备的简单组合，都不能对付敌方综合化的电子兵器，只有形成综合电子战系统，才能形成强大的电子力量。根据电子战装备侦察型、自卫型、支援型三种类型，电子战系统可分为电子侦察系统、电子进攻系统和电子防卫系统。

1.雷达电子战

随着雷达在军事上的应用，雷达电子战于1942年9月首次在美海军战役中应用。雷达电子战是利用专门的无线电电子设备或器材对敌方的雷达设备进行斗争，以阻止敌雷达获得电磁信息，减弱和破坏敌武器系统的效能和威力，同时保护自己的雷达等电子设备及武器系统在敌干扰条件下仍能正常发挥效能和威力。

雷达电子战基本工作原理：雷达是发射探测脉冲并接收被照射目标的回波来发现目标，测定目标的空间位置并可对目标进行跟踪的设备。根据这一原理，对雷达的电子进攻装备可以破坏雷达对目标信息的获取。对雷达的电子进攻装备侦察接收机通过对雷达高功率探测脉冲的截获可在远距离上发现雷达的照射，并根据对雷达信号的分析确定雷达的属性和威胁的程度，发射与雷达频率相同、波形相似的各种干扰信号，进入雷达接收机压制雷达对目标回波的接收，使在雷达显示器上遮盖目标回波或制造假目标回波进行欺骗。进入雷达接收机的干扰信号还可以按其特有的调制规律破坏雷达对目标的跟踪。

对雷达的电子进攻和雷达本身的电子防御，构成了雷达电子战领域。近年来发展的光电电子战和水声电子战都是雷达电子战的一个新技术分支，是雷达电子战的延伸。

雷达对抗的主要技术分类有雷达侦察、雷达干扰和反辐射摧毁。

雷达电子战可在空间、空中、地面、海上和水下进行，构成了一个立体的作战网络。

2.通信电子战

通信电子战是指通信领域的电子对抗。无线电通信对抗战，是敌对双方利用普通的无线电通信设备及专门的通信对抗设备，在无线电通信领域内进行的电磁斗争，其目的在于截获敌方无线电通信情报、阻碍或削弱敌方的无线电通信，保障己方无线电通信设备能正常工作。通信电子战是在二战中兴起的。

通信电子战主要有通信侦察和通信干扰两大类型。

3.光电电子战

光电电子战是利用光电设备或器材，通过光波传输的作用，截获、识别敌方正在工作的光电辐射源信息，并采取各种手段削弱以至破坏其光电设备的效能，同时保证己方光电设备正常发挥效能的技术措施和其他措施。

光电电子战包括光电侦察与反侦察、光电干扰与反干扰、光电制导与反制导、光电隐身与反隐身、光电摧毁与反摧毁几个方面。光电威胁是全方位的、全天候的威胁。世界上光电制导的导弹、炸弹、炮弹已有100多种，美国正在研制的红外制导导弹有30多种，红外成像制导导弹20多种，激光制导武器20多种。

4.电子战对现代战争的影响

在高技术局部战争日益发展、日趋成熟的情况下，夺取制电磁权的斗争已成为赢得作战胜利的必由之路，成为未来战场上双方争夺的新的"制高点"。作为一种新型的作战方式，电子战已经并将继续对现代战争产生重大的影响。

反侦察难度进一步加大。传统的反侦察伪装主要是外形的实体伪装和无源假目标欺骗伪装，但在电子侦察技术大量运用的高技术战场上，这些伪装方式将形同虚设。现代战场上的各类电子侦察系统充满了从陆地到水下、从水上到空中以及宇宙空间的所有领域，这些电子侦察系统不但远离交战线，而且具有全纵深、全立体的侦察、探测能力，对方要想实施隐蔽的动机和打击，难度是前所未有的。

作战手段得到了全面创新。电子战突破了无线电通信、雷达的范畴，扩展到指挥、控制、制导以及光电、水声等方面；由单一手段的运用发展为多手段的综合运用；从纯粹的作战保障措施上升为更直接的作战手段。电子战的这种巨大的攻防作战能力，使它已由早期的作战保障措施上升为现代战争中不可缺少的重要作战手段。整体作战能力得到了质的提高。多次现代高技术局部战争表明，强大的电子作战能力已成为胜利的重要前提和必要保障，从以色列在贝卡谷地的取胜，到美军空袭利比亚的成功，再到海湾战争，无不证明了这一点。

作战样式出现了质的飞跃。电子战装备的出现，使战场从陆地、海上、空中扩展到电磁领域，出现了陆、海、空、天、电磁"五维"战场，敌对双方的电子对抗，使传统的作战样式出现了质的飞跃。现代作战的基本模式应是"电子战—空袭与防空—地面进攻与防御"，电子战在现代战争中所处的独立作战阶段是不容置疑的；而且电子战广泛渗透、贯穿于现代战争的各个阶段和各类作战行动中，成为不可缺少的合成作战力量。

三、航天技术

航天技术，是探索、开发和利用太空以及地球以外天体的综合性工程技术，亦称空间技术。

1957年10月4日，苏联成功发射了世界上第一颗人造地球卫星，标志着人类跨入了航天时代。由此兴起的航天技术在以后的近半个世纪里获得了迅速发展。航天技术的发展使人类挣脱地球引力的羁绊、进入广袤无垠的外层空间成为现实，同时，也为军事活动提供了新的场所。外层空间已成为一个新战场。

航天，指脱离地球引力，在行星际空间飞行的活动。脱离地球引力是实现外层空间旅行的首要问题，解决的办法是航天器须达到一定的速度和高度条件。

宇宙中普遍存在着万有引力规律，地球表面物体所受到的地球引力是重力。当一个物体围绕地球做圆周运动时，必然产生一个向外的惯性离心力。如果这个离心力刚好等于向内的重力，这个物体将绕地球运行，不再落回地面。此时物体运动的速度叫环绕速度。

在离地面100千米的高度上，空气密度约为海平面的一百万分之一；在200千米的高空，只有海平面的五亿分之一。卫星高度低，就会被它与空气的剧烈摩擦产生的巨热烧毁，或者因空气的巨大阻力而减速、陨落。所以，卫星一般在离地120千米以上的高空飞行。

（一）地球同步轨道

地球同步轨道即运行周期与地球自转周期（23小时56分4秒）相同的人造地球卫星轨道。在这一轨道上，卫星几乎每天在相同时刻经过相同地方的上空，也有人把运行周期整数倍等于地球自转周期的卫星轨道称为地球同步轨道。

地球静止轨道指运行周期与地球自转周期相等、倾角为0°的圆形地球同步轨道。该轨道上，卫星距离地面高度为35786千米，运行速度为3.07千米/秒。由于它绕地轴的角速度与地球自转角速度大小相等、方向相同，卫星相对于地面是静止的。该轨道上的一颗卫星可覆盖地球40%的表面，3颗等间距配置在赤道上空的静止卫星，可以覆盖除两极以外的全球，这是通信、气象、广播电视、预警等卫星的理想轨道。

（二）太阳同步轨道

太阳同步轨道指卫星轨道平面绕地轴的旋转方向和周期，与地球绕太阳的公转方向和周期相同。该轨道是逆行倾斜轨道的一种，倾角在90°～100°之间，轨道高度在500～1000千米之间。其特点是，轨道平面与太阳光的夹角保持不变。卫星沿此轨道运行，每次通过同一纬度的地面目标上空，都保持同一地方时、同一运行方向，具有相同的光照条件，这对于空中对比观察,掌握目标的动态变化,合理部署和利用卫星上太阳能电池均有无可比拟的优点。美国的近地侦察卫星、资源卫星和军事气象卫星大多采用这一轨道。

(三)极地轨道

极地轨道是轨道倾角为90°,通过地球南、北极的一种轨道。它的特点是,卫星星下点轨迹可覆盖全球。它是观察整个地球的最合适的轨道,是导航、气象、资源、侦察卫星常用轨道。

(四)航天技术的组成

航天技术由运载器技术、航天器技术和航天测控技术三大部分组成。

1.运载器技术

运载器技术是指克服地球引力,将航天器送到外层空间的运载工具技术。目前,航天运载器仅有火箭,所以,航天运载器技术亦称火箭技术。

火箭,是携带氧化剂和燃烧剂,经过燃烧、喷射的燃气产生反作用力推进的飞行器。它由动力装置、制导系统和箭体组成。按发动机工质形态的不同,火箭可分为液体火箭(用液态物质作为推进剂的火箭,称为液体火箭。液体火箭发动机通常由推力室、推进剂供应系统和发动机控制系统等组成。液体火箭发动机比推力较高,工作时间长,调节推力、关机和再启动较容易,易于实现多发动机并联使用)和固体火箭[用固态物质作为推进剂的火箭,称为固体火箭。固体火箭发动机通常由壳体(燃烧室)、固体推进剂、喷管、点火装置和推力终止装置等组成。固体火箭发动机的结构简单紧凑,使用方便,发射准备时间短,可靠性高。但比推力较低,推力终止精度低,重复启动困难]两种。

目前,世界各国研制较为成熟的运载火箭主要有:俄罗斯(苏联)的"质子"号大型运载火箭、美国的"雷神""大力神"系列运载火箭、中国的"长征"系列运载火箭、欧盟的"阿里亚娜"液体火箭等。

2.航天器技术

航天器又称空间飞行器,是在太空按照天体力学的规律运行并完成一定使命的各种飞行器的总称或空间系统。

航天器分为无人航天器和载人航天器两大类。无人航天器按是否环绕地球运行又可分为人造地球卫星和空间探测器。载人航天器是指往返地球表面和太空之间,可运送人员和有效载荷、提供宇航员居住和工作环境的航天器。载人航天器按功能的不同可分为载人飞船、空间站、航天飞机等三类。

载人飞船是一次性载人上天和返回地面的航天器。目前,载人飞船有卫星式载人飞船和登月式载人飞船两种。中国"神舟一号"试验飞船于1999年11月20日使用"长征-2F"运载运载火箭发射成功。

空间站是可接纳宇航员寻访、长期工作和居住的大型航天器。空间站在距地面几百千米的近地轨道上运行。它设有对接舱,用于停靠载人飞船或航天飞机,也可与多个空间站连接组成空间复合体(航天城)。1971年4月9日苏联发射第一个航天站"礼炮-1号",1986年2月20日苏联又发射新一代航天站"和平号"。2002年3月由16个国家联合投资研制的"国际"空间站已正式在太空运行。

航天飞机是可重复使用的、往返于地球表面与近地轨道之间，运送有效载荷和人员的航天器。一般用固体火箭助推入轨，在轨道上像飞船一样运行，完成多种航天任务，再入大气层时像飞机一样滑翔着陆。1981 年 4 月，美国"哥伦比亚号"航天飞机试飞成功。"挑战者号"和"发现者号"航天飞机也相继投入实用性飞行。

3. 航天测控技术

航天测控技术是为保证航天器在轨道上正常运行，地面与航天器进行遥测、遥控、跟踪和通信的技术。航天测控由航天器所载测控分系统和地面测控系统共同组成。

四、军用航天器

军用航天器，指在地球大气层以外，按照天体力学的规律沿一定轨道运行的应用于军事领域的各种飞行器的总称。目前在太空中运行的航天器有 90% 以上用于军事目的，另有 10% 是军民合用的。

自苏联发射第一颗卫星以来，人类经历了航天试验和提高阶段。随着美国在 20 世纪 80 年代提出"高边疆战略""星球大战计划"和 90 年代实施"国家导弹防御系统"的国防政策，外层空间已成为军事战略争夺的新制高点。

(一)无人军用航天器

军用航天器按照是否载人可分为无人军用航天器和载人军用航天器两类。无人军用航天器有支援保障类航天器和作战武器类航天器两种。

1. 支援保障类航天器

支援保障类航天器指载有各种专用设备，支援和保障地面、海上和空中军事行动的各种军事卫星。按用途可分为侦察卫星、通信卫星、导航卫星、测地卫星和气象卫星等。

(1)侦察卫星。这是用于获取军事情报的人造地球卫星。它利用光电传感器、照相设备和无线电接收机等侦察设备，从轨道上对目标实施侦察、监视或跟踪，以搜集地面、海洋和空中目标的情报。侦察卫星的优点是：轨道高，视野大，侦察范围广；传输速度快，获取情报及时准确；限制少，可连续或定期监视一个地区，寿命长(生存力强)。因而被称为"太空间谍"，格外受到军界重视，已被用于战略、战役和战术侦察。在军事卫星中，侦察卫星数量最多，约占军事卫星总数的 1/3。侦察卫星已成为现代化作战指挥系统和战略武器系统的重要组成部分。侦察卫星按照侦察设备和任务的不同，又可分为照相侦察卫星、电子侦察卫星、导弹预警卫星和海洋监视卫星。

(2)通信卫星。通信主要是采用微波收发信号，作为无线电通信中继站的人造卫星。卫星通信的优点是：覆盖范围大，通信距离远；通信容量大，传输质量高；机动性好，生存能力强。但是，它也有缺点：高纬度地区效果不好，极地地区为盲区；卫星发射与控制技术复杂；春分、秋分前后数日受太阳干扰强，每天有几分钟的中断；保密性差。通信卫星的常用轨道是地球同步轨道和大椭圆轨道。

(3)导航卫星。导航卫星是为地面、海洋、空中和空间用户导航定位的人造卫星。卫星导航具有全球覆盖、全天候、高精度、用户设备简单和便于综合利用等优点。在军事上具有重要价值。

(4)测地卫星。这是用于大地测量的人造地球卫星。它可测定地球重力场的分布、地球形状、地面任何点的坐标和测绘所需地区的数字地形图。配备其他专用设备，测地卫星可进行地球资源勘察，成为地球资源卫星，了解各国资源的贮藏情况。

（5）气象卫星。这是用于气象观测的人造卫星。气象对军事行动有重要影响，如，战略进攻性武器的使用，卫星照相侦察等都需知道目标区域的气象情况。此外，中长期天气预报还是制订军事行动计划的必不可少的条件。

2. 作战武器类航天器

作战武器类航天器是指载有作战武器系统，用于攻击太空、空中、地面和海上目标的航天器，亦称航天兵器，主要有反卫星卫星、反卫星导弹、太空雷、部分轨道轰炸机、天基定向能武器、天基动能武器等。

（1）反卫星卫星。这是对敌方人造卫星实施拦截或使其失效的人造卫星。它装有跟踪识别装置、武器或俘获机构，并具有变轨能力，以识别、接受、摧毁或俘获敌方卫星。反卫星卫星从发射到完成任务，总时间不超过3小时，现已处于实用阶段，但还不够完善、灵活，战斗力也不强。反卫星卫星有拦截式和俘获式两种。

（2）反卫星导弹。这是一种携带常规弹头攻击卫星的导弹。以小型为主，用于攻击低轨道卫星。主要特点是：机动灵活、反应迅速、命中率高、生存力强、价格经济。

（3）太空雷。太空雷预先设伏在敌卫星运行的轨道附近，按指令机动到敌卫星附近，以遥控爆炸或撞击爆炸的方式摧毁卫星的制导雷。

（4）部分轨道轰炸机。这是载有核爆炸装置，用于攻击地球上目标的航天器。在发射升空后，部分轨道轰炸机进入卫星轨道飞行，进入目标区后反推进再入大气层向目标攻击。因它再入大气层前绕地球运行不到一周，因而称为部分轨道轰炸机。

与战略弹道导弹相比，部分轨道轰炸机的优点是：

（1）隐蔽性好。因在卫星轨道上运行，对方难以识别是卫星还是轨道轰炸机。

（2）灵活性强。部分轨道轰炸机可从同一个发射场向两个相反的方向攻击同一个目标，使对方防不胜防。

（3）对方拦截困难。部分轨道轰炸机只有在其再入大气层时才有可能被发现，而此时离供给目标只有3分钟左右的时间，很难组织有效的拦截。

（4）天基定向能武器。部署在太空，通过物理或化学手段产生高能射束，并使之沿着一定方向传输毁伤目标的武器。有天基激光武器、天基粒子束武器、天基微波武器。

（5）天基动能武器。这是部署在太空，利用发射超高速弹头的动能撞毁目标的武器。

（二）载人军用航天器

载人军用航天器包括载人军用飞船、载人军用航天飞机、载人军用空间站。由于目前航天技术尚未成熟，空间的军事斗争尚不激烈，因而，专门的载人军用航天器还没有出现。

1. 载人军用飞船

载人军用飞船是运载宇航员在空间工作和生活，并可返回地面的航天器。它运行时间不限，但使用次数仅有一次。它容量小，运载能力有限，一般不具备再补给能力。

载人飞船一般由对接装置、轨道舱、返回舱、仪器舱和太阳帆板等部分组成。载人飞船担负的军事使命有：作为地面与空间站的运输工具，可向空间站运送各种军用物资、接送人员，救援空间人员，试用新的军事航天装备，对特定目标的侦察与监视等。

2. 航天飞机

航天飞机是可重复使用、往返于地面与近地轨道之间运送有效载荷和人员的航天器。它的出现是航天史上一个里程碑。航天飞机由轨道器、助推器和外燃料储备箱三部分组成。航天飞机的军事用途有：发射、维修和回收卫星，执行反卫星任务，实施空间救生和支援，对地面目标实施侦察、预警和攻击，作为空间武器发射平台和空间指挥所，作为地球到宇宙空间的"运输车"。

3. 空间站

空间站是运送宇航员和太空物资的空间基地，又称"宇宙岛"。空间站与一般航天器相比，有效容积大，可装卸比较复杂的仪器，如长焦距照相机等，使获取的照片分辨率大大提高。由于可以长期载人，仪器由人来操作，可以完成比较复杂、非重复性的工作任务。空间站的军事用途有：作为空间指挥所或空间驻军基地；作为其他航天器停靠的码头；作为战略武器的空间发射平台；作为空间侦察基地，执行战略预警任务。

五、自动化指挥系统

军队自动化指挥系统(C^4ISR)是指：在军队指挥机构中，采用自动化的硬设备及相应的软设备等现代化工具，实施指挥与控制的"人—机"系统。它是军队实现指挥自动化的手段和工具。目前西方发达国家称之为 C^4ISR 系统，即指挥（command）、控制（control）、通信（communication）、计算机（computer）和情报（intelligence）、监视（surveillance）、侦察（reconnaissance）的简称。

自动化指挥系统从不同的角度划分出的种类多种多样，常见的可按以下三种方式划分：按作战任务的性质和规模的大小可分为战略 C^4ISR 系统、战役（战区）C^4ISR 系统和战术 C^4ISR 系统；按使用系统的军兵种划分有陆、海、空军、海军陆战队和兵种 C^4ISR 系统；按不同的指挥控制对象可分为军队自动化指挥系统、信息自动化指挥系统、武器自动化指挥系统。

（一）自动化指挥系统的构成

自动化指挥系统通常可分成若干个分系统，从不同的角度看，各分系统的组成也各不相同。从信息在 C^4ISR 系统中的流程角度来看，C^4ISR 系统通常可看成由信息收集、信息传递、信息处理、信息显示、决策监控和执行等分系统所组成。

1. 信息收集分系统

信息收集分系统也称情报获取系统，主要由各种自动化侦察探测设备，如侦察卫星、侦察飞机、雷达、声呐、遥感器等所组成，它能及时收集敌我双方的兵力部署、作战行动及战场地形、气象等情况，为指挥员定下决心提供实时准确的情报。

2. 信息传递分系统

信息传递分系统主要由通信信道、交换设备和通信终端设备三部分组成。通信信道主要有短波、超短波、有线载波、微波接力、散射、卫星通信及光纤通信等。交换设备主要有电话自动交换机、电报和数据自动交换机等。通信终端设备主要包括电传机、传真机、汉字终端机和数字式电话机等，通常由这些设备组成具有各种功能的通信网，从而迅速、准确、保密和不间断地自动传输各种信息。

3. 信息处理分系统

信息处理分系统含用来进行信息处理的电子计算机及其输入输出设备。电子计算机是自动化指挥系统各种技术设备的核心，用来进行文字、图形和数据处理；输入输出设备除通用的磁盘机、磁带机、光电输入机、鼠标、触摸屏、键盘、打印机等外，还有多媒体系统中的视频、音频输入/输出设备，如扫描仪、CD－ROM光盘、数字录像机、话筒、激光唱盘等。

该系统能对输入计算机的各种格式化信息自动进行综合、分类、存贮、更新、检索、复制和计算等，并能进行军事运筹，协助指挥人员拟制作战方案，对各种方案进行模拟、比较、选优等。

4. 信息显示分系统

信息显示分系统主要由各类显示设备如大屏幕显示器、信号显示板、光学投影仪等组成。以文字、符号、表格以及图形图像等多种形式，为指挥员提供形象、直观、清晰的态势情报和战场实况，供指挥员直观了解情况。

5. 决策监控分系统

决策监控分系统由辅助决策设备和监控设备组成。包括协助指挥员定下决心的人工智能电子计算机、各种功能的监控工作台以及地面、海上、空中、空间的监视系统等，有些系统则需指挥员或操作员进行决策监控，如作战指挥系统。

6. 执行分系统

执行分系统主要由自动把指令信息变成行动的执行设备和人员组成，如导弹武器系统的发射控制和制导装置、火炮的发射控制装置以及各种遥控设备和执行机构等。执行分系统与信息获取分系统具有反馈关系。执行分系统的当前情况可由信息获取分系统反馈给指挥员，从而进一步修订计划，更加有效地指导执行分系统的动作和行动。

以上六个分系统有机结合，形成一个统一的整体，组成完整的 C^4ISR 系统。

(二)自动化指挥系统在现代战争中的运用

自动化指挥系统在现代战争中的运用，主要体现在作战指挥方面即指挥和控制过程中，包括收集情报、传递情报、处理情报、显示情报、定下决心和实施指挥几个阶段。

1. 收集情报

情报获取是系统工作的首要步骤，及时可靠的情报，是指挥员定下决心的依据。由于自动化指挥系统便于和现代化的各种探测、侦察设备相连接，或者使其作为一个终端，故能使无论采用何种途径、何种手段获取的情报直接、及时地汇集。如将声呐和计算机连在一起，不仅能测出目标的方位、距离，而且还能测出目标的类型，甚至能立即指出是敌人的哪一艘舰艇。因为计算机的数据库里可存储敌人所有舰船的噪声资料，供鉴别使用。

2. 传递情报

迅速、准确、保密和不间断地传递情报，是保证适时、连续和隐蔽指挥的前提。军队自动化指挥系统，除了拥有高质量的通信网和各种功能的终端设备，为迅速、准确传递信息创造有利条件外，更重要的是，它采用数字通信方式，运用计算机等自动化设备，使多种通信业务高速自动完成。通信交换中心的电子计算机，不仅能记住各用户的直达线路和迂回线路，而且能对所有线路不间断地进行监测，掌握每条线路的性能及其工作状况。当每条直达线路发生故障或者占线时，它能按最好、次好的顺序自动选择和接通迂回线路，保证信息不间断地传递。由于交换中心的计算机具有存储信息的功能，所以可对信息进行分组交换，即先将信息存储起来，然后，自动分成若干组，通过多手段、多渠道传到对方，再按原来顺序予以还原，因而大大提高了通信的保密性。

3. 处理情报

处理情报指对原始情报进行分类、研究、分析和综合。为了全面及时地了解战场情况，指挥员及司令部总是希望增加收集情报的手段，加快情报处理的速度。但大量情报涌来，如果处理不及时，势必造成积压，不能发挥应有的作用。据美军统计，美集团军司令部用常规手段只能处理所获情报的30%。利用电子计算机处理情报，不仅自动化，而且简单化。对于数字情报，如雷达、声呐、传感器以及其他数据获取设备传来的数字信号，无须任何交换，直接输入计算机即可进行处理或存储。对于已经格式化或较易格式化的情报，如电报、图表、报告等，通过预先规范化并予以编码，变成数字信号，而后利用计算机处理。

4. 显示情报

情报信息只有显示出来才便于了解和使用。军队自动化指挥系统的情报显示系统可以采用多种形式，可在大屏幕或显示器上显示出文字、图形、图像，可以用快速打印设备打印出文字、图表、符号。除了对情报实时显示外，当指挥员判断情况，定下决心需要从积累的大量情报资料中寻找有关情报并加以显示时，借助计算机检索，可以很快从大量资料中找出所需要的情报。如存有数十万条情报资料的信息系统，指挥人员利用身边的信息指令设备，便可以向数据库或缩微系统检索情报，从键盘查找信息到显示所需的情报，只需要一分钟左右。

5. 定下决心

通过上述各个环节，指挥员获得了大量的情报，为及时定下决心创造了有利条件。在定下决心时，仍然要靠指挥员精心运筹施谋定计，对此自动化指挥系统不能代替。但是系统可以帮助指挥员选择方案，通过计算机可以对各个方案进行逼真的推演，进行优劣对比，从而权衡各个方案的利与弊，从中选出最佳方案。

6. 实施指挥

实施指挥是指挥员的决心付诸实施的过程，是指挥周期中最后一个环节。在过去的战争中，指挥员的谋略虽然很高明，但由于指挥渠道不畅，常常不能很好地贯彻执行。而以电子计算机为核心的指挥自动化系统，可以使指挥员的决心及时准确地下达，而且十分保密。这对下级及时了解上级意图，更好地遂行作战任务，具有非常重要的意义。同时，指挥自动化系统及时监督决心的执行情况，并准确、及时地反馈给指挥员，确保指挥员决心的落实，以实施不间断的作战指挥。

（三）中外军队自动化指挥系统简介

目前世界各国和地区的军队都建有各种类型的 C^4ISR 系统。这些 C^4ISR 系统，若按作战任务的性质和规模的大小可分为战略级 C^4ISR 系统、战役（战区）级 C^4ISR 系统、战术级 C^4ISR 系统。按使用系统的军兵种划分有陆、海、空军、海军陆战队和兵种等 C^4ISR 系统。按不同的控制对象分为军队自动化指挥系统、信息自动化指挥系统和武器自动化指挥系统。

1. 美军自动化指挥系统概况

美国军队自动化指挥系统的建设从1953年开始，分为三个阶段：第一阶段，即初创时期，各军种建立各自的自动化指挥系统；第二阶段，即发展与繁荣时期，在已建立的自动化指挥系统之间实现信息沟通；第三阶段，即成熟与完善时期，将各军种自动化指挥系统联成一体，实现军队的"全盘自动化"。下面着重叙述一下美国的全球指挥控制系统（WWMCCS）。

该系统是美国在1962年古巴导弹危机时为适应其"灵活反应战略"而开始筹建的。自1968年初步建立直至今日，一直在进行改进和完善。通过该系统，美国总统逐级向一线部队下达命令只需3~6分钟，越级指挥最快只用1~3分钟。这是一个规模庞大的多层次系统，部署在全球各地，并延伸到外层空间和海洋深处。该系统的任务是供美国国家军事当局在平时、危机时和全面战争时的各个阶段，不间断地指挥控制美国在全球各地部署的战略导弹、轰炸机和战略核潜艇部队，完成战略任务。为此，WWMCCS系统具有能提供情报收集、情报分析和评估、威胁判断及攻击预警、制订作战方案和作战计划、命令部队做出快速反应等功能。

WWMCCS包括10多个探测预警系统、30多个国家和战区级指挥中心和60多个通信系统，以及安装在这些指挥中心里的自动数据处理系统。通过战略C^4ISR系统，当敌国实施核袭击时，可为美国指挥当局提供15~30分钟的预警时间；可在几分钟内为国家指挥当局提供进行全面核战争或应付突发事件的详细计划和所需要的全部资料，并可在1~3分钟内使美军全球的战略部队进入临战状态。

美军战术C^4ISR系统目前进入第三代，它包括五个功能领域：机动、火力支援、防空、情报与电子战、战斗勤务支援，每个功能领域都有自己的指挥控制分系统，即机动控制分系统、高级野战炮兵战术数据系统、前方地域防空指挥控制与情报系统、全信源分析系统、战斗勤务支援控制系统。这些分系统组成陆军第三代战术指挥控制系统（ATCCS）。该系统研制共耗资200亿美元，是功能完善并负有盛名的典型战术C^4ISR系统。该系统根据1982年陆军新版《作战纲要》中提出的空地一体战理论而设计，旨在使战场重要功能领域的指挥控制实现自动化和一体化，主要用于军以下部队。其主要功能是：能处理大量数据；能快速传递信息；能在信息源处理信息；能为各级指挥人员提供自动化决策支援。

目前美军只在少数部队装备了这一系统的部分设施，整个陆军部队还处于新系统与老系统并存共用的过渡时期，2010年前后，初步建成较完备的战场自动化指挥系统。

美国其他军种也装备了许多自成体系的战术C^4ISR系统，如美空军和陆军共同研制的联合监视和目标攻击雷达系统（JSTARS），该系统的两架试制飞机（E-8A）在海湾战争中同E-3机载预警与控制飞机以及第三代战场指挥控制中心飞机被称为美军在海湾上空的C^4ISR三大支柱。

现役的军队战役战术C^4ISR系统中，美空军装备的E-3型空中预警机最具代表性，该机具有预警与指挥双重功能，由雷达、敌我识别、数据处理、数据显示、通信、导航等六个分系统组成，能以脉冲和脉冲多普勒两种体制探测和监视目标。飞机巡航执勤时，通常离起飞基地970~1600千米，在交战线己方一侧约240千米的9000米高度的空域，可发现650千米远的高空目标，450千米远的低空目标和270千米远的巡航导弹；能同时跟踪600批目标，识别200批目标，处理300~400批目标。预警飞机又被称为升空的C^4ISR中心。海湾冲突期间，预警机控制着每天多达3000架次飞机的出击。

2. 中国自动化指挥系统的发展

我军在自动化指挥系统建设方面起步较晚。尽管早在1956年，根据毛泽东主席和周恩来总理的决策，我国就组织几百位专家，制订了一个科学技术发展长期规划，强调对六个方面的新兴技术采取紧急措施加以发展，其中包括：核技术、喷气技术（即宇航技术）、无线电技术、计算机技术、自动化技术和半导体技术。周总理还科学地预言："由于电子学和其他科学技术的进步，而产生了自动控制机器，已经可以开始有条件地代替一部分特定的脑力劳动，就像其他机器代替体力劳动一样，从而大大提高了自动化技术水平，这些最新的成就，使人类面临着一个新的科学技术和工业革命的前夕。"1959 年我国开始"防空自动化系统"的研究，但由于种种因素，进展缓慢，直到 1975 年，我军才真正开始做这方面的工作。

从 1975 年开始，我国在空军着手组织建设雷达团半自动化情报传递处理系统。到了 1978 年 1 月，经中央军委批准，成立了专门的机构，负责统一管理和组织全军指挥自动化的建设，并在某些大单位进行试点。在总体方案论证、信息传递、文电与图形处理、情报资料检索、静态电视传输等方面取得初步成绩之后，指挥自动化系统的建设遂全面展开。

1984 年，总部和各大军区、军兵种、科工委建立了远程汉字联机系统，该系统能自动加密脱密，参谋人员可以像打电话一样用汉字终端直接拍发电文，在全军范围内，第一次把通信技术、保密技术与计算机有机地结合在一起。但这个系统只是个终端网，功能较弱，应用范围有限，信息源少，利用率也低。

从 1985 年开始，远程汉字终端联机系统逐步向计算机网过渡，以总部和各军兵种、各大军区的数台小型计算机为节点机，把配置到全军各集团军级单位的数百台汉字终端联成计算机网络，为总部—大军区—集团军(少数单位到师)提供自动化指挥手段。

到了 1986 年，我国和我军在自动化指挥建设方面，有了一个新的飞跃。会听写汉字的计算机系统，手写汉字联机识别系统能听懂汉语的计算机系统，语音输入式汉字输入计算机系统以及拼音汉字编码技术相继问世；计算机卫星通信，在我国实验成功，并建立了国内卫星通信网；全军计算机联网，并进入实用阶段；我炮兵指挥接近于全程自动化，有些集团军已将微机网络模拟系统及专家系统正式应用于战役演习；全军多数院校都已将微机用于辅助教学。以上这些成果充分说明，我国全军自动化指挥建设，已经由科研试验走向应用，由独立应用走向联网。

目前，我军已建成了集作战、通信、机要为一体，覆盖总部、军区、军兵种主要业务部门和集团军、省军区及部分作战师的自动化指挥网，并投入全时值勤，实现了军用文书、报表传递用户化，为全军作战指挥信息的快速传递和处理创造了良好的条件。经过短短几年的时间，我军在指挥自动化建设上就取得了这样的成就，无疑是可喜可贺的。但比起世界上先进的国家，我们还存在着较大差距。

第三节　高技术战争

高技术战争是交战双方或一方主要使用高技术武器装备及与之相适应的作战方法所进行的战争。从迄今为止的战争实践看，高技术战争是使用高技术常规武器系统、作战目的和规模有限的局部武装对抗。高技术战争是当代高技术发展并应用于军事的产物。第二次世界大战后，特别是 20 世纪 70 年代以后，随着世界新技术革命的深入发展，涌现出了以信息技术、生物技术、新材料技术、新能源技术、空间技术、海洋开发技术等为主体的一大批高新技术。这些高技术广泛应用于军事领域，使武器装备产生质的飞跃，其杀伤威力、命中精度、机动能力等作战效能空前提高，从而改变了战争的原有形态，使战争呈现高技术特征，发展为高技术战争。

一、高技术战争概述

交战双方至少有一方大量使用高技术武器和相应的战略战术进行的战争，称为高技术战争。应用高技术研制的新武器和改造的现有武器，称为高技术武器，例如，多国部队在海湾战争中使用的精确制导武器、隐身飞机、先进的 C^3I 系统、航天系统、反导系统、电子战系统、夜视器材等。高技术武器命中精度高、射（航）程远、反应速度快、机动性好、可靠性高，对战争的战略战术和结局将产生重大影响。海湾战争是未来高技术战争的雏形，从中可以看出高技术战争的某些特点。传统的战争以歼灭敌人有生力量和攻城略地为主要目的。现在可以利用高技术武器从远距离打击敌国的指挥中心、交通枢纽、电力设施、工业中心等经济基础设施，摧毁其中50%，将使对方的经济、军事、社会活动陷于混乱或停顿。这就是所谓"打击基础设施战略"，又称"瘫痪战略"，用不着占领敌国领土，就可以迫使敌人投降。

在高技术战争中，信息作为一种新的战斗力要素，与火力、机动力和防护力等战斗力要素紧密结合，使传统的大规模使用火力杀伤的战争，变成更多依靠信息加火力实施精确打击的战争。对特定目标的"外科手术"式的打击，就是利用高技术武器创造的一种新的战争样式。高技术武器大量列装，特别是有了先进的 C^3I 系统，实现诸军兵种联合作战变得更加容易，可同时从陆地、空中和海上发动以电子战为先导、以精确制导武器为主要打击手段的突然袭击。

电子战贯穿于战争的始终，指挥机关和 C^3I 系统将成为对方攻击的首要目标。保护己方的电磁频谱使用权，同阻止对方使用电磁频谱的斗争，已成为战争的第四维战场。空战的作用更加突出，"空地一体战""空海一体战"将代替过去以陆战为主的战争，因为没有可靠的空中保护，坦克、舰艇等就很容易成为对方空中力量打击的目标而丧失战斗力。战略、战区、战术机动能力继续提高，必将扩大战场的范围和提高部队推进的速度。未来战争将以同时、连续打击整个战场纵深，代替前线的短兵相接，前方与后方的界线变得模糊，战场将呈流动状态，成为非线或无战线的战场。未来局部战争在夜间爆发的可能性极大。大量装备可昼夜使用的武器和夜视器材，使黑夜不再是作战行动的障碍，也不再是夜战的掩护。拥有这类武器装备，就掌握了夜战的主动权。高技术武器装备还将改变部队的规模和结构，部队编制将发生变化，规模不断缩小，但战斗力更强。高技术武器大量列装，对军人的素质提出了更高的要求。部队中专业技术人员的比例更大，各级指挥员和士兵的文化程度将普遍提高。

高技术战争的一些特征，在20世纪70年代初的越南战争，20世纪80年代的马尔维纳斯群岛战争，以及美国入侵格林纳达、美国空袭利比亚等局部战争与武装冲突中，不同程度地得到体现。20世纪90年代初爆发的海湾战争，以其区别于传统战争的作战样式、作战手段、作战方法、作战指导和作战理论而成为当代高技术战争比较典型的战例。

二、高技术战争与信息化战争

高技术战争与信息化战争，既有联系又有区别。高技术战争与信息化战争都是高技术大量使用于战争的产物，在现阶段，这两种不同的称谓，其本质是一致的，但也有区别。说其本质一致，一是表现在二者都是以战争中使用的武器的质量作为其称谓的依据，也就是说，以高技术武器装备为主的战争，即为高技术战争；以使用信息武器为主，信息为战争的主导因素时，即为信息化战争；二是高技术战争与"现代化战争"比较近似，都是动态的概念。高技术包括信息技术在内的技术群，从这个意义上讲，高技术战争就是信息化战争。但高技术战争与信息化战争的区别也是很明显的。

一是所依赖的军事技术不同。战争经常是从科学技术的最新成就中利用最多、最快的一个领域，因而高技术战争是当代高技术群体出现后，人类处于高技术时代的产物，而信息化战争只能是人类进入信息化时代的产物。当代高技术主要是指信息技术群、新材料技术群、新能源技术群、生物技术群、海洋技术群、航天技术群等六大技术群，这六大高技术群对当代战争的武器装备、作战方式、战争进程与结局产生了巨大影响，因此高技术战争登上了人类战争历史舞台。海湾战争之前，人们对信息战、信息化战争的谈论还不多，海湾战争后，对信息战和信息化战争的研究才逐渐丰富起来，而且人们普遍认为当前和今后相当长时间内，信息武器是高技术武器的核心；信息在战争中居于主导地位，因此信息化战争具有时代代表性，是高技术战争的核心内容，也是崭新的战争形态。

二是发展趋势不同。高技术为支撑的高技术战争，始终可以用来反映不同时代的战争的内容和本质，然而信息化战争是反映信息和信息技术、信息化武器为标志的高技术战争的一种形态。当机器人武器等其他高技术武器在战争中占主导地位并控制战争的进程，影响和决定战争的结局时，信息化战争这一战争形态，就可能分别向机器人战争等其他高技术战争发生转变。

三、高技术战争特点

从达成战争的目的和手段看，高技术战争具有较强的可控性特点；从战争的领域、范围看，高技术战争具有战场空间空前广阔的特点；从战争的表现形式看，高技术战争具有系统对抗的特点；从作战手段发展变化看，高技术战争具有作战方式多样化的特点；从作战力量的运用效果看，高技术战争具有指挥控制自动化的特点；从对后勤保障的要求看，高技术战争具有消耗巨大的特点。

（一）战争可控性强

高技术局部战争目的的有限性。战争发动者无论有多大的优势，通常都会把战争目标规定在谋求有限的、特定的国家利益范围内。这表现为对战争目的、作战范围、打击目标、作战手段、投入兵力、持续时间诸方面进行有限控制。

在战争目的的控制上，通常不是以威胁对方生存和全面剥夺对方军事能力为目标，而是"不必打死它，只要打服它"。在作战范围控制上，往往不是依据自己所拥有的作战能力来确定交战的地理范围，而是把作战行动限制在一定区域内。在打击目标控制上，主要是打击指挥控制枢纽、重要军事设施和重兵集团等军事目标，尽可能减少无谓的破坏特别是平民的伤亡上。在作战手段控制上，基本尊重国际法，注意控制在常规武器范畴内。在投入兵力控制上，不强调人多势众，而是注意合理够用。在战争持续时间上，由于战争目的的有限，作战能量高效，使战争节奏大大加快，速决性更加突出。现代局部战争不仅受国际社会强有力的影响和制约，常常在国际社会干预下，通过政治外交途径得以解决。

由于以往战争的目的和手段的不同，战争缺乏可控性。当战争机器启动后往往不以人的意志为转移，使战争的规模和进程难以控制，战争不仅难以达到预期的目的，而且造成资源的大量消耗，造成人员的大量伤亡，比如第一次世界大战（1914—1918 年），战争双方动员的总兵力超过 7000 万人，直接或间接被卷入战争的国家和地区有 35 个，对阵双方的动员军队 6540 万人，死亡军民 2100 多万人，直接用于战争的费用多达 1863 亿美元，财产损失 3300 亿美元；第二次世界大战（1939—1945 年），参战国 61 个，动员军队 1.1 亿人，军民死亡 7000 万人，财产损失高达 4 万亿美元，直接战争费用达 13520 亿美元，造成了重大的人员和财产损失，造成政治上的被动，战争的结果甚至违背了政治家们的初衷。而高技术武器装备则是杀伤破坏力可以被有效控制的战争手段，因此，战争这个难以驾驭的机器，也具有了可控性，成了实现政治家的政治目的的有效工具。

高技术战争的可控性，主要表现在以下三个方面。

（1）有效控制打击的目标。

精确制导武器的发展为控制战争提供了相对有效的工具，与传统武器相比精确制导武器可以有效控制实现战争目的，而相对减少对非打击目标的毁伤程度。使"点穴"式的精确打击代替了"地毯式"的狂轰乱炸，以前需要多次轰炸的目标，现在只需一两次精确攻击即能达到目的。比如，二战时，用 B－17 飞机，需出动 4500 架次，投弹 9000 枚方能摧毁一个目标，到了越战期间，用 F－105 飞机，需出动 95 架次，投弹 190 枚，方能摧毁一个目标，而在海湾战争中，用一架 F－117 飞机投下一枚炸弹，就能准确地命中目标。例如，美国空军投下的制导炸弹在伊拉克电信大楼爆炸时，紧挨电信大楼的希拉德饭店却安然无恙。在开战后的 36 小时中，炸死平民 23 人。在科索沃战争中，北约使用的精确制导武器的数量占总投弹量的 90%，轰炸了南联盟 40 多座城市，造成人员的死亡总共不到 2000 人。与此形成鲜明对照的是，二战期间相同天数中人员平均伤亡 100 万人，相比之下是天壤之别。1945 年 3 月 9 日，美国 334 架轰炸机对日本东京的一天空袭，就造成了 8.4 万平民死亡，毁坏房屋 26.7 万多间。

（2）有效控制战争的规模。

对战争规模的控制，除政治因素外，关键在于武器装备的高技术化。高技术武器装备精度高，威力大。一方面，它能够有效控制交战双方的兵力兵器投入的数量。因为在战场上，交战双方都追求较高的军事经济效益。一般来说，能使用少量的兵力、兵器完成的任务，就无须投入更多的兵力。另一方面，高技术武器装备可控制战争的升级和避免战火的外延。虽然高技术战争可能在核威慑下进行，但由于某些高技术兵器的精度与威力空前提高，可达到或超过小型核武器的毁伤力，因此，可避免动用核武器而引起的战争升级。此外，武器的高精度，也能有效避免战火的扩散和战争的升级。

（3）有效控制战争的进程。

高技术战争由于作战兵器侦察范围广，打击距离远，战争不再像以往那样，从战场的前沿到纵深逐次进行，高技术武器已经能够通过对纵深重要目标的打击，直接达成战略目的，这样也就避免了战争的久拖不决，缩短了战争的进程，使战争能按照预先计划的那样如期结束。以往战争的时间都比较长。我们且不说历史上长达 103 年的英法百年战争，就是较近的几场战争，持续时间也都相当长，比如第一次世界大战打了 4 年，第二次世界大战打了 6 年，朝鲜战争打了 4 年，越南战争打了 14 年，两伊战争打了 8 年。而高技术战争通常以天、小时甚至以分、秒来计算，第四次中东战争只持续了 18 天，美军入侵巴拿马只有 15 天，美军入侵格林纳达只有 8 天，美军空袭利比亚只有 18 分钟就宣告结束，而以色列攻击伊拉克的核反应堆，仅用了 2 分钟。像英阿马岛战争、海湾战争这两个中等规模的战争也分别只持续了 74 天和 42 天。特别是在海湾战争被称为"沙漠军刀"的地面作战中,多国部队仅用 100 小时就达到了作战目的,结束了地面作战。

高技术战争这种较强的可控性,使战争与政治、外交手段能够更好地配合,更好地适应国家政治、外交斗争的需要,更有利于政治目的的实现。"兵久而国利者,未之有也。"无限延长战争进程,导致有限国力的过大消耗,从根本上来说都是不利的。

(二)战场空间广阔

随着科学技术和武器装备的发展,作战空间逐渐呈现出日益拓展的趋势。在高技术战争中,一方面,两军直接交战的战场空间缩小,使用的力量高度集中,对目标的打击高度精确,另一方面,由于大量高新技术综合运用于战场,战争以由陆地、海洋、空中的三维空间,扩展为陆、海、空、天、电多维空间,军队的战略机动能力、远程打击能力和情报侦察能力显著增强,前线与后方、进攻与防御的界线模糊,战争的相关空间即战争部署和作战行动涉及的空间大大扩展。现在,战略导弹可以打到外层空间或地球任何角落,战役战术导弹的射程已超过 1000 千米,空对地导弹的射程已达 110 多千米,火炮射程已突破 70 千米。

1. 区域向全球战场延伸

第一次世界大战中,决定战争胜负的第一次马恩河战役,战场范围仅有数百至数千平方千米;第二次世界大战中,奥得河战役、柏林战役、诺曼底战役,战场范围也不过数万或数十万平方千米。而海湾战争,战场空间急剧扩展,东起波斯湾、西至地中海、南到红海、北达土耳其,总面积达 1400 万平方千米。人类进入 21 世纪后的首场战争——阿富汗战争,其作战规模远远不及海湾战争和科索沃战争,但其作战空间范围要远比海湾战争和科索沃战争大得多。虽然战争的主战场限制在 65 万平方千米的阿富汗境内,但战争的相关空间延伸到美国本土,遍及全球。美军从距阿富汗 5000 千米外印度洋上的迪戈加西亚基地,使用 B－52 和 B－1B 轰炸机进行远程奔袭,B－2 远程隐形轰炸机甚至从本土起飞实施作战;除主战场外,在世界范围内有 89 个国家向美军用飞机授予领空飞越权,76 个国家授予美军飞机着陆权,23 个国家同意接纳美军部队。18 世纪到海湾战争,战场面积扩大了几十万倍,战场高度扩大了上万倍(见表 4－1)。今后随着高新技术的继续发展,战场还会继续扩大,从发展的角度看,战场正在由区域战场向全球战场延伸。

表 4－1　古今战场空间变化表

历史时期	平均战场面积 /(平方千米/万人)	战场空间 /维数	战场高度 /千米
18 世纪以前	1	地面	0
18 世纪末—19 世纪初	2～20	地面、海上	0
19 世纪中叶	5～30	地面、海上	1
20 世纪初叶(一战前后)	10～50	陆、海、空	3
20 世纪中叶第二次世界大战	200～300	陆、海、空	10
1973 年第四次中东战争	350～500	陆、海、空、电	30
1991 年海湾战争	约 4000	陆、海、空、电、天	36000
2003 年伊拉克战争	约 10000	陆、海、空、天、信息	36000

2. 空中向太空战场延伸

1903 年美国莱特兄弟发明了飞机，从此打开了空战的大门。1957 年，苏联发射了第一颗人造卫星，人类又把战争的触角伸向了遥远的太空，目前，"太空"已成为军事争夺最激烈的领域。随着空间军事化的迅猛发展，外层空间已成为当今维护国家安全和国家利益所必需关注和占据的战略"制高点"。未来战争将是陆、海、空、天一体化的战争，没有强大的航天力量，不但没有制天权，还将严重削弱制空权和制海权，甚至可能因最终丧失战争的主动权而不能保证国家安全。军事强国都把控制太空看作是赢得未来战争的必要条件。法国前太空局局长加沃蒂将军在《太空是军事战略要地》一文指出："利用太空是大国军事政策中的一个要素。作为在全球范围内收集、分析、发送信息的重要手段，太空在分析、追踪和处理危机方面发挥着掌握信息的重要作用。从军事战略的角度看，从监视、监听、通信、大量信息的远距离发送，或者想知道每个时刻己方人员的方位及敌人方位的角度讲，太空都是最好的位置之一。它在获得军事优势方面发挥着极重要的作用。"美国空军少将布赖恩·阿诺德一针见血地指出，从一定意义上讲，"控制太空比导弹防御的意义要大得多"。美国前国防部长拉姆斯菲尔德在太空委员会发表的一份报告指出，太空将成为 21 世纪的战场。美国的一些军事战略家认为，在 19 世纪，谁控制了欧亚大陆，谁就能称霸世界；20 世纪，谁控制海洋，谁就能称霸世界；而 21 世纪，决定霸业的关键领域将是太空；等等。

太空是无可比拟的战略制高点。它不受地球、国界、天候、地形等因素的影响，在轨道机动能力允许的范围内，卫星、航天器等可以全方位行动，使战争达到真正意义上的灵活和协调。据统计，目前在太空运行的美俄几百颗卫星中，70% 以上是军用目的。其中美国和俄国占世界航天器发射总数的 93.8%。目前，世界主要军事大国 70% 的战略情报来自侦察卫星，在航天技术日益发展的今天，任何重大军事行动和地面目标都难以躲过卫星的侦察。海湾战争期间，为保障对伊战争的顺利进行，美军动用了 60 颗军用卫星，战前，各种侦察卫星对伊拉克的各种战略目标进行了详细的侦察，在作战中，这些卫星对整个海湾战场进行了全时监控，分别向作战部队提供电子侦察、定位导航、通信支持和气象服务，为美军各个军种提供适时的情报和精确打击的数据。因此，各种航天器是影响陆、海、空军事行动的一个重要因素。

空间技术已经成为现代战争中不可缺少的支援保障体系。当前，在太空战场中的军事活动，还仅仅局限于军用卫星对其他战场的支援和保障，真正太空武器之间的直接对抗还没有开始。但从发展趋势看，"天战"将不可避免，因为美、俄都已成功地进行了导弹打卫星、卫星打卫星的试验。并且在 2001 年 1 月 22 日—26 日，美国空军在科罗拉多州斯普林斯空军基地秘密举行了新世纪首次太空演习，在模拟演习中，动用了大批军事航天器，模拟拦截战略导弹和使用地面激光武器打击太空目标等，甚至使用了卫星武器，以干扰"敌方"卫星的通信指挥。演习的目的就是要"加强美军的太空战威慑能力"。美国 1982 年组织成立了空军航天司令部，1983 年成立了海军航天司令部，1985 年美军把空军、海军航天司令部及陆军导弹防御司令部合并共同组建了联合军事航天司令部，集中执行太空作战任务。

3. 有形向无形战场延伸

陆、海、空、天战场对我们来说都比较好理解，因为这些战场上的各种武器，如坦克、飞机、舰艇、卫星都是看得见、摸得着的东西，这些战场都属于有形战场，那么无形战场指的又是什么样的战场呢？这就是我们看不见的电磁波所形成的战场，也称为电子战场。电子战是敌对双方利用电子技术设备进行的电磁领域的斗争，它以电子侦察和反侦察、电子干扰与反干扰、电子摧毁和反摧毁为基本内容，其目的是削弱、破坏对方电子设备的正常工作，使其通信中断、指挥瘫痪、武器失控、雷达致盲，最终丧失作战能力，它是现代战场上夺取胜利的神经中枢。尽管这个战场我们看不见，但实践证明，谁掌握和拥有制电磁权谁就能取得主动权，谁就有可能赢得战争的胜利。比如，在1973年第四次中东战争中，以色列没有重视在电磁领域的斗争，结果被叙利亚的防空导弹一下子击落了一百多架飞机，损失极为惨重。9年以后的1982年6月9日，以色列与叙利亚在贝卡谷地展开了一场"中东历史上最大的空战"。贝卡谷地是位于黎巴嫩东部靠近叙利亚边境的一块狭长谷地，谷地两侧高山连绵，地势险要，历来为兵家必争之地。叙利亚在此部署了19个萨姆－6地空导弹连，直接威胁着以军空中作战的安全，以色列吸取了上一次作战的教训，加强了电磁斗争的手段，首先用电子干扰，压制和破坏叙军的防空雷达、指挥、通信系统，然后实施了猛烈的空中突击，先后击落叙利亚飞机90架，而自己才损失了10架飞机，以色列仅用了6分钟的时间就摧毁了叙利亚价值20亿美元的19个萨姆－6防空导弹连，取得了重大的胜利。从以上两个例子，我们不难看出制电磁权在战争中的巨大作用。电磁优势已成为现代战争争夺的制高点。海湾战争再一次以血的教训向人们展示了夺取制电磁控制权的重大意义。在"沙漠风暴"空袭行动开始前5个小时，多国部队开始对伊军实施代号为"白雪"的电子战行动，对伊军雷达、侦察和通信系统发起猛烈的"电子轰炸"。在地面使用了电子干扰车和一次性使用的干扰器材，在空中出动预警机和大批EA－6E、C－130等电子战飞机，对伊军防空雷达、通信系统进行压制性大功率干扰，使伊军处于雷达迷盲、通信中断、制导失灵、无法指挥的混乱之中。"白雪"行动奇迹般的打击效果，使得伊拉克在开战不到7天的时间里雷达开机量下降了90%，防空系统基本处于瘫痪状态。伊拉克在失去了电磁控制权以后，自动化指挥系统瘫痪，防空系统失灵。虽然它拥有作战飞机680架，却没能击落一架多国部队的作战飞机；拥有1700枚防空导弹，只打下了一架多国部队的作战飞机。而多国部队呢，共出动了飞机11万多架次，整个战斗损失只有9架，基本上没有遇到什么威胁，通过上述战例我们不难看出，电子战在未来战争中的地位和作用是何等的重要。

所以，美国前参谋长联席会议主席、海军上将穆勒曾大胆地预言，"如果发生第三次世界大战，获胜者必将是最善于控制和运用电磁频谱的一方"。

伊拉克战争中美军凭借在电子技术上的显著优势，出动EA－6B"徘徊者"电子飞机等，实施超强电子干扰，保障空中突防和地面进攻。所以，未来高技术战争，将是在陆、海、空、天、电的五维战场空间里进行。

（三）作战方式多样化

从战争史来分析，技术决定战术，有什么样的武器，就有什么样的作战方式，在冷兵器时期，双方使用的是刀枪箭戟，当时采用的是集团战术，非常重视排兵布阵，无论怎么打，都要求自己的阵形不能散，阵脚不能乱。到了热兵器战争时期，枪的出现，使作战队形发生了变化，原来的密集整齐的队形，变成了疏开零散的队形。机关枪、铁丝网出现以后，堑壕战成为一种比较管用的作战方式，当坦克出现以后，又发展成了机动作战。到了高技术战争中，由于一大批高、新技术群在战争中的广泛运用，出现了各种各样的作战方式，比如，导弹袭击式的"精确战"，外科手术式的"点穴战"，破坏结构式的"瘫痪战"，非致命式的"软杀战"，指挥控制式的"信息战"，陆、海、空、天、电一体的"全维战"，此外，还有"环境战""太空战""心理战"等。可以这样说，"作战方式"这个大家族已进入了空前未有的繁荣时期。分析这些作战样式，不外乎两类，一类是全新的作战样式，如非致命战、计算机病毒战等；另一类是传统的作战方式，由于高技术的运用，又赋予了传统作战方式新的内涵。

总之，作战方式多样化，为指挥员提供了新的回旋余地，增强了作战选择的灵活性。如，美军1986年3月至4月中旬，为了教训利比亚，采取了"外科手术"式的新的空袭作战方式，使美军在极短的时间内即达到了战争的目的，这次行动只用了12分钟的时间，从而避免了像朝鲜和越南战争那样，进行兵力入侵而深陷泥潭、不能自拔的窘境。

1. 计算机病毒战

海湾战争爆发前，美国中央情报局获悉，伊军从法国购买的一批用于防空系统的打印机，准备通过约旦首都安曼运到巴格达，随即派特工在安曼机场偷偷用一块古化病毒芯片与打印机中的同类芯片作了调包，海湾战争爆发后，美军用无线遥控装置将隐藏在计算机中的病毒激活，致使伊军防空系统陷入瘫痪。

在科索沃战争中，自从北约开始对南联盟空袭之日起，北约的官方网站便不断遭到来自贝尔格莱德及其他热爱和平国家黑客的攻击，通过网络潜入连接因特网的服务器，致使北约网页出现空白，北约的内部电子信箱系统也被黑客光顾，每天收到2000多封非法邮件的"电子轰炸"，使北约部分计算机的软件和硬件多次遭到来自南联盟的电脑病毒的重创。因此被称为科索沃战争的第二战场。

2. 指挥控制自动化

计算机走上战场，也给指挥手段带来了革命性变化，其标志就是军队自动化指挥系统的产生。20世纪70年代以来，大量新技术兵器应用于战场，参战军兵种不断增多，战场日益扩大，使得部队机动高速化，战场情况变化急剧，战机稍纵即逝，战争指挥的工作量大大增加，而用于指挥的时间却大大缩短。这就要求指挥员和指挥机关对瞬息万变的战场情况能实时掌握和了解，周密分析，准确判断和迅速定下决心。这已成为军队指挥的头等重要的问题，微电子技术和计算机技术的迅速发展，为军队作战指挥提供了新型的指挥工具，于是便发生了军队指挥方式上的重大变革——实施自动化指挥。

在高技术条件下的战场空间上，在极短的时间内，要对多种作战力量、多种作战方式实施有效的指挥，发挥整体威力，没有高度自动化的指挥控制手段，是很难完成作战任务的。如，海湾战争中，美军在海湾建立的战区自动化指挥系统，通过通信卫星和地面通信设备构成通信网，与美国五角大楼、中央总部以及参战各国军队的指挥系统联为一体。美军中央总部每天都要协调30多个国家78万人的各类作战行动，指挥协调来自12个国家40多个型号的2000多架次飞机，从数十个机场和多艘航空母舰上起飞，共出动11万多架次飞机，对伊拉克上千个目标进行轰炸，仅每日颁布的"空袭任务程序"就长达700多页，整个战争期间处理的军事信息达上千万字，相当于一部大型百科全书的文字量。这完全得益于它先进的指挥自动化系统。

伊拉克战争是美国进行的一场信息化战争，以信息技术为基础，以信息环境为依托，用数字化设备将指挥、控制、通信、计算机、情报、电子对抗系统联为一体，实现多军兵种信息资源共享、作战信息及时交换，大大提高了指挥员指挥作战的能力。

同样，从马岛战争中，英军击沉阿根廷唯一的一艘万吨级巡洋舰——"贝尔格拉诺将军号"这一过程，我们也能看出自动化指挥系统的巨大作用。当美国侦察卫星发现阿根廷巡洋舰"贝尔格拉诺将军号"正在马岛附近行驶，就及时将这一情报提供给英国特混舰队，该舰队立即制订了消灭巡洋舰的作战方案，并报送英国战时内阁，战时内阁批准了这一方案，特混舰队又把任务下达给已在靠近该舰海域的英国核动力潜艇"征服者号"。"征服者号"随即发射了两颗鱼雷，就使"贝尔格拉诺将军号"葬身海底。从这个例子可以看出：战争发生在海上，而情报却来自天上的侦察卫星。作战在南半球进行，而指挥命令却发自北半球。信息由空到地、由东到西、由南半球到北半球多次远程传递。这一切仅凭借感官是无法详察和控制的，必须依靠自动化的手段来实施指挥。

从上面两个例子我们可以看出，指挥控制自动化是高技术战争的必然要求，没有指挥控制自动化，高技术战争就无法进行。从某种意义上说，没有指挥控制自动化，就没有高技术战争，这也是指挥控制自动化成为高技术战争特点的重要原因。

现代科学技术的发展，特别是侦察技术、通信技术和计算机技术的发展，促进了军队 C^4ISR 系统的建立，使军队自动化指挥得以成为可能。C^4ISR 系统（指挥、控制、通信、计算机情报、监视和侦察）紧密地联成一体，帮助指挥员进行正确的决策和指挥。而且，它就像"黏合剂"一样，把战场上的各种力量形成一个整体，使作战能力获得成倍的增长，所以，人们通常把 C^4ISR 系统称之为"力量的倍增器"。有人认为，军队实现指挥控制自动化是自航空母舰、核武器之后"军事上的第三次革命"。

（四）战争消耗巨大

从作战保障这个角度看，高技术战争呈现出"消耗巨大"的特点，其主要原因有以下两个方面：

1. 武器装备费用上升

由于武器装备日益向着自动化、智能化、集约化方向发展。一件先进的武器装备，往往集中了许多科学研究成果，研制难度大、周期长、风险高。因此研究生产高技术武器装备的费用和购置费用的投入明显增加。美国国防部曾对 20 世纪 70 年代初期新、旧两代战斗机的 13 项主要技术性能进行过比较，结果明显表明：飞机的主要性能每提高 1～2 倍，研究费用就要增加 4.4 倍，生产成本增加 3.2 倍，不仅研制费及采购费用高，而维修费用也相应增加。第二次世界大战后，世界各国的装备费的增长率平均超过 45 倍，以美军为例，1999 财年武器装备研制费用为 440 亿美元，2000 财年达到 530 亿美元，2001 财年又增至 600 亿美元。高技术武器装备比以往的武器装备复杂，在装备研制、采购、维修费用上投入高，造价昂贵，所以它的费用也比以往大幅度地上升。在第二次世界大战结束时，坦克造价只有 5 万美元，战斗机才 10 万美元，即使是航空母舰也只有 700 万美元。而海湾战争中，武器装备的价格比以前呈几十倍，甚至上百倍的上升，像 M1 坦克为 200 万美元，相当于二战时 40 辆坦克的价格；"爱国者"导弹为 110 万美元；F－15 战斗机为 5040 万美元，相当于二战时 500 架飞机的价格；F－117 隐形战斗轰炸机为 1.06 亿美元；航空母舰也已达到了 35 亿美元，也比以前提高了近 500 倍。仅海湾战争多国部队投入的武器装备价值就达 1020 亿美元，而第一次和第二次世界大战各国投入的武器装备总价值才分别为 20 亿和 400 亿美元。例如，美国第四代战斗机 F－22，研制费约 200 亿美元，单机采购费 1.5 亿美元；B－2 隐形轰炸机，研制费约 450 亿美元，单机采购费达到 10 亿美元。

海湾战争后，武器装备的价格进一步上扬，特别是新一代的高技术武器装备，其价格更是呈几倍甚至几十倍增长。美国学者詹姆士·尼根指出："如果武器装备的价格以过去70年的速度增长，那么大约再过70年，美国现在的国防预算（3100亿美元）将只能够生产一架作战飞机。"

2. 战场物资消耗增多

以单兵每天平均物资消耗为例，第二次世界大战时是20公斤，越南战争时是90公斤，海湾战争时已经达到了200公斤；再看战场每月弹药消耗，朝鲜战争是1.8万吨，越南战争是7.7万吨，海湾战争时已经达到了35.7万吨。战场物资消耗猛增，使后勤运输面临严重困难。为了保证美军在海湾作战，美国建立了第二次世界大战以来最庞大的后勤运输体系。在空运上，动用了军事空运司令部90%的运输机，还租用了国内、韩国和德国等30多家航空公司的飞机。在海运上，军事海运司令部出动了135艘运输船，后备役船队出动了170艘商船，还租用了78艘外籍船。在地面运输上，美国本土用了7个州的2400节火车皮，在沙特组织了5000辆运输车。有人计算，海湾战争中，美国从国内运往中东的各种物资总量达到了1亿8600万吨，等于美国把像亚特兰大这样一个中等城市搬运到了海湾。

正是由于以上两点，使高技术战争的军费消耗相当惊人。第二次世界大战时，美军日消耗军费只有1.94亿美元；越南战争时，也只有2.3亿美元；而海湾战争，光美军平均一天的消耗就高达14亿美元。在海湾战争之前，美国就扮演了乞丐的角色，四处游说乞讨，最终获得了540亿美元的援助。这540亿美元占了海湾战争总耗费的88%，正是这540亿美元解了美军的燃眉之急，使他们得以把这场仅有42天的战争维持下来。有人据此预测：如果伊拉克能有办法将战争再拖延2个月，那整个战争军费消耗就将会达到几千亿美元，这对美国来说将是打不起的战争。

美军一个装甲师在地面战斗阶段，每天需要燃料50万~75万加仑，将一枚普通炸弹改装成直接攻击弹药需要2.1万美元的改装费，而进行一个架次的轰炸任务每小时的开支为1万~1.5万美元，部署一个航母战斗群一天则需要300万美元，一分军用速食食品6.77美元，30万美英联军一天的伙食费就需600万美元，战争结束将部队和装备运回国内将花费90亿美元。这次战争的费用达到990亿美元。

战争消耗巨大这一特点表明，高技术战争是以强大的综合国力作为后盾的。没有强大的综合国力，军队的现代化就无从谈起，没有强大的综合国力，就难以支撑高技术战争。从这个侧面，我们也能更深刻地认识到，当前为什么我们党确立以经济建设为中心，为什么把"是否有利于提高我国的综合国力"作为改革成败的标准之一了。道理很简单，因为只有国力增强了，我们才能有强大的国防，才能从容地应付可能降临到我们头上的高技术战争。

但在强调提高国家的综合国力的同时，必须要处理好经济建设与国防建设的关系，要做到协调发展。经济建设搞好了不等于国防建设就一定上去了。在这方面，科威特的教训值得我们认真汲取。

科威特号称是"浮在油海上的国家"，依靠石油出口，这个国家的人可以说富得流油，经济建设上去了，但其国防建设却相当薄弱，致使在1990年伊拉克只用了不到10个小时就占领了科威特的全部国土。但是，我们也不能因为过分强调国防建设而妨碍国家的经济建设的顺利进行。苏联解体的教训是非常惨重的，至今令历史学家、政治家们惊异不已，如此一个庞大的国家，竟会在一年多的时间内四分五裂，这在历史上是从无先例的，究其原因，就是多年来，苏联坚持与美国搞军备竞赛，使国内经济畸形发展，它的原子弹爆炸成功了，卫星上天了，但老百姓连土豆都吃不上，最终导致其的垮台。法国《费家罗报》曾报道，俄罗斯的战略导弹部队的一个单位发生了5名士兵杀死一名上士，并扣压了46名人质，在联邦安全局突击之后，劫持人质者投降了。长列别得说：五个月来，导弹部队的军官还没拿到工资，他不排除军队发生暴乱的可能性。俄罗斯媒体披露了一惊人的内幕，消息题名为《俄罗斯士兵卖友求财》，由于俄军薪金太少，一些士兵把自己的战友当作人质卖给叛军，以此换取钱财。所以，现在俄罗斯的军队中流传着这样一句话：政府假装关心我们，我们也假装保卫国家。他们偷偷地把许多坦克、大炮，甚至制造核武器的原料都给卖掉了，据法新社报道"土耳其警方缴获从俄罗斯走私的可用来生产核武器的核材料，并逮捕了四名俄罗斯人"。现在只要有钱，在俄罗斯几乎什么武器都可以买到。

故事片《狂吻俄罗斯》中有这样一个有趣的镜头，中国倒爷为了摆脱一个俄罗斯走私犯的纠缠，就吓唬他说："有坦克吗？"没想到对方回答得很干脆——"有"。又问他有飞机吗？他又回答说"有"。这时，中国倒爷索性说："我要火箭。"没想到对方反过来问道："你要几个？"这虽然是一个喜剧情节，但比较真实地反映出俄罗斯武器失去控制的现状。这些都是搞军备竞赛导致国内经济畸形发展带来的恶果。目前，全世界一年的军费总额已超过了1万亿美元，也就是说平均每分钟就有200万美元耗费在军事活动中。所以，如何处理好经济建设与国防建设的关系，这是各国政府所面临的重大课题。

四、高技术战争对国防建设要求

军事对抗从来就是一种系统对抗。在高技术战争中，这种对抗表现得更为突出。随着高技术的发展，武器系统"矛盾相互制约"的状况已被"多矛多盾相互制约"系统对抗所代替。武器战斗效能的发挥，不仅取决于其战斗的杀伤威力，而且还取决于构成战斗体系的情报探测系统、指挥控制系统、通信系统、信息处理系统、机动系统、防护系统等各个子系统的共同作用。整个作战体系的作战效能不再是各个作战系统效能的简单相加，而是整体大于部分之和的倍增关系，特别表现为几个关键性系统的效能之乘积。现代战争不再是单个或数个作战力量单元之间的对抗，而是整个作战体系的较量。由此，在高技术战争条件下，也对国防建设提出了新的要求。

（一）武器装备方面

从武器装备方面讲，以往，军事装备建设大都是重视单项战术技术性能的提高。在高技术条件下作战，任何一种单一武器，如果没有其他武器装备的配合，无论它的技术如何先进，也是无法完成任务的。例如，美国的"爱国者"防空导弹作战系统，它由预警卫星、多功能相控阵雷达、百万次高速信息处理机、导弹发射架、导弹等多部分组成。海湾战争期间，在拦截"飞毛腿"导弹时，当伊拉克"飞毛腿"导弹一发射，预警卫星立即探测到导弹尾部的火焰，并将信息传到澳大利亚的地面站，同时通过通信卫星传送到美国本土的航空航天司令部夏延山指挥中心。两地的计算机把"飞毛腿"发射红外特征和可能的弹道数据进行比较，然后再利用来自预警卫星的数据确定弹着点，再经过卫星将处理好的信息传到利雅得的中央司令部前线指挥中心和"爱国者"防空导弹中心，这两个中心控制和引导"爱国者"导弹对"飞毛腿"进行拦截。同时中央司令部前线指挥中心把"飞毛腿"发射阵地的坐标通报给正在巡逻的作战飞机，并命令作战飞机向"飞毛腿"导弹发射架攻击，将其摧毁。

未来战争的胜负在很大程度上取决于谁的军事装备体系更完善、更配套，谁的军事装备一体化程度更高，谁能掌握信息优势并将其转化为全面优势。有鉴于此，我们在武器装备的建设和使用上亦应确立"体系"的新观念，从体系的角度来思考和谋划武器装备的建设和发展，使武器装备体系具有极大的黏合强度和聚合能力，达到战斗力的最佳集成。这是针对武器系统而言的。

（二）作战力量方面

从作战力量方面讲，按照系统集成的观点，建立超联合的一体化作战部队。未来信息化战争是高度一体化的作战，使用传统的诸军兵种力量实施联合作战，已难以适应这种高度一体化作战的需要。为此，未来军队组织的编成，将打破传统的陆、海、空、天等军种体制，按照侦察监视、指挥控制、精确打击与作战和支援保障四大作战职能，建立四个子系统，即：探测预警子系统、指挥控制子系统、精确打击子系统与作战子系统和支援保障子系统。探测预警子系统将所有天基、空基、陆基和海基侦察监视平台和系统联为一体，完成对作战空间全天候、全方位的实时感知；指挥控制子系统把所有战略级、战役级和战术级指挥控制和通信系统联为一体，将对作战空间的感知和信息转变为作战决策和控制；精确作战和打击子系统将所有作战单元和打击兵器联为一体，按照指挥控制系统的决策和控制，对敌方实施精确作战和精确打击；支援保障子系统为作战行动提供实时精确的保障。这四个子系统的功能紧密衔接，有机联系，构成一个大的一体化作战系统。

按照这样一个思路构建的军队，将从根本上抛弃工业化军队建设的模式，革除偏重发挥军种专长和追求单一军种利益的弊端，使作战力量形成"系统的系统"或"系统集成"，从而能够充分发挥整体威力。

（三）军种兵力结构方面

美军认为，现代高技术局部战争随着战争战略企图的变化，作战中依靠单一军兵种或作战手段，难以取得预期的战略目的，战争行动的成败最终取决于作战系统的整体作战效能的发挥。所以在当前军队建设上，特别重视提高自己最为不足之处的部分，也就是使军队的整体作战能力能够获得全面提高。

高技术战争中各种作战力量已形成为一个整体，它们之间相互关联、相互依赖。这就要求各军兵种之间发展必须要协调。否则，就会因为某一作战力量在某一战场上的被动，而造成全局的被动。就拿陆、海、空三军来说，如果没有了空中力量，那地面和海面的力量就等于失去了行动的自由权。而对一个濒海国家来说，没有海上力量，就等于失去了半壁江山。海湾战争中，伊拉克遭到惨败，这与其军兵种结构不合理有很大关系。伊拉克拥有 120 万军队，号称是世界上第四大军事强国，但其军兵种比例很不协调，120 万人中，陆军占了 115 万人，占其总兵力的 96.5%，而空军兵力只有 4 万，占 3%，海军更少，只有 5000 人，只占 0.4%。对伊拉克军兵种构成来说，构成桶壁的木板是长的太长，短的太短，这个木桶基本上装不了水，军队的整体作战能力也就无从谈起，所以出现失败的结局也就不足为怪了。当前，各个国家在保证军兵种的协调发展上普遍的做法是，减少陆军的比例，适当增加海空军和特种部队的比例。例如，美军在 21 世纪初削减陆军员额裁减 25%，海军裁减了 14%，空军则只裁减19%，美军现役兵力由210万人减至140万人。在武装力量构成上，现役兵力的比例将下降，预备役兵力的比例将有较大幅度上升。在核力量和常规力量的对比上，常规力量的地位将上升，核力量的数量将相对下降。在陆、海、空三军兵力的对比上，陆军兵力所占比例将下降，海空兵力比例将上升。在战斗部队与保障部队的比例上，战斗部队将相对减少，保障部队将增加。各军兵种的结构进一步趋于合理。实现部队结构的整体优化和作战力量的系统集成。

（四）武器配套建设方面

1982年在黎巴嫩贝卡谷地发生了一场空战，交战双方分别为以色列空军和叙利亚空军，当时叙利亚方面共出动了110架飞机，以色列出动了180架飞机，这场空战的结果是84比0，也就是以色列击落叙利亚84架飞机，而自己无一损失。这个空战结果在当时震惊了全世界。为什么会出现这么大的悬殊比分呢？从飞机的性能上看，双方差距并不悬殊，那么差距到底在哪里呢？我们看一下它的兵力结构，叙利亚无论是米格－21，还是米格－23都是歼击机，即只有歼击机一种型号，而以色列出动的不仅有相当于歼击机的F－15、F－16战斗机，还实施对地面攻击的F－4、F－16和"幼狮"飞机，除此之外，它还出动了用波音707改装的电子干扰机、预警指挥机E－2C。对叙利亚来说，不用说最低的那块板在哪里，而是有几块板根本就不存在。

在整个空战过程中，叙利亚的飞机从机场上刚刚滑出跑道，就处于盘旋在地中海上空的两架以色列E－2C"鹰眼"预警机的牢牢的监视之下，被它看得一清二楚，然后预警机就把叙利亚的飞行数据情况通报给以色列的空中战斗机编队，并且引导自己的战斗机编队以最佳的路线，在最佳的位置上对叙利亚的飞机进行拦截。而叙利亚方面，飞机一起飞，它的地面引导雷达网就受到以色列电子干扰机强烈的干扰，地面雷达网失效，与空中联络中断，同时机载雷达也失去了作用。好似盲人骑瞎马，误打误撞，这样，只能依靠飞行员用眼睛来搜索空中的目标，导致双方的作战环境严重不平衡。一个是千里眼，一个是近视眼，一个在明处，一个在暗处。所以叙利亚的飞机往往刚升空2~3分钟，还没有发现敌人在哪里，就稀里糊涂地被击落了。战后，许多军事专家无不感慨地指出："使人畏惧的战斗力正是源于这种由一架预警机和若干架高级战斗机组合成一体的体系。"

以上战例说明，在武器的发展和使用上，也一定要做到系统配套，不但要使作战系统的发展配套，同时，特别是要重视支援和保障系统的配套和发展。因为现在作战支援和保障系统在整个武器系统中所占的比例越来越大。例如，海湾战争中的"沙漠风暴"行动中，每出动100架飞机，其中真正执行轰炸任务的飞机只有30架，而战斗掩护飞机达到20架，支援保障的飞机达到了50架。所以我们认为，作战系统与支援保障系统之间的发展一定要配套。

（五）军人综合素质方面

人和武器是战斗力构成的两个基本因素。那么，对一场战争来说，它的胜负是由人决定的，还是由武器决定的呢？对这个问题，我们从军事史来看，每当一种重要的新式武器出现时，人们总会对这一问题进行争论。18世纪，新式步枪出现并在战场上发挥主要作用时，经过一番争论后，恩格斯作出了结论，他说赢得战争胜利的是人而不是枪。在这之后，又陆续出现了坦克制胜论、空军制胜论、海军制胜论、核武器制胜论等种种说法，对此，毛泽东作出了科学的回答，认为决定战争胜负的不是一两件新式武器，人仍然是战争胜负的决定因素。江泽民指出："人才是兴军之本，必须把培养和造就大批高素质人才作为军队现代化建设的根本大计来抓。我们历来强调，决定战争胜负的是人而不是武器，无论武器装备发展到什么程度，人在战争中的作用始终是第一位的。"当高技术战争到来时，特别是高技术武器在战争中大出风头时，许多人对这个根本问题再一次产生了疑问。那么在高技术战争中，决定战争胜负的究竟是人，还是高技术武器呢？我们不妨仍以海湾战争为例再作一分析。

在海湾战争中，伊拉克的武器装备虽然与以美国为首的多国部队相比有一定差距，但客观地说，伊拉克同样也拥有许多世界一流的先进装备，就拿飞机来说，它拥有米格－29、幻影－F1 等世界一流的作战飞机，再比如防空导弹，它有各种苏制防空导弹、法国的罗兰导弹以及美国的霍克式防空导弹，只不过由于其人员素质不高，致使许多新式武器没有能在战场上发挥出应有的作用。伊拉克还从科威特手中缴获了一批"隼"式防空导弹，这是一种性能比较先进的武器，对美军的空中行动会构成一定的威胁，一度令美军十分担忧。但很快美军就觉得这种担心是多余的了，因为他们通过情报获悉，伊拉克官兵素质低，在短时间内根本无法掌握这种导弹的技术性能。伊拉克官兵素质低到什么程度呢？据资料统计表明，有一半以上是文盲或半文盲。

与伊拉克官兵的低素质形成鲜明对比的是，1991 年的海湾战争，负责战场指挥的 7 名美国高级指挥官中，有 6 人具有硕士以上学位，成功地实施了战略协同和作战指挥，被称为"硕士导演的战争"。参战的美军军官 98% 以上是大学本科毕业生，士兵 98% 以上是高中毕业生。这些高素质的官兵使装备的各种高技术武器的性能得到了淋漓尽致的发挥。海湾战争后，美国国防部在给国会的最后报告中，直言不讳地指出："尽管武器装备在战后成为人们赞扬和谈论的重点，但归根到底，获得这场战争胜利的还是美国的男女军人。"美军认为："高素质的军事人才是美国军事力量中最重要的决定性因素。"目前，美国军官全部为大学本科以上学历，其中硕士、博士占 38.4%。俄罗斯军官 98% 以上受过高等教育，日本军官全部具有大学以上文化程度，印度也要求营以上军官必须获得硕士学位。所以，在高技术战争中，决定战争胜负的依然是人，而不是几件高技术兵器。在高技术条件下战争对人的素质要求，已经从侧重体力和精神素质，转到了侧重于知识、智力、能力和心理等综合素质。

当前，世界各国越来越深刻地认识到知识的重要性，美国等发达国家正在致力于建立一支以智能为基础的军队，一些技术水平较低的国家也在努力提高其军队的知识密集程度。

我军正在走中国特色的精兵之路。从历史上看，不同时期的战争，对人员的素质要求是不一样的。冷兵器时期的战争，作战主要靠人的体能，即使没有文化的人，经过短期训练也能够打仗；热兵器时期的战争，靠的是人的技能，只要有一定的文化知识，经过严格的训练，就可以驾驭现代武器；而高技术战争靠的是人的智能，必须要有较高的科学文化知识才能驾驭高技术武器装备。现代高技术战争，是科技战、知识战，军队越来越成为知识密集、技术密集的武装集团。这就要求指挥员更应提高自身的技术素质和知识素养。所以早在 20 世纪 80 年代中期，我国著名科学家钱学森就在一次会议上提出，为了应付 21 世纪可能的战争，我军今后"师职干部要是硕士、军职干部要是博士"的设想。为达到这一目标，我军正在加速高素质人才的培养，建立了经院校培训提拔干部的制度，并开辟了接受地方高校毕业生及引进地方专业人才、依托国民教育培养军官等吸纳高学历、高层次人才的新途径，使一批批高学历、高层次干部陆续跨入军营，并将逐渐成为我军干部队伍的主力。

思考题

1. 军事高技术特点有哪些?
2. 军事高技术对现代战争有哪些影响?
3. 简述航天技术在军事上的应用。
4. 自动化指挥系统对作战的优势是什么?
5. 高技术战争与信息化战争的区别是什么?
6. 高技术战争的特点有哪些?

第五章

信息化战争

学 习 目 标

1. 了解信息化战争的形成、发展趋势和与国防建设的关系；
2. 熟悉信息化战争的特征；
3. 树立打赢信息化战争的信心。

第一节　信息化战争概述

有什么样的社会形态，就会孕育出什么样的战争形态。农业社会孕育了冷兵器战争，工业社会产生了机械化战争。伴随着信息社会的到来，战争也必然会出现新的形态，这就是信息化战争。

纵观战争发展的历史进程，新的战争形态的产生需要经历一个从发生、发展到成熟的历史过程。信息时代的信息化战争，同样要经历一个从发生、发展到成熟的历史过程。人们对信息化战争的理解，也必将会经历一个由浅到深、逐步深化的认识过程。

信息化战争是一种新型战争形态，是指在信息时代，核威慑条件下，交战双方以信息化军队为主要作战力量，在陆、海、空、天、电等全维空间里展开的多军兵种一体化的战争。这种战争大量地运用具有信息技术、新材料技术、新能源技术、生物技术、航天技术、海洋技术等当代高新技术水平的常规武器装备，并采取相应的作战方法，在局部地区进行，目的、手段、规模有限。它要求国家战略、国防经济、国防科技和军品生产、军事思想、战争样式和作战方式、军队建设和管理、战争准备、战略战术、后方保障等各个方面，都要进行深刻的改革。

一、信息化战争的基本概念

所谓信息化战争，是指信息化军队在陆、海、空、天、电磁、信息、认知、心理等多维空间，运用信息、信息系统和信息化武器装备进行的战争。它是人类步入信息时代后，以信息和知识为核心资源，以大量运用信息技术而形成的一体化信息系统和信息化武器装备为基础，以信息化战场为依托，以信息化军队为主体，以争夺制信息权为基本目标，以信息战为基本作战形式而进行的战争。由于政治、经济、科技、军事等发展的不平衡性，在人类社会进入信息时代的初始阶段，信息化战争也指交战双方或一方以信息化军队为主要作战力量，以信息化武器为主要作战工具，以信息战为主要作战形式进行的战争。

信息化战争，是信息时代的基本战争形态。其内涵主要包括以下五个方面：一是信息化战争是信息时代的产物，是这一时期生产力和生产关系在战争领域的客观反映；二是信息化战争的主体力量是信息化军队，战争双方至少有一方拥有信息化军队，机械化或半机械化军队之间进行的战争不能称为信息化战争；三是信息化战争的主要作战工具是信息化、智能化和综合化的武器装备平台，诸作战单元实现网络化、一体化；四是在物质、能量和信息等作战要素中，信息要素起主导作用，即信息化战争的核心资源是信息，战争首选的打击目标是信息获取、信息控制和信息使用的系统及其基础，作战以剥夺敌方信息控制权、建立己方的信息优势为主要目的；五是战争在空前广阔的多维空间进行，尤以信息空间、航天空间、认知空间为主。

二、信息技术在现代战争中的应用

迄今为止，人类社会经历了两次信息技术革命：第一次以电报、电话的发明为主要标志，第二次以微电子技术为基础，以计算机技术为核心，以探测器技术、通信技术及网络技术的发展为主要标志。第二次信息技术革命在军事领域产生的影响是全方位的，从而导致了战争理念和形态的变革，人类迈入了信息化战争的时代。

（一）信息技术对现代战争的影响

当前，信息技术在军事上主要应用于侦察、通信、指挥自动化系统、精确制导武器及其对抗、信息控制权的争夺、太空空间的争夺与信息的争夺、计算机网络对抗及心理战等方面。计算机技术的发展，大大推进了武器装备的信息化进程，使传统武器装备向精确化、智能化、远程化、隐身化、无人化方向发展。由计算机为核心组成的各类网络系统，使信息的获取、传递、处理、辅助决策、指挥控制等方面实现了自动化、智能化。

信息化战争是建立在军事工程革命、军事探测革命、军事通信革命和军事智能革命已经完成或基本完成的基础之上的。

（1）军事探测革命使得侦察、探测的空域、时域和频域范围大大扩展，使对作战行动的感知、定位、预警、制导和评估达到几乎实时和精确的极限。未来信息化战争中，军事探测系统将遍布太空、空中、地面（海面）和深海；侦察卫星可以近距离（200千米）探测地球表面，对地面物体的分辨率将达到厘米级；对导弹的发现时间将缩短到几十秒钟甚至十几秒钟。这将使战场空间的透明度接近极限。伊拉克战争中，美国仅直接用于支持地面作战的侦察卫星就部署了约90颗。

（2）军事通信革命，将在未来信息化战争中，实现军事信息的无缝链接和实时传输，使各指挥机构和部队、各侦察和作战平台之间达到在探测、侦察、跟踪、火控和指挥方面的信息畅通，真正实现实时指挥和控制，使作战指挥与控制的速度接近极限。

（3）军事智能革命，将真正实现作战指挥活动和作战行动的自动化和智能化。智能化指挥系统将使指挥控制活动的准确性和时效性大幅度提高；作战平台将集发现、跟踪、识别和自主发射为一体；智能化弹药将具有更加强大的自动寻的和发射后不管功能，远程打击的精度将达到米级；同时大量高度智能化的机器人将投放战场。这将使指挥活动和作战行动的效率接近极限。

随着军事信息技术的发展，武器系统正朝着电子化方向发展，而信息技术的开发和利用水平已成为衡量综合国力，特别是军事实力的一个重要指标。在现代化武器系统的成本中，电子系统成本的比重越来越大。例如，在现代飞机中占35%～55%，在隐身飞机中占60%以上，在导弹中占50%以上，在军用卫星中占60%，在指挥控制系统中则高达88%。从表5-1可以看到，在几种典型的武器中，电子成本含量所占比重呈现越来越高的发展趋势。

表5-1　武器中电子成本含量表

年度	1993	1995	1997	1999	2000	2001	2002	2003	2004	武器装备
百分比/%	37.6	40.3	39.1	37.8	38.9	39.1	38.9	40.4	42.1	飞机
	52.9	59.3	59.6	60.1	59.5	59.9	58.6	59.4	58.6	导弹
	59	58.8	58.8	60.9	61.6	61.9	62.3	61.4	62.4	空间
	36.2	34.9	32.8	34.8	34.9	34	33.9	32.1	31.2	舰艇
	15.7	19.3	20.4	20.6	20.8	22.7	23.3	24.6	25.3	火炮和武器
	14.3	16.4	26.6	24.8	28.4	29.4	30.7	32	31.7	运输车
	40.7	41.4	42	42.9	43.6	43.6	43.6	44.1	44.6	国防预算

注：电子成本含量为电子设备采购费和科研费

(二)信息技术在现代战争中的特殊作用

(1)为军队实现了全球性的、实时和近实时的、全天候和昼夜连续的侦察、监视、预警、进攻评估及环境监测任务，从而提供了一幅生动、多维的整个作战区域的图像，以便观察整个战区、评估敌友力量及薄弱点和选择攻击目标。

(2)提供瞬时、安全的作战管理、指挥和通信，能最有效、快速和协调地调整力量配置，实施联合行动，以便对地区性危机迅速作出反应，并能作为一个联合部队有效地作战，为部队发挥最佳效能提供指挥与控制的基础。

(3)能提供全球三维坐标系统，实现部队阵地、方位和目标的定位标准化，以便灵活而有区别地进行力量配备和联合作战，提高作战效能。

(4)可以连续、实时、全天候、昼夜、精确地导航、定位、定时及掌握速度数据，使武器投掷精度达到接近零的圆概率误差，实现 C^3I 系统达到攻击力量的一体化。因此，能以最小伤亡和损失实现某个目标，并将所需的兵力减至最低水平，发挥出压倒一切的效力。

(5)保证在第一时间内夺取和掌握制信息权，而对敌方 C^3I 系统进行压制和破坏，使之瘫痪，失去制信息权。

在未来信息化战争中，高度信息化的武器装备虽然不具备核武器那种大规模、大范围的物理杀伤和破坏作用，但它所拥有的精确摧毁能力、系统集成能力、战场控制能力和高效达成战略目的的能力是核武器所无法相比的。从这个意义上说，信息化战争不但具备了亚核战争的威力,而且将使它的实用价值和作战效能超过核战争。信息战争就是有组织、有计划地集中使用信息力量对关系到国家安全和国计民生的关键系统实施的大规模攻击。在这种战争中,大规模毁伤性的信息武器释放出它巨大的破坏威力。信息战争可能不像传统的战争那样残酷,但它与使用大规模杀伤武器相比,给国家和社会带来的破坏与毁伤可能波及更为广泛、影响更为深远。

三、信息化战争的演变与发展

对人类战争形态的时代转型和阶段划分,江泽民同志曾指出,人类战争在经过冷兵器战争、热兵器战争、机械化战争和高技术战争几个阶段之后,正在进入信息化战争阶段。目前人们普遍认为,推动战争形态的主要动因有 4 个,即科学技术、社会变革催化、军事变革及战争实践的验证,而其中最为重要、最为关键的是科学技术。随着科学技术的进步,人类战争形态的演变所经历的时间越来越短。从冷兵器战争到热兵器战争,人类度过了漫长的数千年之久,从热兵器战争到机械化战争经历了两三百年,从机械化战争到核战争乃至高技术战争减少到几十年,而从高技术战争到今天的信息化战争则仅仅过去了二三十年(表 5 - 2)。

表 5 - 2　战争形态演变表

技术基础	战争形态	经历年代
农业技术	冷兵器战争	公元前至 20 世纪初
火药、冶炼和蒸汽机技术	热兵器战争	约 17、18 世纪至 20 世纪中叶
电力、内燃机技术	机械化战争	19 世纪末至 1980 年前后
核技术、核武器	核战争	20 世纪中叶至今
光电器材、集成电路和计算机技术	高技术战争	20 世纪 80 年代至今
信息控制与反控制及网络技术	信息化战争	21 世纪初开始

第二次世界大战后,世界各国在恢复战争创伤的基础上兴起了一场新的科技革命,推动了作为现代战争物质基础的高技术群体,特别是信息技术群体的涌现和武器装备的更新换代,并被广泛地运用于局部战争。由于武器装备的发展和运用是一个渐进性的过程,因而局部战争中的高技术含量,特别是信息技术含量也是一个由少到多的发展过程。因此,战争形态的演变与发展,也是一个渐变的过程。据有关资料分析,高技术战争在 20 世纪五六十年代已现端倪,70 年代初期逐步发展,80 年代基本形成,90 年代发展成熟,21 世纪初进入了一个全新的形态——信息化战争形态。

(一)高技术战争的萌芽阶段

具有代表性的是 20 世纪 50 年代的朝鲜战争和 20 世纪六七十年代的越南战争。在朝鲜战争中,以美国为代表的所谓"联合国军队",使用了当时最为先进的武器装备,以优势的军事装备对中、朝军队实施了陆、海、空立体作战。越南战争中,美国在空中作战平台方面,有 F - 105、F - 4C、F - 111、B - 52 战斗轰炸机,SR - 71 侦察机、C - 5A 大型运输机等,并运用了"百舌鸟""响尾蛇"等新式导弹和气浪弹、激光制导、电视制导炸弹,还使用了 EB - 66、

EF - 111 等电子干扰飞机。

在海上作战平台方面，先后动用了 20 余艘航空母舰，舰载机出动达 20 余万架次以上。在地面作战方面，除各种先进车辆与火炮外，首次使用了大量的武装直升机，还有化学、生物武器的大量使用。在作战行动中尤为突出的是，依靠优势空中力量进行长时间"地毯式轰炸"的空袭作战，以及直升机与特种作战部队相结合，进行"蛙跳"式的袭击作战。

(二)高技术战争的初期发展与基本形成阶段

具有代表性的是 20 世纪 70 年代的第四次中东战争、20 世纪 80 年代初的马岛战争和第五次中东战争。在第四次中东战争中，最为突出的是交战各方普遍运用了具有高技术标志的各型导弹和大量先进装甲车辆进行较量。其中，地对空导弹有苏制 SA - 2、3、6、7("萨姆")系列等，空对地导弹有美制"小牛""百舌鸟"等，舰对舰导弹有 SS - N - 2A("冥河")、"加希里埃尔"等，反坦克导弹有"萨格尔""陶"式等，制导炸弹有"白星眼"等，它们多为第二代制导武器，具有较高的命中精度与毁伤力。在交战中被导弹击落的飞机占 85% 以上，被导弹击毁的坦克占 90% 以上，而埃、叙军损失的 10 艘舰艇则全部是以军的反舰导弹所为。这次战争中，还首次利用空中卫星进行战场侦察。美国与苏联分别发射了 18 颗与 10 颗侦察卫星，向以方或埃方提供侦察情报保障。同时，战前及战中都实施了激烈的电子干扰与反干扰。

马岛战争中，交战双方第一次大规模集中使用了制导武器，共投入了 17 种类型的战术导弹、制导鱼雷和炸弹进行对抗。其中，英方使用的主要有"响尾蛇"空对空导弹，"鱼叉""海鸥"空对舰导弹，"百舌鸟"空对地导弹，"海标枪"舰对空导弹，"毒刺""轻剑""吹管"地对空导弹，"米兰""霍特""陶"式反坦克导弹，"虎鱼"声自导鱼雷，以及激光制导炸弹等。阿军在战争中共损失了 117 架飞机，除了 31 架被摧毁于地面外，其余 86 架中有 73 架被各类导弹摧毁于空中，占空中击毁总数的 84%。在海上交战中，阿军曾以 AM - 39"飞鱼"导弹击沉了英军先进的"谢菲尔德号"驱逐舰和"大西洋运送者号"大型货船，并炸毁了"考文垂号"导弹驱逐舰、"热心号"护卫舰、"羚羊号"导弹护卫舰、"加拉哈德爵士号"登陆舰等，击伤另外 10 艘舰船。而阿军的"贝尔格拉诺将军号"巡洋舰等 5 艘战舰，也被英军击沉，并另有 6 艘被击伤。这一系列典型数据，反映了高技术兵器在海空交战中的效用。

在战争中，英军还以"竞技神号""无敌号"航空母舰上的电子干扰系统和"鹞"式直升机上的机载干扰系统，对阿军的袭击兵器和指挥控制系统实施了电磁干扰与压制。

众多高技术兵器的使用，加上空地、空海一体的高技术兵器对抗和具有突出作用的电子斗争，使上述两场战争具有了高技术战争的明显特征，并表现出信息化战争的初期景观。

(三)高技术战争的发展成熟阶段

高技术战争发展成熟的标志是 1991 年 1 月 17 日至 2 月 28 日进行的海湾战争。在这场战争中，以美国为首的多国部队使用了 57 颗各类卫星，其中仅侦察卫星就有 34 颗；还使用了 150 多架侦察、预警飞机，30 架无人驾驶飞机，7500 多部高频电台，1200 多部甚高频电台，7000 多部特高频电台；建成了 118 个地面机动卫星通信终端，12 个商业卫星终端，使卫星通信的总容量达到 68 兆比特/秒；在战区内有 3000 台计算机与美国国内计算机联网；作战高峰期，每天保持 70 多万次电话呼叫，传递 15.2 万次电文；每天管理 3.5 万多个频率。海湾战争中的通信系统建设被称为"军事史上一次最大的通信系统专项工程"。正是因为有了计算机、数据库和卫星以及作战系统的一体化，才能保证数千架飞机既不互相挡道，又不互相碰撞，同时又能高速通过"112个不同的空中加油航线、660个限航区、312个导弹交战空域、78条攻击走廊、92个空中战斗巡逻点以及36个训练区"，还能使之与6个独立国家不断变换的民航线路非常精确地协调起来。此外，还集中了3500多架各型飞机、250余艘各型舰船、3500多辆坦克，对伊拉克实施了空、海、陆一体化多方位打击和封锁。其中，美军仅装备了56架F–117A隐形战斗轰炸机，就动用了48架参战。当时仅有的14艘现役航空母舰，就先后有8艘派往战区。发射了运往战区的500枚先进巡航导弹中的一半多，动用了30多颗卫星进行航天侦察，集中使用了各类精确制导武器，开创了"爱国者"导弹成功拦截"飞毛腿"导弹的先例。

这场战争显示出了部分信息化战争的特征。开战前后，美军运用多种先进电子战器材进行的侦察与反侦察、干扰与反干扰、摧毁与反摧毁斗争贯穿于战争的始终，成为夺取战争主动权（制信息权）的基本作战手段之一；多种新型夜视器材的运用，使夜战有了新的含义；C^4ISR系统的运用则使战区战役指挥与后方战略指挥、战场各作战集团的战术指挥达成了沟通，并确保了快速、准确的信息传递与处理。

（四）信息化战争雏形阶段

海湾战争之后的战争，越来越显示出高技术战争已经进入了成熟阶段，并初步显示出信息化战争的雏形。典型的是美军先后发起的科索沃战争、阿富汗战争及伊拉克战争。伊拉克战争中，美军启用了更多的信息战武器装备，为美军夺取战场制信息权创造了绝对的优势。如在信息获取方面，使用KH–12光学成像卫星、"长曲棍球"雷达成像卫星、"成像增强系统"卫星以及"伊诺克斯2"等商用遥感卫星，组成空间成像侦察系统，综合利用可见光、红外与微波成像能力，可对伊保持几乎每两小时一次的严密监视。"大酒瓶"等多颗电子侦察卫星可对伊无线电信号进行监测，帮助寻找萨达姆等伊拉克高层领导人的藏身之处和伊军重要的指挥控制中心，为空袭提供打击目标。"国防支援计划"（DSP）卫星在"联合战术地面站"等地面系统的配合下，为美军提供完备的战场态势感知和信息获取能力。在信息攻击方面，大量使用了EA–6B电子战飞机、E–2C"鹰眼"、E–3"望楼"预警机、EC–130H"罗盘呼叫"通信干扰飞机、RC–135及U–2侦察机、E–8C"联合星"系统飞机、EC–130E心理战飞机及RQ–1A/B"捕食者"及RQ–4"全球鹰"无人侦察机，以及电磁脉冲炸弹和地面"预言家"信号情报与电子战系统装备。这些信息战兵器，开创了一个新的作战领域，彻底改变了战争的面貌。

另一个数据也显示出信息化战争已经出现，这就是战争中信息控制武器，即精确制导武器的使用量呈指数增长趋势。据统计，美军在各次战争中投放的精确制导弹药占全部弹药的比例，1991年海湾战争时为8%，1999年科索沃战争时为35%，2001年阿富汗战争时为56%，而2003年的伊拉克战争时则达到了70%～80%。

例如，2003年3月27日在伊拉克战争进行之时，"小鹰"号航母上的F/A–18、F–14舰载机向伊拉克西南的共和国卫队投放了23枚炸弹，其中16枚为450公斤重的激光制导炸弹、4枚为全球定位系统炸弹，只有3枚为450公斤普通炸弹，信息控制炸弹占到了87%。

由此可以想象，随着信息技术的发展及在军事领域的更广泛的应用，未来战争将更加突出信息化的特征。随着航天器材的发展和太空地位的提高，可能出现运用各种天基武器系统的天战；人工智能的发展，将使机器人士兵进入交战行列；各种作战平台则可能向小型化、多功能化方向发展，武器系统向高精度、高毁伤方面发展；作战力量运用趋向精锐化，并更加注重整体协调；战场呈现海、地、空、天、电多维一体；机动作战、超视距火力打击、电子战的地位更加突出；网络将可能把战场上的所有作战平台联成一体，网络中心战将取代平台中心战，信息化战争将趋向发展和成熟阶段。

四、信息化战争与信息战

学习和研究信息化战争，必须搞清信息化战争与信息战的概念及区别。

(一)信息化战争

信息化战争是以远程核威慑武器的巨大破坏力为威慑手段，以信息为基础，以获取信息优势为先决的天(空间)、空、地、海、信息一体化战争。在理解这一概念时，要把握好以下几点：

(1)时代性特征。信息化战争是信息时代的产物，是机械化战争向信息化战争演变而出现的一种全新的作战形式。有关战争的理论、指导思想、作战指挥、战争特点等，具有鲜明的信息时代的特征。

(2)交战双方至少有一方具备信息化作战能力，如美军所打的阿富汗战争和伊拉克战争。所谓信息化作战能力，是指部队利用信息化装备进行预警探测、指挥控制、精确打击和信息对抗的作战能力。它是把信息能力与杀伤力、机动力、防护力、保障力相结合的综合作战能力。

(3)要使用信息化、智能化武器装备，各作战单元形成网络化、一体化的整体，从而构成完整的作战体系。

(4)在多维空间进行。信息化战争的作战空间不仅包括地面、海上(水下)、空中、太空等广阔的有形战场空间，也包括信息、电磁、心理等无形空间。特别是在信息空间、认知空间和心理空间进行的作战都将占相当比例。

(5)信息精确控制起主导作用。信息精确控制在作战中表现为火力和机动力的物质和能量。信息不仅是一种资源，更是一种作战能量，同时也是各种作战力量的黏合剂和倍增器，是作战制胜的主导力量。

(二)信息战

所谓信息战，是指敌对双方在信息领域的斗争和对抗活动。主要是通过争夺信息资源，掌握信息的生产、传递、处理等的主动权，破坏敌方信息传输，为遏制或打赢战争创造有利的条件。具体说来，就是以数字化部队为基本力量，以争夺、控制和使用信息为主要内容，以各种信息武器和装备为主要手段而进行的对抗和斗争，具有战场透明、行动实时、打击精确、整体协调和智能化程度高等特征。从作战目的来看，信息战是以"信息流"控制"能量流"和"物质流"，以信息优势获得决策优势和行动优势，进而结束对抗或减少对抗，实现"不战而屈人之兵"。从作战内容与形式来看，信息战不同于信息化战争。信息战是信息化战争的具体行动，可分为电子战、情报战和网络战等。而信息化战争是相对于机械化战争而言，指一种战争形态。信息战是信息化战争的主战场和核心。

信息战的主要目标是各类信息基础设施，包括全球信息基础设施、国家信息基础设施和国防信息基础设施等。信息战的目的是夺取信息优势，掌握制信息权。

信息战的主要作战形式有进攻信息战和防御信息战。进攻信息战是指基于信息的过程及信息系统实施的瘫痪、中断、削弱、利用、欺骗、破坏和摧毁敌方信息等各种行动，主要包括截获和利用敌方信息、军事欺骗、电子战、网络战、心理战及物理摧毁等作战行动；防御信息战是综合与协调包括政策、规程、行动、情报、法律以及技术在内的多种手段来保护信息、信息的过程和信息系统，主要包括反情报、反欺骗、电子战、网络战、心理战及防物理摧毁等行动。

（三）信息战主要形式

目前信息战所出现的主要形式有以下几种类型：

1. 指挥控制战

指挥控制战的实质是在保护己方指挥控制能力的同时，削弱或破坏敌方的指挥控制能力，以便最终夺取制信息权。指挥控制攻击的目的是：通过攻击敌信息系统，特别是信息系统的薄弱环节和关键相关设施，破坏敌指挥控制能力，使敌指挥官无法了解战场情况，最终因得不到信息，患"信息饥饿症"而就范。由于己方信息情报系统不可避免地存在着易受攻击的弱点，因而要使己方保持有效的指挥控制能力，就必须严密地组织与实施指挥控制防护。

2. 情报战

情报战在信息化战争中无处不在。孙子曰："知彼知己，百战不殆。"今天，战场上的各种传感器，能对电磁波、声波及化学气味等多种信源，进行全方位、全天候、全时空的探测。指挥员们不仅可以看到"山那边"，而且可以看到"山里边、树丛中、地底下、水中间"。这使得指挥员所面临的问题已不再是信息够不够用，而是如何更好地选择信息，判断信息的真伪，并尽可能地不让敌方获取己方的信息。在信息化的战场上，这种围绕着情报的获取与反获取而展开的争斗，将更加激烈。

3. 电子战

电子战已有百年历史，它是作战双方在无线电通信、雷达等电磁波领域展开的侦察、干扰、压制及火力摧毁等对抗行动。信息时代的电子战则赋予了新内容，其目的就是通过电磁波对抗，充分获取敌方信息，保障己方信息畅通；同时摧毁敌方信息兵器，杀伤敌方指挥人员，阻断敌方获取己方信息的一切渠道。

4. 虚拟现实战

虚拟现实战是利用"虚拟现实"技术创造的逼真作战环境与敌方进行的模拟演习式的作战行动。其目的是不动一兵一枪，便使敌人就范。以假乱真、扰乱视听的虚拟现实战，如1994年美军对海地的占领就是通过大军压境加上电视中播放的虚拟美军进入海地后的场景，而使海地军政府不战而降，美军达到"不战而屈人之兵"。下面两种情况也属于虚拟现实战：一是在战争进行过程中，用虚拟现实和计算机成像技术制出敌国最高统帅的影像，让他发表不利于战争继续进行的言论，如让其通过本国电视系统宣布，鉴于某种原因，与敌方休战，军队全部撤回；二是用虚拟现实技术创造"虚拟部队"或"虚拟机群"，让敌方从卫星或雷达上观察到这支作战力量来自东方，而实际上来自西方的一支真实部队正准备发起攻击，即用技术手段实施"声东击西"。

5.计算机空间战

遍布全球的计算机空间战，包括信息恐怖活动、"语义攻击""朋客盯梢"等。信息恐怖活动是恐怖分子利用计算机网络系统进行的活动。信息恐怖分子既可能是一般计算机爱好者，也可能是敌方的计算机专家。在通常情况下，这些恐怖分子攻击的不是群体，而是个人，特别是敌国的军政首脑。其做法是：查询进入被攻击对象的网络档案材料，以公布其档案相威胁进行讹诈，或篡改档案内容。实施"语义攻击"的目的是"使系统给出的答案与实际不符"，办法是向计算机系统的探测器输送假数据或假信号。"朋客盯梢"是指计算机"朋客"利用信息系统对有关人员，其中包括对重要军政人物的活动进行跟踪。

6."黑客"战

"黑客"泛指进入计算机网络，违章操作造成不良后果的计算机使用者。渗透进电脑网络的"黑客"战，如1991年海湾战争时，美军情报人员偷偷更换了伊拉克进口的电脑和打印机芯片，使开战后其电脑网络瞬间瘫痪。实施"黑客"战的作用是：全面瘫痪敌电子信息系统；迫使敌信息系统周期性关闭；大规模偷窃敌方信息数据；使随机数据出现差错；以输入假电文和提取数据进行讹诈。通常使用的手段是计算机病毒、逻辑炸弹、特洛伊木马和"截取程序"等。目前，危害最大的是计算机病毒多达1.2万种。实施计算机病毒攻击的主要方式有三：一是空间注入，即利用计算机病毒武器将带有病毒的电磁辐射信号，向敌方电子对抗系统进行辐射，使其接收辐射后将病毒植入；二是网络节点注入，即通过敌方电子系统或C^{4}I系统中某些薄弱的网络节点，将病毒直接注入；三是设备研制期注入，主要指在电子装备研制期间，通过一定的途径将病毒植入计算机硬件、操作系统、维修工具或诊断程序中，长期潜伏，待设备交付使用后，病毒由某些特定的条件激活而起作用。

7.心理战

洗脑式的心理战，如伊拉克战争中美军向伊拉克高官们发送的大量电子邮件，向伊拉克民众空投的大量只能接收美军用阿拉伯语广播的收音机等。其主要形式有新闻报道战、宣传鼓动战以及瞒天过海等。而阿富汗战争中，美军空投到阿富汗的大量印有"USA"字样的大米和面粉，也是一种心理攻势。

8.网络战

所谓网络战是指敌对双方针对战争可利用的信息和网络环境，围绕"制信息权"的争夺，通过计算机网络在保证己方信息和网络系统安全的同时，扰乱、破坏与威胁对方的信息和网络系统。从本质上讲，网络战是信息战的一种特殊形式，是在网络空间上进行的一种作战行动。与传统战争相比，网络战具有突然性、隐蔽性、不对称性和代价低、参与性强等特点。网络中心战，其英文名称为"Network Centric Warfare"，是相对于传统的平台中心战而提出的一种新作战概念。所谓平台中心战，是指各平台主要依靠自身探测器和武器进行作战，其主要特点是平台之间的信息共享非常有限。而网络中心战是通过各作战单元的网络化，把信息优势变为作战行动优势，使各分散配置的部队共同感知战场态势，从而自主地协调行动，发挥出最大整体作战效能的作战样式，它使作战重心由过去的平台转向网络。不言而喻，网络中心战能够帮助作战部队创造和利用信息优势并大幅度提高战斗力。它具有战场态势全维感知能力、作战力量一体化、作战行动实时性、部队协调同步性等特点。

第二节　信息化战争特点

美国列克星敦研究所军事专家洛伦·汤普森在 2003 年初伊拉克战争开战前曾预言，"这不会是一场传统意义上的战争"，"这场战争将以一种崭新的作战面貌出现在人们面前，它融合了 10 年来最新的科技成果，作战部队将具备更加灵活的特点"。研究海湾战争以来的局部战争，特别是伊拉克战争中信息作战理念、作战样式、作战行动等，将有助于我们对信息化战争特点的理解和认识，同样对于加速我军信息化建设具有十分重要的意义。

一、信息化战争新的制高点

古语云，"擒贼先擒王"，擒王可让敌方"群龙无首"，纵使你拥有千军万马，也只能是一个摆设。而从擒王开始，从心灵深处打击敌方的斗志，在开战之初就夺取"制信息权"，则是信息化战争中每一个指挥员所追求的目标，这是信息化战争的最明显的特征之一。

(一)"斩首为先"，凸显信息化战争的新理念

伊拉克战争中，美军设计了一个出人意料的开局：巴格达时间 2003 年 3 月 20 日 5 时 35 分，美军对伊拉克首都巴格达进行了第一轮空袭，在 1 个小时内进行了高强度的三次轰炸，总共向巴格达的 3 个地点发射了 40 余枚巡航导弹和数十枚精确制导炸弹，随后美国的空袭暂时中止。很多分析家对美军第一轮的攻击行动感到意外：首先，人们本来预期美军会在"月黑风高"时夜袭伊拉克，但美军对伊拉克首都巴格达的第一轮轰炸始于破晓时刻；其次，攻击行动的规模不大，并未像所预料的那样"美军会在 72 小时内向伊拉克发射或投掷 3000 枚导弹和智能炸弹"。

美军将第一轮空袭特别命名为"斩首行动"，即直接将打击伊拉克核心首脑人物作为第一轮空袭的目标。这和美军在海湾战争、阿富汗战争及科索沃战争中首先打击对方的指挥系统、通信系统及防空系统有明显区别。按照美军信息作战的"斩首"原则，"斩首"是一种以敌方指挥控制系统为首要攻击目标的打击行动。美军认为，要把战争对手作为一个大系统对待，该系统由五环组成，包括指挥领导环、有机必需品环、基础结构环、个体群环、野战部队环。相对来说，指挥领导环在五环中作战能力和自我保护能力最弱，但是在整个作战系统中智力、技术和信息最为密集。因此，指挥领导环是美军信息作战打击的首选目标。

美军相信通过实施"斩首行动"可以迅速瓦解伊拉克部队。在战争过程中锁定、打击敌方首脑人物，将是美军今天的战争中不变的追求和明确的战争目标之一，是美军信息作战的新特点，反映了美军在新军事变革成果基础上的新打法，凸显信息化战争的新理念。

(二)"攻心为上"，心理战地位和作用空前提高

中国自古就有"心战为上，兵战为下"的用兵之道。自 1991 年以来的四场以美军为主或美军单独进行的局部战争中，心理战作为首选作战样式展现得淋漓尽致。

1. 震慑心理战

在伊拉克战争开战前，美英联军从全球多方调集高达 26 万的精锐部队，形成大兵压境、以石击卵之势。在发动"斩首行动"之后仅仅 10 多个小时，美军就发起了代号为"震慑行动"

的大规模空袭。据不完全统计，美军共向巴格达、巴士拉及摩苏尔等几个大城市发射了上千枚的精确制导炸弹和"战斧"式巡航导弹，对伊拉克实施了连续、立体全方位震慑战。在陆上，美第三机械化步兵师凭借高速的机动性，长驱直入，直逼伊首府巴格达；在海上，美英6个大型航母编队，云集地中海和波斯湾，形成合围之势，各式战机几乎倾巢出动，刺耳的空袭警报声、巨大的爆炸声和救护车尖叫的警笛声给伊拉克民众造成了极大的震慑。

2. 媒体心理战

在信息社会，各种媒体作为信息流通的主要载体，在心理战中发挥着越来越重要的作用。美国在对伊战争中实施了广泛的媒体心理战，即充分利用现代媒体提供的便利条件，向全世界宣传己方的政治思想和价值观念，展开心理攻势，以争取最大限度的心理优势。伊拉克战争开战前，美军组织了大批记者上前线，据统计，美国防部共批准了671名记者"随军采访"，其中有近500名是美国记者，其他近200名是别国的记者。国际上大部分的前线消息均来自美国有线新闻网，并受到美国当局的严格控制。在战中，美军对巴格达首轮打击过后，美国有媒体立即对外发布消息说，"萨达姆已经被炸死"。开战次日，美国广播公司又报道说："包括副总统拉马丹在内的三名伊拉克重要官员在首轮轰炸中丧生"，以此达到动摇伊拉克民心、士气的目的。同时，美军还故意摧毁伊拉克媒体设施，确保心理战实施效果。

3. 直接宣传战

通过针对特定对象进行直接宣传，对敌方发动谣言攻势，进行挑拨离间，加以拉拢收买。记者见面会上，美方不断向外界散布萨达姆可能被炸伤的消息，同时谣传有共和国卫队高级官员将领已投降，造成了伊拉克国内人心浮动，使各方对萨达姆政权的稳固产生怀疑；同时，美军还把萨达姆描绘成"一个独裁者"，想以此增加其颠覆伊政府的合法性。针对伊方将领，美军的情报部队先获取了他们的手机号码，然后雇用会讲阿拉伯语的情报人员直接通过电话对他们进行诱降和策反。针对伊士兵，美军则公开作战意图和计划，宣传打击目标和武器威力，企图使伊拉克士兵投降。针对伊拉克民众的宣传，美军向伊投撒多种内容的双语传单达2900万份，鼓动伊军民远走他乡，逃避战火。

今天，"心理战"已成为美军以强大实力为后盾，以战场"火力战"为依托，震慑、动摇对方军民抵抗决心和意志的重要作战样式。它与战场内外联动，贯穿整个战争进程，一跃而上升到战略地位。

（三）争夺"制信息权"成为新的制高点

制信息权是指运用以信息技术为核心的战场认识系统、通联系统和指挥控制系统等，在能够有效地阻止敌方了解、掌握己方主要情况的同时，实时准确地掌握敌方情况，夺取战场信息的获取权、使用权和控制权。制信息权是信息化战场争夺的"第一制高点"，它主导和支配着制空权、制陆权、制海权、制天权等主动权的争夺。掌握"制信息权"，可驱散己方"战争迷雾"，加重敌方"战争迷雾"；可提高己方指挥效率，充分把握和利用战机；可提高己方武器射击命中率，大大强化作战效益。

在陆、海、空、天、电五维一体化战场的整体较量中，任何单一空间战场的主动权都不能完全左右整个战场局势，都必须依靠作战体系这个大系统进行整体协调和运作。因此，制信息权作为主导和沟通陆、海、空、天、电战场的上一层位的战场主动权，具有制空、制地、制海、制天、制电的系统功能。而深刻体现机械化战争特点的制空权、制陆权、制海权等战场主动权的单一争夺,将完全融入制信息权的整体争夺中。

在信息化战场上,信息争夺贯穿作战全过程,渗透于战争各领域,争夺信息优势成为战争的焦点,围绕"制信息权"的争斗更加激烈。美国军事理论家约翰·阿奎拉指出:"制信息权的最简单、最准确的定义是,在了解敌方的一切情况的同时,阻止敌方了解己方的情况。"他还说,"制信息权"将成为影响战争进程和战争结局的主要因素。在信息化战争中,大多数参战人员在大多数情况下所处理的将不再是物质和能量,而是信息,因为信息已取代物质和能量成了制胜的关键。部队战斗力的形成和发挥,以及有效的作战指挥,主要依赖于信息的采集、处理、传递、控制和使用。优势之旅一旦失去了"制信息权",也会成为"瞎子、聋子和靶子",陷入被动挨打的困境;劣势之军如果掌握了信息优势,也有可能夺取战场主动权。由于未来的战略、战役、战术级作战行动都是围绕信息展开的,因此争夺制信息权的斗争将异常尖锐、激烈,并贯穿于战争的全过程。

二、战争呈现"全民化"特征

在工业时代,战争的根本动因是政治斗争掩盖下的经济利益之争,主要是为了谋求领土、资源等经济利益,往往以占领或收复领土及获得资源而告终。在信息时代,经济利益之争仍然是导致战争爆发的重要原因。但除此以外,由于各国之间、国际国内各派政治力量之间交往与联系增多,这就必然导致各个国家、民族、集团之间,由于政治、外交、精神、文化等方面的摩擦和差异而引发的冲突增多,使宗教、民族矛盾上升,使恐怖活动、暴力行动、走私贩毒国际化。这些矛盾与冲突错综复杂,并且由于信息化和全球化而传播得更快,从而导致冲突和战争爆发更加频繁。

(一)战争内涵的扩大

信息时代的战争概念将出现新的变化,战争的内涵将有明显的扩大。其一,打赢战争的要求更高。在农业时代,只要打败敌国军队,就可打赢战争,使敌国就范。在工业时代,不仅要打败敌国的军队,还要摧毁其军事设施和工业基础,使其丧失支持战争的能力。而在信息时代要取得战争胜利,首先是要破坏或控制敌信息系统,然后才是消灭敌国军队和摧毁其支持战争的物质基础。其二,战争的发动者增多。战争的发动者除了国家和政治集团外,还包括恐怖组织、贩毒集团、工商企业、宗教团体、犯罪团伙等群体,因为它们同样可获取进行信息战的各种手段,如计算机病毒、大众传播媒介、大规模杀伤性武器等,典型的就是"9·11"恐怖行动。其三,作战样式更新。信息取代物质和能量在战争中占主导地位后,将导致许多新作战样式的出现,如"虚拟现实"战、隐形战、计算机战、媒体战、精确战、瘫痪战、心理战、电子战等。

战争内涵的扩大,还导致战争中歼灭有生力量已不再是主要目标。工业时代的战争中,武器装备基本上是单兵操作和使用,所以有生力量的多寡在相当程度上决定了力量对比的强弱。因此,只有不断歼灭敌人有生力量,才能实现敌我力量对比的强弱转化,改变战争形势,夺取战争胜利。而在信息化战争中,信息技术的广泛应用,使各种武器平台、各种作战保障系统、各种参战力量间的联系、战场力量构成的系统性大大增强,有生力量的多寡已不是力量对比的主要标志,战场力量构成已发展为有生力量与自动化、智能化武器装备系统的有机结合,系统与系统、体系与体系的对抗和较量,成为信息战的突出特征。显然,在这种情况下，只有通过对敌方作战体系构成的关键环节——信息系统实施破坏或毁灭性打击，破坏其战场结构，瘫痪其作战体系，从根本上削弱敌人的抵抗能力，才能有效地改变敌我力量的强弱对比，进而赢得战争的胜利。

(二)"全民化"的特征

随着战争动因的复杂和内涵的扩大，特别是网络技术的发展和普及，信息化战争开始呈现出"全民化"的特征。从表面上看，信息时代使战争由掠夺财物和土地转为抢占信息空间和争夺信息资源，战争的方式由流血变为很少流血，特定条件下甚至不流血，决定胜负的主要因素由物资及人力的拥有量转为信息的拥有量，取决于制信息权和信息战能力。战争似乎变得比以前"文明"了，容易了。实际上，信息战的到来，信息武器的出现，将给人类带来更大的危害，信息战的危害有时甚至比核武器还大。

例如，卫星是军事上和现实生活中获得信息、传递信息的主要工具，据悉，当今世界军事大国有70%的战略情报来自卫星，因此，卫星必将成为信息战争中攻防的目标之一。信息时代的战争中，太空战有可能发生。而一旦发生太空战，其危害相当严重。一颗卫星的失效造成的损害程度，可以从1998年5月"银河四号"卫星失控发生故障中窥见一斑，当时控制这颗卫星的计算机瘫痪了，结果美国80%的寻呼台不能工作，3700万用户受到影响。一些电台和电视台无法发射信号，而煤气站和零售店也不能使用信用卡进行交易，可见信息化战争对民众的危害将会超过以往。

信息时代的战争不再只是两国军队的交战，而是两个国家在交战。战场不只限于前线和军用目标，而且存在于两个国家整个国土上，存在于军用及民用的各个领域。在信息时代，先进的计算机系统把军队乃至整个社会联结在一起，军队和社会肌体的各个部分组合运转，都要依靠芯片；军用装备和民用设施联系紧密，相互兼容。在这样一个网络化世界里，每个芯片都是一种潜在的武器，每台计算机都有可能成为一个有效的作战单元。任何社会团体和个人，只要掌握计算机通信技术，拥有一台计算机和入网的电话线，就可以攻击装有芯片的系统与网络相联的装备，利用网络来发动一场特殊战争……信息作战人员可以是正规军人，也可以是十几岁的少年。信息战的非杀伤性武器装备，不再为军人所独有，而主要是在民间开发和生产的；作战不仅仅在传统武力战场，而且分布于整个社会，是真正意义上的"人民战争"。

黑客大盗多出少年。凯文·米特尼克，被称为"计算机恐怖分子"，是全球最著名的黑客之一，是首位被列入联邦调查局通缉犯名单的黑客。凯文·米特尼克15岁时成功闯入美国空军计算机系统；曾侵入美国国防部、中央情报局、五角大楼及北美空中防务体系等防守严密的网络系统，从而对美国一些国家机密了如指掌；闯入美国国家税务总局网络，窃取了许多美国名人纳税的绝密资料；从纽约花旗银行非法转移数字庞大的美元到指定账户；入侵及破坏富士通、摩托罗拉及诺基亚等国际知名公司的计算机系统。

三、战争目的、进程的变化

(一)对战争进程和战争目的严加限制

在信息战争中，一般不追求占领敌国、全歼敌军或使敌方"彻底"投降等"终极目标"。其原因是追求"终极目标"往往会导致进攻一方陷入敌方游击战泥潭而遭受难以承受的重大伤亡，从而引发民众强烈的反战情绪。20 世纪的苏联军队入侵阿富汗之后的九年以及美军入侵越南的十多年战争中的遭遇，使得任何一支军队都会望而止步。另外，信息时代的通信、电视、广播系统遍布全球，各国的侦察与监视卫星时时在战场上空飞过。战场上的情况，特别是伤亡情况将实时以视频报道而面对广大民众的密切监视，这使得战争指导者不得不对战争进程和战争目的严加限制。

大量使用高技术信息化兵器，使军队的信息获取与利用能力、快速反应能力、火力杀伤能力和机动能力得到极大的提高，指挥自动化系统使决策时间大大缩短，从而使战争进程快速可控。如海湾战争从伊拉克入侵科威特到布什出兵海湾，前后仅 5 天时间。在总统决策后 24 小时之内，第 82 空降师和空军 2 个中队即刻到达海湾战场。美军入侵巴拿马，从 1 名美国军人被杀到总统决定出兵总共 24 小时，总统决策后，在不到 24 小时内美国的空降部队已在巴拿马着陆。而伊拉克战争中，从美国总统布什接到萨达姆在某地开会的消息到美军导弹飞抵巴格达，前后不到 6 个小时。

(二)促进战争进程节奏加快

信息化战争使战争进程的节奏变得非常快，其原因主要是：第一，部队机动能力更强。以地面进攻为例，第二次世界大战期间美军巴顿将军率领的部队以进攻快速而闻名于世，其日推进速度只有 13 千米。20 世纪 70 年代后，苏联军队每日推进速度可达 70~80 千米。到 20 世纪 90 年代，"沙漠盾牌"行动计划实施后 48 小时内，美军第 82 空降师的先头部队即抵达沙特。在伊拉克战争中，由于美军进攻速度太快，后勤保障不能及时跟上而不得不暂停进攻、原地待命。第二，武器运行速度更快。第三，信息利用效率更高，作战反应时间更短。第四，武器的毁伤破坏度高。第五，可实现全时辰连续作战。

(三)非直接目标的毁伤破坏减小

信息技术还使得战争中非直接目标的毁伤破坏逐步减小。战争毁伤分为两类：一类是有效毁伤，另一类是附带毁伤。有效毁伤是与达成战争目标直接有关的必要破坏，附带毁伤是与达成战争目标无直接关系或根本无关的不必要破坏。在工业时代的战争中，这种附带毁伤非常大，这主要是由于当时军事技术的发展水平所决定的。在信息化战争中，可将附带毁伤破坏减少到最低限度。其原因为：一是战场透明度大，交战双方都拥有大量信息，因此不仅能避免因遭受突然袭击而出现的重大伤亡，还可减少不必要的、会造成重大破坏的间瞄火力战；二是出于双方只攻击那些为完成任务而必须攻击的目标，所以双方部队暴露于战斗空间的时间短，受到的伤亡少；三是信息战强调"精确战"，而"精确战"要求探测目标"精确"、攻击目标"精确"、摧毁目标"精确"、毁伤评估"精确"，因而决不会像工业时代的地毯式轰炸那样造成数十倍甚至数百倍于"必要破坏"的附带损伤；四是信息化战争目的有限，不是置敌于死地的全面战争，因此敌对双方一般不进行重兵集团之间的殊死决战。

四、作战空间和战场变化

(一)战场空间呈现逐步扩大的态势

信息化战争正呈现作战空间扩大化和兵力密度缩小化的趋势，全新的立体多维和高度透明的战场环境已经出现。实际上，立体战的作战样式很早就形成了，但随着武器装备的信息化，立体战的样式出现了飞跃，战争的立体性大为扩展，陆、海、空、天一体战，多维性立体战，纵横交错的战场结构，把战争样式推向了一个新的发展阶段。信息化战争中，战场分布从外层空间、高空、中空、低空、超低空、地面、海面直至地下、水下，从近距离、中距离直至远距离，形成了陆、海、空、天紧密结合的立体作战。特别是以军用卫星为代表的信息探测系统的大量使用，能够全天候遂行侦察、通信、预警、气象和战场监视等多种任务，成为立体战的一个新的重要组成部分。在可以预见的将来，随着天基定向能等武器系统投入实战，立体战将会向更广阔的空间发展。

战场兵力密度逐渐变小，是战争发展的必然趋势之一。以每平方千米部署兵力计算，第一次世界大战时多达 404 人，第二次世界大战期间为 36 人，1973 年的阿以战争中降到 25 人，到 1991 年海湾战争时只有 2.34 人，伊拉克战争中为 1～2 人。在未来的数字化战场上，兵力密度将更小。这也与武器装备性能的提高、因战场透明而力图避免遭受重大伤亡以及大量使用机器人密切相关。"战争迷雾"一直是困扰战场指挥官的一大难题，但对实施信息战的数字化部队来说，战场却是透明的。

美军前陆军参谋长沙利文说，"数字化战场的透明度将比海湾战争中提高一个数量级"。在信息化战争中，前线的传感器、太空的卫星将不停地把各种情报传输给计算机，并把这些情报信息图像画面实时地显示在指挥所的显示屏上。所有己方战斗人员均可同时获得这些图像，从面对敌我双方的位置、态势，以及集结、运动等情况都看得一清二楚。

目前，美军正在大力建设数字化战场，其目的就是使战场透明。实现战场数字化后，可把情报从战区、军、师司令部等单位以数字的形式传输给旅、营、连乃至单个战斗车辆，使各级指挥官实现信息共享；每辆战车可在运动中报告所在方位，己方所有战车的计算机显示屏上随时显示敌我双方位置的参数，促使战场透明的数字压缩技术可扩大对敌探测距离，提高信息处理能力，把战场情报以一种悄然无声、图文并茂的方式，实时准确地传输给用户。

近期局部战争的实践表明，太空日益成为重要的作战空间，对战争进程和结局具有决定性影响。有资料统计，美国在海湾战争中动用卫星 70 余颗，科索沃战争和阿富汗战争也多达 50 余颗，为空中、海上和地面突击系统提供全方位的信息支援和保障。太空已经成为新的战略制高点，一场争夺太空军事优势的竞争已经开始。

目前，美俄等军事大国大力发展军用航天航空技术和空间战武器系统，加强太空战场建设，推动太空军事力量向空天一体、攻防兼备的方向发展。据军事专家预测，未来的非接触战争将很可能以航天系统为核心，组建能够在空天领域有效遂行任务的战略性全球侦察——打击作战系统，以引导陆、海、空军各种作战平台实施远距离精确打击，运用天基武器系统对地面、海上、空中目标直接实施打击，还可以利用反卫星武器和空间作战飞行器来干扰、破坏、摧毁敌方天基系统，争夺制天权，限制敌方在太空的行动自由。

(二) 众多新战法登场

1. "点穴"式打击将成为主要的作战样式

由于精确打击兵器长上了"眼睛、耳朵和大脑"，不但能弹无虚发、百发百中地命中目标，甚至能击中目标的特定部位，并且具有"发现即可摧毁"的能力，为"点穴"式打击提供了有效的手段。战场上谁先能"看到"或"听到"对方，谁就能打掉对方，战场将成为"发现者"

与"隐蔽者"之间的斗争，一切没有良好隐蔽的目标都会被发现、被击中、被摧毁。因此，"先敌发现目标、先敌做出决策和行动"将成为首要的作战原则。

2."精确战"的作战样式

"精确战"是对敌目标实施精确打击、所造成的附带毁伤很小的一种作战样式。它的主要特点是：第一，在这种作战中使用的武器装备的信息技术含量高；第二，实施这种作战依赖于透明度很高的战场。使用信息技术含量高的武器系统，可在很远的距离、以很高的精度攻击和摧毁敌目标。战场透明后，己方部队可以更快地获取信息，加快"查明情况—下定决心—采取行动"这一周期性活动的进程，更迅速、更准确地抓住战机，从而使作战行动比以前更加精确，更具致命性。

3."特种作战"锋芒毕露

伊拉克战争，作为特种信息作战力量，美军投入的特种部队超过了1万人，是越南战争以来规模最大的一次行动，并且取得了辉煌的战果。其做法为：一是培植"倒萨"力量。早在伊拉克战争打响的半年前，大约100名美特种部队士兵和50名中央情报局特工秘密化装进入伊拉克，潜入伊位克北部库尔德人控制区，搜集有关库尔德人的情报，培植"倒萨"力量；二是弄清萨达姆和其他高级领导人的行踪；三是潜入伊位克的西部沙漠或东部农村地区搜寻导弹发射架和生化武器隐藏地点；四是进行特种侦察，引导战机打击临时目标；五是抢占机场和保护油田。由于担心伊拉克点燃油田阻止美军前进，3月22日，即开战第3天，美陆军特种部队"绿色贝雷帽"攻占了巴格达以西沙漠中的两个机场和伊拉克北部的两个机场，美海军特种部队"海豹"小队偷袭并抢占了两个重要的石油天然气枢纽站和一些油井。

五、战争呈现空天一体化特征

作战一体化程度空前提高，体现在陆、海、空、天战将高度一体化，军兵种间作战界限难以区分，战区作战行动联为一体，及战略级、战役级、战术级作战界限趋于模糊不清等方面。这些特征无论是在大规模战争中，还是在小规模冲突中都是如此。

在伊拉克战争中，美军在空间部署了50多颗军用卫星，并租用了多颗商业卫星，在空中部署了U-2侦察机，E-3、E-8预警机，"全球鹰"和"捕食者"等多种无人侦察机，从而形成了空天一体的信息技术优势，并在对伊拉克的空中打击中发挥了重要作用。

(一)实现了战场信息的实时传输

由于美军各型飞机都安装了"快速战术图像系统"，在每一位特种部队士兵的电脑上安装了"漫游者"软件，参战的美陆、海、空三军指挥系统也都实现了联网，从而使卫星、侦察机和无人机获得的信息能够通过LINK16和其他数据链技术进行实时传输。每一个战斗机和轰炸机的飞行员都能随时了解到战场信息的变化情况。

(二)实现了信息技术向作战能力的迅速转化

在这次伊拉克战争中，大部分参加对伊轰炸的战斗机和轰炸机都安装了目标数据实时接收和修正系统，可在赴目标区的飞行途中通过卫星直接接收情报中心发出的实时数据，并对导弹的制导数据进行适时的修正和更新，从而提高目标打击的灵活性和随机选择性，战斗效果明显提高。伊拉克战争中，在每天赴伊拉克执行轰炸任务的战斗机和轰炸机中，只有约

1/3 的飞机是按起飞前的轰炸计划赴目标区进行轰炸的，另外 2/3 的飞机都是在升空之后根据随机收到的目标指令去执行轰炸任务的。

(三) 集中优势兵力的原则发生质的变化

"集中优势兵力"这一古老的军事原则，其实质将由过去的"集中兵力兵器"变为"集中火力"。因为，信息化远程打击兵器，不需要集中配置，就能对打击目标实施集中突击。兵力配置的分散和火力的集中，将有利于战场上保存自己消灭敌人。近距离接触式思想将不再实用。在信息作战中，由于远程、高精度、大威力武器系统的使用，大大提高了远战的地位。如果一支军队没有远战能力，很可能在对方超视距的侦察和打击下，很快就会被消灭。美军早在 20 世纪 70 年代末期就提出了"圈外发射"的武器系统理论，即各种武器系统要能在对方武器系统射程之外发射，也就是在对方火力圈外发射。经过 20 多年的努力，美军的武器系统已达到其"圈外发射"理论的要求：美军认为"远战将取代近战成为胜负的主导因素，超视距火力战将成为未来作战的主要样式"；"在陆军减少兵力的情况下，只要有准确而猛烈的火力战支持就能战胜优势兵力之敌"。从海湾战争和科索沃战争中，可以很清楚地看出美军是如何贯彻"圈外发射"作战思想和发挥远战兵器作用的，发展远战兵器、实施灵活机动的火力战，已成为当今各国军队追求的目标和作战原则。

(四) 作战指挥的难度进一步加大

由于信息战中使用的武器装备种类繁多，战场情况瞬息万变，作战节奏加快，信息量急剧增加，所以对作战指挥的要求不是降低了，而是更高了，更难了。这主要体现在四个方面：一是指挥要实时或近实时，否则，就会贻误战机，陷入被动。实时指挥的着眼点是"夺取和控制作战空间"，在速度、时间和灵敏性方面制约敌军，从而使己方的行动总是比敌方快半拍到一拍。二是在运动中指挥。这是因为，未来战场流动性大，部队总处于运动之中，指挥官很难开设固定的指挥所。三是要采用纵横指挥法。在上下级之间逐级传递信息，实施纵向指探；在行军控制、防空预警等活动中，同级间直接传递信息，进行横向指挥；在火力支援等活动中，则采用纵横结合指挥法。四是协调复杂情形。协调是指挥职能之一，在信息战中，参战军兵种多、作战空间大，横向协调的任务十分繁重。

第三节 信息化战争的发展趋势

从世界范围来看，战争形态正处在一个从机械化战争向信息化战争转变的快速发展时期。因此，在当前条件下，要准确地预测信息化战争的发展还比较困难。然而，历史的发展有其自身的逻辑轨迹，信息化战争也不例外。未来信息化战争将在战争的暴力性、战争的层次以及战争的主体等方面发生重大的变化，从而使传统的战争观念受到冲击。

一、战争的暴力性减弱

未来的信息化战争中，由于各种经济活动和社会活动的高度计算机化、信息化和网络化，社会的经济生活和政治生活更多地依赖于各种信息系统，战争则有可能成为不流血或少流血的政治。像支撑社会经济和政治活动的金融系统、能源系统、交通系统、通信系统和新闻媒介系统等，都是以计算机为基础的信息网络系统。信息和信息系统既是武器，也是交战双方攻击的主要目标。而只需通过网络攻击、黑客入侵和利用新闻媒介实施大规模心理战等"软"打击的方式，破坏敌方的计算机信息网络，使敌方指挥系统瘫痪，使敌国经济瘫痪，制造敌方社会动乱，把战争意志强加给对方，以不流血的形式换取最大的政治和经济利益。在使用各种"硬"摧毁手段的作战中，进攻一方也不再以剥夺敌国的生存权利，或完全夺占敌方的领土等作为最终目标，而是注重影响对手的意志，尽可能地减少战争的伤亡，力争以最小的伤亡代价换取最大的胜利。战争暴力性将会减弱，传统战争的暴力行动将可能被非暴力的"软"打击行动所替代。需要说明的是，战争从本质上讲仍然是解决阶级、民族、国家和政治集团之间矛盾冲突的最高斗争形式，是政治通过暴力手段的继续，那种把信息化战争看作是"不流血"的观点是错误的。

二、战争的主体多元化

传统的战争主要发生在国家、政治集团之间，战争打击的目标主要是对方的军事力量和战争潜力，战争的主体是军队。而在信息时代，由于信息技术和信息系统高度发展，计算机网络连通了整个世界，使得整个世界的政治、经济、科技和文化的联系日益密切，国家的安全受到多方面、多种势力的威胁，表现出易遭攻击的脆弱性。实施信息攻击的主体既可能是军队，也可能是社会团体，还可能包括恐怖组织、贩毒集团和宗教极端分子等。

随着科学技术的发展，制造常规弹药易如反掌，制造核武器、化学武器和生物武器的技术也正在越来越多地被人们了解和掌握，这就使一些社会团体和组织，不仅可以掌握和使用常规武器，而且也有可能掌握和使用核生化武器，以及掌握和使用计算机病毒等信息武器。因此，这种情况使国家安全面临着严峻的挑战，并使得发动和从事战争的主体呈现出多元化的特征。当战争爆发时，受到攻击的一方，可能难以判明谁是真正的对手，也难以迅速做出有效的反应和攻击。战争不但会在国家与国家之间展开，而且也可能会在社会团体与社会团体之间、社会团体与国家之间、少数个人与社会团体之间展开。为了应对这种挑战，仅仅依靠军队力量是不够的，还必须依靠社会的各种力量，进行广泛的全民战争。

三、战争的层次更加模糊

在未来信息化战争中，战争的战略、战役和战术层次会逐渐模糊。一方面，战役或战术行动具有战略意义。由于大量信息化、智能化装备和系统的集中运用，武器装备的作战效能越来越高，精确打击和信息作战等作战行动对敌方军事、政治、经济和心理的攻击威力越来越大，因而小规模的作战行动和高效的信息进攻行动就能有效地达成一定的战略目的。这使得战争进程更为短暂，战争与战役甚至战斗在目的上的趋同性更为突出。另一方面，作战行动将主要在战略层次展开。信息化战争不再是从战术突破到战役突破再到战略突破，而是战争一开始，打击的对象就将主要集中于关乎敌方政治、经济和军事命脉的重要战略目标。尤其是在信息化战争中起主导作用的战略信息战，它对敌方经济和政治信息系统的攻击，以及对敌方民众和决策者心理的攻击，更具有全纵深和全方位的性质。大规模的信息进攻和超视距的非接触作战将成为未来信息化战争的主要行动样式。

四、战争指导上更加追求速决取胜

在信息时代，战争指导者为了得到世界民众的支持，不引发民众强烈的反战情绪，不得不对战争的规模和进程实施严格的控制，为了以最小的代价获得所需要的政治、经济和军事利益，就必须高度重视军事威慑的作用，力争采取速决的方法赢得战争的胜利。美军在伊拉克战争中所运用的"威慑"与"迅速制敌"作战理论，代表了未来信息化战争的一种发展总趋势。这种作战理论的核心思想是："战争发动者通过广泛使用政治、经济、战略、战役、战术层次的全方位力量，形成一种综合力量，向敌人发出要么毁灭要么投降、抵抗是毫无意义的信号。它所打击的要害目标是国家，特别是国家领导层以及该国军民的抵抗意志，以最经济的手段达成最大的政治利益，从而达到'不战而屈人之兵'的理想境界。"

在"迅速制胜"理论中，"迅速"意味着在敌人能做出反应前进行快速机动，"制胜"意味着在物质和精神上能够影响和主导敌人意志的能力。"物质制胜"包括摧毁、解除武装组织和抵消能力，使对手无能为力；"精神制胜"意味着摧毁、战胜以及抵消敌人抵抗意志的能力，或者是不用武力就迫使敌人接受美国的条件和目标。达成这种"制胜"的主要机制是通过对敌人施加足够的"震慑"条件，迫使其接受美国的战略目的和军事目标。"迅速制敌"将会夺取环境控制，而且瘫痪敌人对事件的看法和理解力，或者使敌人的看法和理解力成为负担，从而迫使敌人无法在战术和战略层次上形成抵抗。

第四节　信息化战争与国防建设

信息化战争的到来，加大了国家对战略选择的难度，特别是对我国国防力量建设提出了严峻挑战。对此，我们必须立足当前，放眼未来，在迎接挑战的同时抓住机遇，从发展的角度搞好国防和军队的信息化建设，以求在未来信息化战争中立于不败之地。

一、树立国防建设新理念

认识只有跟上时代变化才能占据主动，理念只有适应形势发展才能把握先机，战争形态的发展变化，给我们带来的挑战首先是观念上的影响和冲击。应对信息化战争带来的挑战，我们必须适应这种不可抗拒的变化，树立与打赢信息化战争相适应的观念，为国防现代化提供有效的建设理念和指导方法。与机械化战争相比，信息化战争是体系与体系的对抗，交战双方力求通过破坏对方的作战体系，使对方的系统瘫痪，达到"巧战而屈人之兵"的目的，传统的以大量歼灭敌人有生力量为主的消耗战将不复存在。交战将可能涉及军事、政治和经济等多条战线，以有形(暴力)和无形(非暴力)的方式进行；传统界线明确的前线与后方的观念将彻底改变，重要的政治、经济、交通目标都可能成为打击的对象。国防建设是打赢信息化战争的重要基础，应对信息化战争形态带来的挑战，只有确立与打赢信息化战争相适应的思维方式，强化信息制胜意识，用与信息化战争要求相适应的国防建设新理念谋划国防建设和发展，才能在迎接挑战中实现国防建设的科学发展。因此，要根据信息化战争对国防建设提出的新要求，在科学考虑国防建设和经济建设时，从宏观规划人力、物力和财力的动员，从经济基础建设到国防工程、交通、信息、防汛和医疗卫生等建设都必须和打赢信息化战争通盘考虑、规划和建设，唯其如此，才能使国防建设与未来信息化战争要求相适应。

二、坚持"积极防御"的军事战略方针

"积极防御"战略具有强大的生命力，在信息化战争中，这一方针的核心是"积极主动、攻防兼备"。其基本要点是：在没有战事的情况下，利用和平时期，加强战争准备，宁可千日不战，不可一日不备，防患于未然；当敌方蓄意挑起事端时，迅速做出反应，以积极的攻势行动，消灭入侵之敌；战前充分准备，不打则已，打则必胜。因此，"积极防御"的方针战略在应对信息化战争中，仍然具有非凡的生命力，并赋予了新的内容，我们必须始终坚持。

贯彻积极防御的战略方针，必须正确估计所面临的主要威胁，充分考虑到国家的安全利益和军事行动的有效性，把握好以下几个关系：

（一）"威慑"与"用兵"的关系

威慑，是指以军事力量辅以多种手段避免和制约战争的发生；用兵，则是以武力达成战争目的。两者相互联系、相互作用，又相互区别。威慑也包含用兵的内容。因为只有具备强大的军事力量，才能更有效地遏制战争。但赢得战争并非必须用武力手段，可以利用强大的威慑力量达到"不战而屈人之兵"的目的，从而遏制战争的爆发，同样可以达到维护国家安全的目的。我国正在致力于经济建设，需要一个长期稳定的和平环境，从这种意义上讲，制约战争显得更为现实和重要。

（二）"后发制人"与"先机制敌"的关系

"后发制人"即绝不首先对任何国家使用武力，这是我国的社会主义性质决定的。"先机制敌"则强调军事上应预先创造和把握有利战机以求得主动，这是由信息作战的特点决定的。由于信息化战争具有发起突然、进程短暂的特点，如拘泥于一般的防御原则，就将给敌人以可乘之机，而自己就将陷入被动地位。因此，"后发制人"不能理解为"被动还手"。同时，我们还应研究与信息时代相对应的人民战争，用广泛的人民战争取得未来信息化战争的胜利。新的制胜因素的出现，必然给国防建设提出一系列的挑战。这种挑战表现为制胜优势的转型，制信息权成为超越制空权、制海权的新的制高点。

（三）人的综合素质的较量

信息技术优势导致战场全维领域的透明，夜战、电子战、侦察与反侦察成为贯穿战争始终的要领。"非线性""非对称""前后方界限消失""战略战术概念模糊"等新理念扑面而来，武器装备的"代差"甚至"隔代差"出现，"超视距作战""远程精确打击""网络中心战"等全新战法出现。信息化推动军事组织结构不断创新，指挥机构趋向简捷，陆海空三军的区分趋向模糊。人的智能得到极大扩展，信息化为人类提供了前所未有的可充分利用的智能空间。纵观百年世纪战争，我们可以看到，无论是机械制胜还是信息制胜，说到底都是物化了的人的综合素质的较量。没有高素质的军人，既打不赢机械化战争，更打不赢信息化战争。

面对信息化所带来的这场变革，我们应当看到这既是挑战，更是历史的机遇。我们必须提高认识，更新观念，创新思维，竭尽全力，加速以武器装备和人才队伍为核心的军队信息化建设，以打赢未来的信息化战争，实现伟大祖国的和平统一，实现中华民族的伟大复兴。

三、树立新型信息制胜观念

(一)确立"综合制胜"的观念

在战争史上曾出现过"空军制胜论""海军制胜论"等单一军种或兵种取胜的论调,而我军则受"陆军主宰战场"的影响较深。然而,由于武器装备的进步和军兵种成分的巨大变化,陆军在信息作战中的地位作用将会出现根本改变,陆军在战场上的主导地位将发生动摇。信息作战中,战场空间呈现明显的多维化和一体化特征。随着空中、海上、太空、电磁等空间领域的地位作用不断增强,作战行动对比不存在以陆战场为主的局面了,必须彻底改变陆战第一、陆军老大的传统思想。从海湾战争到伊拉克战争已清楚地显示了作战能力的较量不只局限在地面,其他几维战场空间的地位作用与陆战场平分秋色,有些战争甚至只是进行了几十天的空战。

信息化战争中单纯依靠某一军种或某一兵种的单一力量是不能取胜的,必须依靠整体的力量与敌方抗衡。可以这么说,信息化战争形态与机械化战争形态的一个根本区别,就在于战争力量的组织形式是多种力量的联合方式。未来信息化战争不论其规模大小,都将表现为以信息系统为支撑、由多维战争空间力量和多个战斗力量单元共同参加的联合行动,有的往往是由多国力量共同参加的联合行动。

作为信息化战争雏形的海湾战争,多国部队投入了包括陆军、海军舰队、海军陆战队、空军力量,以及大量军用卫星、全球定位系统、电子战设备在内的多维战场空间的力量。

局部战争的实践表明,随着信息技术的发展,在信息化战争中,多维空间的联合力量将通过各力量成分、协同单元的有机组合,将各自的作战效能凝合为一个整体,发挥综合效益和整体威力。

(二)树立"信息制胜"的思想

立体的情报侦察系统、完善的自动化指挥系统、综合的电子战系统和远程精确打击系统,改变了战争的面貌,同时标志着"制信息权"与军队行动的"自由权"和战场的"主动权"关系重大。海湾战争以来的战争实践表明,完全"打钢铁"的时代将让位于"打硅片",火力优势将依赖于信息优势,这是一个革命性的转变。我们的军事思想必须适应这一新的要求,使国防建设和军队建设走向信息化。

(三)跳出陈旧的思维定式

面对信息化战争这一新的战争形态,必须跳出昨天的思维定式,在观念上绝不能墨守成规,要研究新事物,适应新情况,探索新战法。以往的战争虽然仍有值得借鉴的经验,但不能使其成为束缚思想的枷锁。因为历史不会重演,战争永远不会重复,胜利的砝码往往偏向于有创新思维者,军事思想的保守只能导致失败。军事思想的创新比发展武器装备更重要。

军事变革往往伴随着作战方式的革命,而作战方式的革命要以军事思想的革命为先导。信息化战争中,我们仍然要贯彻积极防御的战略方针,仍然面对着以劣势装备战胜优势装备之敌的现实,但在具体战法上绝对不会与过去相同,需要我们以创新的思想观念,在实践中研制出一套新的制敌的思路来。比如,要更多地运用精确战、电子战、网络战的作战形式,强调打"关节点"，强调瘫痪敌方的指挥控制系统，而不是铺天盖地的大面积的毁伤。又如在信息作战中，特别强调系统方法，强调全局观念，注重一体化作战，发挥整体威力，而不提倡脱离系统的、不利于全局的单独行动等。

（四）精确打击已成为一种常见的交战模式

随着信息化智能武器系统的远距离作战能力的提高，多维力量的超视距联合精确打击已成为一种常见的、主要的交战模式，近距离接触式作战的地位大大降低。一些军事家们分析，信息作战开始使传统的地面集群胶着、空中机群的航炮格斗、海上舰炮直接对抗、空对地的临空轰炸扫射等交战模式成为历史，远战武器的超视距对抗，已经取代千军万马的短兵相接、拼搏刺杀等传统交战模式占据的主导地位，近战歼敌演变成作战行动的尾声。1991 年的海湾战争，整个 42 天的战争，远程精确打击占到了 38 天，地面近距离交战只占了 4 天。而历时 78 天的科索沃战争，全部采用的是远程精确打击。阿富汗战争也是进行了 60 天的空袭之后，才转入地面部队打扫战场。

多维力量的超视距联合精确打击的地位作用还表现在，有时通过这种交战模式就能直接达成战争目的。美国空袭利比亚、北约空袭南联盟，都是这方面的典型战例。

（五）数字化部队非线式一体化作战

在信息作战中，地面交战的主要模式是数字化部队非线式一体化作战。"非线式"概念是相对于以往作战中在接触线附近实施"拉锯式"的阵地战而提出的。其基本特征主要表现在两个方面：一是在空间态势上，双方部队在战场上不再保留一条相对稳定的展开对峙线和战斗接触线，战场态势没有前方后方可言。各部队的作战任务不会再划分明确的战斗分界线，只有部队的行动目标和任务地域概念区分，担任各自任务的部队将随机地在宽阔的战场上快速机动地遂行任务；二是在时间进程上，不再像以前那样，预先确定好战役、战斗目标和任务地域，按照固定的模式和程序按部就班地进行，而是在整个战场空间范围内，根据态势的变化和任务需要，随时调配力量，多方向、快速地集中各种作战的效能于目标点。

战争是一种浑浊现象，信息作战的非线式加深了这一浑浊现象。我们要善于在浑浊现象中观察或研究出本来存在着的信息作战方法。这要求我们必须讲究创造性思维，善于从旧的模式中解脱出来。

四、加强国防信息基础建设

国防信息化是建设信息化军队、打赢信息化战争的基础和保障。面对信息化战争带来的挑战，加强我国国防信息基础建设，重要的是进一步完善我国的国防信息基础设施。如果没有快速、准确和高效的国防信息基础设施，就不可能真正实现国防和军队的信息化。加强国防信息基础设施建设，要促使传统的军事通信网尽快向一体化指挥平台过渡，实现综合、智能和无缝的国防信息网，能使指挥员在任何时间、任何地点获取指挥信息，为满足信息化战争需求提供技术支持和能力保障。

当前，我国的信息基础设施建设已经取得了长足发展，在交通、金融和通信等主要领域的信息化水平已经接近世界发达国家，但在整体建设上仍存在较大差距。特别是在核心技术的掌握上还有受制于人的地方，在信息边疆安全问题上还存在许多薄弱环节，信息基础设施在平时为经济建设服务，在战时为战争服务的能力还不强。因此，必须下大力气加强我国的国防信息基础建设，努力为打赢信息化战争提供重要支撑。目前，国家信息基础建设的重点应主要放在以下几个方面：一是加大微电子技术、计算机技术和通信技术为主体的信息技术研发，力争研发出具有独立知识产权的产品，提升信息化的整体水平，避免战时受制于人；二是要大力提升国家大型网络建设水平，固强信息边疆，提高抵御风险的能力和实力；三是要大力提高软件开发设计能力，国家的信息安全在很大程度上来自先进软件技术的保障。因此，要加大研制和开发软件技术的投入，努力使我国软件技术跻身于世界先进行列。

五、培养国防信息化人才

培养能够适应信息作战要求和从事信息作战的人才，是信息化军队建设的重要内容。从某种意义上说，信息作战是具有高科技知识的人才较量，我军必须把培养人才作为作战准备的基础工程，作为刻不容缓的战略性任务。

（一）信息作战迫切需要高素质的人才

信息作战中，信息的获取、传递、处理、控制和利用，都要通过人去做，计算机也要人去操作和控制。毛泽东主席曾说："武器是战争的重要因素，但不是决定的因素，决定的因素是人不是物。"无论信息化武器如何发展，其威力如何巨大，人是战争的决定因素这一真理是不会改变的。因为在人和武器相结合的统一体中，人始终处于主导地位，武器处于从属地位。信息化武器的发展，只不过是人的能力的延伸，丝毫也没有降低人的因素的作用。相反，武器装备越是信息化，对人的素质要求也越高，人的因素就越重要。

美国国防部关于海湾战争致国会的最后报告中指出："高质量的人才是美军第一需要。没有能干的、富有主动精神的青年男女，单靠技术本身是起不到决定性作用的，优秀的领导和高质量的训练是战备的基本素质。只有训练有素，部队才能对自己、对领导人和武器装备充满信心。"

在信息作战中，对人才素质提出了新要求，并不是什么人都可以成为夺取信息作战胜利的决定因素。对信息作战理论和信息技术知之甚少的人，是无法取得信息作战胜利的。

适应信息作战需要，不仅要普遍提高全体军人的素质，而且要下大功夫培养关键人才。信息作战需要的关键人才，主要包括中、高级指挥人才，信息网络管理人才和高层次科技人才。中、高级尤其是高级指挥员，必须是具备扎实信息知识和驾驭信息作战能力，具有高技术谋略意识，善于利用信息技术组织指挥作战的复合型人才；信息网络系统组织指挥人才，是信息网络系统的具体组织者、指挥者，他们应当是既通晓信息技术、熟悉信息技术装备和信息网络，又精通信息作战特点和战法，有较强组织指挥能力的指、技合一型人才；高层次信息科技人才，是信息作战中各类信息技术手段的设计者、管理者，他们必须通晓信息作战特点、战法与技术保障的要求，善于利用信息技术手段支撑信息侦察、信息进攻和信息防御作战，能使己方信息技术手段效能得到最大限度的发挥。

（二）信息化战争对人才素质提出了更高的要求

信息作战及数字化部队建设需要的人才，既包括一般军事人才的共性要求，也包括与信息作战相适应的特殊要求。这些特殊要求主要包括：在人才类型结构上，应着力建设好指挥控制、信息系统管理、信息技术运用、信息装备维护保障等各类人才队伍；在人才培养方式上，应注重人才的科技性、通用性、综合性、超前性特征；在人才素质要求上，应熟悉信息作战理论，掌握高科技知识，熟练运用信息网络系统和信息化武器系统；在人才文化层次上，应注重高学历和复合型人才培养。这些要求具体体现在政治思想素质、科学文化素质、军事专业素质、开拓创新素质、身体心理素质等方面。

一是要有优秀的政治思想素质。

战争永远与政治是结伴同行的。提高军人特别是中高级指挥员的政治素质，是夺取信息作战的重要保证。首先，要牢固树立马克思主义的战争观、人生观，坚持国家利益高于一切的原则，在任何情况下都能坚定不移地为捍卫祖国的安全而斗争；其次，要坚决听从党的指挥，自觉贯彻党中央、中央军委的军事战略方针和各项指导原则，坚决执行命令，一切行动听指挥；第三，要充满必胜信念，具有敢于压倒一切敌人和克服一切困难的大无畏精神，不怕疲劳，不怕牺牲，勇敢战斗，顽强拼搏。

二是要有强健的身体和良好的心理素质。

军事领域不仅充满危险，更充满艰辛。现代军人在战场上必须具备高强度的负荷力、耐久力、适应力和抗病力，具有良好的心理素质。比如，具备必胜的信念，牢固树立以劣胜优的决心和信心，以敢打必胜的信念，能动地运用现有装备去争取胜利；具有坚强的意志，能经得起各种艰难困苦、残酷激烈、病痛折磨、生死关头的考验；具有稳定的情绪，无论遇到何种危机和意外情况，要镇定自若，处变不惊，理智思考，紧张而有秩序地处理各种情况；具有无所畏惧的精神，要有敢于压倒一切敌人的气概和攻如猛虎、守如泰山的勇敢精神。

三是要有较高的科学文化素质。

提高官兵的科学文化素质，历来是军队建设特别是人才建设的重要内容。信息作战，是知识的较量，是技术的较量，对人才的科学文化素质提出了极高的要求。比如，指挥军官的学历层次要达到大学本科水平，在指挥、管理、技术军官中形成占适当比例的硕士、博士群体；具有扎实的科学技术知识，对高科技领域特别是信息技术的基本原理及其军事应用比较熟悉；具有扎实的计算机和网络知识功底，能熟练地操作计算机；能熟练地操作使用现代通信工具、实施正确的指挥；具有较强的文字和语言表达能力；较熟练地掌握一门以上外语。

四是要有过硬的军事专业素质。

军事专业素质，是军事人才必须具备的基本素质。信息作战对军人的军事专业素质的基本要求主要包括：具有丰富的军事理论知识，懂得马克思军事理论、毛泽东军事思想和邓小平新时期军事理论，熟悉信息作战的思想、原则；具有扎实的军事高科技知识和军事专业知识，熟悉侦察与监视技术、隐形与反隐形技术、夜视技术、通信技术、电子对抗技术和指挥自动化技术，熟练掌握和使用信息化武器装备；具备较强的组织指挥能力和管理能力，熟悉信息作战的特点和规律，善于运用信息化武器系统和信息网络系统组织攻防作战，有较强的决策能力、协调能力和应变能力。

五是要有开创性的创新素质。

创新素质是现代军人必备的素质。在信息作战中，谁拥有更多具有开拓精神和创造能力的人才，谁就能在竞争中稳操胜券。比如，指挥员要具备创造性思维能力，能够跳出旧的思维模式，探索新思路；善于依据敌我双方的客观实际创造出新的战法，灵活制敌；善于使用最新的技术和科学理论，提高创造性谋略运筹能力；对信息作战依赖性很强的战场信息系统，只有熟练运用、创造性开发，增强信息系统的攻防作战能力。

(三)培养信息作战所需人才的基本途径

培养人才的方法途径，主要是学习和训练。军队要适应信息作战的要求，关键是如何采取适应信息作战的训练方式。我军新一代人才的培养，应在继承传统训练经验、借鉴外军经验的基础上，走出一条新的路子。

一是重视高层次学历教育，逐步提高军官的文化水平。

学历在某种程度上可以反映出其受教育的程度，文化程度又是提高官兵政治思想素质和军事专业素质及其他能力的基础。信息化战争需要具有高层次学历的军人去驾驭。正因为如此，各发达国家的军队都十分重视提高官兵的学历层次。我军培养信息作战人才也必须从提高学历层次入手，把具备相应的学历作为选拔使用干部的基础条件。首先，要把好兵员质量关，达不到高中毕业的青年不能入伍，逐步实现大学毕业生到部队服兵役的制度，提高士兵的文化层次；其次，把好选拔干部关，达不到大学本科学历的不能晋升为军官；第三，把好军官晋升关，逐步扩大从研究生中选拔领导干部的比例，团以上军官普遍能达到硕士研究生学历，师以上高级指挥军官要逐步达到博士水平。

二是抓好关键性人才的培养，造就一批高层次的指挥军官。

人才培养也要突出重点，重视中高级指挥员、信息网络系统组织指挥人才和高层次科技人才的培养。中高级信息作战指挥人才的培养，可选拔具备大学本科学历以上的团以上领导干部，在中级以上指挥院校举办培训班，进行学制一年以上的系统训练。通过训练学习，使他们熟悉信息技术及其相关知识，通晓信息作战的特点规律，熟练掌握计算机等指挥手段，确立信息作战意识，成为能用新的作战思想、新的作战手段、新的战法指导信息作战的新型指挥人才。通过学习训练的优秀人才，应大胆提拔、配备到师以上领导岗位，逐步改变我军中高级指挥员的结构，使之适应新型作战指挥的需要。信息网络系统管理人才的培养，可从师以上指挥、通信、电子对抗和指挥自动化岗位挑选具有本科学历以上的营、团职指挥或技术军官，在有关指挥院校进行学制一年以上的系统培训。其目的是使他们由熟悉某一项信息技术业务到掌握综合信息技术业务，掌握师以上信息系统装备战术技术性能及组织运用原则，熟悉信息作战的特点、规律和战法，成为能组织运用各类信息系统装备、组织信息作战的复合型人才。高层次信息科技人才的培养，应当从军内外选拔年轻优秀、具备硕士以上学历、具有扎实信息技术功底并有一定实践经验的科技人员，在相关技术院校进行一年以上的系统培训。训练的目的是使他们在信息技术特别是网络技术方面成为专家，在军事指挥方面成为内行，能准确把握信息作战对技术的要求，创造性地进行信息技术开发利用，使我军信息技术手段得到最佳程度的发挥。

三是适应改革开放的新环境，拓展人才培养的途径。

我国改革开放的大气候，为军队培养高层次信息作战人才拓展了新的途径。我们应打破传统的、封闭型的人才培养模式，在人才培养上采取开放创新的思维。信息技术所具有的军用与民用的双重性质，为军民结合培养信息作战人才提供了客观可能性。在这方面，已经开展多年的"国防生""强军计划"等都是十分有效的，应当继续开展下去。

此外，借鉴外军经验对于提高我军的信息作战能力也是必不可少的重要途径之一。通过多种途径、多种方式，加强与外军的交流与合作。采取走出去、请进来的方式，派遣军官出国留学、进修、讲学、参观，或聘请外国专家来讲学等，都是很好的途径。

思考题

1. 什么是军事高技术？它是如何分类的？
2. 军事高技术对现代作战有哪些影响？
3. 信息技术在现代战争的应用有哪些？
4. 什么是现代战争的"空天一体化"？
5. 什么是军事航天技术？其在军事上有哪些应用？
6. 什么是精准制导技术？其在军事上有哪些应用？
7. 为什么要坚持"积极防御"军事战略方针？
8. 什么是"新军事变革"？
9. 谈谈你对推进中国特色军事变革的认识。

第六章

解放军条令条例教育与训练

学 习 目 标

1. 了解中国人民解放军三大条令的主要内容；
2. 掌握队列动作的基本要领，养成良好的军人作风；
3. 增强组织纪律观念，培养集体主义的精神。

第一节　《内务条令》简介

中国人民解放军条令是中央军委以简明条文的形式发布给全军的命令，是军队战斗、训练、工作、生活的法规和准则。

中国人民解放军有很多条令、条例，有中央军委颁发的，也有各军兵种根据自己的特点颁发的，中央军委颁发的《内务条令》《纪律条令》《队列条令》是全军必须执行的条令，是全体军人必须共同遵守的法规，被称为"共同条令"或"三大条令"。本章主要介绍三大条令的有关内容，并重点展开《队列条令》的教育和训练。

一、《内务条令》的概念和作用

《内务条令》是以法规的形式规定军人职责、军队内部关系、日常制度、管理和勤务规则的条令，是全军行政管理工作和军事生活的基本准则。它为军队建设正规的生活、工作、训练和战备秩序提供了重要依据，为军人的行为规定了准则，是我军正规化建设的一项重要法规，在我军建设中具有极为重要的地位和作用。

现行《内务条令》于2018年5月1日颁布施行。它生动地体现了我军新时期建军方针、原则，进一步强调了坚持党对军队的绝对领导，坚持依法治军、从严治军的方针，继承和发扬我军优良传统，反映了我军内务制度建设的新情况、新问题，是我军多年来部队管理实践的理论概括和内务建设经验的科学总结，是我军在新的历史条件下，行政管理工作和军事生活的准则。认真贯彻《内务条令》，必将有力地推动我军正规化建设，促进我军革命化、现代化建设。

二、《内务条令》的主要内容

2018年4月，中央军委主席习近平签署命令，发布新修订的《中国人民解放军内务条令》，自2018年5月1日起施行。

新修订的《内务条令》，由原来的21章420条，调整为15章325条，明确了内务建设的指导思想和原则，坚持政治建军、改革强军、科技兴军、依法治军，聚焦备战打仗，着眼新体制新要求，调整规范军队单位称谓和军人职责，充实日常战备、实战化军事训练管理内容要求；着眼从严管理科学管理，修改移动电话和互联网使用管理、公车使用、军容风纪、军旗使用管理、人员管理等方面规定，新增军人网络购物、新媒体使用等行为规范；着眼保障官兵权益，调整休假安排、人员外出比例和留营住宿等规定，新增训练伤防护、军人疗养、心理咨询等方面要求。其主要内容可归纳为以下几个方面：

（一）条令总则

总则是条令基本精神和原则的高度概括，是条令的总纲，其内容有很重的分量和深刻的含义。《内务条令》总则除规定制定条令的目的和依据外，主要规定了以下几个方面的内容：

1. 规定了我军的性质和要求

中国人民解放军的内务建设，必须坚持人民军队的性质。实践全心全意为人民服务的宗旨，实行官兵一致、军民一致、军政一致的原则，实行政治民主、经济民主、军事民主，保证军队忠于党，忠于人民，忠于国家，忠于社会主义。

2. 重塑了内务建设的指导思想和原则

《内务条令》总则将"党在新时代的强军目标""建设世界一流军队""全面从严治军""推进治军方式根本性转变""'四铁'过硬部队""'四有'新时代革命军人"等重要思想和论述写入条令，充分体现了习主席政治建军、改革强军、科技兴军、依法治军和备战打仗等重大战略思想。

3. 规定了内务建设的基本原则

中国人民解放军的内务建设，必须坚持继承和发扬优良传统。在管理教育工作中应当做到：服从命令，听从指挥；官兵一致，尊干爱兵；发扬民主，依靠群众；严格要求，赏罚严明；说服教育，启发自觉；公道正派，不分亲疏；艰苦朴素，廉洁奉公；干部带头，以身作则；团结紧张，严肃活泼；拥政爱民，军民团结。在继承和发扬优良传统的基础上，应当根据新时期国家和军队建设的发展以及军事斗争的需要，探索新特点，充实新内容，创造新方法。

4. 规定了内务建设的基本任务

中国人民解放军的内务建设，必须坚持依法治军、从严治军。严格遵守国家法律、法规，按照军队的条令、条例统一内务建设的各项工作和规范军人的行为，实施正规的严格管理，增强军队的组织性、计划性、准确性、纪律性，保持军队的高度稳定和集中统一。

（二）军人宣誓

军人誓词是："我是中国人民解放军军人，我宣誓：服从中国共产党的领导，全心全意为人民服务，服从命令，忠于职守，严守纪律，保守秘密，英勇顽强，不怕牺牲，苦练杀敌本领，时刻准备战斗，绝不叛离军队，誓死保卫祖国。"

（三）军人职责

本部分主要包括：士兵职责、军官职责、主管人员职责。

（四）内部关系

本部分主要包括：军人相互关系、官兵关系、机关相互关系、部（分）队相互关系。

（五）礼节

本部分主要包括：军队内部的礼节、军人和部（分）队对军外人员的礼节、其他时机和场合的礼节。

（六）军人着装

本部分主要包括：着装的基本要求、作训服、常服、礼服。

（七）军容风纪

本部分主要包括：仪容、举止、军容风纪检查。

（八）与军外人员的交往

（九）作息

本部分主要包括：时间分配、基层单位一日生活、机关一日生活。

（十）日常制度

本部分主要包括：值班、警卫、行政会议、请示报告、内务设置、登记统计、请假销假、查铺查哨、留营住宿、点验、交接、接待、证件和印章管理、保密。

（十一）日常战备

本部分主要包括：日常战备的基本要求、紧急集合、节日战备。

（十二）军事训练和野营管理

本部分主要包括：军事训练管理、野营管理。

（十三）日常管理

本部分主要包括：零散人员管理、军人健康保护、财务和伙食管理、车辆使用管理、装备管理、移动电话和国际互联网的使用管理、营区管理、安全管理。

（十四）国旗、军旗、军徽的使用管理和国歌、军歌的奏唱

本部分主要包括：国旗的使用管理和国歌的奏唱、军旗的使用管理、军徽的使用管理、军歌的奏唱。

第二节 《纪律条令》简介

一、《纪律条令》的概念和作用

我军纪律，是建立在政治自觉基础上的严格的纪律，是保障军队战斗力的重要因素，是坚持人民军队的性质、宗旨，团结自己，战胜敌人和完成任务的保证。军队的一切行动，都离不开纪律，严明的纪律可以统一全军意志，规范全军行动。

《纪律条令》是以法规形式规定军队纪律的条令，是军人的行为准则和军队维护纪律、实施奖惩的基本依据。它是维护部队高度稳定和集中统一、巩固和提高战斗力的强有力的武器，是保障我军其他条令、条例、规章制度贯彻落实的一个保障性法规，对于依法治军和军队正规化建设具有十分重要的作用。

军队纪律，是由军队最高领导机关制定的要求全军所有成员共同遵守的行为规则。纪律规范了个人与组织、个人利益与整体利益的关系。纪律制约着人们的行为，不论愿意与否，人人都必须遵守，谁违反了就要受到追究。军队是特殊的组织，担负着特殊的任务，这就决定了军队纪律的极其严格性。我军的纪律，是保障军队战斗力的重要因素，是团结自己、战胜敌人和完成一切任务的保证。

现行《纪律条令》于 2018 年 5 月 1 日颁布施行。它继承了我军维护和巩固纪律的优良传统，反映了我军纪律建设的新发展，贯彻了从严治军、依法治军的方针，体现了党的路线、方针、政策和宪法精神，它的贯彻执行使我军纪律建设提高到一个新水平。

二、《纪律条令》的主要内容

现行《纪律条令》共 10 章、262 条、8 个附录，其基本内容为四大部分：总则、奖励、处分和维护纪律的有关措施。经 2018 年 3 月 22 日中央军委常务会议通过，自 2018 年 5 月 1 日起施行。

（一）总则

总则主要规定了我军纪律的基本内容、性质和作用，维护和巩固纪律的原则与要求，军人在维护纪律中应尽的责任和义务。

中国人民解放军纪律的基本内容：执行中国共产党的路线、方针、政策；遵守国家的宪法、法律、法规；执行军队的条令、条例和规章制度；执行上级的命令和指示；执行三大纪律、八项注意。

中国人民解放军的纪律，是建立在政治自觉基础上的严格的纪律，是保障军队战斗力的重要因素，是坚持人民军队的性质、宗旨，团结自己、战胜敌人和完成一切任务的保证。

维护和巩固纪律，主要依靠经常性的理想、道德和纪律教育，依靠经常性的严格管理，依靠各级首长的模范作用和群众监督，从而使官兵养成高度的组织性、纪律性。

军人在任何情况下，都必须严格遵守和自觉维护纪律。本人违反纪律被他人制止时，应当立即改正；发现其他军人违反纪律时，应当主动规劝和制止；发现他人有违法行为时，应当挺身而出，采取合法手段坚决制止。

(二)奖励和处分

奖励和处分是《纪律条令》的主体部分。主要有以下四个方面的内容：

1. 奖励和处分的目的和原则

条令规定，"奖励的目的在于鼓励先进，维护纪律，调动官兵的积极性、创造性，发扬爱国主义、共产主义和革命英雄主义精神，保证作战、训练和其他各项任务的完成"。奖励应当坚持的原则是：严格标准，按绩施奖；发扬民主，贯彻群众路线；以精神奖励为主，物质奖励为辅。处分的目的在于严明纪律，教育违纪者和部队，加强集中统一，巩固和提高部队战斗力。处分应坚持的原则是：依据事实，惩戒恰当；惩前毖后，治病救人；纪律面前人人平等。

条令规定的奖惩目的和原则体现了我军的性质、宗旨和优良传统，概括了我军奖惩工作的基本规律和经验，是新形势下实施奖惩的基本出发点和必须遵循的准则。

2. 奖励和处分项目

我军的奖励项目经过多年实践，逐步形成了嘉奖、三等功、二等功、一等功、荣誉称号五个项目，比较规范，并得到了地方政府的认可。对士兵的处分有警告、严重警告、记过、记大过、降职或者降衔、撤职、除名、开除军籍；对军官和文职干部的处分有警告、严重警告、记过、记大过、降职(级)或者降衔(级)、撤职、开除军籍。在奖励中规定，对获得三等功以上奖励的义务兵，可以提前晋衔；对获得二等功以上奖励或者3次三等功奖励的士官，可以增加军衔级别工资档次；对获得二等功以上奖励或者3次三等功奖励的军官、文职干部，可以增加职务(专业技术等级)工资档次、提前晋衔、晋文职干部级别等。

3. 奖惩条件

《纪律条令》规定的奖惩条件，对军人的思想和行为具有很强的导向作用和规范作用。条令针对长期和平环境和市场经济条件下部队建设出现的新情况、新问题，从加强纪律建设的需要出发，对于奖惩条件的规定，注意了定性与定量相结合，以定性为主，扩大了规范的覆盖面，并对每项奖惩都规定了一定的幅度。

4. 奖惩的权限和实施

奖惩权是领导权和指挥权的重要组成部分。奖惩权限的确定，关系到能否正确实施奖惩，政策性很强。条令本着有利于贯彻党委集体领导、有利于首长履行职责和增强奖惩时效的原则，并适应我军现行编制，明确规定了各级首长享有的奖惩权限和奖惩的实施办法。

(三)维护纪律的有关措施

1. 行政看管

行政看管是维护秩序，制止严重违纪行为和预防事故、案件发生的措施。对有打架斗殴、聚众闹事、酗酒滋事、持械威胁上级或者他人、违抗命令、严重扰乱正常秩序等行为的人员，或者确有迹象表明可能发生逃离部队、自杀、行凶等问题的人员，可以实行行政看管。行政看管的时限，一般不超过七日，如需要延长时间，应当报上级批准，但累计不得超过十五日。

2. 控告和申诉

控告和申诉是军人的民主权利，其目的在于充分发挥群众的监督作用，保护军人的合法权益，维护军队严格的纪律。军人对违法违纪者有权提出控告；认为给自己的处分不当或者合法权益受到侵害的军人,有权提出申诉。

3.首长责任和纪律监察

各级首长负有维护纪律的直接责任。各级首长应当以身作则,严于律己,严格遵守和执行纪律;经常对部属进行纪律教育,增强官兵的法纪观念;有针对性地进行作风纪律整顿,解决本单位在纪律建设方面存在的突出问题。各级首长应当对下级实施纪律监察,并自觉接受上级的监察以及下级和群众的监督。对发现违纪行为制止不力或者不予制止的,应当给予批评或者给予处分;对带头违反纪律的,应当从重给予处分。

第三节 《队列条令》简介

一、队列的概念、性质和作用

队列,自古有之。可以说,自从产生了军队就有了队列。队列有广义和狭义之分,从广义上讲,泛指排成行列的队伍;从狭义上讲,特指军队进行集体活动时按一定的顺序列队的组织形式。在军队的训练、工作和生活中,队列是必不可少的。队列伴随着军队的发展而发展。

《队列条令》是规范全军队列动作、队列队形、队列指挥的军事法规,是全军官兵必须共同遵循的行为规范。最新条令自 2018 年 5 月 1 日起施行。在军队的建设发展中,《队列条令》有着十分重要的地位和作用。

二、《队列条令》的主要内容

《队列条令》主要规范了全体军人和部(分)队队列活动的有关内容,共 10 章、89 条、4 个附录。

第一章 总则:包括制定本条令的目的、适用范围、作用与意义、首长机关的责任、队列纪律;

第二章 队列指挥:包括队列指挥的位置、队列指挥的方法、队列指挥的要求;

第三章 队列队形:包括队列基本队形,队列的间距,班、排、连、营、团各级的队形要求;

第四章 单个军人的队列动作:包括单个军人立正、跨立(即跨步站立)、稍息、停止间转法(向右、左、后转)、行进(齐步、正步、跑步、便步、踏步、移步、礼步、携枪行进、携便携式折叠写字椅行进、立定、步法变换)、行进间转法、坐下、蹲下、起立、脱帽、戴帽、宣誓、整理着装、操枪;

第五章 分队、部队的队列动作:包括集合、离散、整齐、报数、出列、入列、行进、停止、队形变换、架枪、取枪等;

第六章 分队乘坐交通工具:包括乘坐运输车、乘坐客车、乘坐火车、乘车舰(船)艇和飞机实施和行进中的调整;

第七章 国旗的掌持、升降和军旗的掌持、授予与迎送;

第八章 阅兵:包括阅兵的权限、阅兵的形式、阅兵的程序、师以上部队阅兵及军兵种部队和院校阅兵;

第九章 仪式:包括基本规范、升国旗仪式、誓师大会仪式、凯旋仪式、组建仪式等;

第十章　附则：包括本条令的参照执行范围，本条令的解释权和本条令的生效时间及附录。

其中，队列指挥、队列队形和队列动作是《队列条令》的基本内容，也是军人、分队和部队队列活动的三个基本要素。

三、学生军训内务、纪律条令

(一)着装和整理军容制度

(1)着军训服时，应当戴军训帽。戴大檐帽、作训帽时，男学生帽檐前缘与眉同高，女学生帽稍向后倾；大檐帽饰带应当并拢，并保持水平。大檐帽风带不用时应当拉紧并保持水平状态。大檐帽松紧带不使用时，不得露于帽外。

(2)军训服应当保持整洁，配套穿着，不得混穿。不得在军训服外罩便服。不得披衣、敞怀、挽袖、卷裤腿。扣好领钩、衣扣。着长袖衬衣(内衣)时，下摆扎于裤内。军训服内着毛衣、绒衣、棉衣等内衣时，下摆不得外露。内衣领不得高于外衣领。

(3)操课和集体活动时通常着解放鞋，不得赤脚穿鞋。

(4)参加训练、集会、检阅等活动的着装，按照主管(主办)单位规定执行。

(5)参加执勤、操课、检阅时，通常扎腰带，其他场合需扎外腰带时，由主管(主办)单位规定。

(二)一日生活制度

1. 起床

听到起床号(信号)后，全体人员立即起床(连值班员应当提前10分钟起床)，按照规定着装，迅速做好出操准备；各类值班(值日)人员按照规定认真履行职责；卫生员检查有无病号，对患病者根据情况处理；因集体活动超过熄灯时间1小时，可以推迟次日起床时间。

2. 早操

除了休息日、节假日之外，通常每日出早操，每次时间通常为30分钟，主要进行队列训练和体能训练。除担任公差、勤务的人员和经医务人员建议并经领导批准休息的伤病员外，都应当参加早操；听到出操号(信号)后，各班、排迅速集合，检查着装和携带的武器装备，跑步带到连集合场，向连值班员报告。连值班员整理队伍，清查人数，向连首长报告，由连首长或者连值班员带队出操；结合早操每周进行1~2次着装、仪容和个人卫生的检查，每次不超过10分钟。

3. 整理内务和洗漱

早操后，整理内务、清扫室内外卫生和洗漱，时间不超过30分钟。值班人员协助检查并整理本班的内务卫生。连值班员检查全连的内务卫生。连首长每周组织一次全连的内务卫生检查。

4. 开饭

按照规定时间准时开饭。开饭时间通常不超过30分钟；听到开饭号(信号)后，以班、排或者连为单位带到食堂前，由连值班员整队，按照连值班员宣布的次序依次进入食堂；就餐时保持肃静，餐毕自行离开。

5. 操课

操课前，根据课目内容做好准备。听到操课号(信号)后，连(排、班)迅速集合整队，清查人数，检查着装和装备、器材，带到课堂(训练场、作业场)；操课中，按照训练计划周密组织，严格课堂(训练场、作业场)纪律，严防事故；课间休息(操课通常每小时休息10分钟，野外作业和实弹射击时根据情况确定休息时间)，由连值班员发出休息信号；休息完毕，发出继续操课信号；操课结束后，检查装备，清理现场，集合整队，进行讲评；操课往返途中应当队列整齐，歌声嘹亮。

6. 午休

听到午睡号(信号)后，除执勤人员外均应当卧床休息，保持肃静，不得进行其他活动，连值班员检查全连人员午睡情况。午休时间由个人支配，但不得私自外出，不得影响他人休息。

7. 点名

连队通常每日点名，休息日和节假日必须点名。点名由一名连首长实施。每次点名不得超过15分钟；点名通常以连为单位于就寝前或者其他时间队列进行(也可以排为单位进行)。点名的内容通常包括清点人员、生活讲评、宣布次日工作等。

8. 就寝

连值班员在熄灯号(信号)前10分钟，发出准备就寝信号，督促全体人员做好就寝准备。就寝人员应当放置好衣物装具，听到熄灯号(信号)立即熄灯就寝，保持肃静；休息日的前一天可以推迟就寝，时间通常不超过1小时；休息日和节假日可以推迟30分钟起床。起床后，整理内务，清扫室内外。早饭后至晚饭前，主要用于整理个人卫生，处理个人事情。

(三)请销假制度

(1)外出必须按级请假，按时归队销假；未经领导批准不得外出。在执勤和操课(工作)时间内，无特殊事由不得请假。

(2)请假外出时，由连值班员负责登记，检查着装和仪容，交代注意事项；归队后，必须向连值班员销假，连值班员应当将外出人员的归队情况，报告领导。

(3)请假人员续假，因特殊情况经批准后方可以续假。未经批准，超假或者逾假不归者，应当予以追究。

(四)值守及内务整理制度

1. 哨兵守则

(1)按照规定着装。

(2)熟悉任务和警卫区域内的地貌、地物等情况，熟记并正确使用口令、信号。

(3)时刻保持警惕，严密监视警卫区域。在任何情况下都必须坚守岗位。

(4)精神饱满，姿态端正，不得有任何影响卫兵形象和警卫任务的行为。

(5)向接班人员交代执勤情况、上级的指示和哨位的器材。

2. 整理"内务"及摆放好连队宿舍物品

(1)床铺应当铺垫整齐。被子要叠成"豆腐块"——竖叠三折，横叠四折；叠口朝前，置于床铺一端中央。战备(枕头)包通常放入被子上层，也可以放于被子一侧或者床头柜内。

（2）蚊帐悬挂应当整齐一致，白天可以将外侧两角移挂在里侧两角上，并将中间部分折叠整齐；也可以取下叠放。

（3）穿着大衣的季节，白天不穿大衣时，应当折叠整齐，置于被子上（下）面。大衣长久不穿时，应当统一放在储藏室内。

（4）经常穿用的鞋置于床下的地面上，有条件的放在床下的鞋架上。鞋子放置的数量、品种、位置、顺序，应当统一。

（5）衣帽和腰带通常按照腰带、军衣、军帽的顺序放在衣帽钩上，也可以置于床铺上。

（6）洗漱用具通常放在宿舍内，有条件的也可以放在洗漱室内，毛巾统一晾置在绳、架上。

（7）背包带通常缠好压在床铺一端褥子下面，也可以放于床头柜内。挎包、雨衣统一放在柜内，摆放的顺序、位置应当统一。

（8）暖瓶、水杯、墨水、胶水瓶、报纸等物品的放置应当统一。

（9）小凳放置位置应当统一，可以集中放在各自床下一端。

3. 连值日员职责

（1）看管营房、营具和设备。

（2）维护室内外环境卫生。

（3）纠察军容风纪。

（4）接待来队人员，并负责登记。

（五）枪支管理制度

1. 军训用枪制度

（1）军训使用的枪支必须加强管理，严格出入库手续，建立交接登记制度。

（2）军训使用枪支原则上按照训练的要求进行，由各连首长签名登记，统一领取，使用完后，擦拭干净及时送回并注销。

（3）使用装备，必须掌握其技术性能，严格遵守操作规程和安全规定。

（4）弹药的使用遵循"用旧存新，用零存整"的原则，严格执行启封规定，注意节约弹药。

2. 保管好军训用的枪支弹药

（1）加强对训练器材、教具和设备的管理，严格保管制度，认真维护保养，适时检查，正确使用，防止丢失和损坏。

（2）兵器室集中保管的轻武器，每周擦拭或者分解一次；随身携带的轻武器每日擦拭一次；用于训练、执勤的轻武器，每次使用后擦拭和每周分解擦拭一次。擦拭武器包括对武器配套的器材进行清洁、润滑、调整和更换油液，由班、组和使用人员实施。

（3）发现装备损坏（伤），应当及时上报，并根据损坏（伤）程度及时组织修复；如本单位不能修复，按照上级要求组织送修或者就地修理。

（4）轻武器通常存放在兵器室内。兵器室应当设置完备的安全设施，并设双锁（钥匙由主管人员和保管员分别掌管）；枪、弹应当分室或者分柜存放，每周清点数量不少于两次。

（5）存放的装备、弹药必须账物相符，严禁留存账外装备、弹药。

（6）装备的交接和送修，应当严格手续，及时登记、统计。装备的损失、消耗如实上报。

(六)军训中的安全事故预防工作

1. 紧急救护常识

(1)食物中毒。

食物中毒一般是由进食不洁或污染食物后引起,其症状是:头痛、头晕、胃痛、恶心,有时呕吐、上腹有压痛等。此时,必须立即把有毒的食物从胃里吐出来。可先让患者喝5~6杯加盐或苏打水,然后用两个指头伸到嘴里,抵住舌根使其催吐。若是严重中毒,上述方法要重复好几次。若患者已失去知觉,就要把患者的头偏到一边,以免呕吐物倒吸入呼吸道。对患者进行初步急救处理后,迅速将其送往医院。

(2)中暑。

中暑一般有以下三种情况:一种是长时间在高温环境下,身体散热难,热量积蓄体内,体温调节发生障碍,使人发烧,同时出现头晕、胸闷、口渴、恶心等症状。另一种是出汗过多引起的,因为每100毫升的汗水里约含有200~500毫克的盐分,大量出汗会使身体排出许多盐分。盐分少了,肌肉就会酸痛,甚至发生痉挛,还有一种是由于太阳光直接照射头部,使脑膜和大脑充血、水肿,引起头痛、头晕、耳鸣、眼花,严重者可以昏迷、抽筋。发现中暑病人,应尽快让其到阴凉的地方休息;发烧的病人,可用冷水毛巾敷头部,给病人服一些仁丹、十滴水,喝一些带盐的茶水,病情严重者,应立即送医院抢救。预防中暑主要措施包括:通风、降温、及时补充水分和盐分等。

(3)外伤出血。

外伤出血是指有明显外伤造成的出血。一般分为外伤后骨折或软组织操作和外伤引起内脏破裂出血两大类。大腿股骨和骨盆骨折可导致大出血。股骨骨折出血可以达到500毫升至2000毫升;骨盆出血可多达500毫升。也就是说相当于一个成人全身的血液量。其他部位骨折出血虽较少,但是如不及时处理,也会影响身体的健康。对于四肢远段骨折出血,可以采取局部包扎压迫和固定措施,一般是可以止住血的。骨盆骨折和股骨骨折是一种严重骨折,应该及时转送医院。如果外伤引起内脏出血,一般比较危险。例如左上肢肋部外伤后可以引起脾出血;右上肢肋部外伤可引起肝破裂,这时病人不仅外伤部分疼痛,而且满腹痛,脉搏快,血压下降,如果进行腹腔穿刺可吸出血。内脏出血需要手术止血。一般来说,只要及时就医,是完全可以治愈的。

2. 预防事故

(1)预防冻伤事故。

①严寒条件下训练等,应当准备御寒的被装和防冻药品。

②注意保持衣、帽、鞋、袜、手套的干燥和清洁,注意手、脚、耳、鼻的保护。

③操练、作业休息时,不得静立或者坐卧过久,乘坐车辆的人员,注意适时活动。

④必要时缩短哨兵每次执勤时间。

(2)预防武器伤人事故。

①加强武器弹药的管理。严禁私存武器、弹药,严禁私带武器外出,严禁私自将武器借给他人。

②枪支擦拭和使用前后,应当认真验枪。平时枪内不得装填子弹。

③严禁摆弄武器和随意动用他人武器,严禁持枪打闹和枪口对人。

④严密组织实弹射击和实爆作业。场地的选择与设置应该符合安全要求。

⑤认真清查收缴剩余弹药。对瞎火弹按照规定处理。教练弹、练习弹和实弹不得混放,发放教练弹、练习弹时,严格检查,防止混入实弹。

(3)预防煤气中毒事故。

①使用火炉、燃气灶前应当认真检查和试烧,使用过程中应当经常检查,发现漏烟漏气,及时修理。

②用炉火取暖的房间,必须安装烟筒的风斗,并经常清理烟筒,保持烟道通畅,封火时不得堵塞烟道。

③查铺时应当认真检查炉火和室内通风情况。

(4)预防触电和雷击事故。

①输电线路、用电设备和避雷设施的安装,应当符合安全要求,有专人管理,经常检修。

②禁止私拉、移动电线和私装用电设备,禁止将电话线广播线与输电线混架或者捆绑在一起,禁止在输电线上搭、晒东西。

③发现有人触电,应当立即切断电源或者用绝缘物挑开电缆。

④雷雨时,不得站在室外突出的高处,不得在大树、电线杆和高压线下避雨或者逗留。

(5)预防中暑事故。

①炎热季节,应当适当控制人员的活动量,在任务允许的情况下,尽量缩短在烈日下的活动时间,注意劳逸结合。

②训练和劳动时,应当有饮水供应,并适量饮用淡盐水。

③室内或者车、船内注意通风。

第四节　军人队列动作训练

一、单个军人队列动作训练

(一)立正、跨立、稍息

1. 立正

立正是军人的基本姿势,是队列动作的基础。军人在宣誓、接受命令、进见首长和向首长报告、回答首长问话、升降国旗、奏国歌等严肃庄重的时机和场合,均应当自行立正。

口令:立正。

要领:两脚跟靠拢并齐,两脚尖向外分开约60度;两腿挺直;小腹微收,自然挺胸;上体正直,微向前倾;两肩要平,稍向后张;两臂自然下垂,手指并拢自然微屈,拇指尖贴于食指的第二节,中指贴于裤缝;头要正,颈要直,口要闭,下颌微收,两眼向前平视。

2. 稍息

主要用于长时间站立。

口令:稍息。

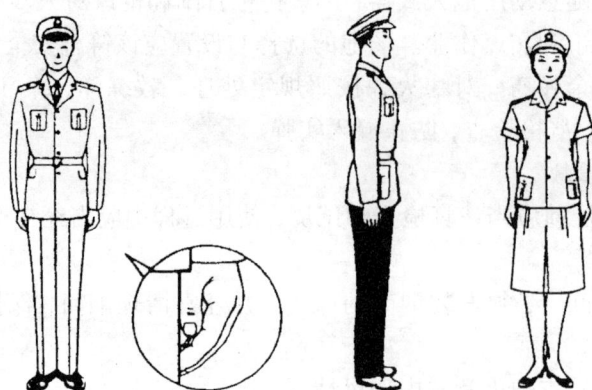

图6-1 立正

要领：左脚顺脚尖方向伸出约全脚的2/3，两腿自然伸直，上体保持立正姿势，身体重心大部分落于右脚。稍息过久，可自行换脚。

3. 跨立

跨立主要用于军体操、执勤等场合。可与立正互换。

口令：跨立。

要领：左脚向左跨出约一脚之长，两腿挺直，上体保持立正姿势，身体重心落于两脚之间。两手后背，左手握右手腕，拇指根部与外腰带下沿（内腰带上沿）同高；右手手指并拢自然弯曲，手心向后。携枪时不背手。

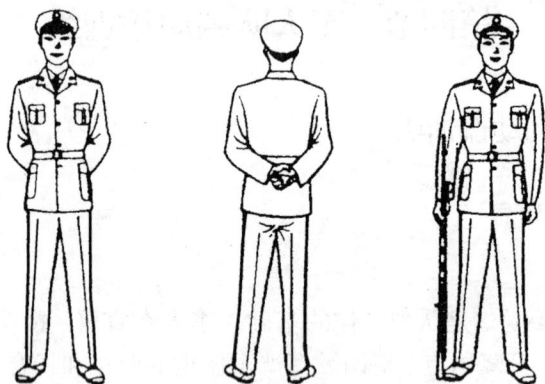

图6-2 跨立

（二）停止间转法

停止间转法，是停止间变换方向的方法。

1. 向右（左）转

口令：向右（左）——转。

要领：以右（左）脚跟为轴，右（左）脚跟和左（右）脚掌前部同时用力，使身体和脚一致向右（左）转90度，体重落在右（左）脚，左（右）脚取捷径迅速靠拢右（左）脚，成立正姿势。转动和靠脚时，两脚挺直，上体保持立正姿势。

2.向后转

口令：向后——转。

要领：按向右转的要领向后转180度。

3.半面向右（左）转

口令：半面向右（左）——转。

要领：按向右（左）转要领半面向右（左）转45度。

（三）行进

行进的基本步法分为齐步、正步和跑步，辅助步法分为便步、踏步和移步。

1.齐步

齐步是军人行进的常用步法。

口令：齐步——走。

要领：左脚向正前方迈出约75厘米着地，身体重心前移，右脚照此法动作；上体正直，微向前倾；手指轻轻握拢，拇指贴于食指第二节；两臂前后自然摆动，向前摆臂时，肘部弯屈，小臂自然向里合，手心向内稍向下，拇指根部对正衣扣线，并与最下方衣扣同高（着夏季作训服时，与第四衣扣同高），离身体约25厘米；向后摆臂时，手臂自然伸直，手腕前侧距裤缝线约30厘米。行进速度每分钟116～122步。

2.正步

正步主要用于分列式和其他礼节性场合。

口令：正步——走。

要领：左脚向正前方踢出（腿要绷直，脚尖下压，脚掌与地面平行）约75厘米，适当用力使全脚掌着地，同时身体重心前移，右脚照此法动作；上体正直，微向前倾；手指轻轻握拢，拇指贴于食指第二节；向前摆臂时，肘部弯屈，小臂略成水平，手心向内稍向下，手腕下沿摆到高于最下方衣扣约10厘米处（着作训服时，约与第三衣扣同高），离身体约10厘米；向后摆臂时（左手心向右，右手心向左），手腕前侧距裤缝线约30厘米。行进速度每分钟110～116步。

3.跑步

跑步主要用于快速行进。

口令：跑步——走。

要领：听到预令，两手迅速握拳（四指蜷握，拇指贴在食指第一关节和中指第二节上），提到腰际，约与腰带同高，拳心向内，肘部稍向里合。听到动令，上体微向前倾，两腿微弯，同时左脚利用右脚掌的蹬力跃出约80厘米，前脚掌先着地，身体重心前移，右脚照此法动作；两臂前后自然摆动，向前摆臂时，大臂略直，肘部贴于腰际，小臂略平，稍向里合，两拳内侧各距衣扣线约5厘米；后摆臂时，拳贴于腰际。行进速度每分钟170～180步。

图 6 - 3　跑步预备姿势

图 6 - 4　跑步姿势

4. 踏步

踏步用于调整步伐和整齐。

停止间口令: 踏步——走。

行进间口令: 踏步。

要领: 两脚在原地上下起落(抬起时, 脚尖自然下垂, 离地面约 15 厘米; 落下时, 前脚掌先着地), 上体保持正直, 两臂按齐步或跑步摆臂的要领摆动。

踏步时, 听到"前进"的口令, 继续踏 2 步再换齐步或跑步。

5. 便步

便步用于行军、操练后恢复体力及其他场合。

口令: 便步——走。

要领: 用适当的步速、步幅行进, 两臂自然摆动, 上体保持良好姿态。

6. 立定

口令: 立——定。

要领: 齐步和正步时, 听到口令, 左脚再向前大半步着地, 两腿挺直, 右脚取捷径迅速靠拢左脚, 成立正姿势。跑步时, 听到口令, 再跑 2 步, 然后左脚向前大半步(两拳收于腰际, 停止摆动)着地, 右脚靠拢左脚, 同时将手放下, 成立正姿势。踏步时, 听到口令, 左脚踏 1 步, 右脚靠拢左脚, 原地成立正姿势(跑步的踏步, 听到口令, 继续踏 2 步, 再按上述要领进行)。

持枪立定时, 在右脚靠拢左脚后, 迅速将托底钣轻轻着地。其余要领同徒手。

(四)步法变换

1. 齐步、正步互换

口令: 同齐步、正步。

要领: 齐步行进中, 听到"正步——走"的口令, 右脚再向前一步, 即从左脚开始按正步要领进行; 正步行进中, 听到"齐步——走"的口令, 右脚再向前一步, 即从左脚开始按齐步要领行进。

2. 齐步、跑步互换

口令：同齐步、跑步。

要领：齐步行进中，听到"跑步"的预令，两手迅速握拳提到腰际，两臂前后自然摆动；听到"走"的口令，即从左脚开始按跑步要领行进。跑步行进中，听到"齐步——走"的口令，继续跑两步，从左脚开始按齐步的要领行进。

3. 齐步或跑步与踏步互换

口令：踏步，前进。

要领：齐步或跑步换踏步时，听到"踏步"的口令，即从左脚开始换踏步；踏步换齐步或跑步时，听到"前进"的口令，继续踏两步，再从左脚开始换齐步或跑步前进。

（五）坐下、蹲下、起立

1. 坐下、起立

坐下、起立主要用于集会、休息等场合：

口令：坐下、起立。

要领：听到"坐下"的口令，左小腿在右小腿后交叉，迅速坐下，两手自然放在两膝上，上体保持正直。听到"起立"的口令，全身协力迅速起立，成立正姿势。

2. 蹲下、起立

口令：蹲下、起立。

要领：听到"蹲下"的口令，右脚后退半步，前脚掌着地，臀部坐在右脚跟上（膝盖不着地），两腿分开约60度，两手自然放在两膝上，上体保持正直。蹲下过久，可自行换脚。听到"起立"的口令，全身协力迅速起立，成立正姿势。

图 6-5 蹲姿

（六）敬礼

敬礼表示军人之间相互团结友爱，表示部属与首长、下级与上级的互相尊重。敬礼分为举手礼、注目礼和举枪礼。

1. 举手礼

口令：敬礼、礼毕。

（1）停止间徒手敬礼。

要领：听到"敬礼"的口令，上体正直，右手取捷径迅速抬起，五指并拢，自然伸直，中指

图6-6　举手礼

微接帽沿右角前约2厘米处(戴无沿帽或不戴军帽时微接太阳穴,与眉同高)。手心向下,微向外张(约20度),手腕不得弯屈,右大臂略平,与两肩略成一线,同时注视受礼者。听到"礼毕"的口令,将手放下。

(2)行进间徒手敬礼。

要领:在距受礼者5~7步处转头向受礼者行举手礼,并继续前进,待受礼者还礼后,将手放下。

2.注目礼

要领:携枪或未戴军帽等不便行举手礼时,面向受礼者成立正姿势,同时注视受礼者,并目迎目送(右、左转头不超过45度)。待受礼者还礼后礼毕(携手枪或背枪时行举手礼)。

3.举枪礼

要领:右手举枪提到胸前,枪身垂直对正衣扣线,枪面向后,离身体约10厘米,枪口与眼同高,大臂轻贴右胁;左手接握表尺上方,小臂越平;转头向右注视受礼者,并目迎目送(转头不超过45度)。

图6-7　徒手行进间敬礼

图6-8　举枪礼

二、分队队列动作训练

(一)集合、离散

1. 集合

集合,是单个军人、分队、部队按照规范队形聚集起来的一种队列动作。

集合时,指挥员应当先发出预告或者信号,如"连(或者×排)注意",然后,站在预定队列中央前,面向预定队形成立正姿势,下达"成××队——集合"的口令。所属人员听到预告或者信号,原地面向指挥员成立正姿势;听到口令,跑步到指定位置面向指挥员集合(在指挥员后侧的人员,应当从指挥员右侧绕过),自行对正、看齐,成立正姿势。

(1)班集合。

口令:成班横队(二列横队)——集合。

要领:基准兵迅速到班长左前方适当位置,成立正姿势;其他士兵以基准兵为准,依次向左排列,自行看齐。

成班二列横队时,单数士兵在前,双数士兵在后。

口令:成班纵队(二路纵队)——集合。

要领:基准兵迅速到班长前方适当位置,成立正姿势;其他士兵以基准兵为准,依次向后排列,自行对正。

成班二路纵队时,单数士兵在左,双数士兵在右。

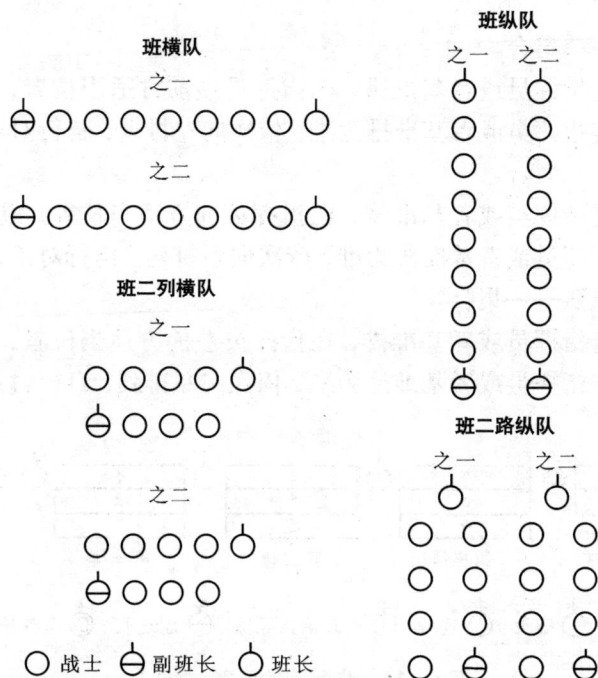

图6-9　班的队形

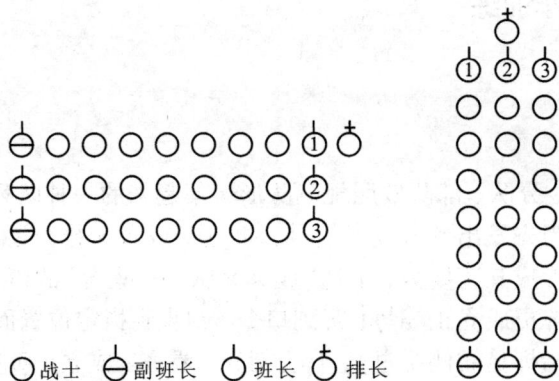

图6-10　步兵排的队形

（2）排集合。

口令：成排横队——集合。

要领：基准班在指挥员前方适当位置，成班横队迅速站好；其他班成班横队，以基准班为准，依次向后排列，自行对正、看齐。

口令：成排纵队——集合。

要领：基准班在指挥员右前方适当位置，成班纵队迅速站好；其他班成班纵队，以基准班为准，依次向右排列，自行对正、看齐。

（3）连集合。

口令：成连横队——集合。

要领：队列内的连指挥员或者基准排，在指挥员左前方适当位置，成横队迅速站好；各排和连部成横队，以连指挥员或者基准排为准，依次向左排列，自行对正、看齐。

口令：成连纵队——集合。

要领：队列内的连指挥员或者基准排，在指挥员前方适当位置，成纵队迅速站好；各排和连部成纵队，以连指挥员或者基准排为准，依次向后排列，自行对正、看齐。

口令：成连并列纵队——集合。

要领：队列内的连指挥员或者基准排，在指挥员左前方适当位置，成纵队迅速站好；各排和连部成纵队，以连指挥员或者基准排为准，依次向左排列，自行对正、看齐。

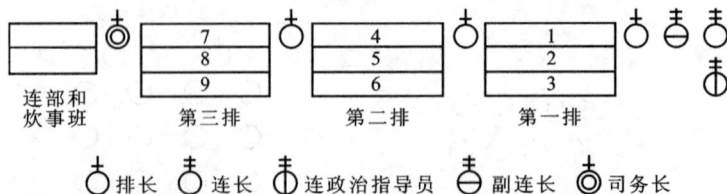

图6-11　步兵连的队形（横队）

2. 离散

离散，是使队列的单个军人、分队、部队各自离开原队列位置的一种队列动作。

（1）离开。

口令：各营（连、排、班）带开（带回）。

要领：队列中的各营（连、排、班）指挥员带领本队迅速离开原列队位置。

（2）解散。

口令：解散。

要领：队列人员迅速离开原列队位置。

（二）整齐、报数

1. 整齐

整齐，是使列队人员按照规定的间隔、距离保持行、列齐整的一种队列动作。整齐分为向右（左）看齐和向中看齐。

口令：向右（左）看——齐。

向前——看。

要领：基准兵不动，其他士兵向右（左）转头（持枪时，听到预令，迅速将枪稍提起，看齐后自行放下），眼睛看右（左）邻士兵腮部，前四名能通视基准兵，自第五名起，以能通视到本人以右（左）第三人为度。后列人员，先向前对正，后向右（左）看齐。听到"向前——看"的口令，迅速将头转正，恢复立正姿势。

口令：以×××为准，向中看——齐。

向前——看。

要领：当指挥员指定"以×××为准（或者以第×名为准）"时，基准兵答"到"，同时左手握拳高举，大臂前伸与肩略平，小臂垂直举起，拳心向右。听到"向中看——齐"的口令后，其他士兵按照向左（右）看齐的要领实施。听到"向前——看"的口令后，基准兵迅速将手放下，其他士兵迅速将头转正，恢复立正姿势。

一路纵队看齐时，可以下达"向前——对正"的口令。

2. 报数

口令：报数。

要领：横队从右至左（纵队由前向后）依次以短促洪亮的声音转头（纵队向左转头）报数，最后一名不转头。数列横队时，后列最后一名报"满伍"或者"缺×名"。连集合时，由指挥员下达"各排报数"的口令，各排长在队列内向指挥员报告人数，如"第×排到齐"或者"第×排实到××名"。

必要时，连也可以统一报数。

要领：连实施统一报数时，各排不留间隔，要补齐，成临时编组的横队队形。报数前，连指挥员先发出"看齐时，以一排长为准，全连补齐"的预告，尔后下达"向右看——齐"口令，待全连看齐后，再下达"向前——看"和"报数"的口令，报数从一排长开始，后列最后一名报"满伍"或者"缺×名"。

（三）出列、入列

单个军人和分队出列、入列通常用跑步（5步以内用齐步，1步用正步），或者按照指挥员指定的步法执行；然后，进到指挥员右前侧适当位置或者指定位置，面向指挥员成立正姿势。

1. 单个军人出列、入列

(1) 出列。

口令：×××(或者第×名)，出列。

要领：出列军人听到呼点自己姓名或者序号后应当答"到"，听到"出列"的口令后，应当答"是"。

位于第一列(左路)的军人，按照本条上述规定，取捷径出列。

位于中列(路)的军人，向后(左)转，待后列(左路)同序号的军人向右后退1步(左后退1步)让出缺口后，按照本条的上述规定从队尾(纵队时从左侧)出列；位于"缺口"位置的军人，待出列军人出列后，即复原位。

位于最后一列(右路)的军人出列，先退1步(右跨1步)，然后，按照本条有关规定从队尾出列。

(2) 入列。

口令：入列。

要领：听到"入列"口令后，应当答"是"，然后，按照出列的相反程序入列。

2. 班(排)出列、入列

(1) 出列。

口令：第×班(排)，出列。

要领：听到"第×班(排)"的口令后，由出列班(排)的指挥员答"到"，听到"出列"的口令后，由出列班(排)的指挥员答"是"，并用口令指挥本班(排)，按照本条的有关规定，以纵队形式从队尾(位于第一列的班取捷径)出列。

(2) 入列。

口令：入列。

要领：听到"入列"的口令后，由入列班(排)指挥员答"是"，并用口令指挥本班(排)，以纵队形式从队尾(位于第一列的班取捷径)入列。

(四)行进、停止

横队和并列纵队行进以右翼为基准，纵队行进以左翼为基准(一路纵队行进以先头为基准)。

1. 行进

指挥员应当下达"×步——走"的口令。听到口令，基准兵向正前方前进，其他士兵向基准翼标齐，保持规定的间隔、距离行进。纵队行进时，排、连通常成三路纵队，也可以成一、二路纵队。行进中，需要时，用"一二一"(调整步伐的口令)、"一二三四"(呼号)或者唱队列歌曲，以保持步伐的整齐和振奋士气。

2. 停止

指挥员应当下达"立——定"的口令。听到口令，按照立定的要领实施，分队的动作要整齐一致。停止后，听到"稍息"的口令，先自行对正、看齐，再稍息。

(五)队形变换

队形变换，是由一种队形变为另一种队形的队列动作。

1.横队和纵队的互换

横队变纵队：

停止间口令：向右——转。

行进间口令：向右转——走。

纵队变横队：

停止间口令：向左——转。

行进间口令：向左转——走。

要领：停止间，按照单个军人向右（左）转的要领实施。行进间，按照单个军人向右（左）转走的要领实施。分队动作要整齐一致。队形变换后，排以上指挥员应当进到规定的列队位置。

2.停止间班横队和班二列横队，班纵队和班二路纵队互换

（1）班横队变班二列横队。

口令：成班二列横队——走。

要领：变换前，先报数。听到口令，双数士兵左脚后退1步，右脚（不靠拢左脚）向后跨1步，左脚向右脚靠拢，站到单数士兵之后，自行对正、看齐。

（2）班二列横队变班横队。

口令：间隔1步，向左离开。

成班横队——走。

要领：听到"间隔1步，向左离开"的口令，取好间隔；听到"成班横队——走"的口令，双数士兵左脚左跨1步，右脚（不靠拢左脚）向前1步，左脚向右脚靠拢，站到单数士兵左侧，自行看齐。

（3）班纵队变班二路纵队。

口令：成班二路纵队——走。

要领：变换前，先报数。听到口令，双数士兵右脚右跨1步，左脚（不靠拢右脚）向前1步，右脚向左脚靠拢，站到单数士兵右侧，自行对正、看齐。

（4）班二路纵队变班纵队。

口令：距离2步，向后离开。

成班纵队——走。

要领：听到"距离2步，向后离开"的口令，取好距离；听到"成班纵队——走"的口令，双数士兵左脚左后退1步，右脚（不靠拢左脚）向后1步，左脚向右脚靠拢，站到单数士兵之后，自行对正。

3.连纵队和连并列纵队的互换

（1）连纵队变连并列纵队。

停止间口令：成连并列纵队，齐步——走。

行进间口令：成连并列纵队——走。

要领：连指挥员或者基准排踏步，其他排和连部逐次进到连指挥员或者基准排左侧踏步并取齐，然后，听口令前进或者停止。

连、排指挥员位置的变换方法：听到口令，连长左脚继续踏1步，右脚向右前1步，进到政治指导员前方仍踏步，政治指导员继续踏步，副连长向前2步（未编有副政治指导员时，副

连长向左前2步），进到连长左侧，副政治指导员向左前1步，进到政治指导员左侧，排长、司务长进到预定列队位置，继续踏步并取齐。

（2）连并列纵队变连纵队。

停止间口令：成连纵队，齐步——走。

行进间口令：成连纵队——走。

要领：连指挥员或者基准排照直前进，其他排和连部停止间和行进间均踏步，待连指挥员或者基准排离开原位后，各排按照排长、连部和炊事班按照司务长的口令依次跟进。

连、排指挥员位置的变换方法：听到口令，连长向左前1步，进到副连长前方踏步，政治指导员向前2步，进到连长右侧继续踏步，副政治指导员向右前1步，进到副连长右侧继续踏步（未编有副政治指导员时，副连长右跨半步并踏步），排长、司务长进到预定列队位置继续踏步，取齐后照直前进。

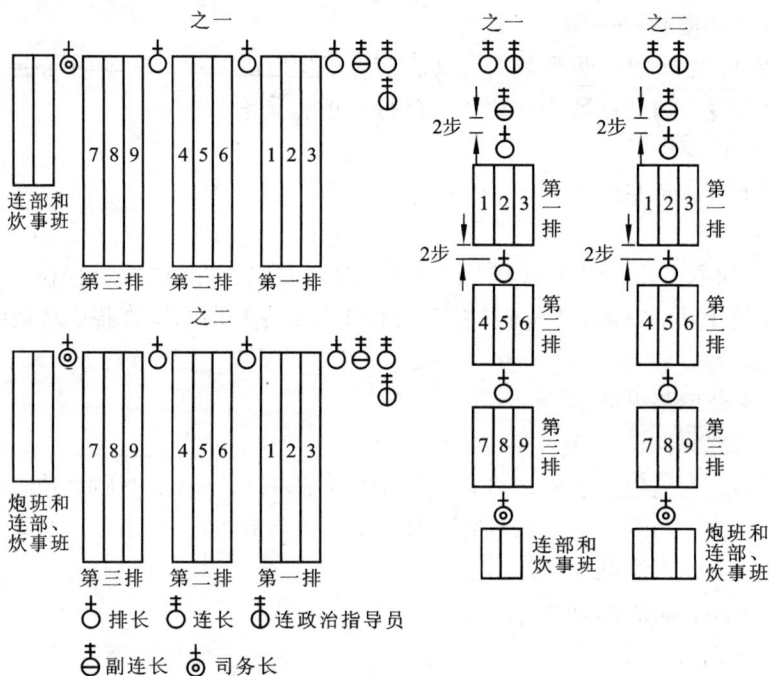

图6-12　步兵连的队形（并列纵队）

三、阅兵

阅兵，分为阅兵式和分列式。通常进行两项，根据需要，也可以只进行一项。

阅兵，分为上级首长检阅和本级首长检阅。当上级首长检阅时，由本级军事首长任阅兵指挥；当本级军政主要首长检阅时（由一人检阅，另一人位于阅兵台或者队列中央前方适当位置面向部队），由副部队长或者参谋长任阅兵指挥。在阅兵式开始前进行升国旗、迎军旗仪式。

（一）升国旗

国旗由一名掌旗员掌持，两名护旗兵护旗，护旗兵位于掌旗员两侧。掌旗员和护旗兵应当具备良好的军政素质和魁梧匀称的体形。

1. 掌持国旗的姿势为扛旗

扛旗要领：右手将旗扛于右肩，旗杆套稍高于肩，右臂伸直，右手掌心向下握旗杆，左手放下。听到"齐步——走"的口令，开始行进。

2. 国旗的升降

要领：升旗时，掌旗员将旗交给护旗兵，由两名护旗兵协力将国旗套（挂）在旗杆绳上并系紧，掌旗员将国旗抛展开的同时，由护旗兵协力将旗升至旗杆顶。

降旗时，由护旗兵解开旗杆绳并将旗降下，掌旗员接扛于肩。

下半旗时，先将国旗升至旗杆顶，然后徐徐降至旗顶与旗杆顶之间的距离为旗杆全长的三分之一处；降旗时，先将国旗升至旗杆顶，然后再降下。

升、降国旗时，掌旗员应当面向国旗行举手礼。

（二）迎军旗

将展开的军旗持入队列时，部队应当整队举行迎军旗仪式。迎军旗时，通常成营横队的团横队。特殊情况下，可以由机关和指定的分队参加，按照部队首长临时规定队形列队。

迎军旗时，主持迎军旗的指挥员下达"立正""迎军旗"的口令，听到口令后，掌旗员（扛旗）、护旗兵齐步行进，当由正前或者左前方向本团右翼进至距队列40～50步时，主持迎军旗的指挥员下达"向军旗——敬礼——"的口令，听到口令后，位于指挥位置和阅兵台的军官行举手礼，其余人员行注目礼；掌旗员（由扛旗换端旗）、护旗兵换正步，取捷径向本团右翼排头行进，当超过队形时，主持迎军旗的指挥员下达"礼毕"口令，部队礼毕；掌旗员（由端旗换扛旗）、护旗兵换齐步。军旗进至团指挥员右侧3步处时，左后转弯立定，成立正姿势。

军旗由部队首长指派一名掌旗员掌持，两名护旗兵护旗。位于掌旗员两侧。

掌旗员通常由连、排级军官或者士官充任，护旗兵由士兵充任。掌旗员和护旗兵应当具备良好的军政素质和魁梧匀称的体形。

1. 掌旗姿势

掌持军旗的姿势分为持旗、扛旗和端旗。

持旗要领：立正时，右臂自然下垂，右手持旗杆，使旗杆垂直立于右脚外侧。稍息时，持旗姿势不变。

扛旗要领：听到"齐步——走"的预令后，左手握旗杆套下方约10厘米处，两手协力将旗上提，扛于右肩，旗杆套稍高于肩，右臂伸直，右手掌心向下握旗杆，左手放下。听到动令，开始行进。

端旗要领：右手握旗杆套下约10厘米处，右臂向前伸直，右手约与肩同高，左手握旗杆下部，左小臂斜贴于腹部。

2. 扛旗、端旗互换

（1）扛旗换端旗。

口令：正步——走。

要领：听到"正步——走"的口令后，在左脚落地时，左手在右手腕处握旗杆；在右脚落地时，右手移握距旗杆套约10厘米处；再出左脚的同时，右臂向前伸直，左手向后压，两手协力转换成端旗姿势，继续行进。

（2）端旗换扛旗。

口令：齐步——走。

要领：听到"齐步——走"的口令后，在左脚落地的同时，收右臂，左手前推，将旗扛于右肩；在右脚落地时，右手移握旗杆下部，右臂伸直；再出左脚的同时，左手放下，换齐步行进。

（3）掌旗员、护旗兵行进中变换方向时，以掌旗员为轴。迎送军旗时，其行进、转弯、步法变换和停止的口令由掌旗员下达。

（三）阅兵式

团阅兵式的队形，通常为营横队的团横队，或者由团首长临时规定。

阅兵式程序：

1. 阅兵首长接受阅兵指挥报告

当阅兵首长行至本团队列右翼适当距离时或者在阅兵台就位后（当上级首长检阅时，通常由团政治委员陪同入场并陪阅），阅兵指挥在队列中央前下达"立正"的口令，随后跑到距阅兵首长5~7步处敬礼，待阅兵首长还礼后礼毕并报告。例如："首长同志，第×团列队完毕，请您检阅。"报告后，左跨1步，向右转，让首长先走，尔后在其右后侧（当上级首长检阅时，团政治委员在团长右侧）跟随陪阅。

2. 阅兵首长向军旗敬礼

阅兵首长行至距军旗适当位置时，应当立正向军旗行举手礼（陪阅人员面向军旗，行注目礼）。

3. 阅兵首长检阅部队

当阅兵首长行至团机关、各营部、各连及后勤分队、装备分队队列右前方时，团机关由副团长或者参谋长、各营部由营长、各连由连长、后勤分队和装备分队由团指定的指挥员下达"敬礼"的口令。听到口令后，位于指挥位置的军官行举手礼，其余人员行注目礼，目迎目送首长（左、右转头不超过45度）；阅兵首长应当还礼，陪阅人员行注目礼。当首长问候："同志们好！"或者"同志们辛苦了！"，队列人员应当齐声洪亮地回答："首——长——好！"或者"为——人民——服务！"，当首长通过后，指挥员下达"礼毕"的口令，队列人员礼毕。

4. 阅兵首长上阅兵台

阅兵首长检阅完毕后上阅兵台，阅兵指挥跑步到队列中央前，下达"稍息"口令，队列人员稍息。当上级首长检阅时，团政治委员陪同首长上阅兵台，然后跑步到自己的列队位置。

5. 分列式

团分列式队形由团阅兵式队形调整变换，或者由团首长临时规定。

团分列式，应当设4个标兵。一、二标兵之间和三、四标兵之间的间隔各为15米，二、三标兵之间的间隔为40米。

分列式程序：

（1）标兵就位。

分列式开始前，阅兵指挥在队列中央前，下达"立正""标兵，就位"的口令。标兵听到口令，成一路纵队持(托)枪跑步到规定的位置，面向部队成立正姿势。

(2)调整部(分)队为分列式队形。

标兵就位后，阅兵指挥下达"分列式，开始"的口令，尔后，跑步到自己的列队位置。听到口令后，各分队按照规定的方法携带武器(掌旗员扛旗)，团、营指挥员分别进到团机关和营部的队列中央前，各分队指挥员进到本分队队列中央前，下达"右转弯，齐步——走"的口令，指挥分队变换成分列式队形。

(3)开始行进。

变换成规定的分列式队形后，团机关由副团长或者参谋长下达"齐步——走"的口令。听到口令后，团指挥员、团机关人员齐步前进，其余分队依次待前一分队离开约15米时，分别由营长、连长及后勤分队、装备分队指挥员下达"齐步——走"的口令，指挥本分队人员前进。

(4)接受首长检阅。

各分队行至第一标兵处，将队列调整好。进到第二标兵处，掌旗员下达"正步——走"的口令，并和护旗兵同时由齐步换正步，扛旗换端旗(掌旗员和护旗兵不转头)。此时，阅兵首长和陪阅人员应当向军旗行举手礼。副团长或者参谋长和各分队指挥员分别下达"向右——看"的口令，队列人员听到口令后(可以呼喊"一、二")，按照规定换正步(81式自动步枪手换端枪)行进，并在左脚着地的同时向右转头(位于指挥位置的军官行举手礼，并向右转头，各列右翼第一名不转头)不超过45度注视阅兵首长，此时，阅兵台首长应当行举手礼。

进到第三标兵处，掌旗员下达"齐步——走"的口令，并与护旗兵由正步换齐步，同时换扛旗；其他分队由上述指挥员分别下达"向前——看"的口令，队列人员听到口令后，在左脚着地时礼毕(将头转正)，同时换齐步(81式自动步枪手换提枪)行进。

当上级首长检阅时，团长和团政治委员通过第三标兵后，到阅兵首长右侧陪阅。各分队通过第四标兵，换跑步到指定的位置。待最后一个分队通过第四标兵，阅兵指挥下达"标兵，撤回"的口令，标兵按照相反顺序跑步撤至预定位置。

(5)阅兵首长讲话。

分列式结束后，阅兵指挥调整好队形，请阅兵首长讲话。讲话完毕，阅兵指挥下达"立正"口令，向阅兵首长报告阅兵结束。当上级首长检阅时，由团政治委员陪同阅兵首长离场。

6.送军旗

送军旗，在阅兵首长讲话后或者分列式结束后进行。

将军旗持出队列时，部队应当整队举行送军旗仪式。

主持送军旗的指挥员下达"立正""送军旗"的口令。听到口令后，掌旗员(成扛旗姿势)、护旗兵按照迎军旗路线相反方向齐步行进。军旗出列后行至团机关队形右侧前时，主持送军旗的指挥员下达"向军旗——敬礼——"的口令。听到口令后，掌旗员(由扛旗换端旗)、护旗兵换正步，全团按照迎军旗的规定敬礼。当军旗离开距队列正面40~50步时，主持送军旗的指挥员下达"礼毕"的口令，部队礼毕；掌旗员(由端旗换扛旗)、护旗兵换齐步，返回原出发位置。

思考题

1. 什么是《内务条令》？其作用是什么？
2. 什么是《纪律条令》？其作用是什么？
3. 《队列条令》的主要内容有哪些？
4. 如何理解中国人民解放军共同条令在部队建设中的地位和作用？
5. 学生军训早操的要求有哪些？
6. 单个军人队列动作有哪些？
7. 简述阅兵的程序。

第七章

轻武器射击

学 习 目 标

1. 了解轻武器的战斗性能和基本射击理论；
2. 掌握半自动步枪射击的动作要领，完成第一练习实弹射击。

第一节 武器常识

轻武器，亦称轻兵器，是指单个士兵携带和使用的武器，是用于近距离内消灭敌人有生力量的工具。现装备的轻武器，可分为手枪、步枪、冲锋枪、机枪、火箭筒和榴弹发射器等。本章主要介绍我军目前最常用的 81 式自动步枪、56 式半自动步枪的基本常识及射击操作方法。

一、武器概述

武器，又称为兵器，是用于攻击的工具，也因此被用来威慑和防御。当武器被有效利用时，它应遵循期望效果最大化、附带伤害最小化的原则。任何可造成伤害的事物（甚至可造成心理伤害的）都可称为武器。只要用于攻击，武器可以是一根简单的木棒，也可是一枚核弹头。随着新军事变革深入发展，推进军事转型，构建信息化军队，打赢信息化战争，已经成为世界各国发展武器装备的目标牵引。军事大国正加紧调整军事战略，以信息技术推动信息化武器装备的发展。

武器与战争进程息息相关，并很大程度上影响到一个时代的世界政治进程。第一次世界大战中，以战壕和机枪群为基础的防守优于进攻，因此一战主要以阵地僵持战为主，一战期间，防守的武器优于进攻武器，冲锋枪、火炮、毒气、战列舰主导了战局。一战后期出现的新式武器坦克、飞机仍有众多不完善之处，只能是一战的战场插曲。到了第二次世界大战的时候，情况就逆转过来了，坦克、飞机、航母、潜艇为主的陆海空新式武器的优势得到了发挥，主导了战局，这一时局被证明是进攻强于防守。纳粹基于坦克与飞机集群的闪电战、美日以航母为主的突击战法取得了巨大的成功，使得二战呈现出整片整片的大陆来回易主，整个战线具有极大的流动性，也造成了往甚于一战的破坏性、毁灭型结果。

二战后的60年，攻防武器都有很大的发展，总的来说，防御型武器的发展更令人振奋，当然如此，防御型的武器成长往往与和平关联在一起。雷达技术的成熟，各类反坦克武器、防御型导弹、反导系统的成熟，单兵武器系统的成熟，以及热门话题"导弹防御体系"的出现，都促使武器的攻防系统，从二战一边倒的局面，逐步向防御型武器平衡。进攻型武器上除了导弹技术的成熟，卫星、定位技术的成熟，最重要的一个革命是无人作战系统的出现，机器人战争可能将在不远的未来在这片大陆上出现。

武器家族，成员众多，随着科技的进步，新的成员层出不穷，各有特色。由于武器是在矛与盾的对抗中发展起来的，所以呈现出名目繁多、相互兼容的特点，给武器分类带来了许多困难。从大的方面讲，按战争中的作用可分为战略武器、战役武器、战术武器；按毁坏程度和范围，可分为大规模的杀伤破坏武器和常规武器；按使用的兵种可分为陆军武器、海军武器、空军武器、防空部队武器、海军陆战队武器、空降部队武器和战略导弹部队武器等。

按照人们的习惯划分，武器可分为14种类型。

表7-1 武器分类表

序号	类型	名称
1	枪械	包括手枪、步枪、冲锋枪、机枪、特种枪和霰弹枪
2	火炮	包括加农炮、榴弹炮、火箭炮、迫击炮、高射炮、坦克炮、反坦克炮、航空炮、舰炮和海岸炮等
3	装甲战斗车辆	包括坦克、装甲输送车和步兵战车等
4	舰艇	包括战斗舰艇(航空母舰、战列舰、巡洋舰、驱逐舰、护卫舰、潜艇、导弹舰等)、两栖作战舰艇(两栖攻击舰、两栖运输舰、登陆舰艇等)、勤务舰艇(侦察舰船、抢险救生舰船、航行补给舰船、训练舰、医院船等)
5	军用航天器	包括军用人造卫星、宇宙飞船、空间站和航天飞机
6	军用航空器	包括作战飞机(轰炸机、歼击机、强击机、反潜机等)、勤务飞机(侦察机、预警机、电子干扰机、空中加油机、教练机等)、直升机(武装直升机、空中运输直升机等)、无人驾驶飞机、军用飞艇等
7	化学武器	包括装有化学战剂的炮弹、航空炸弹、火箭弹、导弹弹头和化学地雷等
8	防暴武器	包括橡皮子弹、催泪瓦斯、炫目弹、高压水枪等
9	生物武器	包括生物战剂(细菌、毒素和真菌等)及其施放装置等
10	弹药	包括枪弹、炮弹、航空炸弹、手榴弹、地雷、水雷、火炸药等
11	核武器	包括原子弹、氢弹、中子弹和能量较大的核弹头等
12	精确制导武器	包括导弹、制导导弹、制导炮弹等
13	隐形武器	包括隐形飞机、隐形导弹、隐形舰船、隐形坦克等
14	新概念武器	包括定向能武器(激光武器、微波武器、粒子束武器)、动能武器(动能拦截弹、电磁炮、群射火箭)、军用机器人和电脑"病毒"等

二、枪械发展史

(一) 前装枪时期

中国在世界上最早发明了火药，据史料记载，早在南宋开元时期(1259年)，中国首先使用以竹制成身管，用黑火药发射小弹丸的突火枪，这是世界上最早的管形射击火器。13世纪末，中国又发明了世界上最早的金属管形射击火器——火铳，并在元代和明代军队中大量装备。中国人发明的火药传到西方后，14世纪，欧洲也有了通过枪管尾部与枪膛相通的火门枪，射速很低，射击精度也差。15世纪，欧洲出现了通过转动杠杆使得引燃着的浸过硝酸钾的火绳头接近火门孔点燃发射药的火绳枪。16世纪初，德国出现了依靠带发条的钢转轮摩擦燧石发火的燧石枪。16世纪末又出现了利用撞击使燧石发火的火燧石枪，它的结构比较简单，使用比较方便，也提高了射速，加上生产工艺的改进，口径减小到17毫米，质量减小到5~6千克。17世纪中叶，作为步枪使用的火燧石枪，开始装上刺刀，利用步枪可以进行拼刺搏斗。由于后装枪难于闭塞火药燃气，因而早期的枪都是前装滑膛枪，装填发射药和弹丸都很困难。

(二) 后装枪时期

1807年，英国人福赛斯发明了含雷汞击发药的火帽，打击火帽即可引燃膛内的发射药，继而出现了将弹头、发射药和带金属底火纸弹壳连成一体的定装式枪弹，使用定装弹大大简化了从枪管尾部装填枪弹的操作，便于密闭火药燃气，为后装枪的普遍使用创造了条件，是枪械发展史上一次重大的突破。早在15世纪，已经有人在前装枪的枪膛内刻上直线形膛线，以便于从枪口装入弹丸，而螺旋形膛线由于前装弹丸很费事，一直到发明定装弹并改用后装枪之后，才广泛采用便于弹头旋转稳定以提高精度和最大射程的螺旋形膛线。1835年，德国研制成功德莱西步枪，它采用螺旋形膛线，用击针打击枪弹底火，发射定装式枪弹，称为击针枪。它使战斗射速提高到6~7 r/min，任何姿势都可重新装弹。19世纪中叶，出现了预先压上底火的整体金属弹壳，并且出现了可存放8发枪弹的管形弹仓。射击时，射手可将弹仓中的枪弹一个接一个射出，显著提高了战斗射速。1884年，法国研制成功无烟火药，减少了火药燃烧后的残渣，加上金属深孔加工技术的改进，步枪口径进一步减少到8毫米以下，并提高了弹头的初速。

(三) 自动装枪时期

在19世纪末期，当时不少守旧的将军认为马克沁机枪是浪费枪弹的武器，但是在多次战斗中，它成功地消灭了进攻的战士。因此在20世纪初开始，各国竞相研制成功不同自动原理、不同结构的机枪、手枪和步枪。随着对枪的结构和自动原理认识的不断深化，涌现了许多新发明，枪械的结构逐渐趋向成熟。1833年，英籍美国人马克沁以膛内火药燃气作动力，采用枪管短后坐自动原理，曲柄连杆式闭锁机构，布料弹链供弹，用水冷却枪管的机枪，使理论射速提高到600 r/min，能长时间连续射击，成为世界上第一支成功的自动武器，是枪械发展史上又一次重大技术突破，从此开始了近代自动枪械的发展。19世纪中叶以后，出现了许多机械化的连发枪械，如美国人加特林发明了手摇式机枪，它用6根口径为14.7毫米的枪管，按圆周排列装在转轮上，射手摇动曲柄，通过机构传动进行重新装填枪弹，由6根转动的枪管依次发射枪弹。它依靠射手的体力操作机构动作和发射，最高射速可达 300～350 r/min。现代也有采用电力或液压加特林原理带动机构动作的航空自动武器，最高射速可达 6000 r/min。

三、枪械常识

轻武器的主体是枪械，一个国家枪械（尤其是步枪）的发展水平，可以看作是其轻武器发展水平的标志。枪械通常包括手枪、冲锋枪、步枪、机枪和特种枪（霰弹枪、防暴枪、救生枪、信号枪）等。手榴弹的基本弹种是杀伤手榴弹，另外还有反坦克、燃烧、烟幕等弹种。枪榴弹主要有杀伤、破甲、烟幕、燃烧和照明等类型。榴弹发射器可分为枪械型和迫击炮型两大类。枪械型又有结合在步枪枪管下面的枪挂式榴弹发射器、步枪式肩射榴弹发射器（也称榴弹枪）和机枪式架射自动榴弹发射器（也称榴弹机枪）之分；迫击炮型可抵地发射，主要包括掷弹筒和弹射榴弹发射器。火箭发射器包括各类火箭筒、枪发大威力攻坚火箭弹和其他小型火箭发射装置。无坐力发射器有后喷火药燃气式和平衡抛射式两种。轻型燃烧武器包括便携式喷火器及其他一些专用燃烧器材。便携式喷火器是一种单兵使用的喷射火焰射流的近距火攻武器，主要用于消灭依托工事据守的有生力量，抗击冲击的集群步兵，特别适于攻击坑道、洞穴和火力点等坚固工事。单兵导弹为一种单兵可以携行使用的导弹，主要用于反坦克或防低空飞行目标作战。

英文 small arms 最初仅指可供单兵携带的枪械，如手枪、冲锋枪、步枪等，后经发展才包括了各种大小口径的机枪、榴弹发射器、火箭发射器和无坐力发射器等。中国现代的轻武器主要包括枪械和手榴弹、枪榴弹、榴弹发射器、火箭发射器和无坐力发射器，此外还有轻型燃烧武器和单兵导弹等。中国学术界习惯上将上述各种轻武器概括为两大类，但有两种观点：一种观点认为轻武器可分为枪械和近战武器；另一种观点认为轻武器应当分为枪械、榴弹武器和其他类型轻武器。两种观点都可见于某些轻武器专著、文件、标准或辞书中。

（一）枪械的组成部件

枪械主要由枪管、闭锁机构、供弹机构、击发机构、发射机构、退壳机构和瞄准装置等部分组成，每个部分有着各自的功能和特点。

1. 闭锁机构

闭锁机构是为了保证自动武器可靠地发射弹丸，并使其获得规定的初速，应当在推弹之后关闭弹膛并顶住弹壳，以防止弹壳在高膛压时因后移量过大而发生横断和火药燃气早期向后逸出；在弹头出枪口之后能及时打开枪膛，以完成后继的自动循环动作。闭锁机构一般由枪机（或机头）、枪机框（或节套）与枪管等组成。

闭锁机构按闭锁时后枪管与枪机的连接性质可以分为惯性闭锁和刚性闭锁两大类。惯性闭锁在闭锁时枪管和枪机没有扣合，或虽然有扣合但是在壳机力作用下能自行开锁的闭锁方式。惯性闭锁机构有三种：枪机纵动式、楔闩式和滚柱式。刚性闭锁在闭锁时枪管与枪机有牢固的扣合，射击时壳机力不能直接使枪机开锁，必须在主动件（枪机框或枪机体）强制作用下才能开锁的一种闭锁方式。这类闭锁机构工作可靠，可根据武器的设计要求安排结构尺寸与质量，所以被广泛采用在管退式和导气式武器中。主要有四种形式：回转式、偏转式、枪管偏移式和横动式。

2. 供弹机构

供弹机构一般包括容弹具、输弹机构和进弹机构三部分。输弹机构的作用是把容弹具中的弹药输送到进弹口；进弹机构的作用是把进弹口的弹药送入弹膛。弹仓包括弹匣、弹鼓和弹箱。弹仓供弹的输弹能源常是外能源，所谓外能源就是非火药燃气能源；弹链供弹机构的能源可以是火药燃气，也可以是外能源，或部分是外能源。

3. 击发机构

击发机构一般由击针、击锤（或击铁）、击针（锤）簧等组成。其作用是产生机械冲量，并把该机械冲量传给枪弹底火的一种机构。根据击发机构的结构特点和受力件的运动形式以及所受外力作用的特点和能量来源的不同，可以分为击针式和击锤式两大类。击针式击发机构其击针能量直接由击针簧或复进簧获得。它又可以分为击针簧击针式击发机构和复进簧击针式击发机构。

击针簧击针式击发机构的优点是：由解脱击针到击发的时间短，撞击小，对提高武器的射击精度有利，特别是单发射击和第一发射击时，效果颇为显著。其缺点是：击针的尺寸大，因而影响枪机的强度或使枪机的尺寸增大。同时，复进时待击会影响武器的可靠性；而后坐时待击，在许多闭锁机构中又不易实现，或者使结构复杂。

利用复进簧能量的击针式击发机构，复进簧兼作击针簧，枪机、枪机体或枪机框又起击针体的作用，闭锁机构通常又是击发机构的保险机构。这种机构常用在枪机停在后方而成待击的连发武器上。它的优点是：结构简单，击发可靠。其缺点是：第一发射击时解脱枪机至击发的时间长，对快速运动目标的射击不利，并且撞击大，因而影响首发精度。其中固定击针最简单，但进弹和退壳条件可能因受击针尖的妨碍而变坏。54 式 7.62 冲锋枪，击针装在枪闩上，当枪闩靠复进簧的能量复进到位时，击针撞击底火而击发。53 式 7.62 轻机枪，击针为活动形式。击针不固定在枪机上，与机体之间有相对运动。比勃朗宁手枪复进簧式击针击发机构，击针是可以活动的。

4. 发射机构

发射机构是控制击发机构进行击发或呈待发的机构。发射机构中还包含有保险机构。有些武器还利用发射机构作为降低射击频率的减速机构。发射机构一般由扳机、扳机簧、阻铁、阻铁簧和保险杆等零件以及发射机座等组成。发射机构可以分为连发发射机构、单发发射机构、单连发发射机构、点射发射机构、双动发射机构和电控发射机构。56 式 7.62 毫米半自动步枪的击发机构：利用击锤的回转运动来完成强制分离，使扳机与阻铁自行滑脱，以实现单发。

5. 退壳机构

在射击过程中，把击发过的弹壳从膛内抽出，并把它抛出武器之外，这一工作过程称为退壳。退壳机构除了担当退壳任务外，还应当具有退弹能力，所以退壳机构应既能可靠地将击发过的弹壳从膛内抽出，并抛出武器之外；又能顺利地把处于待发位置的枪弹从膛内抽出，并抛出武器之外。为了完成退壳与退弹任务，退壳机构应具有抽壳和抛壳两种功能，相应由抽壳机构和抛壳机构两部分组成。其中，抽壳机构主要包括抽壳钩和抽壳钩簧；抛壳机构主要是抛壳挺。如枪机是纵向运动的武器，枪机带动拉壳钩从膛内抽出弹壳，后退一段距离后，退壳挺顶弹底缘的另一边形成力偶，使弹壳从抛壳窗抛出，这种方式称为顶壳式。这种退壳机构由抽壳机构和抛壳机构两部分组成。

抽壳机构的作用，是把击发过的弹壳或处于待发位置的枪弹从膛内可靠地抽出。为此，要求抽壳钩齿在推弹进膛后，能顺利地跳过弹壳底缘，并以一定抛弹力将弹壳从膛内抽出，而又不会滑落。抛壳时弹壳能绕钩齿回转，并朝一定方向将弹壳抛出。

抛壳机构主要是抛壳挺，按抛壳动作有无弹簧缓冲，可分为刚性抛壳挺和弹性抛壳挺。

6. 瞄准装置

赋予枪管射向的操作称为瞄准，瞄准装置的作用是使枪膛轴线形成射击命中目标所需的瞄准角和提前角。按照瞄准装置的观测系统不同可分为简易机械瞄准装置和光学瞄准装置。其中简易机械瞄准装置主要是由准星和带照门的表尺组成；瞄准角和提前角的装定是靠移动表尺照门实现。而光学瞄准装置是由光学元件组成；瞄准角和提前角由分划板上的分划实现，或由分划与机械传动部分共同组成。按射击对象的不同又可以分为对地面目标瞄准装置和对空目标瞄准装置。另外还有在光线暗淡和夜间用的夜视瞄具，如主动式红外瞄具、被动式红外瞄具、微光瞄具、激光瞄具和热成像仪等。

7. 枪械射击

在每一次射击循环中，枪械一般要完成以下 7 个动作：①击发：手扣扳机后，击针打击枪管弹膛内的枪弹底火，引燃发射药发射弹头；②开锁：枪管和枪机解脱连锁，打开枪管弹膛；③后坐：枪机向后运动并压缩复进簧；④退壳：枪机后坐时从膛内抽出弹壳，将其抛出机匣；⑤复进：在复进簧的推动下枪机向前运动；⑥进弹：枪机在复进中推弹入膛；⑦闭锁：枪机与枪管连锁，关闭枪管弹膛。

8. 自动方式

自动方式，是自动机利用火药燃气能量完成自动循环的方法和形式。自动武器发射时完成自动动作的各机构的总称叫作自动机。包括自动机原动件（自动机中直接承受火药燃气能量，并带动其他机构或构件运动的部件）、闭锁机构、供弹机构、击发机构、发射机构、退壳机构、复进装置和保险机构等。发射时，自动机中的各机构按规定的顺序协调配合，分别进行各自的动作，完成自动循环。根据利用火药燃气能量的方法不同，自动方式可分为：枪机后坐式枪机后坐式是利用膛内火药燃气压力直接推动枪机后坐的自动方式。武器自动循环动作的全部能量，来自枪机的后坐运动，根据枪机在运动是有无制动措施，分为自由枪机式和半自由枪机式。枪管后坐式，又称管退式，是利用火药燃气的膛底压力，推动枪机并带动枪管后坐的自动方式。根据枪管与枪机分离时枪管的不同行程，可以分为枪管长后坐式和枪管短后坐式两大类型。导气式是利用导出的膛内火药燃气，使枪机后坐的自动方式。根据导气装置的不同结构，可以分为活塞式和导气管式。混合式是数种自动方式组合而成的自动方式。85 式 12.7 机枪是导气与枪机后坐混合式。击发后，火药燃气推动机体向后运动，当机体走完自由行程后，此时膛内还有较高的压力，机头在弹壳底部火药燃气压力作用下滑脱开锁加速后坐（占后坐能量 30%）和机体被火药燃气推动向后（占后坐能量 70%）共同作用下完成自动动作。

（二）枪械技术要求

一般可以分为以下五个方面：射击威力的要求、工作可靠性的要求、机动性的要求、勤务性的要求和生产经济性的要求。

1. 射击威力的要求

武器的射击威力是指武器对目标的杀伤和破坏的能力。枪械射击威力的大小，决定于射击距离的远近、弹头是否命中目标、弹头命中目标后对目标的作用效果以及单位时间内命中目标的弹头数量。简单地说就是武器的射程、射击精度、弹头对目标的作用效果和武器的射速。

2. 工作可靠性的要求

武器的工作可靠性的要求包括安全、动作灵活可靠、使用寿命长、对外界条件抵抗性强等。武器必须使用安全，以保证战士集中精力杀伤敌人。武器动作必须灵活可靠，保证动作确实和连续，没有故障或极少故障，在出现故障时易于排除。武器的使用寿命是指武器所能承受的而不失去主要战斗性能的最大发射弹数。另外武器在使用过程中，经常可能遇到不利的环境，如河流、风雪、尘土、泥沙、严寒和酷暑等，通过障碍地区时、搬运时或空投时遇到碰撞，行军途中经受剧烈的颠簸，战斗中还可能被弹片击中。对于这些外界不利条件，武器要有较强的抵抗性能，以保证能随时投入战斗。

3. 机动性的要求

枪械的机动性是指在各种条件下使用灵活、开火与转移迅速的程度。包括运动灵活性、火力机动性以及使用适应性三者。运动灵活性是指武器携带和运行方便，能到山地、水沼、森林、沙漠等任何地方进行战斗。火力机动性是指武器能迅速开火及转移火力。使用适应性是指武器在各种条件下都能发挥其作用。

4. 勤务性的要求

武器勤务性的要求包括供应简便、分解结合保管保养简便、射击准备简便、训练简便等。

5. 生产经济性的要求

生产经济性是指在保证枪械预定功能的条件下，使设计、生产、使用、修理、维护及储存成本低。

四、56 式半自动步枪

(一)56 式半自动步枪介绍

56 式半自动步枪，是苏联 SKS 半自动步枪的仿制品，生产于 1956 年。为中国人民解放军第一支制式列装的半自动步枪，和 56 式班用机枪、56 式自动步枪统称 56 式枪族。1985年，56 式半自动步枪正式撤装，由 81 式步枪或 56 式冲锋枪取代。但 56 式半自动步枪仍装备民兵部队。中国军队仅保留少数 56 式步枪做仪仗队的礼仪用枪。

56 式半自动步枪是步兵使用的单人武器，它以火力、刺刀及枪托杀伤敌人。56 式半自动步枪是步兵分队在近战中消灭敌人有生力量的主要武器。它对 400 米内的单个目标射击效果最好，集中火力可射击 500 米内的飞机、伞兵和杀伤 800 米内的集团目标，弹头飞行到1500 米仍有杀伤力。战斗射速每分钟 35～40 发。使用 56 式普通弹，在 100 米距离上能射穿6 毫米厚的钢板、15 厘米厚的砖墙、30 厘米厚的土层和 40 厘米厚的木板。

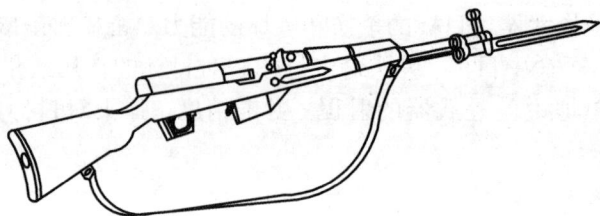

图 7-1 56 式半自动步枪

(二)主要机件名称和用途

56 式半自动步枪口径 7.62 毫米；枪全重 3.85 千克；枪全长 1.33 米；普通弹初速 735 米/秒；弹头最大飞行距离约 2000 米。

1. 主要部件

半自动步枪由枪刺(刺刀)、枪管、瞄准具、活塞及推杆、机匣、枪机、复进机、击发机、弹仓、木托等十大部件组成，另有一套附品。

(1)枪刺(刺刀)用以刺杀敌人。

(2)枪管用以赋予弹头的飞行方向。枪管内是弹膛和线膛。弹膛用以容纳子弹，线膛能使弹头在前进时旋转运动，以保持飞行的稳定性。线膛有四条右旋膛线(阴膛线)，两条膛线间的凸起部分叫阳膛线，两条相对的阳膛线间的距离是枪的口径，枪管外有导气箍，用以引导火药气体冲击活塞。

(3)瞄准具由表尺和准星组成，用以瞄准。表尺上有缺口和游标，并刻有 1~10 的分划，每一分划对应 100 米；"Ⅱ""D"或"3"是常用表尺分划，与表尺 3 相同。表尺座上有固定栓扳手，用以固定活塞和推杆。准星可拧高、拧低，准星移动座可左右移动。准星移动座和准星上各有一条刻线，用以检查准星位置是否准确。

(4)活塞及推杆活塞装在活塞筒内，用以传导火药气体压力推压推杆向后；活塞筒上有护木。推杆及推杆簧装在表尺座内，推杆能将活塞的推力传送到机栓上。推杆簧能使推杆和活塞回到前方位置。

(5)机匣用以容纳枪机和复进机，固定击发机和弹仓。机匣外有机匣盖和连接销。机匣内有枪机阻铁，当弹仓内无子弹时，能使枪机停在后方位置。机匣内还有闭锁卡槽和拨壳凸榫等。

(6)枪机由机栓和机体组成。用以送弹、闭锁、击发和退壳，并能使击锤向后成待发状态。机栓上挂钩，用以与机体挂钩相连并带动机体运动。机栓上还有闭锁凸出部、机柄、复进机槽和弹夹槽。

(7)复进机用以使枪机回到前方位置。

(8)击发机用以使枪机相互作用形成待发和击发，击发机上有：击发控制杆(能在枪机闭锁枪膛前，防止击锤松回)、保险机(可限制扳机向后，保险机扳到前方为保险)、击锤、弹仓盖卡榫和扳机等。

(9)弹仓用以容纳和托送子弹，可装上 10 发子弹。

(10)木托便于操作。木托上有下护木、枪颈、枪托、托底板和附品筒巢。

2.附品

附品用以分解结合、擦拭上油、携带和排除故障。附品包括擦拭杆、鬃刷、铳子、附品筒、通条、油壶、背带和子弹袋。

(三)子弹

1.子弹的各部分的名称和用途

子弹由弹头、弹壳、底火和发射药组成。弹头用以杀伤敌人有生力量；弹壳用以容纳发射药，安装弹头和底火；底火用以点燃发射药；发射药用以产生火药气体，推送弹头前进。

2.子弹的种类、用途和标志

(1)普通弹：用以杀伤敌人有生力量。

(2)曳光弹：主要用以试射、指示目标和做信号。命中干草能起火。曳光距离可达800米。弹头头部为绿色。

(3)燃烧弹：主要用以引燃物体。弹头头部为红色。

(4)穿甲燃烧弹：主要用以射击飞机和轻装甲目标(在200米距离上穿甲厚度为7毫米)，并能在穿透装甲后引燃汽油。弹头头部为黑色并有一道红圈。

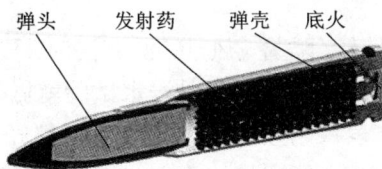

图7-2　子弹剖面图

五、81式自动步枪

(一)81式自动步枪介绍

81式枪族是1979年下达的研制任务，于1981年设计定型，在1983年正式投入大量生产。其研制目标是要用一个班用枪族取代正在装备的56式半自动步枪、56式冲锋枪和56式轻机枪，但仍采用56式7.62毫米枪弹。由于在1978年已经正式决定我国将来会采用5.8毫米的小口径自动步枪，所以研制81式枪族的目的是在装备小口径步枪之前提供一种过渡型武器。但通过实战证明，81式枪族是一种性能优良的武器，精度好、动作可靠、操作维护简便，在老山前线的战斗中表现良好。

81式自动步枪作为要求在短时间内完成设计的过渡枪型，81式枪族全部采用成熟技术和设计。采用短行程活塞式导气系统，这一点是81式与56式冲锋枪最大的不同之处，因此81式不是AK系步枪。其他结构与56式冲锋枪类似。81式步枪全长为950毫米，枪管长440毫米，介于56式半自动步枪和56式冲锋枪之间。

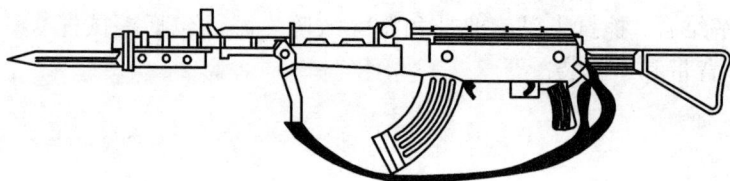

图 7 - 3　81 式自动步枪

(二)81 式自动步枪性能

81 式自动步枪采用导气式自动方式,枪机回转式闭锁,可实施单、连发射击,使用 56 式 7.62 毫米枪弹,用 30 发弹匣供弹,弹头初速 720 米/秒,固定的枪榴弹发射具能用空包弹发射 60 毫米反坦克枪榴弹,也可用实弹发射 40 毫米枪榴弹系列。

81 式步枪准星座比较 AK47 后移让出一段枪管,供发射枪榴弹之用,不过,设计单位却忽略了就使用概率而论,枪口防火帽的设计较为实用与更有效益;并且 81 式步枪瞄准基线亦有过短的缺点。不过其射击精度优于 56 式冲锋枪,这是因为 81 式有较长枪管、制造精度与短行程活塞。

81 式枪族设计时,通过了严寒、酷暑、风沙、泅渡江河、浸泡海水等严格条件的考验,经过部队装备作战的实践,故障极少。在研制阶段浸水试验就做了 26 次,早期曾经出现过早发火、发射枪榴弹时机匣盖脱落、表尺自动跳码等问题,但都经过改进得到解决,但防腐性能仍需改善。在大量生产中质量稳定,每次抽枪寿命试验,步枪在 15000 发射弹过程中达到了无任何故障、无零部件裂纹、无任何功能失效的状况。

81 式步枪忽视了结构的先进性,新材料、新工艺也不多,未安装光学瞄准具。连外观造型也没有独自的特点,有时国外就称其为 81 式 AK,甚至影响了外贸出口。产生这个问题的原因是有其历史背景的,因为在论证时已经给 81 式枪族定了位,就是一种"过渡性武器",不需要更多新工艺、新设备、新技术投入,只要求能够较快地试制投产,对原有产品有较好的工艺经济性和继承性。经过近 10 年的生产考核,在当时工艺、技术、设备落后的条件下,虽然能够满足大批量生产并保证稳定的质量要求,但是设计上仍然未能采用更多的新材料、新工艺、新技术。其工艺经济性符合中国国情。

(三)81 式自动步枪的参数

81 式自动步枪由刺刀(匕首)、枪管、瞄准具、活塞及调节塞、机匣、枪机、复进机、击发机、弹匣和枪托等 10 大部分组成,另有一套附品。

口径:7.62 毫米 × 39 毫米钢芯子弹

初速:710 米/秒

理论射速:600 ~ 750 发/分

枪重:3.4 ~ 3.5 千克

全枪枪长:955 毫米(不加刺刀),1104 毫米(加刺刀)

弹匣容量:30 发(通用弹夹)

有效射程：400 米单个目标，500 米集团目标（弹头飞行到 400 米仍可以穿透 A3 钢板 8 毫米、松土层 40 厘米），2000 米内弹头具有杀伤力

自动方式：枪机回转式闭锁

零件制造：冲压零件

瞄准系统：柱形准星、表尺，缺口式照门

瞄准基线：315 毫米，准星高 40 毫米

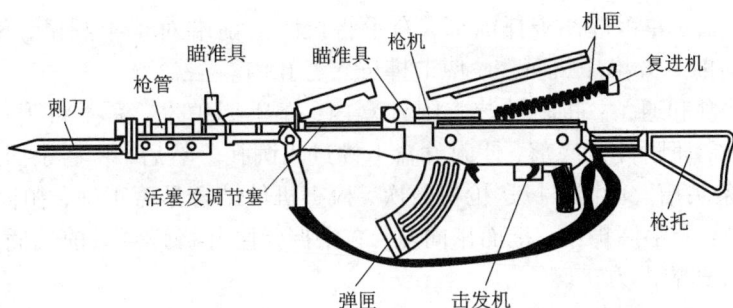

图 7-4 81 式自动步枪 10 大部件

（四）81 式自动步枪的分解和结合

1. 分解

分解结合是为了擦拭、上油、检查和排除故障。分解前必须验枪，分解结合应按次序和要领进行，不要强敲硬卸。分解下来的机件应按次序放在干净的物体上。除所讲的分解内容外，未经许可，不准分解其他机件。结合后，应拉送枪机几次，检查机件结合是否正确。

（1）卸下弹匣：左手握护木，枪面稍向左，右手握弹匣，拇指按压弹匣卡榫（也可右手掌心向上握弹匣，以手掌肉厚部分推压卡榫），前推取下弹匣。

（2）拔出通条和取出附件盒：左手握护木，右手向外向上拔出通条。然后，用中、食指顶压附件盒底部，使卡榫脱离圆孔，取出附件盒，并从附件盒内取出附件。

（3）卸下机匣盖：左手握住枪托前部，以拇指按机匣盖卡榫，右手将机匣盖上提取下。

（4）抽出复进机：左手握住枪托前部，右手向前推导管座，使其脱离凹槽，向后抽出复进机。

（5）取出枪机：左手握住枪托前部，右手拉枪机向后到定位，向上向后取出，左手转压机体向后，使导榫脱离导榫槽，再向前取出机体。

（6）卸下护盖：右手握上护木，左手将表尺转轮定到"1"上，再向左拉转轮装定在"0"上，然后左手握下护木，右手向上向后卸下护盖。

（7）卸下活塞及调节塞：左手握下护木，右手将活塞向右（左）转动到定位，压缩活塞杆簧，使调节塞前端脱离导气箍，向前卸下活塞及调节塞，并将活塞及调节塞分开。

2. 结合

（1）装上活塞及调节塞：将调节塞、活塞簧套在活塞上，左手握下护木，右手将活塞杆插入表尺座的圆孔内，压缩活塞簧，使调节塞前端进入导气箍，并向左转动调节塞，使下凸起

进入导气箍限制槽。

（2）装上护盖：左手握下护木，右手将护盖前端两侧卡在导气箍上，按压护盖后部到定位。左手转动表尺转轮使分划"3"对正定位点。

（3）装上枪机：右手握枪机，使导榫槽向上；左手将机体结合在机栓上，使导榫进入导榫槽并转到定位。左手握住枪托前部，右手将枪机从机匣后部装入机匣，前推到定位。

（4）装上复进机：左手握住枪托前部，右手将复进机插入复进机巢内，向前推压，使导管座进入凹槽内。

（5）装上机匣盖：左手握住枪托前部，右手将机匣盖前端对正半圆槽，使后部的方孔对正机匣盖卡榫，向前下方推压机匣盖，使卡榫进入方孔内。

（6）装上附件盒和通条：将附件装入附件盒内，左手握护木，右手将附件盒装入附件盒巢内，用中、食指顶压附件盒底部，使附件盒卡榫进入圆孔。然后，将通条插入通条孔内，并使通条头进入通条头槽。此时，拉送枪机数次，检查机件结合是否正确，扣扳机，关保险。

（7）装上弹匣：左手握护木，枪面稍向左，右手握弹匣并将弹匣口前端插入结合口内，扳弹匣向后，直到听到响声为止。

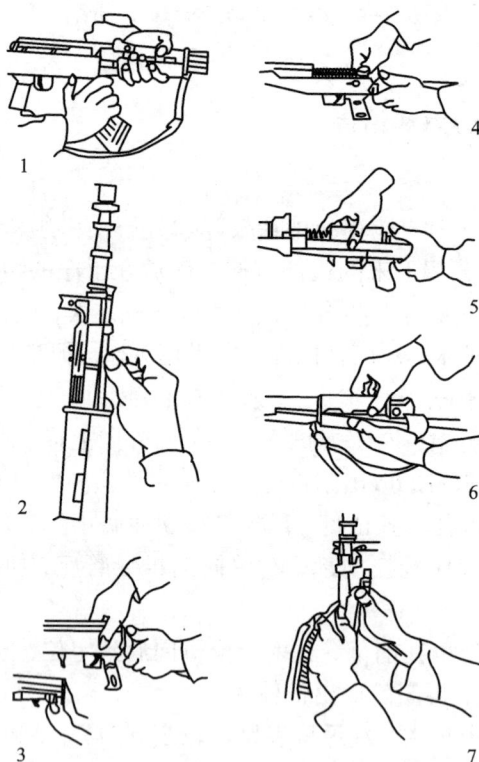

图7-5　81式自动步枪分解

（五）与56式步枪相比的改进之处

56式半自动步枪和后期改进的56式冲锋枪装三棱刺刀，增加了枪的附加重量，不能拆卸，只能折叠，而且只有单一刺杀功能。81 式的刺刀兼做匕首使用，但不具备其他功能。刺刀作为一个独立部件，由刺刀、刀鞘、挂带组成。刀刃部分为剑形，长 170 毫米，不开刃口。刺刀的两面有纵向加强突筋，突筋两边呈凹形血槽，表面镀乳白铬。刀柄为褐色塑料柄。刺刀全长 300 毫米，重量 0.22 千克。刀鞘为军绿色塑料壳，重量 0.072 千克。该刀的钢度极好，虽说原设计不是多功能刺刀，但作战部队经常把该刺刀用于挖、刨、攀登、撬开罐头等。

81 式步枪在简化结构方面富有成效，例如自动机、发射机、机匣等都比 56 式冲锋枪简单。以机匣为例，同样是冲铆机匣，81 式机匣的刚度、强度、制造工艺要好得多。机匣体由厚度为 1.5 毫米的 50 钢板冲压而成，盒形断面，形状简单，两侧突出大筋增加了刚度，前部与节套铆接，中部有中衬铁支撑，后部有尾座固定，机匣的刚度、强度得到保证，使用和生产中没有变形。机匣的导轨创造性地只用一层，在机匣体冲压时形成，取消了一般枪机匣上均具有的下导轨，方便了生产。

56 式半自动步枪，虽然射击精度较好，但只能单发射击，弹仓容弹 10 发，不能更换弹匣，只能打完之后才可补充，火力不足的缺陷在 1979 年自卫反击战中已经暴露出来。56 式冲锋枪虽然火力猛、动作可靠，但单、连发射击精度差。

81 式自动步枪设计要求是同时代替 56 式半自动步枪和 56 式冲锋枪，把猛烈火力和射击精度结合起来。据装备了 81 式枪族的部队反映，该枪射击精度好。作战部队也反映，曾在一百多米的距离上，用两支 81 式自动步枪压制敌方碉堡的枪眼，使其无法开火。

第二节　简易射击学理

射击，简单点来说，就是标尺、准星和目标三点一线。其原理就在于标尺核准星所确定的直线，基本上就是弹道，而目标处于这个基准线上时，就可以射击了，这样就形成了三点一线。不过实际射击当中，并不会真正的三点一线去瞄准，这是因为标尺虽然可以修正一定距离上的子弹高度，但却对于横风以及目标的运动，无法做出修正，在射击时，是要根据目标的运动，做出相应的身位修正。实际射击时，并不是三点一线，而是经过了左右修正。

一、发射

火药气体压力将弹头从膛内推送出去的现象叫发射。发射的过程是：击针撞击子弹底火，使弹壳底缘内的起爆药发火，火焰通过导火孔引燃发射药，产生大量火药气体，在膛内形成很大的压力，迫使弹头脱离弹壳沿膛线旋转加速前进，直至推出枪口。

（一）子弹的初速

1. 初速

弹头脱离枪口前切面瞬间运动的速度，称为初速。初速以米/秒为单位表示。

54 式手枪的初速为 420 米/秒，64 式手枪、77 式手枪的初速为 310 米/秒，81 式自动步枪的初速为 710 米/秒，81 式班用轻机枪的初速为 735 米/秒，88 式狙击步枪初速为 910 米/秒，95 式自动步枪初速为 915 米/秒，95 式班用轻机枪初速为 945 米/秒。

计算表明，56 式普通弹发射药释放的能量全部用来抢劫弹头飞行，其速度可达 1235

米/秒，但实际上56式普通弹用81式自动步枪发射，仅为710米/秒。因为火药气体的能量除了推动弹头前进外，还要克服枪膛阻力、加热膛壁并使其膨胀、武器后坐、带动自动机工作等。因此，只有很少一部分能量变成了有用功。

弹头要杀伤目标，必须具有相当的能量，这个能量一般以枪口动能来表示，衡量一支武器的杀伤力和侵彻力都是以弹头命中目标时所具有的活力来判定的，通常规定：弹头通过枪口前切面时所具有的能量称为枪口活力，常用公斤·米来表示，而运动物体的动能可以表示为：

$$E = 1/2mv$$

式中：E 为能量；m 为物体质量，以公斤为单位；V 为速度，以米/秒为单位。公式表明，运动物体的能量主要取决于飞行物体的质量及其飞行的速度。对于子弹来讲，弹头质量是一定的，因此，弹头的速度就成了衡量其动能的唯一因素。弹头在后效作用结束后是依靠惯性飞行的，其初速越大，飞行距离就越远，弹头动能就越大。因此，提高初速就可以增大弹头的飞行距离，提高侵彻力和杀伤力，同时弹道更加低伸。

2. 决定初速大小的条件

（1）弹头的重量。

在其他条件都相同的情况下，弹头轻，初速大；弹头重，初速小。如7.62毫米枪弹和5.8毫米枪弹。

（2）枪管的长度。

在其他条件都相同的情况下，用同样的子弹，在一定限度内加大枪管的长度，则初速提高。因为枪管长，能延长火药气体对弹头的作用时间，使火药气体做更多的有用功。例如，发射56式普通弹，81式班用轻机枪枪管长520毫米，初速为735米/秒，81式自动步枪枪管长440毫米，初速为710米/秒。应当指出，过分增加枪管长度反而会降低弹头的初速，并使武器重量增加，影响枪的其他使用性能。

（3）装药的重量。

在其他条件都相同的情况下，装药量多，所产生的火药气体多，压力大，弹头的初速也就大；相反，如果装药量少，其初速也小。

（4）发射药燃烧的速度。

在其他条件都相同的情况下，发射药燃烧的速度越快，火药气体对弹头的压力增加也就越快，从而使弹头在膛内运动的速度加快，初速也就越大。一般短身管武器适宜选用速燃火药，以使发射药尽可能在膛内燃完，有利于提高弹头的射击精度，而长身管的武器则尽可能选用缓燃火药。

3. 初速的实用意义

初速大小是判定武器战斗性能的重要因素之一。在弹头相同的条件下，初速大的实用意义：

（1）能增加弹头的飞行距离。

（2）弹道更为低伸。

（3）能减小外界条件对弹头飞行的影响。

（4）能加大弹头的侵彻力和杀伤力。

（二）枪管的堪抗力和寿命

1. 枪管的堪抗力

膛壁承受枪膛内一定火药气体压力而不变形的能力，称为枪管的堪抗力。枪管都具有一定的备用堪抗力，使它能承受比最大膛压大半倍到一倍的压力，射击时，枪管内如塞有杂物（布条、沙子、泥土、弹头等），就会影响弹头的运动，使膛压超过枪管的堪抗力，枪管就会产生膨胀或炸裂现象。

2. 枪管寿命

枪管能正常发射一定数量子弹的能力，称为枪管的寿命。一般轻武器规定的枪管寿命为：54 式手枪、64 式手枪、77 式手枪 1500 发，自动步枪 15000 发，56 式冲锋枪 1500 发，81 式轻机枪 20000 发，56 - 1 式轻机枪 25000 发。

衡量枪管寿命的标准：散布特征量的增大到新枪的 2.5 倍；在规定的射程上，小口径枪弹的椭圆孔或横弹达到 20%，大口径枪弹达到 50%；初速下降 15%。

二、后坐

发射时，武器向后运动的现象，叫后坐。

从力学观点看，力是一个物体对另一个物体的作用。所以，只要有力的作用，就一定有两个物体同时存在，也就是作用力和反作用力同时存在，并且它们的大小相等、方向相反。发射时，子弹以一定的速度飞出，其反作用力作用于武器，因此使武器向后运动，这样就形成了后坐。

（一）形成后坐的原因

发射药燃烧时，产生气体同时作用于各个方向，作用于膛壁周围的压力为膛壁所抵消；向前作用于弹头后部的压力推送弹头前进；向后作用于弹壳底部的压力经过枪机传给整个武器，使武器向后运动，形成后坐。武器的后坐和弹头的运动是同时开始的。在弹头脱离枪口瞬间，大量的火药气体随弹头后部从膛内向外喷出，形成了反作用力，使武器后坐更加明显。

（二）后坐对命中的影响

后坐对单发（连发首发）射击的命中影响极小。因为弹头在膛内运动的时间极短，约千分之一秒，并且枪身比弹头重得多，所以弹头在脱离枪口前，枪的后坐距离只有 1 毫米左右，而且是正直向后运动的，加之衣服和肌肉的缓冲，射手是感觉不出来的。射手感觉到的后坐，主要是弹头在脱离枪口的瞬间火药气体猛烈向枪口外喷出形成的反作用力造成的。此时，弹头已脱离枪口。因此，后坐对单发（连发首发）射击的命中影响极小。

后坐对连发射击的命中有一定的影响。因为连发射击时，第一发子弹发射后，由于枪的后坐明显改变了原来的瞄准线，所以对第二发以后的射弹命中有一定的影响。但只要射手据枪要领正确，适应连发武器射击的后坐规律，就能减小后坐对连发命中的影响，提高射击精度。现代新式武器多采用枪口制退器，它对减小武器后坐也有一定的作用。

（三）减小后坐对命中影响的方法

身体与射向的角度尽量要小，概略在一线上，以适应后坐规律。

射手抵肩要确实。使枪托和身体成为一体,两手用力协调一致,方向正直向后,力量不宜过大,使枪在射击时不发生角度摆动。

轻、重机枪架枪位置的土质软硬要适当。架枪时,枪架要在一线上,同时要在一个水平面上。利用依托时,枪的重心尽量放在依托物上。

射手在击发时,要不加外力,保持姿势、力量不变,不耸肩,不松臂。

三、瞄准

武器的瞄准具(镜),根据射击对象的不同,可分为对地面目标射击的普通瞄准具(镜)和对空中运动目标射击的高射瞄准具(镜);根据构造的不同,又可分为机械瞄准具和光学瞄准镜,尽管现有的瞄准具(镜)千姿百态,形状各异,但其作用是相同的。

(一)瞄准概述

根据弹头在膛外运动的规律,对一定距离上的目标射击,要使弹头准确地命中目标,必须赋予枪身一定的射角和射向。射角的大小可由各种枪的基本射表查出。射角的大小,是根据射弹在不同距离上的降落量来确定的。距离越远,降落量越大,所需要的射角也就越大;距离越近,降落量越小,所需要的射角也就越小。

瞄准具(镜)就是根据上述原理设计成的。由于缺口上沿到火身轴线的高度大于准星尖到火身轴线的高度,射击时,是通过缺口上沿中央和准星尖的平正关系对目标进行瞄准的,因此,就抬高了枪口,使火身轴线与火身口水平面之间构成了一定的射角。表尺位置高,射角就大,相应的射击距离就远;表尺位置低,射角就小,相应的射击距离就近。各种枪的表尺钣上都刻有不同的表尺分划,装定表尺分划,就是改变表尺的高低位置,实际上也就是装定射角。

由此可见,瞄准具(镜)的作用,就是对一定距离上的目标射击时赋予武器相应的瞄准角和射向。射击时,只要按照目标的距离装(选)定相应的表尺(瞄准镜)分划瞄准射击就能命中目标。因此,正确地选定表尺(瞄准镜)分划,对准确命中目标有着决定性的意义。

(二)瞄准具及瞄准要素

1. 机械瞄准具

机械瞄准具由表尺、缺口和准星组成,其特点:结构简单,体积小,坚固耐用,制造简便,成本低廉,勤务性好,操作使用方便。

2. 光学瞄准镜

光学瞄准镜赋用精度高,功能范围广,使用方便,有一定的夜间使用能力。

3. 瞄准要素

(1)瞄准基线:缺口的上沿中央(觇孔中央)到准星尖的直线。

(2)瞄准线:视线通过缺口上沿中央(觇孔中央)和准星尖的延长线。

(3)瞄准点:瞄准线所指向的一点。

(4)瞄准角:射线与瞄准线的夹角。

(5)高低角:瞄准线与火身口水平面的夹角(目标高于火身口水平面时,高低角"+";目标低于火身口水平面时,高低角为"-")。

(6)瞄准线上的弹道高:弹道上任何一点到瞄准线的垂直距离。

（7）落点：弹道降弧与瞄准线的交点。

（8）弹着点：弹道与目标表面或地面的交点。

（9）命中角：弹着点的弹道切线与目标表面或地面所夹的角。命中角通常以小于90度的角计算。

（10）表尺距离：起点到落点的距离。

（11）实际射击距离：起点到弹着点的距离。

（三）瞄准技术

1.选定表尺分划和瞄准点

为了使射弹更准确地命中目标，射击时，射手应根据目标距离、目标大小和武器的弹道高，正确地选定表尺分划和瞄准点。其方法为：定实距离表尺分划，瞄目标中央。目标距离为百米整数时，可根据目标的距离，装定相应的表尺分划，瞄准点选在目标中央。由于相应表尺距离上的该点处弹道为零，故能瞄中央打中央。

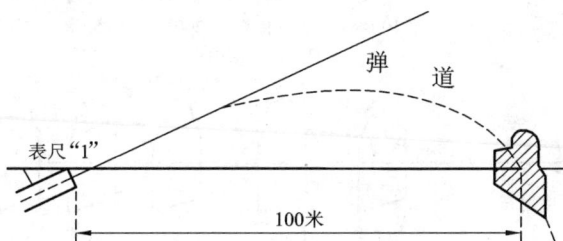

图7-6　100米距离射击

2.定大于或小于实距离表尺划，适当降低或提高瞄准点

目标距离不是百米整数时，通常选定大于实距离表尺分划，根据武器在该距离上的弹道高，相应降低瞄准点射击；也可选定小于实距离的表尺分划，根据武器在该距离上的负弹道高，相应提高瞄准点射击。

如81式班用机枪在250米距离上对人胸目标射击时，定表尺"3"，在250米处的弹道高为21厘米，这时，瞄准目标下沿中央射击，即可命中目标中央。

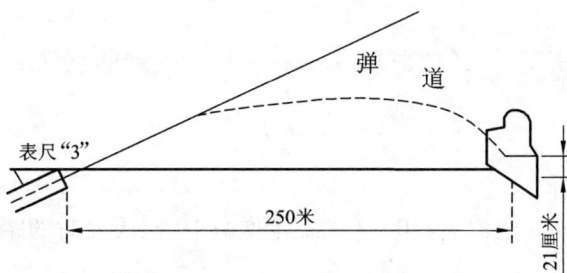

图7-7　250米距离射击

也可选定小于实距离的表尺分划,根据武器在该距离上的负弹道高,相应提高瞄准点射击。81式自动步枪对250米距离上的人头目标射击时,定表尺"2",在250米处的弹道高为-18厘米。此时,瞄准目标头顶中央射击,即可命中。

3.常用表尺分划,小目标瞄下沿中央,大目标瞄下部中央

步机枪对常见目标射击时,直射距离为300米,因此,定表尺"3",对300米距离以内的目标射击时,大目标瞄下部中央、小目标瞄下沿中央射击,即可命中目标。如81式自动步枪定表尺"3",对300米以内的人胸(高50厘米)目标射击,瞄目标下沿中央,则整个瞄准线上的弹道高不超过35厘米,没有超过目标高,目标在300米以内,都会被杀伤。

在战场上,目标出现突然,大小不一,且距离不断变化。用此种方法,对300米以内的目标不需要变更表尺分划即可实施射击。这样可以争取时间,提高战斗射速,增大射击效果。因此,这种方法在实战中有着重要的实用意义,是战斗中经常使用的一种方法。

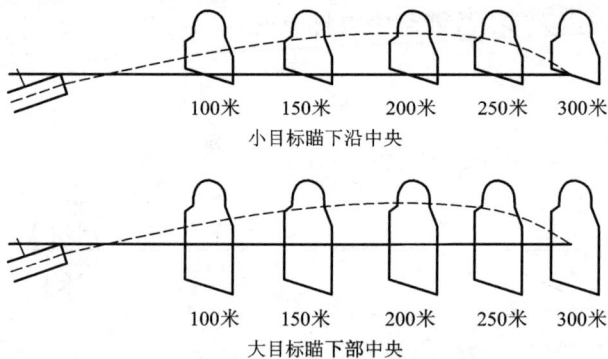

图7-8 300米以内距离射击

四、射击修正

(一)气温对射弹的影响及修正

1.气温对射弹的影响

气温升高时,空气密度减小(稀薄),射弹在飞行中受到的空气阻力就小,射弹就打得远(高)。

气温降低时,空气密度增大(稠密),射弹在飞行中受到的空气阻力就大,射弹就打得近(低)。

2.修正方法

气温修正可用公式求:

距离(高低)修正量=(气温差/10)×气温每增减10摄氏度时的距离(高低)修正量

(二)阳光对瞄准的影响及克服方法

1.阳光对瞄准的影响

阳光对瞄准的影响主要表现在使用机械瞄准具的武器上,在阳光下瞄准时,由于阳光的

照射，缺口部分产生虚光，形成三层缺口：虚光部分，真实缺口，黑实部分。如果不能辨明真实缺口的位置，就容易产生误差，使射弹产生偏差。

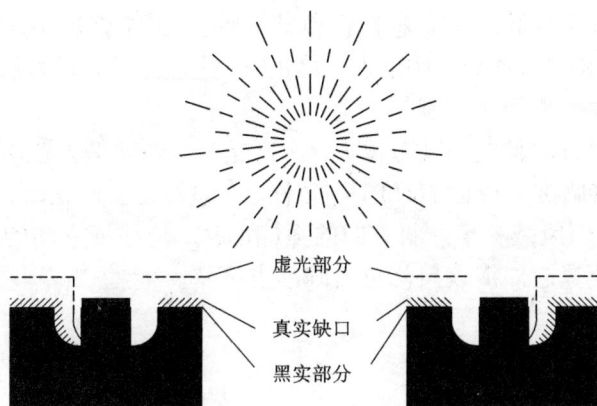

图 7 - 9　阳光下射击修正

若用虚光部分瞄准，射弹就偏向阳光照来的方向。阳光从右上方照来时，缺口左边和上沿产生虚光，用虚光部分瞄准，准星实际上偏右上，因此，射弹偏右上。

若用黑实部分瞄准，射弹就偏向阳光照来的相反方向。阳光从右上方照来时，用黑实部分瞄准，准星实际上偏左下，因此，射弹偏左下。阳光从左上方照来，射弹则偏右下。

在阳光照射下，缺口和准星尖同时产生虚光时，若用虚光部分瞄准，射弹偏低；若用黑实部分瞄准，射弹偏高。

2. 克服的方法

平时要保护好瞄准具，使其磨亮反光。武器的准星和缺口均有法兰层保护，一般不反光。但是，由于使用不当或保养不当，会使法兰层脱落，造成瞄准具反光，如果不能克服阳光对瞄准的影响，射弹就会产生偏差。

正确辨清真实缺口。可在不同的阳光照射下练习瞄准，采用不遮光瞄准、遮光检查，遮光瞄准、不遮光检查的方法，反复练习，直到能熟练地辨清真实缺口的位置和正确瞄准的景况。

注意合理地保护视力。瞄准时间不宜过长，否则，容易造成视神经疲劳、视力模糊而产生偏差。

（三）风对射弹的影响及修正

1. 风向、风力的判定

按风向与射向所成角度可分为横风、斜风、纵风。

按风力大小可分为强风、和风、弱风。

强风风速 8~12 米/秒，相当于 5~6 级风。现象：旗帜刮成水平并哗哗响，草倒于地面，粗树枝摇动，烟被吹成水平并很快散开。

和风风速 4~7 米/秒，相当于 3~4 级风。现象：旗帜展开并飘动，草不停地摆动，细树枝晃动，烟被吹斜但未散开。

弱风风速 2~3 米/秒，相当于 2 级风。现象：旗帜微微飘动，草微动，细树枝微动，烟稍斜上升。

2. 纵风对射弹的影响及修正

纵风会使射弹打高或打低，但风速小于 10 米/秒时，影响就较小，在 400 米内不必修正。如对远距离射击时，可稍降低或提高瞄准点。修正时，应注意风向风力的不断变化，灵活运用。

3. 横（斜）风对射弹的影响及修正

横风会使射弹产生方向偏差，风力越大，距离越远，射弹偏差就越大。射击时，为了准确地命中目标，必须将瞄准点或横表尺向风吹来的方向修正。修正时，以横方向的和风修正量为准，强风加一倍，弱风减一半。斜方向的强（和）风，应按横方向的强（和）风修正量减一半。修正量从目标中央算起。横表尺修正后瞄准点不变。

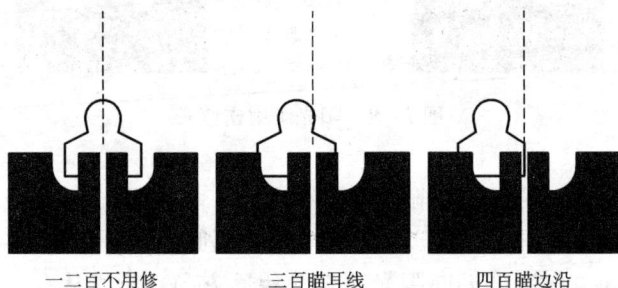

一二百不用修　　三百瞄耳线　　四百瞄边沿

图 7-10　横（斜）风射击的修正

（四）高低角对射弹的影响修正

1. 高低角对射弹的影响

射击时，当目标高于或低于火身口水平面时，就产生了高低角。在有高低角的条件下射击时，射弹会打远（高）。

当高低角变化时，地心引力的方向与弹道切线所成的角度起了变化，从而使地心引力对射弹的作用也起了变化。随着高低角的逐渐增大，地心引力的方向与弹道切线之间的角度逐渐减小。

2. 修正方法

各种枪在高低角不超过 ±20°的条件下射击时，弹道形状变化很小，用同一瞄准角射击，其斜距离约与水平射程相等。因此，不必修正。高低角超过 ±25°射击时，可根据高低角对射弹影响的大小，适当地减小表尺分划或降低瞄准点。

五、射击动作和方法

（一）验枪

叫到"验枪"口令后，以右脚掌为轴，身体半面右转，左脚顺势向前迈出一步（两脚约与肩同宽），同时右手将枪向前送出，左手接握下托木，左大臂紧靠左胁，枪托贴于胯骨，枪刺尖略与眼同高，右手打开保险和弹仓盖，移握机柄。

指挥员检查时，拉枪机向后。验过后，自行送回枪机，关上弹仓盖，扣扳机，关保险，移握枪颈。听到"验枪完毕"口令后，右手移握上护木，同时身体半面左转，右脚靠拢左脚，恢复持枪姿势。

（二）射击准备

听到"卧姿——装子弹"口令后，右手将枪提起稍向前倾，左脚向右脚尖前迈出一大步（也可以右脚顺脚尖方向迈出一大步），左手在左（右）脚尖前支地，顺势卧倒，以身体左侧、左胁支持全身，右手将枪向目标方向送出，左手接握表尺下方，枪托着地，右手拉枪机到定位。

解开弹袋扣，取出一夹子弹，插入弹夹槽，以食指或拇指将子弹压入弹仓，取出弹夹，送弹上膛。在右手拇指和食指按压游标卡榫，移动游标，使游标前切面，对正所需的表尺分划。

图 7-11　卧姿装子弹

然后，右手移握枪颈，全身伏地，两脚分开约与肩同宽，身体与射向约成30°角，枪刺离地，目视前方，准备射击。

听到"退子弹——起立"口令后，稍向左侧身，右手打开弹仓盖，接住落下的子弹，装入弹袋，拇指拉机柄向后，余指接住从膛内退出的子弹，松回枪机，将子弹装入弹袋并扣好，关上弹仓盖，打开保险，扣扳机，关保险，复表尺，移握上护木，将枪收回，同时左小臂向里合，屈小腿于右腿下。

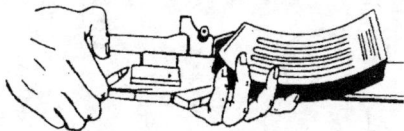

图 7-12　退子弹

以左手和两脚撑起身体，右脚向前一大步，左脚再向前一步，右脚靠拢左脚，恢复持枪姿势。

（三）据枪、瞄准、击发

据枪、瞄准、击发是互相联系和互相影响的动作。稳固地据枪，正确一致地瞄准，均匀正直地击发，三者正确地结合，是准确射击的关键。因此，必须刻苦练习，熟练掌握。

1. 有依托据枪

卧姿据枪时，下护木放在依托物上，左手托握表尺下方，手背紧靠依托物，也可将手背垫在依托物上，左胁向里合。右手握枪颈，食指第一节靠在扳机上，大臂略成垂直。两手协同将枪确实抵于肩窝，头稍前倾，自然贴腮。

图 7 – 13　卧姿有依托据枪

2. 瞄准

瞄准时，应首先使瞄准线自然指向目标。若未指向目标，不可迁就而强扭枪身，必须调整姿势。需要修正方向时，卧姿可左右移动身体或两胁，跪、立姿可左右移动膝或脚。需要修正离低时，可前后移动整个身体或两肘里合、外张，也可适当移动左手托枪的位置。

图 7 – 14　准星与缺口

图 7 – 15　正确的瞄准

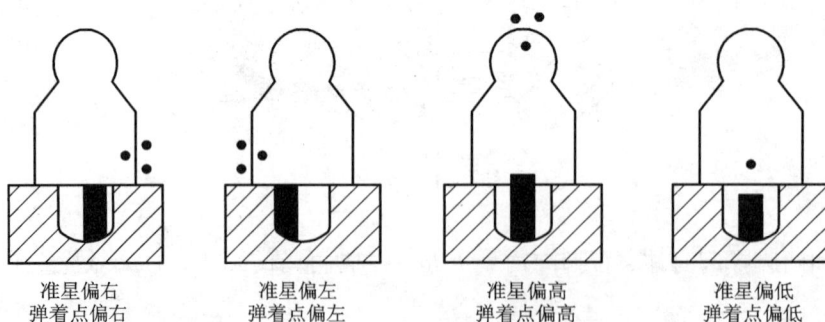

| 准星偏右 | 准星偏左 | 准星偏高 | 准星偏低 |
| 弹着点偏右 | 弹着点偏左 | 弹着点偏高 | 弹着点偏低 |

图 7 – 16　准星与缺口瞄准对命中的影响

3.击发

击发时，用右手食指第一节均匀正直向后扣压扳机（食指内侧与枪应有不大的空隙），余指力量不变。当瞄准线接近瞄准点时，开始预压扳机，并减缓呼吸。当瞄准线指向瞄准点或在瞄准点附近轻微晃动时，应停止呼吸，果断地继续增加对扳机的压力，直至击发。击发瞬间应保持正确一致的瞄准。若瞄准线偏离瞄准点较远或不能继续停止呼吸时，则应既不松开也不增加对扳机的压力，待修正瞄准或换气后，再继续扣压扳机。

第三节　实弹射击

一、实弹射击前的准备工作

实弹射击前的准备工作主要包括：制订实弹射击方案，确定实弹射击时间、工程、靶场规定、纪律等。检查射击场地设施，射击场必须具备可靠的靶壕和确保安全的靶壕及隐蔽部，并应避开高压线。准备武器、弹药、靶板、靶纸、报靶杆、靶位号牌和射击位置号牌，各种旗帜、通信、信号器材、秒表、成绩登记表等。挑选、培训示靶员。组织召开协调会议，传达射击方案，熟悉有关规定和信（记）号等。根据参加实弹射击的人数、靶位数进行编组。实弹射击前的准备工作要做到扎实、细致、周密、安全，措施要具体明确。

二、实弹射击的组织与实施

（一）组织实弹射击的主要人员

组织实弹射击的主要人员，包括射击场指挥员、地段指挥员、靶壕指挥员和警戒、信号（观察）、示靶、发弹、记录、修械、医务人员等。

（二）射击场的主要人员职责

（1）射击场指挥员负责组织设置场地，派遣勤务，监督全体人员遵守射击场的各项规定和安全规则，指挥射击。

（2）地段指挥员在射击场指挥员的领导下，负责本地段的射击指挥。

（3）警戒人员负责全场的警戒任务，严禁任何人员和牲畜进入警戒区。发现险情，应立即发出信号，并向射击场指挥员报告。

（4）信号（观察）员根据射击场指挥员的指示发出各种信号，负责警戒区内的观察，发现险情立即报告。

（5）示靶人员负责设靶、示靶和报靶等工作。

（6）发弹员根据指挥员的指示，按规定弹种、弹数发给射手子弹，射击终止后，负责清查弹药和收回剩余子弹。

（7）记录员负责记录射手的成绩和统计单位成绩。

（8）修械员负责枪械的修理。

（9）医务人员负责整个实弹射击过程中的医务保障。

(三)射击开始前的组织工作

组织实弹射击时,指挥员首先应组织勤务人员按射击的需要设置好靶场;检查武器、器材的准备情况;宣布射击条件,明确有关规定、各种信号及注意事项;派出警戒,严密搜索警戒区;视情况发出准备射击信号,各勤务人员迅速就位,并严格履行职责。

(四)射击实施方法与具体要求

(1)各学生军训连到达靶场后,到指定的集结地域待命。各学生军训连连长核对本连实弹射击编组,按要求带出分组人员参加射击。射击人员到达靶场后,要做到一切行动听从指挥,不随意进入射击场地,不围观射手。

(2)示靶组设置和校正靶位,做好射击准备,发出可以射击的信号。指挥员发出"准备射击"的信号,第一组进入出发地线,领取子弹,按指挥员的命令进入各自的射击位置,做好射击准备,听到"开始射击"口令,射手即可射击。听到"停止射击"口令时,射手应立即停止射击,关上保险,并按指挥员的口令退出剩余子弹并起立。

(3)指挥员下达"验枪"的口令,射手逐个验枪,地段指挥员应严格检查。验枪后,指挥员下达"以第×名射手为准靠拢"的口令,射手跑步靠拢。组长按规定路线带出射击场外,到指定地点休息。

(4)指挥员发信号或用电话通知示靶组报靶(检靶、贴靶)。示靶组长组织示靶员报靶、检靶、贴靶,并登记射击成绩。其他各射击编组按顺序依次进行射击。

(五)射击完毕后的工作

(1)组织验枪、验弹、收交剩余子弹;
(2)检查武器装具,清理现场,整理器材,清查人员。

三、实弹射击的评定标准

(一)单个人员射击成绩的评定标准

表 7-2   实弹射击的评定标准

项目	固定目标射击(第一练习)	
枪种	56 式半自动步枪	81-1 式自动步枪
目的	检验射手精度、射击技能	
目标距离	胸环靶 100 米	
姿势	卧姿有依托	
使用弹数	5 发	
评定标准	优秀:命中 45 环及以上 良好:命中 35 环及以上 及格:命中 30 环及以上	
实施方法	(1)自下达装子弹的口令起,5 分钟内射击完毕; (2)每发射一次后报靶,并指示弹着点	

（二）单位实弹射击成绩的评定标准

优秀：90%以上射手的成绩在及格以上，并有40%以上射手的成绩为优秀。
良好：80%以上射手的成绩在及格以上，并有40%以上射手的成绩为良好或优秀。
及格：70%以上射手的成绩在及格以上。

四、报靶的方法

用报靶杆报靶。报靶杆圆头（直径15～20厘米，一面红，一面白）放在靶板（靶子）的不同位置表示环数。红面表示环数，白面指示弹着偏差方向和表示脱靶。示环位置：左中间为4环，右中间为5环，左上角为6环，正上方为7环，右上角为8环，在靶板中央上下移动为9环，在靶板中央左右摆动为10环，白面围绕靶子画圆圈为脱靶。

为了报出弹着点的偏差，报出环数后，将报靶杆圆头放在靶板中央（白面朝外），再慢慢向偏差方向移出靶板2次。

五、射击场信号规定

射击场信号规定是确保射击安全、高效的保障，根据保障条件的不同，射击指挥员可以对信号做出规定，通常规定为以下内容：

准备射击：哨音一长声；
开始射击：哨音连续短音；
暂停射击（检靶）：哨音一长一短；
停止射击：白旗高举不动或对讲机呼叫。

思考题

1. 56式半自动步枪主要部件有哪些？
2. 56式半自动步枪分解、结合的顺序和要领是怎样的？
3. 验枪的动作要领是什么？可以分为几步训练？
4. 射击修正的方法有哪些？
5. 实弹射击有哪些注意事项？

第八章

军事地形学

学 习 目 标

1. 了解地形对作战行动的影响；
2. 掌握地形图的基本知识；
3. 学会实地使用地形图的方法。

第一节　地形对作战的影响

不同地形有着不同的特点，不同的地形特点对作战行动有着不同的利弊影响。认识并分析地形对作战行动的制约方式与影响规律，是军事上研究和利用地形的前提。

一、地形的概念及分类

地形是地貌和地物的总称，地貌是指地表面高低起伏的自然状态，如平原、丘陵地、山地等。地物是指分布在地表面上的人工建造或自然形成的固定性物体，如森林、居民地、建筑物、道路、江河等。不同的地貌与地物的错综结合，形成了各种不同类型的地形。依地貌的形态，可分为平原、丘陵、山地等；依地物的分布和土壤的性质，可分为居民地、水网稻田地、江河与湖泊、山林地、石林地、沙漠与戈壁、草原、沼泽等。而在军事上，通常按地形对通行、观察射击的影响及地面切割程度来进行分类。

二、地形对作战行动的影响

地形对作战行动的影响是多方面的，不同的地形对作战行动有着不同的影响。

(一) 山地地形

山地是指地表起伏显著、坡度较陡(大于30°)、高差超过200米的地区。由于山地地形起伏大，山高坡陡谷深，因此部队机动受限，坦克和其他战斗车辆只能沿公路和平坦的谷地机动；观察、射击受限，死角较多，但易选择制高点、指挥所和观察所；隐蔽伪装条件较好，对核、化袭击有一定的自然防护作用，但谷地、凹地易滞留毒剂；便于构筑坚固的坑道工事，但石质山地不易挖掘；指挥协同困难，不便于变更部署，部队常被分割在不同方向上独立进行作战。从总体上讲，山地一般有利于防守，不利于进攻。

（二）丘陵地形

丘陵地形是指地表起伏较缓、坡度较小、高差大多在 200 米以内的地区。丘陵地形山丘起伏、谷地宽阔，便于部队机动，履带式车辆可越野行驶；丘谷交错的起伏形态，制高点较多，利于观察、射击，便于部署兵力和选择炮兵阵地。从总体上讲，丘陵地形既有利于防守，也有利于进攻，适合大兵团作战。

（三）平原地形

平原地形是指高差在 50 米以下、坡度在 30° 以内的宽广低平的地区。平原地区作战，便于机动，便于指挥，尤其是北方平原，更能发挥机械化部队机动作战的优势，展望良好，视界、射界宽广，便于观察射击，能较好地发挥各种火器的效能，但不易选择观察所，很难找到足以瞰制战场的制高点，炮兵不易选择良好的遮蔽阵地；平原地形人烟稠密，物产丰富，为军队宿营、后勤补给提供了较好的条件，但对核、化武器袭击的防护作用差。从总体上讲，平原一般有利于进攻，而不利于防守，制空权和装甲优势体现得较为明显。

（四）特殊地形

（1）城市居民地。按其大小、作用可分为城市、集镇和村庄。这类地形便于隐蔽、宿营、补给，建筑对常规武器有较好的防护作用，但战斗指挥困难，缺水断电后部队行动将会受到很大影响。集镇、村庄的战术性能比城市差，但居民地外轮廓的明显拐角和散列式居民地中的独立房屋，却具有一定的方位作用。

（2）海岸与岛屿。海岸指海洋与陆地相互接触和相互作用的狭长地带。海岸的坡度和类别，海滩的纵深、宽度、坡度和滩质，对于海岸防御和登陆作战有着重大影响。岛屿是散布在海洋、江河或湖泊、大型水库中的陆地。岛屿地形在军事上通常易守难攻，是控制一定面积水域的立足地，但部队机动和补给受限，易四面受敌，防御时需加强阵地建设。

（3）高原。高原是指地势高而地面比较平缓宽广，海拔一般在 500 米以上的地区。高原地区，视野广阔，观察良好，但交通不便，部队机动困难，特别是技术兵器使用受到限制；海拔高的高原，因空气稀薄，部队行动时，体力消耗大，运动速度慢，射击误差大、通信和补给困难，同时人员会出现高原反应，易发生疾病，非战斗减员会增多，直接影响部队的战斗力。

第二节　地图基础知识

军事地形学，是从军事需要出发，研究识别和利用地形的一门应用学科。它以各类地形及其军事价值为研究对象，揭示地形对作战行动的制约、影响规律，探求研究地形的理论、方法和手段。正确认识地形对作战行动的影响，懂得利用地形之利并避其所害，对有效达成作战目的具有十分重要的意义。军事地形学所研究的内容，都是围绕研究利用地形而选定的。随着现代战争的需要和军事测绘技术及其新成果的不断发展，特别是地图品种的增多，将为军事地形学增添新的内容。

一、地图的概念与分类

地图是一个社会文明的象征，也是一个国家政治、经济、外交和文化教育的缩影。地图作为人类认识世界、改造世界的必备工具，它的应用已经从最基本的地名、路线查询，发展到基于地图分析和处理更广阔的领域，从政府决策到市政建设，从知识传播到企业管理，从移动互联网到电子商务，以及数字地球、数字中国等等，无一能脱离地图。特别是电子地图的问世、网络的出现以及地理信息系统、全球定位系统的发展与应用，使得作为测绘终端产品的地图，已渗透到我们生活、学习和工作的方方面面。地图测制精度和成图数量、质量，是衡量一个国家测绘科学技术发展水平的重要标志之一。

（一）地图的概念

地图就是依据一定的数学法则，使用制图语言，通过制图综合在一定的载体上，表达地球（或其他天体）上各种事物的空间分布、联系及时间中的发展变化状态的图形。地图表示的对象是地球表层上的事物。所谓地球表层，是指上至对流层，下至岩石圈的广大空间。在地球表层上的事物和现象，如可见的居民地、道路、水系、植被，还有深埋地下的矿藏、地质构造，可测不可见的气温、气压等气候现象，或明或隐的行政界线，以及人口、工农业产值等人文要素，已消逝的历史事件等均可用地图表示。

（二）地图的分类

（1）按区域范围：分为世界地图、国家地图、分区地图、省地图、市县地图、乡镇地图等。

（2）按内容：分为普通地图、专题地图；普通地图是表示地球表面上的自然地理和社会经济要素（基本要素包括居民地、交通网、水系、地貌、土质植被等）的地图。其中详细表示各基本要素的叫地形图；内容比较概略，但主要目标很突出的地图称为地理图；介于两者之间的叫地形地理图。专题地图是以普通地图作为底图基础，重点反映某一种或几种专门的要素，可分为自然地理图、社会经济地图和工程技术图。

（3）按比例尺大小：分为大、中、小比例尺地图；大比例尺地形图：1:5000 ~ 1:2.5 万比例尺；中比例尺地形图：1:5 万 ~ 1:25 万比例尺；小比例尺地形图：1:50 万 ~ 1:100 万比例尺地形图。

（4）按用途：分为参考地图、教学地图、地形地图、航空地图、海地图、海岸地图、天文地图、交通地图、旅游地图等。

（5）按使用形式：分为挂图、桌面图、地图集（册）等。

（6）按表现形式：分为缩微地图、数字地图、电子地图、影像地图等。

二、地物符号

（一）地物符号图形

地面上的物体种类繁多，千姿百态，因受比例尺的限制，测图时不可能按照它们的形状全部描绘在图纸上，只能把有军事意义的重要地物表示出来，有些不需要的物体，还要舍弃。

为了使地图简明、美观，便于识别物体，判定方位和图上量测计算，制定了一些图形和注记，分别来表示实地某种物体，这些图形和注记，就叫地物符号。

在制定地物符号时，通常要考虑到以下几个原则和特点：一是符号要有统一性。没有统一的规定，不仅不利于测制、生产地图，也不利于使用地图。二是图形要形象醒目，容易识别记忆。符号的图形，尽可能地反映地物的外形和特征，使用图者一目了然，很容易联想到它所代表的地物。所以，地物符号在构图上力求做到三点：

与地物的平面形状相似，如居民地、公路、湖泊等，它们的图形与实地地物的平面轮廓对应相似，这种符号，称为轮廓符号或正形符号。

与地物的侧面形状相近，如突出树、烟囱、水塔等符号的图形与实地地物的侧面形状相似，比较形象、直观，这种符号，称作侧形符号。

与地物的有关意义相应，如气象台的风向标、矿井的锤子等，这种符号，称为象征性符号（见图8-1）。了解了它们的特点，用图时，只要注意看图形、想意义，就容易识别记忆了。

类　别	特　点	符号及名称		
正形图形	与地物的平面形状相似	街区 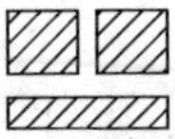	河流、苗圃 	公路、车行桥 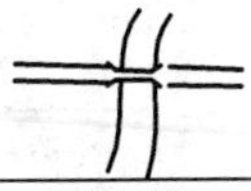
侧形图形	与地物的侧面形状相近	突出阔叶树	烟囱 	水　塔 
象征图形	与地物的有关意义相应	变电所 	矿井 	气象台 

图8-1　地物符号

（二）地物符号的分类

符号要合理分类，能反映地图内容的有机联系和区别，保证图面清晰，易于识别。

1. 依比例尺表示的符号（见图8-2）

实地上面积较大的地物，如居民地、森林、江河、湖泊等，其外部轮廓都是按比例尺测绘的，叫作依比例尺表示的符号。这类符号，可以在图上量取其长、宽和面积，了解其分布和形状。

2. 半依比例尺表示的符号（见图8-3）

对长度很长，宽度很窄的线状地物，如道路、长城、土堤、垣栅、小的河溪等，其长度是按比例尺测绘的，因宽度太窄若按比例尺缩绘，就表示不出来，就只能放大描绘，所以叫半依比例尺表示的符号。这类符号，在图上只能量取其相应实地的长度，而不能量取它们的宽度和面积。

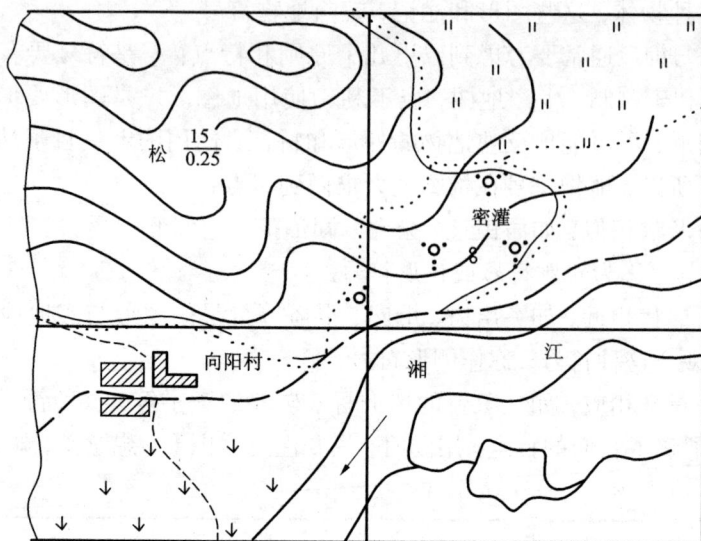

图 8-2　依比例尺表示的符号

以符号的中心线表示其真实位置	以符号的底线表示其真实位置

图 8-3　半依比例尺表示的符号

3.不依比例尺表示的符号(见图 8-4)

地面上很小的独立地物,如亭子、独立房、宝塔、纪念碑、路标、石油井等,这类地物,若按比例尺缩绘到图上,就表示不出来;但在军事上,对判定方位、指示目标、炮兵联测战斗队形、实施射击、指挥作战等都有重要作用。因此,就采用规定的符号,在不同比例尺图上,按不同的大小绘出。这叫不依比例尺表示的符号。这类符号,不能用来判定地物的大小,只能表明物体的性质和准确位置。它们对应实地的准确位置,是在图形的那一点上,这是根据图形的特点规定的。

（三）注记和说明符号

上述三类符号,只能表示地物的形状、位置、大小和种类,但不能表示其质量、数量和名称,还要有文字和数字注记,作为符号的补充和说明,所以叫注记和说明符号。注记和说明符号的形式有三种:

（1）地理名称的注记,如市、镇、村、山、河、湖、水库,各类道路和行政区的名称等,是用各种不同大小的字体来表示的。

类 别	定位点	符号及名称		
有一点的符号	在该点上	三角点 △	亭	窑
几何图形符号	在图形中心	油库	独立房屋	发电厂
底部宽大符号	在底部中点	水塔	气象站	碑
底部直角符号	在直角顶点	路标	突出阔叶树	突出针叶树
组合图形符号	在主体图形中心	变电所	散热塔 散	石油井 油
其他符号	在图形中心	车行桥	水闸	矿井 煤

图 8 - 4　不依比例尺表示的符号

(2)说明地物质量特征的文字注记,如井水的咸淡,公路路面质量,桥梁性质,渡场、森林种类,塔形建筑的性质等,均用细等线体以略注形式配在符号的一旁。

(3)说明地物数量特征的数字注记,如三角点、土堆、断崖的高度,森林密度和树的平均高、粗,道路的宽度,河流的宽、深和流速等均用大小不同的数字表示。

此外,有些地物的分布较零乱,如沙地、石块地、梯田坎、疏林、行树、果树等,很难表示它们的具体位置和数量,就采取均匀配置的图案形式表示,所以叫作配置符号。这种符号只表示分布范围,不代表具体位置。只要我们掌握了符号的特点,再识别地物符号就比较容易了。

(四)地物符号的颜色

我国出版的地图均为四色。具体规定如下:

黑色:人工物体——居民地、独立地物、管线、垣栅、道路、境界及其名称与数量注记等。

绿色:植被要素——森林、果园等的普染;1978 年后出版图的植被符号及注记等。

棕色:地貌要素——等高线及其高程注记、地貌符号及其比高注记、土质特征、公路普染等。

蓝色:水系要素——河流、湖泊、海洋、沟渠、河岸线、单线河及其注记和普染、雪山地貌等。

三、地形图比例尺

（一）概述

图上某一线段的长度与实地相应水平距离之比（即图上长与实地长之比），就叫作地图比例尺。比如，图上甲、乙两点间长 1 厘米，该两点间在实地的水平距离为 50000 厘米，地图比例尺就是 1/50000；实地为 100000 厘米，就是 1/100000。地形图上比例尺的表示形式，常见的有三种：数字比例尺、直线比例尺、经纬线比例尺。

1. 数字比例尺

用数字表示时，也有两种。一是分式，用分子"1"表示图上长，分母表示实地相应水平距离，如 1/5000、1/100000；另一种是比式，如 1:5 万、1:10 万。也有用文字表示的，如五万分之一，十万分之一。

2. 经纬线比例尺

经纬线比例尺主要用在小比例尺地图上，如一国、一洲或世界地图。地球表面是个不可展的曲面，为了消除投影变形对图上量测的影响，制图人员就按照经纬线投影后的特性绘制了一种比例尺，叫作经纬线比例尺。1:250 万《中华人民共和国全图》上所绘的比例尺，就是这种比例尺。由于小比例尺地图变形较大，并且一幅地图上各处变形并不一致，用纬线比例尺虽然可以消除一部分误差，但仍不能用于精确量测。比例尺小于百万分之一的地图，在图例中都绘有经纬线比例尺。同时还注有数字比例尺。数字比例尺也叫主比例尺，它是表示没有变形地方的比例尺，也就是标准纬线上的比例尺。

3. 直线比例尺

为便于直接在地图上量测距离，免除计算的麻烦，地图上都绘有图解式的比例尺。因为这种比例尺是用直线表示的，所以称为直线比例尺。直线比例尺的制作方法，是在一直线上，以 1 厘米或 2 厘米为基本单位，作为尺头；截取若干与尺头相等的线段作为尺身；再将尺头等分十小格，然后以尺头与尺身的接合点为零，分别注记相应实地的水平距离，即成直线比例尺。

（二）不同比例尺的作用

地图比例尺的大小，是按比值的大小来衡量的，而比值的大小则是依比例尺分母（后项）确定的。分母越大，则比值越小，比例尺就越小；分母越小，则比值越大，比例尺也就越大。就像两个人分一个苹果就比四个人分一个苹果分得多的道理一样。

1. 地图比例尺的大小，决定着图上量测的精度和表示地形的详略程度

由于正常人的眼睛只能分辨出图上大于 0.1 毫米的距离，图上 0.1 毫米的长度，在不同比例尺地图上的实地距离是不一样的，如 1:5 万图为 5 米，1:10 万图为 10 米，1:20 万图为 20 米，1:50 万图为 50 米。由此可见，比例尺越大，图上量测的精度越高。表示的地形情况就越详细。反之，比例尺越小，图上量测的精度越低，表示的地形情况就越简略。

2. 地图比例尺的大小决定着实地范围在地图上缩小的程度

例如 1 平方千米面积的居民地，在 1:5 万地形图上为 4 平方厘米，可以表示出居民地的轮廓和细貌；在 1:10 万图上为 1 平方厘米，有些细貌就表示不出来了；在 1:20 万图上，只有

0.25 平方厘米，仅能表示出一个小点。这就说明，当地图幅面大小一样时，对不同比例尺来说，表示的实地范围是不同的。比例尺大，所包括的实地范围就小，反之，比例尺小，所包括的实地范围就大。

(三)比例尺量算距离的方法

1. 依直线比例尺量取距离

用直线比例尺量取距离时，先用两脚规(或纸条、草棍等)量出两点间的长度，并保持此长度，再到直线比例尺上比量；使两脚规的一端对准一个整千米数，另一端放在尺头部分，即可读出两点间的实地距离。

2. 依数字比例尺计算距离

根据比例尺的意义，我们可以得出图上长、相应实地水平距离和比例尺三者之间的关系式：实地距离＝图上长×比例尺分母。这是我们计算距离的基本公式。具体计算时，先用直尺在图上量取两点间的厘米数，然后将该厘米数代入公式，就得出两点间实地距离。如在 1：5 万图上量得甲、乙两点为 3.4 厘米，则实地距离为：3.4 厘米×50000÷100 厘米＝1700（米）。为了计算方便，可先把比例尺分母消去两个零，然后再乘厘米数，即可口算出实地的米数。

3. 用指北针里程表量取距离

当图上两点间的距离是弯曲距离时，可以用指北针上的里程表来量取。里程表是由表盘、指针和滚轮三部分组成的。表盘上注有不同比例尺的分划圈，每个分划相当于实地一千米。量取距离时，先转动滚轮，使指针对准 0 分划，以右手拿指北针，表盘向里，使滚轮对正起点，沿线路滚动，直至终点，然后从相应比例尺的刻画圈上，读出指针所指的分划数，就是实地的千米数。

4. 距离的校正

从图上量得的距离，不论是直线距离还是弯曲距离，都是两点间的水平距离。但是，实地地形是起伏不平的，道路的弯曲情况，在图上表示得也是很概略的，从图上量得的距离总是要比实地距离小一些，所以，对图上量得的距离要加个校正数。究竟要加多大的校正数？由于实地地形情况比较复杂，很难提出一个最准确的校正数，只能根据部队实验的结果，提供一个校正参考数据，这个数据是：坡度为 0°～5°时，加校正数 3%；坡度为 5°～10°时，加校正数 10%；坡度为 10°～15°时，加校正数 20%；坡度为 15°～20°时，加校正数 30%；坡度为 20°～25°时，加校正数 40%；坡度为 25°～30°时，加校正数 50%。这只是个实验平均数，有的地方可能大于这个数，有的地方可能小于这个数，使用时要加以注意。

四、地形图的坐标系统

提起"坐标"这个词，有些读者可能有点陌生，其实，在我们生活中还是经常碰到的，只是不这么称呼罢了。比如我们到体育馆看球赛，去礼堂听报告，入场券上就有×排×号，按照这个排、号，就能找到自己的座位。这种用排和号两个数确定座位的方法，在数学上就叫作坐标法。为了使用地图的方便，制图人员就把这个坐标法搬到了地图上，成为确定地面点位的方法。因为地球比较大，坐标的起算点、计算的方法和表达的方式就必须有一系列的规定，这些规定，就是坐标系统。地图上的坐标系统分为两种，即平面直角坐标系和地理坐标系。

（一）地理坐标

确定地球表面上某点位置的经度和纬度数值，就是该点的地理坐标。为了使用方便，在1∶20万、1∶50万和1∶100万地图上，按照一定的间隔绘有经线和纬线，构成地理坐标网；图廓线的四周有经、纬度数值注记。在大于1∶10万图上，只是在内图廓外绘有分度带，每个分划为一分；在内图廓的四角注有经、纬和值。需要用经纬度指示目标时，只要把南图廓与北图廓、东图廓与西图廓上分度带的相应分划连接起来，就构成了地理坐标图。

地理坐标是世界各国通用的。在海上、空中、边防或外交斗争中，通常采用地理坐标指示目标。例如，知道了地理坐标为北纬25°50′，东经121°31′，就可以从图上找到这是台北市（见图8－5）。反之，找到了图上位置，也可以求出这一点的地理坐标。

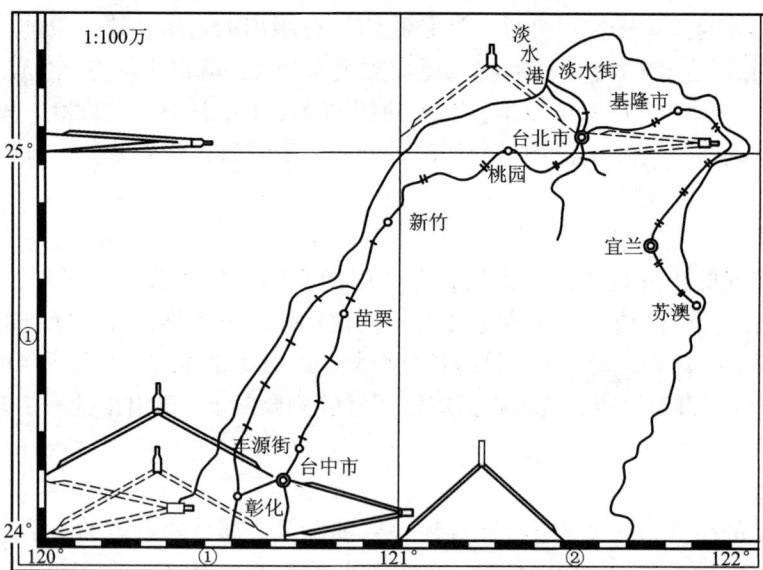

图8－5　依地理坐标量读台北市位置

（二）平面直角坐标

由于经纬线在图上多是弧线，不便于图上作业，更不便于距离和角度的换算，因此，在大比例尺图上都绘有平面直角坐标网。

确定平面上某点位置的长度数值，就是该点的平面直角坐标。平面直角坐标的值是用千米和米表示的。

1. 平面直角坐标的构成

平面直角坐标，是在颊上由两条垂直相交的直线建立起来的坐标系统。纵线为纵轴，以X表示；横线为横轴，以X表示；两直线的交点为坐标原点，以O表示。确定某点的位置时，以该点到横轴的垂直距离为纵坐标（Y），到纵轴的垂直距离为横坐标（X）。并规定，Y值在横轴以上的为正，以下的为负；X值在纵轴以右的为正，以左的为负。如甲点的坐标：$X=250$，$Y=300$。用这种方法确定点位的，就叫平面直角坐标法。

2. 图上平面直角坐标的起算(见图8－6)

我国地形图上的平面直角坐标网,是按高斯投影构成的。高斯投影是以6°为一带,每个投影带的中央经线是直线,与中央经线相垂直的另一条直线是赤道。地形图上的平面直角坐标,就是以中央经线为纵轴(Y),以赤道为横轴(X),其交点为坐标原点(O),这样,每个投影带便构成一个独立的坐标系。我国领土位于赤道以北,所以纵坐标(Y)值均为正值;横坐标(X)值,位于中央经线以东的为正,位于中央经线以西的为负。为了计算方便,消除负数,又将横坐标(X)值均加上500千米常数(即等于将纵轴西移500千米),横坐标以此纵轴起算,X值也就全是正数了。

因为一个投影带的范围很大,分的图幅也很多,为能迅速确定点的坐标,制图时,就用平行线的办法,以1千米(或2千米)为单位,分别作中央经线和赤道的平行线,构成正方形方格网,叫作平面直角坐标网,在1:5万地形图上,每个方格的面积是1平方千米,所以又叫方里网。

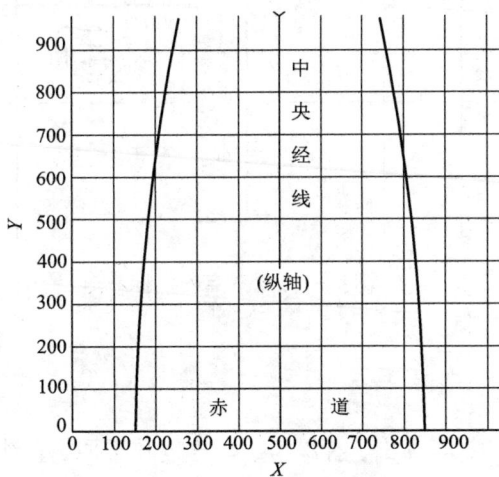

图8－6 直角坐标的起算

3. 图上平面直角坐标的注记

地图上纵向的线(即中央经线的平行线),都叫纵坐标线,它的长度数值是由南向北增加的,注记在左右图廓间(千米数)。

地图上横向的线(即赤道的平行线),都叫横坐标线,它的长度数值是由西向东增加的,注记在上下图廓间(千米数)。

4. 平面直角坐标的作用

平面直角坐标的作用,主要是指示目标和确定目标在图上的位置,也可以估算距离和面积。利用坐标指示目标时,可以用概略坐标,也可以用精确坐标。例如,报告山的概略坐标,只要指出山所在方格左下角的坐标值即可。报告坐标的顺序是:先纵坐标值,后横坐标值,切记不要报错。

为了避免报错顺序,可用曲尺度量地形图,最简便的方法是:用左手的虎口对正这个方格的左下角,先沿拇指方向找出纵坐标值(Y)为85,再沿食指方向找出横坐标值(X)为49。

口头报告时，先说坐标，后说地名，如：49、85，山。如果在文件中，就写成："山（49，85）"（见图8－7）。

炮兵射击，常常要用精确坐标，此时应先找出概略坐标，再加上该点到下边和左边方格线的垂直距离的米数即可。最方便的办法是用坐标尺量读。量读的方法是：使坐标尺的纵边与纵坐标线密合，横边通过所量地物之定位点，即可读出纵、横坐标的米数，然后与概略坐标的千米数相加，就是精确坐标。例如发射点的精确坐标为：X49300，Y85620。反之，用同样的方法，知道了坐标值，也可以确定目标点在图上的位置。

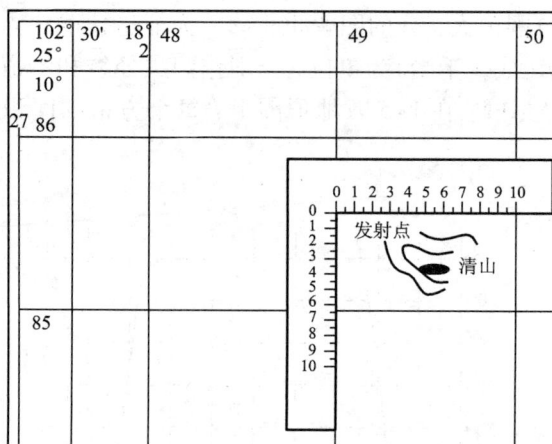

图8－7　量取点的坐标

五、地貌的表示方法

地球表面是起伏不平的，有高山，有深海，有丘陵和平原，有沙漠和草原，还有江河和湖泊等等，这些高低不平，形状各异的地貌是怎样表示在平面图纸上的呢？

地貌的表示方法，是人们在实践中不断积累经验的基础上，逐渐完善和丰富起来的。在公元前600多年的时候，我国的制图先驱是用∩∩图形表示山峰位置和山脉大体走向的，直到清朝初期，才开始采用等高线表示地貌的方法。

用等高线表示地貌，能精确地反映地面的高低、斜坡形状和山脉走向，我们的基本比例尺地形图，主要是用这种方法表示地貌的。这种方法存在的主要问题是缺乏立体感。

随着科学的发展，人们对地图的要求提高了，希望能一目了然地看出广大区域的地势总貌，迅速得到高程分布和高差对比的印象，于是，在等高线的基础上又出现了分层设色和晕渲表示地貌的方法。

分层设色法，就是将地貌按一定的高度分出层次，每层普染以不同的颜色。用图时就可以根据颜色迅速判别高度。我们常见的地图册以及航空图、小比例尺图，多是采用这种方法。

晕渲法，就是按一定的光源方向和地形起伏，用青钢色（或彩色），在坡或背光坡上涂绘暗影，以构成地势起伏的立体形象，给用图者在视觉上以生动形象、蜿蜒起伏、景观自然的感觉。地貌图、游览图多是采用这种方法。分层设色和晕渲法，如与等高线配合使用，效果将会更好,不但便于识别地貌,也便于图上计算高程。

(一)等高线表示地貌的原理(见图8-8)

为了说清楚这个原理,让我们先回忆一下某些自然现象。在水库的岸坡上,有一道道的水涯线痕迹,一条条,一层层,随着山形的凸凹,蜿蜒曲折,像雕刻家专门刻画的一样。其实,那是水平面从最高水位的变化过程中,撞击岸坡留下的标记。再看海岛,在岛的四周陡坡上,和水库一样,这是海水涨潮和落潮时留下来的痕迹。想想水涯线的痕迹,再看等高线表示地貌的原理,就容易理解了。

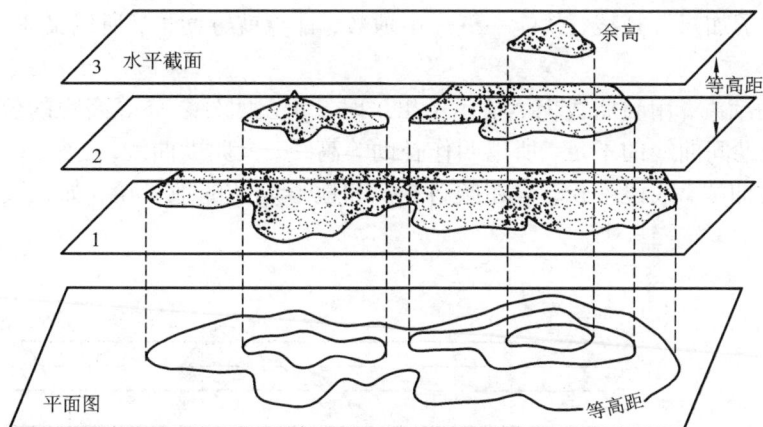

图8-8　等高线表示地貌的原理

等高线表示地貌的原理是:假设把一座山,从底到顶,按相等的高度,用一层一层的水颊横截该山,则山的表面便会留下一条一条的弯曲截口痕迹线,再将这些截口痕迹线垂直投影到一个平面上,便呈现出一圈套一圈的曲线图形。因为每条曲线上各点的高度都相等,所以这种曲线叫等高线;各相邻的两条等高线间的垂直距离相等,叫等高距。地形图就是根据这个原理来表示地貌的。

(二)等高线的特点

根据等高线表示地貌的原理,可以看出这样几个特点:等高线都是闭合曲线,同一条等高线上任何一点的高程都是相等的;等高线多,山就高,等高线少,山就低;等高线密,坡度陡,等高线稀,坡度缓;等高线的弯曲形状和相应实地地貌形态保持水平相似的关系。对于同一地形而言,等高线的多少取决于等高距的大小。等高距大,等高线就稀少,地貌显示就简略;等高距小,等高线就密集,地貌显示就详细。为了制图方便、利于用图,应选择适当的等高距。我军基本比例尺地形图的等高距规定为:比例尺1:1万为2.5米;1:2.5万为5米;1:5万为10米;1:10万为20米;1:20万为40米等高距,一般按规定增大一倍。

(三)等高线的种类(见图8-9)

在地形图上,我们所看到的等高线,为何有细的,有粗的,还有断续的?这是为了更好地表示地形和用图的方便而规定的。

1. 首曲线

凡是按规定的等高距测绘的等高线，都叫基本等高线，又称首曲线，是用细实线表示的。

2. 间曲线

因为地貌起伏变化多端，用首曲线往往不能详细表示地貌的细部特征，就在首曲线的中间加绘长虚线，表示其细部，这叫半距（基本等高距的二分之一）等高线，也叫间曲线。

3. 计曲线

为了便于计算高程，把首曲线每逢 5 条或 10 条加粗描绘一条，叫作加粗等高线，例如，一座 1 千米的高山，在 1∶5 万图上，就要画 100 条首曲线，计算高程时，如果一条一条地数，就很不方便，有了加粗等高线，就能一五一十地数，计算就方便了，所以又叫计曲线。

4. 助曲线

有些地方的细貌，用间曲线仍然显示不出来时，就在四分之一等高距的位置上用短虚线表示其细貌，补助间曲线的不足，所以叫作补助等高线，又叫助曲线。

间曲线与助曲线，线段不长，只在倾斜变换和地形复杂的地方用，如丘陵地区的地图上使用较多。

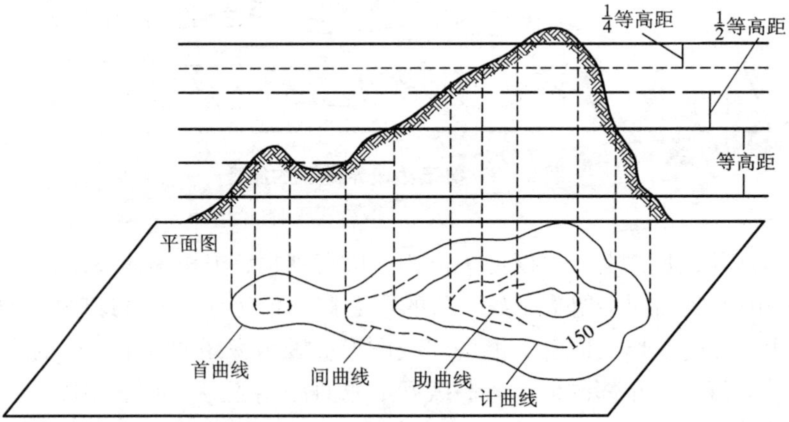

图 8－9　等高线的种类

用等高线表示地貌，是一种比较科学的方法，具有图形简单、便于计算、清晰醒目等优点，但也有不足之处，例如，因为等高线是按一定的等高距测绘的，有些细貌可能被舍去；不能完全逼真地反映地貌的细部和景观；立体感不够明显，给判读带来一定的困难。用图时，既要掌握它的特点，也要知道它的不足之处，才能更好地发挥地形图的作用。

（四）怎样识别地貌

我们懂得了等高线表示地貌的原理和特点，就有了判读地貌的基础，但是，由于地貌类型复杂，要正确认识地貌，仍有不少困难。

尽管每座山都有自己的特点，形态万千，但只要我们认真分析一下，仍然可以找出它们的共同特征。概括地说，它们都是由山顶、凹地、山背、山谷、鞍部、山脊等构成。只要抓住这些基本特征，识别地貌就比较容易了。

在识别这些特征时，只要联想一下等高线表示地貌的原理和特点，就能立刻认出：凡是最小的闭合小圆圈都是山顶。根据这些圆圈的大小和形状，还能分辨出是尖顶山、圆顶山还是平顶山。凹地也是小圆圈，怎么和山顶区别呢？这个问题，制图人员早就想到了，就是在圆圈上加上个垂直小短线，它是指示下方向的，叫作示坡线。如果你看到示坡线是在圆圈的外面，就是山顶，示坡线是在圆圈的里面，就是凹地了。

以山顶为准，等高线向外凸出的是山背；等高线向里凹入的，就是山谷。两个山顶之间，两组等高线凸弯相对的是鞍部，若干个山顶与鞍部连接的凸起部分就是山脊。

另外，由于地壳的升降、剥蚀和堆积作用，使得一些局部地区改变了原来的面貌，如在黄土高原上，植被稀少，由于雨水冲刷形成的冲沟；陡峭的崖壁，坡度在70°以上，像广西桂林的陡石山；山坡受风化作用而崩落的崩崖等。这些地形，军事上统称为变形地。因为这种地形面积很小，形状奇特，用等高线不太好表示，只好用符号来表示。

地形图的高程注记（见图8-10）有两种形式：一种是高程点的注记，用黑色；一种是等高线的注记，用棕色。根据等高线表示地貌的原理和特点，结合变形地符号，再考虑到自然习惯，如河水总往低处流，等高线上高程注记的字头总是朝上坡方向，示坡线指向下坡，进行判读，地貌的总体和细部就清清楚楚了。

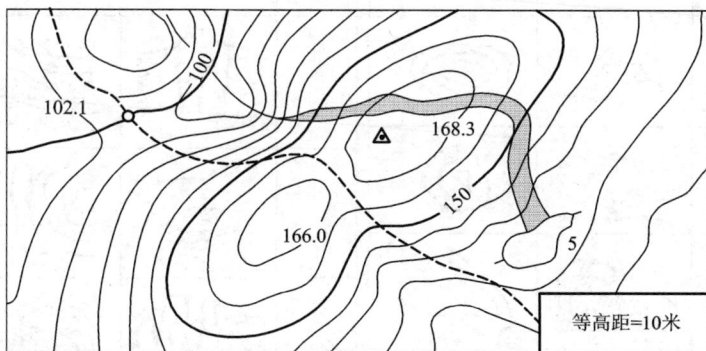

图8-10 高程的注记

（五）怎样判定高程和高差

我们在使用地图时，经常要判定点位的高程。如炮兵射击，为了确定高低角，就要知道炮兵阵地、射击目标和观察所的高程。在图上根据什么判定点位的高程呢？（见图8-11）

主要是根据高程注记和等高线来推算。例如：点位恰在等高线上时，该等高线的高程，就是这个点位的高程；点位在两条等高线之间时，先查出下边一条等高线的高程，再按该点在两等高线间隔中的位置目估出高度；点位在没有高程注记的山顶时，一般应先判定最上边一条等高线的高程，然后再加上半个等高距。知道了两点的高程，然后相减，所得结果，就是两点的高差。

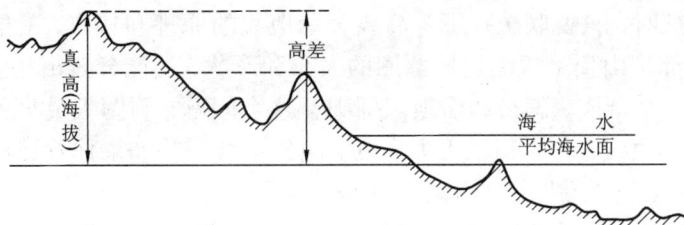

图 8 – 11　高程的判定

（六）怎样判定斜面形状和坡度

　　部队构筑山头阵地，总要观察一下斜面情况，是否有利发扬火力。军队行军，经常遇到上坡下坡。不同的斜面和坡度，对军队战斗行动带来不同的影响。比如汽车的爬坡能力是15°，如果道路的纵坡度大于15°，汽车就不便通行了。所以，我们使用地图，要学会从图上判定斜面的形状和坡度。（见图 8 – 12）

名称	实地形状	图上表示	名称	实地形状	图上表示
山顶			冲沟		
凹地			陡崖		
山背			陡石山		
山谷			崩崖		
鞍部			滑坡		
山脊					

图 8 – 12　山的形态在图上的表示

　　所谓斜面，就是从山顶到山脚的倾斜部分。就拿敌对双方控制的高地来说，朝向对方的斜面叫正斜面，背向对方的斜面为反斜面。斜面有哪几种？它们在地形图上是怎样表示的呢？等齐斜面坡度基本上一致，站在斜面顶部可以看到全部，便于发扬火力的称为等齐斜面，在图上，各等高线的间隔大致相等。

凸形斜面：在实地，上面缓，下面陡，站在斜面顶部看不见下部，形成观察射击的死角，称为凸形斜面。在图上，等高线的间隔上面稀，下面密。

凹形斜面：与凸形斜面相反，上面陡，下面缓，站在斜面的顶部能看到斜面的全部，便于发扬火力，称为凹形斜面。在图上等高线的间隔是上面密，下面稀。

实地的斜面：多数是凸凹互相交错的形状，但是，总离不开上面说的三种形状。使用地图时，只要注意等高线间隔的疏密情况，就能很容易地判明斜面的形状。

那么斜面的坡度，又怎样从地图上量取呢？

量取坡度时，要先用两脚规量取图上两条（或六条）等高线间的宽度，再到坡度尺上比量，在相应的垂线下边就可以读出它的坡度。

第三节　现地使用地图

一、判定方位

判定方位是研究在现地如何辨明东西南北方向，明确站立点与周围地形的关系位置。其方法有：利用指北针、北极星、太阳和时表判定，依据地物特征、导向设备判定，还有利用地图和航空相片判定等。掌握这些方法是正确利用地形，保证顺利完成作战任务的前提条件。

（一）利用自然特征判定方位

有些地物因受阳光、气候等自然条件的影响，形成带有方向性的特征，因而可以用来概略地判定方位。利用树木判定方位。通常情况下，树木南面枝繁叶茂，树皮光滑，而北面枝叶稀少，树皮粗糙。独立大树砍伐后，树上的年轮通常北面间隔小，南面间隔大。

利用突出地面的物体判定方位。通常土堆、土堤、建筑物等突出物的南面干燥，春草早生，冬雪早化；北面则潮湿，夏长青苔，冬存积雪。土坑、林中空地的特征正好相反。

利用房屋正门判定方位。我国北方较大庙宇的正门、农村房屋的正门多朝南开。

（二）利用指北针判定方位

判定方位时，将指北针平放，待磁针完全静止后，磁针北端所指的方向就是北方。如果测定方位的人面向北方，则他的背后是南，右边是东，左边是西。

（三）用太阳和手表判定方位

一般情况下，上午时，太阳在东方；12 点时，太阳在正南方；18 点时，太阳在西方。根据这一规律，可以概略地判定方位。口诀是：时数折半太阳（每天以 24 小时计算），12 字头指北方。如在下午 14 时 40 分，应以 7 时 20 分对准太阳，12 字头所指的方向就是北方。为便于判定，还可在时数折半的位置处，垂竖一草棍或火柴棍，转动表盘，使其影子通过表盘中心。

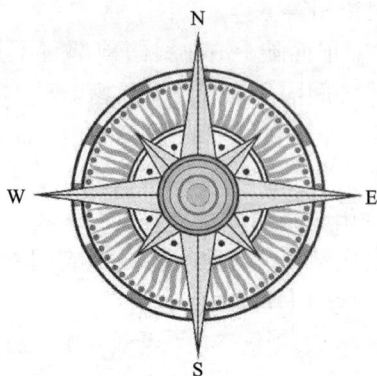

图 8 - 13　利用指北针判定方位

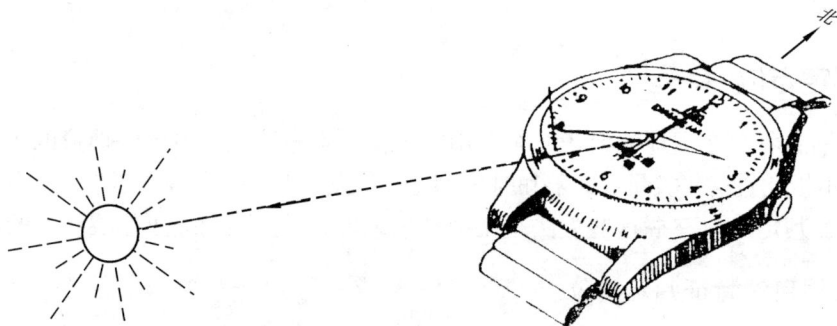

图 8 - 14　利用太阳和手表判定方位

北京标准时间是以东经120度经线的时间为准,如在远离120度经线的地方判定方位时,应将北京时间换算成当地时间。如果在北回归线(北纬23度26分)以南地区的夏季,因太阳垂直照射,不宜采用此种方法。

(四)利用北极星判定方位

北极星是在正北方天空的一颗较明亮的恒星,夜间找到北极星,就很容易找到北方。北极星位于小熊星座的尾端,因小熊星座比较暗(除北极星),故通常根据大熊星座,也就是北凌晨星(人称勺子星),以及仙后星座(即女帝星座,人称W星)来寻找。

大熊星座由7颗明亮的星组成,像一把勺子,将勺端甲、乙两星的连线向勺子口方向延长,约在两星间隔的5倍处,有一颗比大熊星座略暗的星,它就是北极星。仙后星座是由5颗明亮的星组成,很像英文字母W。在W字母的缺口方向为缺口宽度2倍处的那颗星,就是北极星。找到北极星,面向北极星,正前方就是北方。

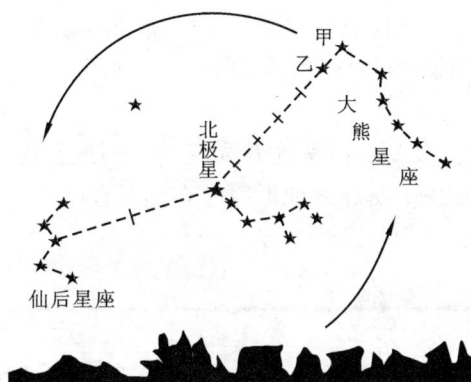

图 8－15　利用北极星判定方位

二、地图与实地对照

地图与实地对照，就是将地图上的各种符号和等高线图形，与相应的实地地形对应起来。

(一)标定地图

标定地图就是使地图与实地的方位一致，标定地图的方法有以下几种。

1. 概略标定

先在实地判明方位，方位确定后，将地图的上方对向实地的北方，地图即已标定好了。

2. 利用直长地物标定

直长地物是指开头直长的线状地物，如铁路、公路、电线等。首先在图上找到直长地物符号，对照两侧地形，使地图与现地的关系位置概略相符，再转动地图，使图上的直长地物符号与现地的直长地物方向一致，地图即已标好。

图 8－16　利用直长地物标定地图

3.用指北针标定

先用指北针的直尺切于地图磁子午线，并使准星的一端朝向北图廓，然后水平转动地图，使磁针对正指标，即刻度盘的0分划，地图就标定好了。

4.利用明显地形点标定

首先确定站立点在图上的位置，再从远方选定一个现地和图上都有的明显地形点，如山顶、独立地物等，然后转动地图，使远方地形符号在前，通过直尺，向远方实地相应地形点瞄准，地图即已标定。

图 8 - 17　利用明显地形点标定地图

5.利用北极星标定

标定时面向北极星，并使地图上方概略朝向北方，然后通过东(西)图廓瞄准北极星，地图方位就标定好了。

(二)确定站立点

确立站立点，就是把自己的实地位置在图上找到。通常有以下几种方法：

1.利用明显地形点确定

当站立点在明显地形点上时，从图上找到该地形点的符号，即是站立点在图上的位置。当站立点在明显地形点附近时，先标定地图，然后根据站立点与明显地物的相互位置关系，判定出站立点在图上的位置。

2.利用后方交会法确定

首先标定地图，在远方选择两个图上和现地都有的明显地形点，将直尺分别切于图上两个明显地形点符号的定位点上，再依次瞄准现地的相应地形点，并向后画出方向线，两方向线的交点就是站立点在图上的位置。

3.利用截线法确定

当站立点位于道路、河渠等线状物上时，先标定地图，在线状物的一侧选择图上和现地都有的明显地形点，然后将直尺边切于图上该地形点上，转动直尺，瞄准现地地形点，并描画方向线，方向线与线状地物符号的交点就是站立点在图上的位置。

4.利用磁方位角交会法确定

先攀上便于通视远方的树上，在远方选定现地和图上都有的两个明显地形点，分别测出到这两个点的磁方位角。然后在树下近旁标定地图，将指北针直尺边依次切于图上的两相应地形点的定位点上，转动指北针，使磁针北端指向所测得的相应的磁方位分划，并沿尺边分别画方向线，两方向线的交点就是站立点在图上的位置。

5. 现地对照地形

现地对照地形，一般是在标定地图和确立了站立点的基础上进行的。其顺序是：先主要方向，后次要方向；先对照大而明显的地形，后对照一般的地形；由左至右(或相反)，由近及远；从图上到现地，再从现地到图上；以大带小，由点到面，逐段分片进行对照。对照地形，主要根据站立点与目标点及其附近地形的相互关系位置，分析比较，反复验证。当地形重叠不便观察时，应变换位置或登高观察。

三、按图行进

(一)做好行进准备

按图行进，就是利用地图选定行进路线，并在行进中不断与现地对照，以保证沿选定的路线到达预定地点的行进方法。

1. 选择路线

在行进前必须要事先选准好行进路线。选择路线时，应充分考虑和研究行进路线上可能对行进造成影响的地形因素，如地貌起伏、沿线居民地、桥梁等。部队行进时，通常要选择多条路线，以便分路行进。选择线路时应注意把握以下原则：一是有路不越野。尽可能利用道路行进，这样不仅省力，而且不易迷失方向；二是选近不选远；三是提前绕行。在起伏大、树林密集、多障碍的地段，应提前选择绕行线路。

2. 做出标记

路线选定后，应将路线及沿线选定的较明显的地物、地貌作为方位物，如转弯点、桥梁、居民地等，并用彩笔在图上做出标记，以便行进时快速查找。

3. 按序行进

路线和方位选定后，应按行进的顺序，把每段的里程、时间，经过方位物的顺序、数量、名称、关系位置和地形特征记熟，力求做到"心中有图，未到先知"。

(二)行进的方法步骤

行进途中，应边走边对照地形，预知前方要通过的方位物。在经过每个岔口、转弯点、居民地进出口等，应仔细对照地形，随时了解自己在图上的位置，做到"人在实地走，心在图上移"。具体的行进方法步骤是：

1. 靠记忆行进

按行进的顺序，采取分段或连续或一次记忆的方法，记住路线的方向、距离、经过的地形点。通过记忆，使现地的情景能够不断地与记忆内容"叠影"、印证。通常情况下，对初学者，易采用分段行进法，即在最佳线路上能通视的地段，不对照地形，而选择在辅助目标点上对照，这样一段一段对照前进；对有一定事实基础者可用连续行进法，即把各辅助目标点要做的工作提前。在将要到达一个辅助目标点之前，边行进边分析下段能通视地段的地形，在图上找到下一个辅助目标点，然后不作停留，连续行进；对于经验丰富者可用一次记忆行进法，即在出发点，把在地图上选择的从出发点到第一目标点的最佳线路一次性记住，不再选择辅助目标点，在将要到达第一目标点前，又一次性记住到下一个目标点的最佳线路，直至终点。

2. 按方位角行进

按方位角行进是按图行进的辅助方法。在地形起伏不大，无道路，有植被，观察不便或夜间、浓雾、风雪等不良气候条件下的地区行进，可在图上测出站立点到目标点的磁方位角，然后量出两点之间的实地距离并换算成复步数或时间(复步数 = 实地距离的米数/复步长，复步长一般为 1.5 米)。出发时，首先平持指北针，转动身体，使磁针北端指向下一点的方位角密位数，这时沿照门至准星的方向就是前进的方向，然后按照方位物的方向，照直前进。行进中，随时用指北针检查前进方向，记清复步数或时间。到达目标点后，再按上述要领逐段前进，直到终点。

3. 依点、线行进

当目标点位于高大、明显的点和线状地形或其附近时，在明确站立点后，可利用这些易于辨认的地形，作为行进的引导。

4. 纠错方向

行进中，如果走错路线，应立即对照地形，确立站立点在图上的位置，回忆走过的路线，然后选择迂回路或原路返回，待回到正确的线路后，再继续前进。如果条件允许，也可选择新的行进路线，向预定目标前进。

思考题

1. 地形对作战行动有哪些影响？
2. 等高线显示地貌的原理和特点是什么？
3. 常用地形图的比例尺有哪些？
4. 什么是地形图的坐标系统？
5. 现地判定方位的方法有哪几种？
6. 如何确定站立点和目标点在图上的位置？
7. 按图行进的注意事项有哪些？

第九章

战术基础

┌───┐
学 习 目 标

1. 了解战斗的基本类型和样式；
2. 掌握战术基本原则的主要内容；
3. 学会单兵战术的基本动作要领；
4. 知道战斗中如何利用地形。
└───┘

第一节　战斗的基本类型和样式

战术，是指进行战斗的方法，包括战斗的基本原则以及兵力部署、战斗指挥、协同动作、战斗行动的方法和各种保障措施等内容，战术基础是最基本的战术理论和战斗动作的统称。战斗是兵团部队、分队在较短时间和较小空间内进行的有组织的作战行动。

一、战斗的基本类型

（一）进攻战斗

进攻战斗是指主动攻击敌人的战斗，是战斗的基本类型之一，目的是歼灭敌人，攻占重要地区或目标，分为对防御之敌的进攻战斗、对驻止之敌的进攻战斗和对运动之敌的进攻战斗。其中，对防御之敌的进攻战斗，有对野战阵地防御之敌的进攻战斗、对仓促防御之敌的进攻战斗、对坚固阵地防御之敌的进攻战斗；对驻止之敌的进攻战斗，有袭击战斗、破袭战斗；对运动之敌的进攻战斗，有优击战斗、遭遇战斗、追击战斗。根据地形、气候等条件，还有登陆战斗、渡江河进攻战斗、城市进攻战斗、山地进攻战斗、荒漠草原地进攻战斗、水网稻田地进攻战斗、热带山岳丛林地进攻战斗、高寒地进攻战斗以及夜间进攻战斗等。

进攻战斗随着武器装备的变革和战术的发展而发展，经过了古代徒兵的进攻战斗到现代的合同进攻战斗的发展过程。最初的进攻战斗是以徒兵用冷兵器格斗。公元前 11 世纪，车战成为进攻战斗的主要样式。公元前 6 世纪后，进攻战斗通常由步兵、骑兵、车兵配合进行，出现了迂回包围、穿插分割、袭击、伏击、钳制等战法。火器用于作战后，进攻战斗中开始注重发挥火器的威力。第一次世界大战时期，出现了诸兵种合同进攻战斗。第二次世界大战时期，进攻战斗逐渐立体化，进攻的正面、纵深加大，火力、机动、突击结合紧密。战后，进攻战斗强调实施高速度、大纵深的连续突击。现代条件下的进攻战斗，将在使用核、化学、生物武器或在其威胁下进行，正面和纵深将进一步扩展，进攻速度提高，并将在地面和空中、前沿和纵深，有时还可包括海上（水下）、空中同时展开，突然性和速决性增强，电子斗争更趋尖锐激烈，兵力、兵器将更趋疏散，机动将更为广泛。

进攻战斗的优势：①进攻者掌握行动的主动权；②进攻者可以形成兵力兵器对比的优势；③进攻者可以预先做好战斗准备；④进攻者可以达到战斗的突然性，可以在敌人意想不到的时间、地点，捕捉或创造战机，采取敌人意想不到的战法，给敌人出其不意的攻击；⑤有利于提高进攻者的士气。

进攻战斗的任务：①突破敌人的阵地，消灭防御之敌，夺取重要地域或目标；②攻歼驻止、运动之地；③破袭敌人的交通运输线或重要目标；④夺占敌纵深要点，割裂敌部署，断退敌路，阻止增援，配合主力围歼敌人。

（二）防御战斗

防御战斗，是抗击敌人进攻的战斗，是战斗基本类型之一，目的是大量杀伤、消耗敌人，扼守阵地，争取时间，为转入进攻或反攻创造条件。按目的、任务，分为阵地防御战斗（包括野战阵地防御战斗、坚固阵地防御战斗）和运动防御战斗；按准备时间，分为预先有准备的防御战斗和仓促防御战斗；按地形、气候等条件，还有山地防御战斗、荒漠草原地防御战斗、热带山岳丛林地防御战斗、高寒地防御战斗、城市防御战斗、海岸防御战斗、岛屿防御战斗、江河防御战斗和水网稻田地防御战斗以及夜间防御战斗等。冷兵器时代，防御战斗多在城邑、要塞进行。19世纪后，随着线膛火器的出现和火炮射程的增大，野战阵地防御战斗的地位提高。第一次世界大战时期，防御战斗发展为诸兵种协同实施的合同战斗，防御体系逐渐完善。第二次世界大战时期，防御战斗的合同程度进一步提高，纵深增大，工事构筑更加完善，出现了防坦克支撑点，障碍物种类增多、密度增大，并加强了防坦克障碍物的设置；打坦克火力和防空火力成为火力配系的重要内容，形成了炮兵火力为骨干、以防坦克为主的火力配系。战后，防御战斗加大了掩护地带的纵深，更强调以广泛的机动挫败敌人的进攻，反坦克成为防御战斗的主要内容，并注重对核、化学、生物武器袭击的防护，反空降成为防御战斗的重要组成部分。现代条件下的防御战斗，防御纵深将进一步扩大；机动在防御战斗中的作用不断提高，样式更加灵活多样；火力突击的连续性将增强，打击手段越来越多，将从不同高度、不同距离和不同方向对进攻之敌实施全纵深打击。

防御战斗的优势：防御者能够依托有力的地形和阵地条件进行战斗；防御者能够实施有效的伪装；防御者能够以逸待劳；防御者便于实施兵力兵器机动。

防御战斗的任务：保卫重要地域或目标；迟滞、消耗、钳制、吸引敌人，创造歼敌的有利战机或掩护主力进攻；阻敌增援、突围或退却巩固占领的地区，抗击敌人反冲击或保障主力侧翼安全；掩护主力集中、机动或休整。

（三）进攻战斗与防御战斗的关系

进攻战斗和防御战斗是战斗中最基本的一对矛盾，具有相互对立、相互统一的辩证关系。进攻和防御的对立，表现为两者的相互区别和相互排斥。在战斗目的上，进攻是为了歼灭敌人，攻占重要地区或目标；防御是为了保存力量，坚守重要地区或目标。在战斗行动上，进攻是为了突破对方的防御，防御是为了阻止对方的进攻。进攻和防御的统一，表现为两者相互依存、相互渗透和相互转化。进攻和防御不是单一的状态，它们相互包含、相互贯通，攻中有防，防中有攻，攻防一体，融合趋势明显，这一点在信息化条件下表现得更加明显。但从战斗性质和根本目的上看，两种类型的界线仍然是明确的。进攻和防御的地位并不是一成不变的，在一定的条件下可以相互转化，当进攻达到顶点或失去相应条件时则会转入防御，当防御具备相应条件时也可以转入进攻。进攻和防御的矛盾运动，推动它们不断由低级形态向高级形态发展。进攻的发展变化，必然导致防御的发展变化；同样，防御的发展变化，又反过来作用于进攻的发展变化。

（四）特殊地形条件下的战斗

特殊地形条件下的战斗，是在山地、沙漠戈壁草原、热带山岳丛林、海拔高而寒冷、江河、水网稻田等地区所进行的战斗的总称，包括山地战斗、荒漠草原地战斗、热带山岳丛林地战斗、高寒地战斗、江河和水网稻田地战斗等样式。公元前204年，汉军巧借潍水歼灭楚齐联军的潍水之战，是较早的江河战斗。特殊地形及气象条件，对战斗具有重大的影响。如山地和江河，易守难攻，部队机动受限，指挥、协同和保障困难；荒漠草原地易攻难守，便于部队机动，便于指挥、协同，但不便隐蔽和防护，给水等保障困难；高寒地，人员体力消耗大，武器、车辆等效能降低，机动、指挥、协同不便，各种保障困难；热带山岳丛林地，便于部队实施穿插分割、迂回包围，利于隐蔽行动和达成进攻的突然性，便于部队凭险扼守和进行伏击和袭击，但指挥、协同不便，运输和补给困难；水网稻田地，利于部队凭借江河、湖泊、居民地等组织防御，但不便指挥、协同，部队机动受限。现代条件下，随着军队机动力、突击力和火力的增强，特别是高技术武器装备的广泛使用，特殊地形条件下战斗的突然性、纵深性、立体性和速决性将进一步增强，各种保障更加复杂，要求更高。

二、战斗样式

战斗样式，是在战斗类型基础上所作的进一步分类。战斗样式通常按照敌情、地形、气候、行动方式等不同情况进行划分。

（一）进攻战斗样式

进攻战斗样式，是对进攻战斗所作的分类。按敌人的行动性质和状态，通常区分为阵地进攻战斗、对机动防御之敌进攻战斗、对立足未稳之敌进攻战斗。对预先有准备防御之敌的阵地进攻战斗，由于敌防御组织的完善程度和方式不同，可区分为对野战阵地防御之敌的进攻战斗，对坚固阵地防御之敌的进攻战斗。对机动防御之敌的进攻战斗，包括伏击战斗、遭遇战斗、追击战斗等。对立足未稳之敌的进攻战斗，包括对临时驻止之敌的进攻战斗、对空降着陆之敌的进攻战斗和对登陆上岸尚不巩固之敌的进攻战斗等。由于战斗地区的地形、气象条件不同，又可区分为一般条件下的进攻战斗和特殊条件下的进攻战斗。特殊条件下的进攻战斗，按照战场地形条件，可区分为登陆、城市、山地、荒漠、草原、渡江河、水网稻田地进攻等；按战场气象条件，可区分为高寒地区和热带山岳丛林地进攻等；按照战斗时间，可区分为昼间进攻和夜间进攻等。

(二)防御战斗样式

防御战斗样式,是对防御战斗所作的分类。依据防御的目的和防御准备的程度,可分为阵地防御战斗、机动防御战斗和仓促防御战斗等。阵地防御战斗按阵地性质的不同,又可分为野战阵地防御战斗和坚固阵地防御战斗。按作战地形、气象和时间的不同,可区分为一般条件下防御战斗和特殊条件下防御战斗。特殊条件下防御战斗,按照战场地形条件,可区分山地、平原地、高原地、城市、山林地、荒漠、草原、热带山岳丛林地、海岸、岛屿、江河、水网稻田地防御战斗等;按照战场气象条件,可区分为热带地区和严寒地区防御战斗等;按照作战时间,可区分为昼间防御战斗和夜间防御战斗等。

第二节　战术的基本原则

战术的基本原则,是指战斗行动所依据的法则或标准,是一切战斗行动的依据和指南。只有真正掌握战术的基本原则,才能在战斗中举一反三,结合不同战斗类型、战斗样式的具体情况对战斗进行正确指导。

一、知彼知己与战斗目的

(一)知彼知己

知彼知己,就是熟悉敌情我情和战场环境等多方面的情况,通过周密细致的综合分析和判断,找出优劣,权衡利弊,并在此基础上审时度势,实施正确灵活的指挥,找出克敌制胜的方法。

"知彼",就是全面掌握敌人的情况,对敌情了如指掌,这是掌握主动权和实施正确指挥的前提。"知己",则是要掌握己方的各种情况,这对实施正确指挥同样十分重要。因此,指挥员必须精通有关军兵种的各种高技术武器装备的特长、性能和使用原则,了解上级和友邻可能对本级战斗的支援和配合情况,在此基础上,定下正确的决心,实施及时正确的指挥,夺取战斗的胜利。军队指挥员在贯彻运用这一原则时,必须着重把握以下问题:

1. 正确把握情报需求的重点和情报获取的方法

在掌握全面情况难度大的条件下,指挥员应围绕定下决心的需要,重点判明敌人的兵力、部署、企图及强弱点,我上级意图、本分队的任务、配属与支援分队的战斗力及运用要求,便于我利用的有利地形和时机等。在此基础上,如情况允许,再进一步了解和掌握其他情况。为了切实达成判明情况的目的,必须灵活运用多种方法与手段。对我情,主要应通过实地调查、观察、询问等进行了解,并综合运用无线电、有线电、运动通信、简易通信、自动化指挥等手段传递信息,做到"明于知己"。对敌情,主要应通过组织侦察与观察、研究上级敌情通报、询问居民、审讯俘虏、研究缴获的敌军文件资料,以及必要时组织火力侦察,在战斗中边打边侦察等方法,做到"暗于知彼"。对地形及其有关的情况,主要应通过现地勘查、研究地图和航空照片、调查询问、查阅有关资料等方法,做到"知天知地"。同时,应将判明情况贯穿于战斗全过程,以便及时掌握战场情况的发展变化,预测战斗发展趋势。此外,无论对敌情、我情还是其他情况，都必须尽量通过多种渠道加以多方验证，认真核实，以确保情况真实、具体。

2. 依据真情求对策

作为一个完整的指挥决策过程，求真情不是目的，而是要在对战斗各方面的情况全面准确掌握的基础上，寻求制胜敌人的有效对策。这里的关键问题，是因势利导，正确指挥战斗，使战斗朝着利于己而不利于敌的方向发展。即当战场态势利于我而不利于敌时，应更多地着眼如何进一步发挥己方优势制订对策，以便不断发展我之胜利，陷敌于更为被动的境地；当战场态势利于敌而不利于我时，应更多地着眼于如何暴露敌之弱点或造成敌之失误制定对策，以便我在被动中争取主动，逐步改变不利地位。战场态势在一定条件下是互相转化的，指挥员在制订对策时，应从最困难、最复杂的情况出发，针对可能发生的意外情况制订多个应急方案，以便遇事快速反应，处置及时。

3. 科学判断求真情

一般地讲，指挥员通过侦察获取的情报，尤其是敌情，多是表象性情况，往往是明暗相交，真伪并存。因此，还须对这些情报资料进行整理、加工和分析判断。即进行去粗取精、去伪存真、由此及彼、由外及里的思索和判断，找出其中带规律性的实质内容，并将各方面的情况联系起来进行综合分析和判断，得出正确的结论。分析判断应力求使定性分析与定量分析相结合，以确保情况判断的准确性。高技术条件下战斗，战场情况复杂多变，更加具有"突然性"，在要求把判明情况贯穿于战斗始终的同时，也必然要求将分析判断贯穿于战斗全过程。为此，在战斗中要依据发展变化了的情况，构成新的判断，及时修正既定决心或定下新的决心，以便使战斗行动始终建立在符合客观实际的基础上。

（二）战斗目的

战斗目的，是一切战斗行动的着眼点，也是贯彻战斗始终的指导原则，战斗一定要目的明确。消灭敌人，保存自己，是一切战斗的基本目的，也是一切战斗行动的着眼点和出发点。它普及于所有的战斗样式，贯彻于战斗的始终。随着各种高技术兵器的使用，虽然消灭敌人的效能不断增大，保存自己也随之增加了困难，但这并未改变战斗的本质，消灭敌人，保存自己，仍是我们在战斗中应当贯彻的指导原则。

1. 消灭敌人与保存自己

消灭敌人与保存自己，是辩证统一的关系，两者是相辅相成的。消灭敌人是主要的，是第一位的，只有大量消灭敌人，才能有效保存自己；保存自己是第二位的，只有有效地保存自己，才有可能不断地消灭敌人，二者互为作用，相互依存。但在一定时期和一定的条件下，也可以保存自己为主，以夺取和保卫重要的目标和地域为主要目的。

2. 切实加强自身防护

应加强伪装，充分利用阵地、工事、有利地形和夜暗及不良气候，切实隐蔽企图，以"藏"求防护；不失良机，灵活实施兵力、兵器机动，适时集中与分散，造成敌发现和攻击的困难，以"动"求防护；积极采取佯动、反常用兵等手段，迷惑、欺骗敌人，使其难以准确掌握我行动规律，以"骗"求防护。此外，还应打、防结合，特别是注重充分利用上级火力掩护和电子干扰的效果，快速实施分队既定的战斗行动。这既是消灭敌人的需要，也是保存自己的需要。在切实搞好人员、武器装备防护的同时，还应注重隐蔽使用指挥通信手段，特别是搞好电磁频谱的隐蔽与防护,以降低这类"无形"因素的暴露概率,这也是力求保存自己的一个重要方面。

3.消灭敌人应坚持以打击敌关节点为主

高技术武器装备的系统性,必将导致敌人战斗部署的系统性和整体性。针对敌整个战斗系统,着眼于对其关节点的打击与破坏,往往可以起到毁其一"点"而瘫痪其整个系统的作用。这与逐次歼敌、积小胜为大胜的传统方法相比,可以小的代价获取大的战斗效益。因此,只要条件具备,分队就应力求将敌战斗体系中的关节点作为首选目标,实施重点打击。这类关节点,主要是指对敌战斗体系起联结、控制,或对敌战斗全局起平衡、凝聚作用的关键目标(部位),如敌高技术兵器、通信设施、指挥所、战斗勤务支援设施,以及在主要方向、关键时节行动的兵力等。

二、主动灵活与集中兵力

(一)主动灵活

主动灵活,把握战机,是夺取和保持主动权的重要方法。战争实践证明,主动权是军队的行动自由权,而行动自由则是军队的命脉。主动灵活是指挥员基于对情况的正确判断,审时度势,灵活地使用力量,巧妙地运用和变换战斗方法,这样才能牢牢掌握主动权,把握瞬息万变的战机,置敌于不利地位。军队指挥员在贯彻运用这一原则时,必须着重把握以下问题:

1.正确选择兵力、火力机动的方式、方法和时机

可利用上级压制与杀伤敌人的效果及时机动,也可相互交替掩护机动,并迅速、隐蔽地突击行动,周密组织各种保障,使兵力机动与火力机动紧密结合。

2.主动灵活地实施包围、迂回、穿插、分割

恰当变换集中火力打击目标,使火力、运动和突击浑然一体,迅速、隐蔽、突然地对敌方软弱部位实施坚决的打击,夺取和控制主动权。

(二)集中兵力

集中兵力,是我军以劣势装备战胜优势装备敌人的传统战法,是克敌制胜的根本法则。古今中外的军事家都十分强调集中兵力、兵器,并将其作为最重要的作战原则之一,指导自己的部队行动。集中兵力主要是为了重点打击,两者是辩证统一的关系。"集中兵力"是作战的原则和手段,"重点打击"则是目的和方法。高技术条件下战斗的胜负同样取决于敌对双方整体力量的强弱,并在一定条件下决定着战斗的态势、进程和结局。集中优势兵力,以对敌形成局部优势,有利于夺取主动地位,动摇敌斗志,破坏其整体平衡,使敌整体陷于被动地位。军队指挥员在贯彻运用这一原则时,必须着重把握以下问题:

1.正确把握"集中"的内容

在集中兵力和火力的同时,注重集中电子对抗、信息对抗等力量,确保战斗力诸要素的质量优势,并要充分利用天时、地利等综合因素,通过战术与技术、物质力量与精神因素的有机结合,形成整体战斗威力,在局部上改变敌我力量对比,为争取主动奠定可靠的物质基础。

2.正确把握集中的方式与方法

要以空间上的集中为主，空间与时间上的集中相结合。即决定性的时间和空间，突然、快速、短暂地在局部集中优势战斗力制敌，得手后迅速分散隐蔽，或转歼他敌。要集中战斗力于一个主要方向，并在该方向使用战斗力较强的分队，给其以较多的加强，赋予较窄的战斗正面和较浅的任务纵深，以形成对冲击目标兵力和火力的优势，或有效抗击敌人主要冲击所必需的兵力、火力密度。即使分队在战斗正面上已形成较大的兵力、火力优势，也须明确区分主要目标和次要目标，或一个目标的主要部分和次要部分，以及对目标实施打击的先后顺序，并恰当分配兵力、火力。战斗中要根据敌情变化，适时进行集中点的转移，做到敌变我变，先变于敌。为此，应掌握必要的机动力量，并配置在适当的位置，以便需要时快速用于新的集中点，形成新的重点。

3.采取有效措施破坏敌人的集中

要严密监视和发现敌实施集中的征候，以多种手段实施积极打击，限制敌集中行动，粉碎敌集中企图。为免遭敌集中火力对我造成伤害，要灵活地实施兵力、兵器机动，以避开或防敌火力的集中突击；要积极采取兵力佯动、电子欺骗等措施，吸引调动敌人，诱敌分散兵力、火力；要适时请求上级对敌实施空地火力突击和电磁打击；掩护和支援我集中行动，以利于各个歼灭敌人。

三、密切协同与出敌不意

（一）密切协同

战争经验表明，作战的胜负不仅取决于敌对双方力量的对比，而且取决于双方力量的使用和整体功能的综合发挥。因此，充分发挥参战的各军兵种和部、分队的协同战斗的整体威力，以整个战斗系统的合力打击敌人，对夺取战斗的胜利具有重要的意义。高技术条件下的合同战斗，参加战斗的军兵种越来越多，武器装备越来越复杂，要形成强大的整体威力，指挥员必须将建制的、配备的以及支援的各种力量合理编组，使之形成真正的合力。同时，参加战斗各分队，应充分发挥各自的积极性和主动性，既要善于根据上级的战斗意图，独立自主地完成任务，又要积极主动地配合和支援友邻战斗，这对于保持不间断协同动作，夺取战斗的胜利更具有特殊的意义。军队指挥员在贯彻运用这一原则时，必须着重把握以下问题：

1.强化整体意识

整体意识，就是严守协同纪律和注重充分发挥参战的各个兵种、各种力量的效能，形成整体威力，合力打击的意识。这里需要特别强调的是，必须善于根据战斗的具体情况，灵活运用协同原则。在处理步兵与其他兵种的关系问题上，既要坚持以步兵为主，又要积极主动帮助配属和支援的其他兵种分队解决困难，为其提供完成任务的有利条件，以自身的行动支援、配合和保障其他兵种战斗。

2.实施统一指挥

指挥员要根据上级指示（计划）和自己的决心，周密组织协同动作，并要确立统一的战术思想和协同原则，奠定合力破敌的认识基础和行动准则。在必要时应根据上级的指示建立统一的指挥协调机构，从组织上提供协调一致的条件。要坚持集中指挥与分散指挥相结合，特别是对主要方向、关键时节、重要行动要实施集中统一指挥和协调，并要发挥好分散指挥的效能，确保从整体到局部的协调一致。

3. 坚持全程协调

周密组织协同动作，不仅是组织战斗阶段的工作，而且是贯穿于战斗全过程的指挥活动。特别是战斗中协同失调或遭到破坏时，指挥员应采取有效措施，及时调整和恢复协同，或根据新的情况建立新的协同。各分队应当充分发挥积极性和主动性，在统一意图上独立自主地完成预定任务，并主动配合，相互支援，以确保协调一致的行动贯彻战斗始终。

（二）出敌不意

出敌不意，就是在敌人意想不到的时间、地点，运用敌人意想不到的战法和手段给敌以意想不到的打击，是夺取和保持主动权的重要方法，是积极创造和捕捉战机，夺取战斗胜利的重要条件。高技术条件下的战斗，敌人装备有先进的侦察、监视器材，获取情报的手段多样化，给我军隐蔽突然地行动、出敌不意地打击增加了困难。但是也要看到，无论多么先进的侦察器材，其性能都是有限的，只要通过我们主观积极努力，给敌人造成错觉，达成出敌不意是完全可能的。

要善于机动行事。指挥员在抓住敌人的弱点和失误时，要及时指挥分队实施快速机动，先敌反应，打敌措手不及。在情况急剧变化又与上级中断联系的情况下，应根据上级总的意图和战斗的实际情况，机动行事，大胆负责，果断地采取适合于当时情况的措施，克敌制胜。当处于被动地位时，应及时采取有效措施，迅速机动兵力和火力，摆脱被动，恢复主动。军队指挥员在贯彻运用这一原则时，必须着重把握以下问题：

1. 掌握敌人规律，发现和利用敌之弱点

要在平时加强敌军研究的基础上，结合战场情况和战斗实践，不断总结敌人的行动规律，利用分队直接靠近敌人的有利条件，综合运用多种侦察手段，掌握敌情的第一手资料，并结合上级通报的情况，综合分析判断，发现敌人的弱点，利用敌人的失误，果断采取相应的战斗行动。多种方法手段并用，造成敌之错觉和失误。要充分利用分队装备轻便、机动灵活、目标较小、行动便捷的优势，采取巧用计谋、广施机动等方法和手段，积极主动地调动敌人，造成敌人的错觉与失误。虽然高技术条件给这些手段的运用造成了一定的困难，但只要用心，且不循常规，善择战机，总是可以奏效的。

2. 切实隐蔽行动企图，突然勇猛攻击

高技术条件下，虽然战场透明度提高，但是远未达到"疏而不漏"的境地。因此，分队应训练和养成勇猛、迅速、严守纪律的作风，熟练战术技术，提高战斗能力。在进入战斗前，一切行动必须力求迅速、隐蔽，队形必须尽量疏散，以降低敌各种侦察手段的发现率，减少敌各种兵器的杀伤率，最大限度地保存战斗力和保持行动的突然性。在进入战斗时，必须在需要的时间点，突然集中兵力和火力猛烈打击敌人，力求在敌人作出有效反应之前速战速决，达到目的后，再次迅速隐蔽疏散。

3. 严密防范，反敌突然袭击

出其不意，攻其不备，是战胜对手的通则，尽可能择机而用之。为此，战斗中指挥员必须以敏锐的洞察力和巧妙的手段，对敌人可能实施的兵力、火力袭击，保持高度警惕，做好充分准备，组织分队严密防范，并适时采取积极有效的战斗行动，挫败敌人的袭击。

四、勇猛顽强与出奇制胜

（一）勇猛顽强

勇猛顽强，士气高昂，是形成和发挥战斗力的重要因素，是我军战胜敌人的根本优势之一。战争是暴力的激烈对抗和角逐，其残酷性决定了军队勇猛顽强的战斗精神和高昂的士气，是取得战斗胜利的重要条件。

1.勇猛顽强，是我军传统的优良作风，也是夺取战斗胜利的重要因素

高技术条件下，战斗激烈、残酷，人员精神压力和体力消耗明显增大。尤其是战斗分队，与敌短兵相接，长时间处于敌密集火力的直接威胁下，战斗环境险恶，因而更需要发扬勇敢顽强的战斗精神。为此，要充分发挥党、团组织和干部的骨干作用，加强思想政治工作，对分队进行爱国主义、革命英雄主义、无产阶级战争观和优良战斗作风教育，树立不怕艰难困苦、不怕流血牺牲的精神；要提高官兵的政治思想觉悟和战术技术水平，培养严守纪律、令行禁止和主动协同、勇猛顽强的战斗作风。

2.高昂的士气是夺取胜利的保障

战争实践无不证明，在必要的物质力量的基础上，始终保持高昂、旺盛的士气，能在很大程度上弥补武器装备和其他方面的不足，才有可能经受艰难困苦，乃至生死存亡的严峻考验，从而努力去克服一切困难，寻求克敌制胜的方法，并把战斗引向胜利；没有勇猛顽强的战斗精神和高昂的士气，即使拥有先进的武器装备，也难以充分发挥其作用和赢得战斗的胜利。战斗中，全体指战员要敢于面对强敌和艰巨任务，积极求战；善于打硬仗，打恶仗；冲锋在前，退却在后；前赴后继，勇往直前；重伤不哭，轻伤不下火线；连续作战，独立战斗。各级指挥员要发挥模范带头作用，特别是在态势对我极为不利的情况下，在保证对分队指挥与控制的基础上，要将身先士卒、勇敢顽强与智慧谋略相结合，积极带领分队坚决完成战斗任务。

（二）近战夜战

1.近战

近战，是敌对双方在直射武器有效射程内的作战，是歼灭敌人的一种有效战法。它能充分发挥人的勇敢精神和近战兵器的威力，减少或避免敌远战火力的杀伤。冷兵器时代，近战主要以刀、枪、剑、戟等进行白刃格斗和战船撞击等。火器出现以后，近战则先由远距离火力战开始，而后以冲击和白刃格斗来决定胜负。19世纪末，随着速射武器的出现和发展，近战主要以火炮、机枪、步枪的抵近射击和以手榴弹为主来杀伤敌人。第二次世界大战期间，以坦克或坦克引导步兵冲击成为近战的主要内容，并出现了飞机冲撞战术。苏联飞行员在卫国战争中对德军飞机进行过六百多次冲撞攻击。现代条件下，近战通常由步兵、炮兵、坦克兵、攻击直升机协同实施，增强了近战的协同性。近战具有短兵相接、行动迅速、紧张激烈、在短时间内解决战斗等特点，多发生在向敌冲击、歼灭防御工事中的残敌，以及抗击敌人冲击、实施阵前出击和反冲击、坚守工事等场合。第四次中东战争中，双方1800辆坦克进行了会战，出现了坦克冲撞的近战。

2. 夜战

夜战，是夜间进行的作战。它能有效地隐蔽行动企图，减少伤亡，出敌不意，近战歼敌，是消灭敌人的有效战法。冷兵器时代，军队常在夜幕的掩护下，实施偷袭，摸营劫寨。《孙子兵法》中提出了"夜战"方法。公元前478年吴越笠泽之战，越军主力乘夜暗，出其不意地偷袭吴军，大获全胜。火器时代，线膛枪和速射武器运用于战场，夜战以偷袭和强攻相结合的方法近战歼敌。第二次世界大战时期，夜战中开始大量使用坦克、飞机和火炮，规模不断扩大。战后先进的夜视器材极大地增加了夜间的"透明度"，夜战更为广泛。现代条件下，夜战更依赖先进的夜视器和电子侦察器材，昼夜作战的差距日趋缩小，与敌夜视、电子侦察器材的斗争将更趋尖锐复杂。夜战具有武器射击效果降低、观察和指挥受限、协同复杂、保障困难，但易达成战斗突然性、出奇制胜、近战歼敌的特点。

近战和夜战是我军的传统战法。在历次革命战争中，我军发扬近战和夜战的精神，取得了重大胜利。未来高技术条件下的局部战争中，近战和夜战仍将是我军的重要战法。近战、夜战效益，取决于人的觉悟和勇敢精神。

五、强攻克坚与全面保障

(一) 强攻克坚

1. 强攻

强攻，是集中兵力、火力对防御之敌实施的强行攻击，主要用于对坚固阵地防御、野战阵地防御之敌的进攻和城市进攻作战。在中国古代，强攻多为对城池防御之敌的强行攻击。战国时期，主要使用抛车、壕桥、云梯等，强行突入城内进行白刃格斗。宋代的宋金、宋蒙战争中，开始出现霹雳炮等火器，配合步兵、骑兵强攻夺取城寨。太平天国创造了对壕作业的"穴地攻城"战法，用以夺取城市。19世纪初，西方一些国家的军队，采取编组强攻纵队，在炮兵、猎兵的火力掩护下，强攻敌堡垒和要塞。第一次世界大战时期，强攻部队多为诸兵种合成编组。第二次世界大战时期，强调充分发挥航空兵、坦克兵和炮兵的作用，火力、机动、突击紧密结合，实施连续纵深突破，有时还有战术空降配合。现代高技术条件下，强攻时将更加注重火力、机动与突击紧密结合，力求空中火力突击与地面强攻和空降突击紧密结合。

2. 袭击

袭击战，指乘敌不意或不备突然实施攻击的作战，目的是打敌措手不及，快速歼敌，以小的代价换取大的胜利。按敌人态势，分为对驻止之敌的袭击战和对运动之敌的袭击战。其主要样式包括伏击、急袭、奔袭、破袭和袭扰等。春秋战国时期，燕军抗击郑军的北制之战和郑抗北戎之战，是较早的袭击战。汉代出现了运用骑兵集团进行大规模机动作战的远程奔袭。火器广泛使用后，出现了火力袭击战。20世纪以来，随着新式武器的出现，诸兵种协同袭击战和从空中、海上实施的袭击及火力袭击，被广泛采用。现代条件下，袭击战的空间范围不断扩大，手段增多，火力袭击战的地位将提高，空降袭击战、空中机动奔袭战和电子袭击战将被广泛采用。

(二) 全面保障

全面而有重点地组织战斗保障、后勤保障和装备保障，是顺利实施和夺取战斗胜利的重要保证。高技术条件下的战斗，战场空间扩大，武器杀伤破坏力增强，物资器材消耗巨大，各种保障任务艰巨。因此，严密组织好各种保障，才能保障部队有持续的战斗能力。

战斗保障，通常包括侦察、警戒、通信、电子防御、工程、伪装、气象、水文以及对核、化学、生物、燃烧武器袭击的防护等。后勤保障，主要包括经费保障、物资保障、卫生保障和交通运输保障等。装备保障，主要包括对武器装备及其零部件的供应、保养、检查、维修、改装等。军队指挥员在贯彻运用这一原则时，必须着重把握以下问题：

1. 强化战斗效能意识

首先是强化各类战斗行动及其相关行动的整体效益意识。基本行动和保障行动有机结合，围绕战斗目的的达成，密切配合，协调一致地展开。其次是强化战斗的效费比意识，科学合理地确定武器弹药、油料及其他战斗物资的消耗限额，尽可能地减少和防止因人为因素而造成的无谓消耗和浪费，以获取最佳战斗效益。再次是强化严格管理出效益、出战斗力的意识，严格战场纪律，以保持战斗行动的有序性，保证战斗力的效能充分发挥，使分队始终立于不败之地。

2. 谋求战斗力与保障力的最佳组合

受编制装备制约，分队专业保障力量和能力有限，因而应注意了解上级提供的各种保障的内容、方法和程度，以保证与上级保障相沟通，获得及时保障。在此基础上，着眼战斗任务的需要，对分队自身实行战斗力要素的优化组合，让各种战斗编组既具备相应的攻防战斗能力，又具备一定的自我保障能力，以便战斗中一旦出现意外情况时，分队能够以自身的力量实施应急保障。此外，上级分队还应采取相应方法，及时为下级分队提供有效保障。

3. 准确把握保障和管理重点

要着眼分队的任务和地位，以及不同战斗类型、样式和时节，分别确定不同的保障和管理重点；进攻战斗发起前，应重点做好与隐蔽、伪装和战斗准备有关的各项保障和管理；战斗发起后，应重点做好与机动、通信、兵器使用和与人员伤亡相关的各项保障；防御战斗发起前，应重点做好与反侦察相关的保障、工程保障、阵地管理和对敌火力出击的防护；战斗过程中，应重点搞好弹药、给养等物资的补充，加强技术保障，及时救护伤员。为及时恢复和保持战斗力，必须善于利用战斗间隙和其他一切可以利用的时间，及时调整组织，补充弹药、给养、油料、武器、器材、药品和兵员，抢救伤员、组织休息，以恢复和保持分队的战斗力，保证连续执行战斗任务。情况允许时还应当总结战斗经验，改进战术，以利再战。

第三节　单兵战术动作

单兵战术基础动作，是单个战斗员遂行战斗任务的基本技能，是单兵训练的基础，是单兵在战场上应用最广泛的战斗动作。战斗员要想在战场上有效地躲避敌人火力杀伤和消灭敌人，必须熟练掌握和灵活应用战术基础动作。本节主要介绍几种最基本的单兵战术动作。

一、持枪

持枪是士兵在战斗中为了便于运动、便于观察、便于射击，携带武器的方法。在不同的地形和距离条件下，根据敌情和任务应采用不同的持枪动作。其内容包括：单手持枪、单手擎枪、双手持枪、双手擎枪。

（一）单手

1. 单手持枪

通常在肩枪的基础上进行，听到持枪的口令后，右手迅速握提把，背带自然下落。右臂微屈，右手虎口向前抓握提把，背带顺肩自然下落，用五指的握力将枪身固定，枪身轴线与地面略成45度，枪身距身体约10厘米。左臂自然下垂，运动时自然摆动。

要领：单手持枪时，右手抓握提把的位置和枪身轴线与地面成45度。

单手持枪分为三步：一是右手迅速移握上提把，背带自然脱落；二是右手将枪向前送出，左手接握下护盖或小握把，右手将背带上挑；三是右手抓握提把将枪收回，左手迅速放下。

2. 单手擎枪

右手正握握把，食指微接扳击，将枪置于身体的右侧，枪口向上，提把末端贴于肩窝，枪身微向前倾，枪面向后，右大臂里合，枪托贴于右胁，背带自然下垂，目视前方，左手自然下垂或攀扶，运动时自然摆动。

要领：单手擎枪时，左手向右后上推枪的路线和右小臂自然上移。

单手擎枪分为两步：一是两手协力将枪向上向后送；二是左手迅速放下。

（二）双手

1. 双手持枪

左手托握下护盖或小握把，右手握大握把，食指微接扳击，将枪身置于胸前，枪口向前，枪身略成水平，背带自然下垂或挂在后颈上。

要领：双手持枪时，枪的运动路线和左手接握下护盖或小握把的位置。

双手持枪分为两步：一是右手将枪向前送出，左手接握下护盖或小握把；二是右手移握大握把。

2. 双手擎枪

在单手擎枪基础上，左手托握下护盖或小握把，枪身略低，枪口对向前上方，背带自然下垂或压于左手下，身体与射向略成30度。

要领：双手擎枪时，左手托握下护盖和小握把使枪身略低、身体与射向略成30度。

双手擎枪分为两步：这两步通常是连贯进行，一是身体半面向右转；二是左手托握下护盖或小握把。

（三）注意事项

重点掌握单手持枪和双手持枪的动作，动作迅速、协调、连贯。

（1）单手持枪时，枪身不正。纠正方法：首先是在肩枪换持枪时，右手自然握提把，不要有意识地向后抓握；其次是将枪收回时，手腕稍微向左转。

（2）单手持枪换双手持枪时，动作不连贯，出枪不稳。纠正方法：一是右手出枪的同时跨左步，二是左手接握护盖动作要快，左大臂夹紧，右大臂里合。

（3）双手持枪换单手擎枪时，枪下沉，枪身不能微向前倾。纠正方法：左大臂自然里合将枪向右后上托枪至略感不适为止，右大臂夹紧，小臂随枪身的运动自然上移。

单手擎枪换双手擎枪时，动作不连贯，枪身不能略低；纠正方法：首先是转体、跨步、抓握下护盖或小握把要同时进行；其次是在左手抓握下护盖或小握把时，左大臂要自然下垂夹紧，同时枪身下落，右小臂随枪身运动。

二、卧倒、起立

卧倒是在原地或跃进过程中，有情况出现时所采取的一种动作。起立是在卧倒的基础上需跃起时所采取的一种动作。在战场上，士兵如突遭敌火力射击，应迅速卧倒。卧倒可分为三种基本动作：双手持枪卧倒、单手持枪卧倒和徒手卧倒。

（一）卧倒

1. 双手持枪卧倒

双手持枪卧倒时，左脚向前一步，上体前倾，重心前移，按左膝、左肘、左小臂的顺序着地，然后转体，在全身伏地的同时，两手协力将枪向目标方向送出。地面松软时也可按双膝、双肘、腹部的顺序扑地卧倒。

要领归纳：左脚上步体前曲，左膝着地左肘移，全身伏地把枪向目标方向送出。

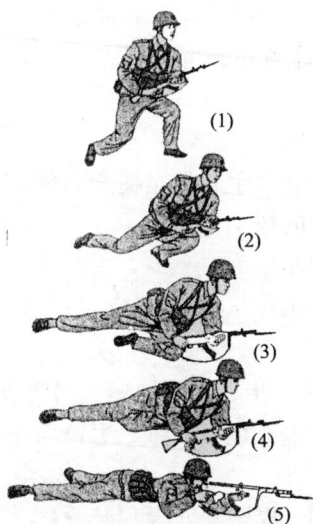

图 9 - 1　双手持枪卧倒

2. 单手持枪卧倒

单手持枪卧倒时，左脚（也可右脚）向前迈出一大步，同时身体前倾，按膝、手、肘的顺序着地，右手同时将枪向目标方向送出，左手接握下护盖或小握把，全身伏地据枪射击。

要领归纳：持枪上左步，同时臂伸出，膝、手、肘着地，转体把枪向目标方向送出。

3. 徒手卧倒

徒手卧倒时的动作与单手持枪卧倒动作基本相同，只是卧倒后，两手掌心向下放置于头部的两侧或交叉于胸前，两腿自然伸直，分开约与肩同宽。

（二）起立

（1）双手持枪起立时，应首先观察前方情况，尔后迅速收腹、提臀，用肘、膝支起身体，左脚先上步，右脚顺势跟进，双手持枪继续前进。

要领归纳：收腹提臀弯曲身体，右脚上步往前移。

（2）单手持枪起立时，右手移握提把收枪，同时左小臂曲回、曲左腿于右腿下并侧身，尔后用臂、腿的协力撑起身体，右脚向前一大步，左脚顺势跟进，继续携枪前进。

要领归纳：三收一提起，臂腿支撑起，上步快前移。

（3）徒手起立时，按单手持枪的动作进行。也可双手撑起身体，同时左（右）脚向前迈步起立，尔后继续前进。

（三）动作要求

重点掌握单手持枪卧倒、起立的动作，动作迅速，迈步要大，姿势要低，出枪要快。

1. 单手持枪和徒手卧倒、起立时，分别可分为三步

● 卧倒分解动作"一、二、三"

当听到"一"的口令，右手持枪，左脚向右脚前迈出一大步，同时，左臂伸出；当听到"二"的口令，按照膝、手、肘的顺序着地；当听到"三"的口令，转体出枪，据枪射击，徒手时两手交叉或放于头的两侧。

● 起立分解动作"一、二、三"

当听到起立"一"的口令，收枪、收手、曲左腿于右腿下（徒手时右臂自然收回伸直）；当听到起立"二"的口令，利用臂、腿的撑力支撑身体；当听到"三"的口令，右脚向前一大步，左脚顺势跟进。

2. 双手持枪卧倒、起立时，分为三步：

● 卧倒分解动作"一、二、三"

当听到"一"的口令，左脚向前一步，上体前倾，当听到"二"的口令，按左膝、左肘、左小臂的顺序着地；当听到"三"的口令，全身伏地，据枪射击。

● 起立分解动作"一、二"

当听到起立"一"的口令，收腹、提臀；当听到起立"二"的口令，左脚先上一步，右脚顺势跟进。

（四）注意事项

（1）单手持枪和徒手卧倒时，姿势太高，有左手蹭地和胯部坐地的现象。纠正方法：注意左脚迈一大步，左手前伸，上体尽量前倾。

（2）单手持枪卧倒时出枪不稳。纠正方法：要用右手虎口的压力和四指的握力将枪旋转着向目标方向送出，右臂打直将枪紧贴右臂内侧。

（3）双手持枪卧倒时身体向左偏。纠正方法：在强调快速的同时，身体向右下（内）扣。

（4）单手持枪和徒手起立时，收手和收枪动作不快，右手不能将枪提起。纠正方法：应反复练习右臂、左手、左腿的协调性，右臂加大对枪的力量。

（5）双手持枪起立时，收腹提臀不够迅速。纠正方法：起立时，腰部用力，使两肘、两膝

协调支撑身体。

三、前进

前进分屈身前进和匍匐前进两种。

(一)屈身前进

屈身前进是战场上接敌最常用的一种运动动作,可分为屈身慢进和屈身快进两种姿势。

1. 屈身慢进

屈身慢进,通常是在距敌较远,有超过人身高或超过大部人体高的遮蔽物,以及敌情不明或敌火威胁不大的情况下采用。运动时,通常是双手持枪(也可单手持枪),上体前倾,两腿弯曲,屈身程度视遮蔽物的遮蔽程度而定,头部一般不可高出遮蔽物,前进时,注意观察敌情,保持正常速度前进。

2. 屈身快进

屈身快进,也可称为跃进,通常是在距敌较近,通过开阔地或敌火力控制区时采用。快进前,应先观察敌情和地形,选择好路线和暂停位置,尔后起立快速前进。运动中,通常是单手持枪(也可双手持枪),枪口朝向前上方,并注意继续观察敌情。前进的距离掌握在15～30米为宜。当进至暂停位置或运动中遇敌火力威胁时,应迅速就地隐蔽或卧倒,做好射击或继续前进的准备。

要领归纳:两眼视敌,姿势略低;合理携枪,大步(快步)前移。

由于动作较简单,通常不进行分解,如特殊情况可分为两步进行:一是停止间的屈身持枪;二是选择运动姿势后向前移动。

图9-2 屈身快进

(二)匍匐前进

士兵在敌火力威胁较大、自身处于卧倒状态下,如发现近处(10米以内)有地形和遮蔽物可利用时,可采用匍匐前进的运动姿势向其靠近。根据地形和遮蔽物的高低,匍匐前进又分为低姿匍匐、侧身匍匐、高姿匍匐三种姿势。

1. 低姿匍匐

低姿匍匐是身体平趴于地面并降低至最低程度的运动方式，一般是在前方遮蔽物高约40厘米时采用。

低姿匍匐是右手掌心向上，虎口向前，拇指在机柄后10厘米处，余指在大握把后侧握枪身和背带，将枪置于右小臂内侧；行进时，身体正面紧贴地面，头稍微抬起，屈回右腿，伸出左手，用右脚的蹬力和左手的扒力使身体前移，然后再屈回左腿，伸出右手，用左脚的蹬力和右手的扒力使身体继续前移，依次交替前进。

徒手的低姿匍匐动作与持枪的动作基本相同。

要领归纳：手扒脚蹬腹着地，手脚交替向前移；注视敌方要隐蔽，动作迅速姿势低。

图 9 - 3 低姿匍匐

2. 侧身匍匐

侧身匍匐是在前方的遮蔽物高约60厘米时所采用的一种运动方式。其特点是运动的速度稍快，但姿势偏高。

携自动步枪运动时，右手前伸移握护盖将枪收回，同时侧身，使身体左侧着地，左小臂前伸着地，左大臂支撑身体，左腿弯曲，右脚收回靠近臀部着地，以左大臂的扒力和右脚的蹬力带动身体前移。

如果前方遮蔽物高约80～100厘米时，也可采取高姿侧身匍匐。动作是：左手和左小腿外侧着地，以左手的支撑力和右脚的蹬力使身体前移。

徒手侧身匍匐动作与持枪侧匍匐动作大体相同。

要领归纳。侧身匍匐为：身体左侧要着地，右臂要低枪提起；左脚回收右脚蹬，左臂前扒向前移。高姿侧身匍匐为：侧身高姿，左臂撑身，左膝着地，手膝并用，快速前移。

图 9 - 4 侧身匍匐

3. 高姿匍匐

高姿匍匐一般是在前方的遮蔽物高约80厘米时采用。

持枪前进的动作是，左手握护盖，右手握枪托，将枪横托于胸前，枪口离地，用两肘和两膝支撑身体，然后，依次前移左肘和右膝、右肘和左膝，如此交替前移。有时也可采用右手掌心向上，虎口向前握护盖携枪的方法。

徒手的高姿匍匐动作与持枪高姿匍匐动作基本相同。

要领归纳：两眼目视敌，肘膝撑身体；肘扒膝又蹬，交替向前移。

图 9 – 5　高姿侧身匍匐与高姿匍匐

（三）注意事项

1. 低姿匍匐易犯毛病及纠正方法

（1）臀部太高，腹部不能紧贴地面。纠正方法：一是向前移动时，臀部下沉，二是稍做挺腹。

（2）向前运动的速度太慢。纠正的方法：一是屈腿时要尽量往前收；二是手要借助脚的蹬力尽量往前伸，交替要快。

2. 侧身匍匐易犯毛病及纠正方法

前移速度受限时，原因：一是用力不够，二是动作不协调，蹬、扒、收时机掌握不好。

纠正方法：一是右手尽量将枪提起，二是尽量让右脚跟靠近臀部。

3. 高姿匍匐易犯毛病及纠正方法

前移速度受限时，一是用力不够；二是动作不协调，肘、膝配合不当。

纠正的方法：主要是加快肘、膝运动的频率。

四、利用地形地物

地形是地物和地貌的总称。地物是分布在地面上的固定物体，如房屋、树木等。地貌是指地面上高低起伏的状态，如高山、平原。地形对战斗和行动有直接影响，灵活巧妙地利用地形地物在于隐蔽身体，发扬火力，捕捉消灭敌人，查明情况。利用地形地物应做到"三便于三不要一避开"，即便于观察射击；便于隐蔽身体；便于接近和离开。不要妨碍班（组）长的指挥和邻兵的动作；不要几个人拥挤在一起；不要在一点上停留过久。避开独立、明显、易燃、易倒塌的物体和较难以通行的地段。

（一）对土坎的利用

坎有纵向、横向和高低之分。横向坎要利用背敌面隐蔽身体，纵向坎要利用弯曲部、残缺部或顶端的一侧隐蔽身体，以其上沿做射击依托。对土坎最好利用残缺部，对堤坎要利用凹陷部。根据坎的高度可取立、跪、卧等姿势。

接近坎时，通常应采用跃进的方法。当进至坎的最大遮蔽界后，迅速卧倒，再匍匐至坎的底部，视情况可左右移动，选择好利用的部位。占领时，应由下而上地占领，隐蔽地观察，需要射击时，应迅速出枪。占领后，应不断观察战场，选择好前进的路线和暂停的位置。转移时，迅速收枪缩体，视情况可采取左右移动、扬土、施放烟幕等方法欺骗、迷惑敌人，突然跃起(出)前进。当敌火力被我压制时，可直接跃起(出)前进。

1. 接近

在卧倒的基础上，听到"跃进"的口令后迅速跃进。当听到"敌火射击"的口令后，迅速卧倒。根据前方土坎的高低和敌情大小，采取适当姿势接近。前方土坎高 80 厘米采用高姿侧身匍匐接近。

2. 利用

到达土坎后，应由下而上地占领，周密细致地观察，不失时机地出枪。前方土坎高 80 厘米，应采用跪姿射击。

3. 离开

当听到"敌火转移"的口令后，应迅速离开。

(二)对土包、坟包的利用

土包的分类：单包、双包、集团包。利用的位置：单包通常利用其右侧。右侧不便于观察、射击或受敌威胁时可利用其左侧或顶端，双包利用其鞍部。利用地形地物分三个环节：即接近、占领、离开。

1. 接近

在卧倒的基础上，听到"跃进"口令后，迅速跃进。当听到"敌火射击"的口令后，左脚向前一大步，迅速卧倒。根据前右遮蔽物的高低和敌情大小，采取适当姿势和方法迅速接近。我前方土包约为 60 厘米，通常采用侧身匍匐或高姿侧身匍匐接近。

2. 利用

利用土包的要领是：由下而上地占领，周密细致地观察，隐蔽迅速地出枪。

观察的方法是：由左至右，由近至远，反复周密。

出枪的方法有两种：一是单手出枪。其要领是：右手握护木，以四指的顶力，虎口的压力，小臂的推力，将枪向目标方向送出，同时左手接握弹匣，右手移握握把，准备射击。二是双手出枪。其要领：左手握护木，右手握握把，两手协力，将枪向目标方向送出，同时枪面向上，左手握弹匣。出枪时应做到：快、稳、准、正。

3. 离开

当听到"敌火转移"的口令后，应迅速选择好路线，以适当方法离开。离开的方法有三种：一是跨步离开，是敌火力威胁不大时采用。其要领是：迅速隐蔽地收枪，同时身体下塌，左腿屈于右腿下，用两脚和左手支撑身体，迅速跃起，向右或向左迅速前进。二是移动离开，是在敌火力威胁较大时采用。其要领是：收枪的同时身体下塌，左腿屈于右腿下成侧卧，然后以小臂，臀部左侧和右脚协力向预定方向移动，突然跃起，迅速离开。三是滚动离开，是在直接受敌火力威胁时采用。其要领是：迅速收枪关上保险，按照滚进动作要领向左或向右滚动，当滚动到预定位置时，身体左侧着地，右脚向前，将身体撑起，迅速前进。离开动作应做到：迅速、突然、出其不意。

当听到"停"的口令后,左脚向前一大步成肩枪立正姿势。

要领:迅速隐蔽地接近,由下而上地占领,周密细致地观察,不失时机地出枪,机智灵活地离开。

(三)对土坑、沟渠的利用

对土坑通常利用其前切面隐蔽身体,利用其上沿作射击依托,按其深浅、大小,以跳、跨、匍匐等方法进入,取立、跪、卧等姿势射击。跳入通常是在进入较深的坑时采用。其要领是右手持枪,左手撑坑沿顺势跳入坑内。跨入通常是在进入较浅的坑时采用。其要领是接近至坑沿时,左脚迅速跨入,顺势侧卧于坑内。滚入的要领是卧倒后迅速滚到坑沿,观察后再进入。转移时,应根据坑的深浅,采取不同的方法,突然跃起前进。对沟渠通常利用其沟渠壁或拐弯处隐蔽身体,利用其上沿或拐角作射击依托。

进入坑、渠的方法:跳、滚、匍匐进入。跳入时,应根据坑、渠的深浅,采取不同方法,较浅时,右脚踏坑、渠沿,左脚迈出的同时收枪,以右脚掌的弹力,顺势跳入坑、渠内,两脚着地的同时(或下落中)劈枪。较深时,右手持枪紧贴右侧,左手扶坑、渠沿,左脚踏坑、渠沿,以左手的撑力和左脚的蹬力,顺势跳入坑、渠内。在坑、渠内运动时,根据深浅,通常采取直身或屈身前进。其要领是:右手持枪紧贴身体右侧,左手扶装备,目视前方,隐蔽地前进。运动中做到:姿势低,速度快,不断地观察敌情和前进路线,同时,防止枪托碰撞坑、渠壁。

1. 接近

在卧倒的基础上,听到"跃进"的口令后,迅速跃进。当听到"敌火射击"的口令后,迅速卧倒。根据沟渠的深度,迅速进入我前方土坑(渠),坑(渠)深50厘米应采用滚的方式进入坑内。

2. 利用

到达土坑、渠后应观察、占领后出枪。前方坑深50厘米,应采取卧姿射击。

3. 离开

当听到"敌火转移"的口令后,应迅速离开。

(四)对墙和门窗的利用

利用墙壁时,根据其高度取适当姿势。对矮墙可利用顶端或残缺部作射击依托。墙高于人体时,可将脚垫高或挖射击孔。转移时,可绕过或跃过。利用墙角时,通常利用其右侧作射击依托。射击时,左小臂外侧紧靠墙角,取适当姿势。利用门时,通常利用其左侧,右臂依靠门框进行射击。利用窗时,通常利用其左下角,也可利用其左侧或下窗框射击。

1. 接近

在卧倒的基础上,听到"跃进"的口令后,迅速跃进。

当听到"敌火射击"的口令后,迅速接近墙角,通常以跃进方式接近。

2. 利用

到达墙角后,利用其右侧,左小臂紧靠墙角,取适当姿势,通常采用跪姿和立姿射击。

3. 离开

当听到"敌火转移"的口令后迅速离开。

(五)对树木的利用

树木通常利用其背敌面隐蔽身体,依其右后侧作射击依托。利用大树时,可取立、跪、卧等姿势;利用小树时,通常采取卧姿。对高苗地、丛林地通常应尽量利用靠近敌方的边缘内侧,以便观察和射击。接近时,右手持枪,左手分开高苗侧身前进。利用部位:树通常利用其右后侧。

1. 接近

在卧倒的基础上,听到"跃进"的口令后,迅速跃进。

当听到"敌火射击"的口令后,应迅速卧倒,根据树木的粗细和敌情大小,采取不同姿势迅速接近。前方树木粗60厘米可直接接近。

2. 利用

到达树木后仔细观察,迅速出枪射击。如立姿射击,要领是:尽量将身体左侧、左大臂(左小臂)、左膝紧靠树木,右腿稍向后跳蹬。如卧姿射击,要领是:将左小臂紧靠树木或以树的根部为依托,两脚自然并拢,身体尽量隐蔽在树后侧。

3. 离开

当听到"敌火转移"的口令后迅速离开。

思考题

1. 战术的含义是什么?
2. 战斗的基本类型和样式有哪些?
3. 什么是进攻战斗?
4. 匍匐前进的姿势主要有哪几种?通常在什么情况下采用?
5. 怎样利用地形地物前进?

第十章

综合技能训练

学 习 目 标

1. 了解行军；
2. 了解宿营的基本程序、方法；
3. 培养、提高野外生存能力。

第一节　行军与宿营

综合技能是部队基础训练和大学生军训的重要内容，搞好综合技能的各项训练，以保证一旦有紧急情况能在最短的时间内做好准备，能以最快的速度投入战斗，并能圆满地完成任务。本章主要介绍行军与露营、野外生存与野外救生、定向越野等方面的内容。

行军是军队成纵队沿指定路线进行的有组织的移动，是军队机动的基本方法。行军的方式，有徒步行军、乘车行军和两者结合的行军；按行军的强度分，有常行军、强行军。作战时，善于行军，对争取主动、形成有利态势、保障顺利完成任务具有重要意义。行军的方式和强度，根据任务、敌情、地形和部队行军能力而定。常行军，徒步日行程为25～35千米，时速为4～5千米；乘车日行程为150～250千米，昼间时速为20～25千米，夜间时速为15～20千米。

宿营，是部队离开常驻营房遂行各种任务中的临时住宿。目的是使部（分）队得到休息和整顿，以便继续行军或做好战斗准备。宿营可采取舍营、露营或两者结合的方式进行。舍营是利用居民房舍住宿；露营是指在房舍外露宿或利用帐篷的住宿。分队通常在上级的编成内宿营，有时也单独组织宿营。

一、行军

（一）行军的组织与准备

大学生军训中的行军，应在完成所有训练任务的基础上最后安排。通常昼间组织实施。根据行军人数、道路状况、气候季节，日程按25～30千米、时速4～5千米为宜。充分做好行军的组织与准备，是完成行军任务的重要环节。行军的组织与准备通常应包括做好充分的思想动员，周密制订行军计划，正确选择行军路线；合理编成行军队形。

1. 做好充分的思想动员

依据大学生的特点，要集中进行专门的行军动员。通过动员，使大学生明确行军的目的、意义；树立吃苦耐劳、勇于克服困难的勇气和信心；加强集体主义、革命英雄主义精神的教育；增强互相帮助、互相关心、互相爱护、助人为乐的思想；提高遵守纪律的自觉性。同时应专门制订和宣布行军纪律和注意事项，使学生有充分的思想准备；要明确统一的着装、个人应携带的物品、各专业需要准备的物品；明确行军指挥组应准备的器材；明确后勤保障组需要保障的事项；明确医疗保障组应准备的各种药品；明确遇到各种突然情况时的报告和处置方法；明确各种信、记号的规定等。行军动员应按全校、学院、专业、班级的顺序进行。

2. 周密制订行军计划

选择好行军路线后，首先应组织有关人员实地行走，勘察已选定的行军路线，了解途径地形、路况、桥梁、路口、河流、坡度等有关情况，制订适合学生的行军计划。在制订行军计划时，要注意以下几个环节：一是要明确行军总里程，计算各不同路段的长度、宽度和坡度，以便合理掌握行军速度。二是要规定每段的行军队形、行军序列和行军速度，以便保证正常的行军。三是要明确大小休息点和具体时间，以保证大学生的休息和保持体力。四是要明确各级指挥员和医疗保障组的位置。五是要明确行军中各种联络方法和信、记号的规定。六是明确设置各种情况(炮火封锁区、雷区、染毒地段、防敌侦察等)的具体位置和范围。七是要明确遇到各种突发状况时的处置方法等。

3. 正确选择行军路线

选择行军路线时，要根据校区所在的位置和参加行军的人数以及气候、季节等特点合理选择行军路线，应尽量选择离市郊最近、路口和车辆最少的路线，以便使队伍尽快走出市区，保证正常的行军。同时，应考虑选择在便于安排大小休息点，便于行军保障车通行，便于选择返回路线和便于设置各种情况下的路线。

4. 合理编成行军队形

行军队形，是指队伍在行军中所采用的各种队形。通常有一路纵队、二路纵队、三路纵队、四路纵队。行军队形的编成应根据行军人数、路况、地形、桥梁、路口等综合因素而定。在市区通过路口时可采取四路纵队或三路纵队快速通过。在一般乡村公路可采取二路纵队(左、右各一路)，在乡村小路可采取一路纵队。在编排行军队形时，应尽可能按原有的建制编排，各级指挥员位于本部(分)队的先头，带队老师或班长位于本分队的最后，以便管理和指挥。编排行军队形时，应训练在行进间各种队形的变换方法。如，一路纵队变换成二路纵队、二路纵队变换成四路纵队、四路纵队变换成三路、二路纵队，再从二路纵队变换成一路纵队等，以便在行军中根据需要随时变换行军队形。

(二)行军的各种保障

为了顺利完成行军任务，防止各种事故的发生，必须做好行军的各种保障工作。

医疗保障：行军中因天气、饮食、体力等因素，可能会发生各种伤、病等情况，因此，必须安排医疗保障人员跟随，并携带各种常用药物，以保证及时处置临时的医疗问题。

安全保障：行军中，各级都要组建安全组，负责车队的安全工作，随时清点人数，发现问题及时报告，妥善处理中暑、中毒、受伤、掉队等意外情况，保证整个行军的安全无事故。

通信保障：行军中，必须保障通信畅通，使指挥员随时了解行军中的所有情况，以保证正确的组织和指挥，一般可采用对讲机或其他移动通信器材。

车辆保障：行军中，要安排指挥车、收容车和应急车辆。收容车和应急车应在行军队伍的后面跟进，负责收容掉队人员和及时送重病号到医院。

宣传保障：行军中，各级都要成立宣传组，利用标语、口号等多种形式进行宣传、鼓动，活跃气氛，清除疲劳，鼓励全体人员坚持到底不掉队。

（三）行军的管理与指挥

1. 遵守行军规定

遵守行军时间：分队在上级的行军纵队编成内行军时，应准时到达出发点，加入上级规定的行军序列。应按上级要求准时出发，准时通过各调整点，准时到达目的地。

严格遵守行军纪律和交通规则：未经上级允许不得随意改变行军路线。在通过桥梁、渡口、隘口、岔路口等道路被堵塞时，不得争先抢行，应按照上级规定的顺序和调整哨的指挥迅速通过。如无专人负责调整、指挥时，分队指挥员应及时查明原因，妥善处理，尽快恢复正常的行军。

保持规定的行军速度、距离和序列：行军中，因一些特殊情况，延误了行军时间或不能保持平均时速时，应当适时调整行军速度，保证按时到达目的地。要加强前后联络，当与前面拉大距离时，不要急于追赶，要适当加快速度，逐步赶上，不得随意超越或停下，以保持规定的行军序列。

2. 正确掌握行军路线

行军中，指挥员应用行军路线图（地图），随时对照地形，不断查看沿途的标志点及路标，随时判明所在位置，正确掌握行军路线。当通过交叉路口时，应弄清所要前进的方向和道路。当对行军路线产生怀疑时，应当立即停止前进，利用地图仔细与现地对照或询问居民，待明确正确行军路线后继续前进，必要时可请向导带路行进，以防走错路。

3. 果断处置各种情况

遇敌空袭时，指挥员应指挥队伍迅速向道路的一侧或两侧疏散隐蔽。如果空袭情况不严重或行军任务紧迫时，分队则应以疏散队形，增大距离，加快速度前进。

遭敌核、化学武器袭击时，指挥员应指挥人员就近利用地形防护，人员应迅速穿戴防护衣罩，就近隐蔽防护。

通过受染地段时，指挥员要指挥分队尽量绕过受染区。当时间紧迫又无法迂回时，应增大距离，以最快的速度通过。通过时，人员除穿戴好防护衣罩外，还应对武器和携带物品进行防护（可用毛巾、塑料布等就便器材进行防护）。通过后，应及时洗消检查，人员要口服抗辐射药物，喝足开水，排净大小便。

4. 适时组织休息

行军中的休息，应由行军总指挥员按行军计划统一掌握。小休息，一般在开始行军30分钟后进行，其时间为15分钟，这时人员要抓紧时间检查，调整携带的装具和物品，以便转入正常的行军，以后约为50分钟休息一次，每次10分钟。大休息，通常在完成当日行程一半以上后进行，应离开道路，以营（连）为单位，进入指定地域疏散休息和用餐，使人员保持饱满的战斗情绪，做好迅速转入行军的准备。

休息时，人员不准随意离队。出发前，应清点人数、打扫卫生、消除痕迹。

二、宿营

（一）宿营地的选择

大学生军训需在外住宿时，一般应采取舍营，即专用帐篷宿营，或住宿在居民家。舍营通常根据人数（包括男生人数、女生人数）预先联系安排。宿营地通常符合下列条件：

（1）避开大的集镇、交通枢纽等明显目标；

（2）避开易发洪水、崩塌、泥石流等危险区域；

（3）避开疫区、传染病流行村落；

（4）方便生活，尽量靠近有水源的地方；

（5）有畅通的进出道，便于疏散、隐蔽、集结的区域。

（二）进入宿营地后的工作

分队到达宿营地域时，应当在设营人员引导下，按宿营部署隐蔽进入指定的地域，组织宿营。

1. 组织警戒

进入宿营地后，应迅速指定对空观察哨和值班火器（或分队），根据情况向有敌情顾虑的方向派出排哨、班哨、步哨、游动哨和潜伏哨。派出警戒的数量和距离，应根据敌情、地形和分队展开所需时间而定。分队在上级编成内宿营时，通常只派出直接警戒。在任何情况下，宿营地域内都应派出警戒哨，严防敌人突然袭击和敌特破坏。摩托化行军宿营时，应加强对车辆的警戒。

2. 呈报宿营报告

分队进入宿营地后，应迅速搜集行军和宿营情况，及时向上级报告。报告的方式有：文字、口述等。营、连通常向上级呈送宿营报告（附宿营部署图），也可口述报告。排通常向连口述报告。报告的主要内容是：当日出发时间、经过地点、行程、到达时间和地点、人数及伤病情况；宿营部署；武器弹药、装备器材、给养和车辆损耗情况；人员思想情况；存在问题和请示事项。

3. 组织休息，搞好管理

部署完毕后，各分队应迅速进入各自宿营地，做好以下各项工作：卸载、卸装，选定架设帐篷的具体位置；架设帐篷，伪装宿营地域寻找水源，明确饮水、用水的方法，并注意警戒水源；做饭、吃饭；检查、维修、保养车辆、加油加水；擦拭武器，整理装具，补充弹药，准备器材；安排好伤病员，穿刺脚疱，烤晒衣服；检查督促分队尽快休息，加强查铺查哨；离开宿营地域后，要尽量消除宿营痕迹。

4. 宿营中各种情况的处置

在宿营中，指挥员要善于预见可能遇到的各种情况，发现情况灵活指挥，果断处置。遭敌空中或地面火力袭击时，应立即发出警报，组织指挥分队迅速进入指定疏散地域隐蔽。遭小股敌人袭击时，应当以值班分队或就近分队，迅速围歼或驱逐。发现敌向我宿营地附近空降时，应立即报告上级，并指挥分队迅速抢占敌空降地区要点，根据上级指示，在友邻和民兵的协同下，歼敌于立足未稳之际或掩护主力迅速撤离宿营地区。接到敌核、化学、生物武器袭击的警报时，应迅速进入疏散区，利用地形和工事进行防护。

第二节　野外生存与野外救生

野外生存，就是人在食宿无着的山野丛林中的求生。无论在任何条件下，任何人遇到任何困境时，掌握野外生存知识越多，生存概率就越大。因此，即使没有战争，学习和掌握一些野外生存的相关知识也是十分必要的。

一、野外生存

（一）露营

所谓露营，就是指在无居民及农作物可利用的山岳、丛林、沙漠、戈壁、草原、沼泽地等环境下的设营。

1. 山地露营

山地露营时，应把露营地选择在避风、有水、防洪、防崩、防塌的区域，应避开任何危险地段。通常用制式器材和就便材料架设帐篷或搭建草棚。搭棚时通常以班或组为单位组织，不能成片砍伐林木，破坏天然伪装。帐篷、草棚周围要挖排水沟，铲除杂草，必要时撒些草木灰。

在高山区，特别是在有可能吹倒帐篷或草棚的暴风雪地，最好构筑地窖式简易草棚。

2. 沙漠、戈壁、草原的露营

在沙漠、戈壁、草原露营时，露营地应选择在绿洲或具有水源的地方。在沙漠、戈壁、草原露营时，以制式器材和就便材料架设帐篷或搭草棚为主，结合垒石墙、挖土壕（坑）设置露营地。搭设帐篷时，应避开风口，避开迎面风，帐篷应尽量低下，多设固定钢杆和拉索，用土或雪尽量将帐篷布下角埋设压紧，以防被风吹倒。根据不同的地形和季节，注意防洪水、防暴风雪（沙）、防泥石流等，并注意节约燃料和用水。

3. 酷暑条件下的露营

在酷暑条件下露营时，可采用搭遮棚或搭设吊床的方法露营。搭遮棚时，位置应选择在干燥、通风的缓坡上，要避开大树、陡崖峭壁，以防雷击或塌方。遮棚和吊床周围要挖排水沟，铲净杂草，必要时撒些草木灰，以防毒蛇、毒虫的侵扰。就地取材时，应注意不要成片砍伐草木，以保护天然伪装。

4. 严寒条件下的露营

在高寒地区露营时，人员应尽量减少在外停留的时间，以防冻伤。通常采用搭帐篷、建草棚、挖雪洞、堆雪墙、筑雪房等方法。有条件时，还可在棚舍内燃火取暖，但必须指定值班员，以防火灾、一氧化碳中毒或棚房（墙）的倒塌等事故的发生。露营时，应尽量吃热食、喝热汤或热开水，以增加热量。睡觉前应多用雨衣（布）、干草等隔潮材料铺设地铺，以防潮和保暖。睡觉时，注意避风和防寒，可采取两人合睡的方法，同盖棉被、大衣相互依靠取暖。

（二）简易帐篷、草棚及吊床的架设

1. 简易帐篷

夏季，使用简易帐篷在野外露营，其样式较多。可用雨衣、塑料薄膜、盖布、军毯、帆布等，搭设成屋顶形、一面坡形、伞形等简易帐篷。简易帐篷的形状，可根据装备和就便用材料大小、数量和人数灵活确定。如：可以将方形雨布连接起来，将绳子或背包带在两树之间固定就可搭成屋顶形、单面形等简易帐篷。

2. 临时遮棚

临时遮棚一般是在夏季有树林、蒿草、高棵农作物秆的地方，利用自然条件搭设的各种遮棚。例如利用树干为支架搭设的屋顶形草棚，利用断崖、断壁等地形、地物以木杆搭设的斜面形的草棚，利用蒿草、树枝搭设的偏厦等。在冬季，棚围应用雨衣、篷布、柴草等围盖，棚顶和周围空隙用草堵实，再加盖一层积雪或草皮，以便保暖和伪装。

3. 吊床

丛林地带地面潮湿，毒蛇、毒虫多，在地面搭铺易受其侵害，因此，吊床非常适用。若无制式的吊床，可用帆布、毛毯、伪装网等制作简易的吊床。吊床的两端拴在两棵树上，上面再拉一根绳子，搭上方块雨布，四角用绳子系牢，便形成一个吊床帐篷。

（三）野炊

野炊，就是在野外将自身携带的食物以及野外采觅到的食物进行处理和加热，供人们更好地食用的过程，是野外生存的一项重要内容。

1. 野炊位置的选择

野炊时，野炊位置通常应选择在隐蔽条件好，附近有良好水源的地方，最好选择在山坡、沟坎、水渠、森林、居民地等。

2. 锅灶的设置

野炊时，锅灶设置可采取自备野炊灶、就地挖灶、就地垒灶三种方法进行。

当无制式炊具时，可利用就便器材进行，如钢盔、饭盒、脸盆、罐头盒、石板、铁板等，用来煮饭、煮面、熬汤、烙饼等。

3. 野炊的组织

组织野炊时，应根据地形、器材、人员构成、可食食物等情况合理分组，各组要明确分工，如挖灶、架锅、取水、拾柴、烧火、操作等，充分发挥每个人的特长，齐心协力，在最短时间内完成野炊。

（四）野生食物的识别与食用

野生食物，是在野外生存的重要食物来源，通常包括：野生植物、动物、昆虫、鱼类等。

识别野生食物，主要是鉴别野生动、植物是否有毒。在野生动物中，除海洋中外形奇特的鱼类、贝壳、鲨鱼和少数江河中的河豚，以及部分动物的内脏有毒不能食用外，其他均可食用。可食野生动物，一般应除去皮毛和内脏后，煮熟其肉食用。猎捕野生动物，需要在专家的指导下经过训练和实践逐步掌握。另外，昆虫也是野外生存能获取的动物性食物资源。全球可食用的昆虫超过1900种，通常可食用的昆虫有蚂蚁、蝉、蟑螂、蟋蟀、飞蛾、蝗虫、蚱

蜓、螳螂、蜜蜂等。

在野生植物中，很多植物可食用。在我国就有2000多种可食用植物，可食用植物可分为三大类，即根茎类、野菜类和野果类。松树、柳树、杨树、榆树、白桦树的内皮也可食用。鉴别有毒、无毒、可食、不可食植物，需要在专家的指导下经过长时间训练才能掌握。这里介绍一种最简单的鉴别野生植物有毒或无毒的方法，供紧急情况下使用。

通常将采集到的植物割开一个小口子，放进一小撮盐，然后仔细观察是否改变原来的颜色，通常变色的植物不能食用。检验植物能否食用时，还可做小试验。方法是，稍稍挤榨一些汁液涂在体表(如前上臂、肘部)等敏感部位，如起疹或肿胀不适时，就不能食用。也可少量试尝不能确定的植物的果、球根、块茎、叶枝等，如食后感觉喉咙痛痒，有很强的烧灼感或刺激性疼痛等时，应弃之；反之，即可认为这种植物能够食用。

(五)获取饮用水的方法

生命离不开水，水对人的生存至关重要。在野外计划使用饮水时，要组织人员寻找水源或采集、处理用水，以弥补水的不足。

1.寻找水源

寻找水源是野外大量取水的唯一方法。一旦找到充足的水源，不仅解决了野外所需的饮用水，而且解决了其他生活用水。所以，在野外应尽可能地寻找和利用大自然提供给我们的水源。寻找水源的方法很多，主要有根据地形找水源，根据植物生长特点寻找浅层水，根据动物生活习性寻找水源等。

2.取水方法

收集雨水：雨水通常可直接饮用。下雨时，可用雨布、塑料布大量收集雨水，也可用空罐头盒、杯子、钢盔等容器收接雨水，也可挖坑收集。

冰雪化水：融冰、融雪可获取所需的用水，融冰比融雪容易。只需较少热量，可以更快、更多地化出水来。如果只能用雪，应先融化小块，然后逐渐加雪即可。

提取植物中的水：砍断新鲜植物枝叶放在大塑料袋里，在太阳的照射下利用蒸腾作用从中提取水分。

日光蒸馏法：蒸腾取水，在地面挖一适当大小的坑，坑底中央放一收集皿，坑上悬一块塑料膜。因光线作用产生水汽，水汽变成水珠，下滑至收集皿中。

应急措施：在实在无水条件下，小便也可以应急解渴。实际上，小便并不污秽。只是因为心理作用，总觉得难以咽下。有条件可以做一个过滤器，在竹筒的底部开一小孔，其上顺序放入小石子、沙、土、碎木炭，将小便排泄于此，下面小孔就会流出过滤过的水。

3.饮用水的净化

净化水可以用饮水消毒片、漂白粉精片以及明矾等药品进行，其方法为：

使用净化水药片：一般情况下，1片净化水药片足够净化1升清水，2片可净化1升浊水。净化后的水在使用前，要让其沉淀30分钟。

使用碘酒：在每升清水中加2~3滴碘酒。如果是浊水，那就要加倍滴碘酒，加了碘酒后不能立即饮用，要把水摇动一会，等它沉淀30分钟后才能饮用。

使用漂白剂：可以在每升清水中滴1~2滴，浊水滴4滴，不能立即饮用，要把水摇动一会，沉淀30分钟后用。因为漂白剂含有亚氯酸盐钠，净化后的水会有很淡的亚氯酸盐钠味。

加炭煮沸：把水煮沸 3~5 分钟，这种方法能将水净化。在水中加一点炭，同时煮沸水去掉异色，并可加上一小撮盐。

在野外，没有相应条件的情况下，也可以用一些含有黏液质的野生植物净化浑浊的饮用水。如榆树的皮、叶、根，木棉的枝和皮，仙人掌和霸王鞭的全株，水莱蓉的皮和叶，都含有黏液质，都含有糖类高分子化合物。这些植物与钙、铁、铅、镁等二价以上的金属盐溶液化合，形成絮状物，在沉淀过程中能吸附悬浮物质沉淀，起到净化浑水的作用。

二、野外救生

（一）野外常见伤病的防治

1. 意外伤害

昏厥：摔伤、疲劳过度、饥饿过度等都可能引起昏厥。遇到这种情况时，不要惊慌，一般过一会儿便会苏醒。醒来后，应喝些热水并注意休息。

中毒：遇到中毒情况时，快速喝下大量的水，用手指触咽部使其呕吐，进行洗胃。而后继续喝水，加速排泄，必要时立即送医院救治。

中暑：当出现中暑情况，应立即在阴凉通风处平躺，解开衣裤带，使全身放松，再服十滴水、仁丹等药。如昏迷不醒，可掐人中穴、合谷穴使其苏醒。苏醒后，要补充适量的盐水和休息。

冻伤：遇到冻伤，应用手或干燥的线布摩擦冻伤处，促进血液循环，以减轻伤情。轻度冻伤用辣椒泡酒，涂擦便可见效。

出血：如发生出血，应立即采取指压、包扎等方法进行止血，而后清洁伤口，进行消毒。伤情严重时应马上送医院进行救治。

骨折：发生骨折时，应立即设法给予临时固定，限制活动，以防止骨折处的尖端将其周围组织的血管或神经刺伤，致使疼痛加剧和造成不良后果。

2. 蛇虫伤害

毒蛇咬伤：在山野丛林活动时，一旦被毒蛇咬伤，应立即用绳子、布条等在伤口上方2~10厘米处结扎，以减少毒液回流（以后每隔 15~20 分钟放松 1~2 分钟，以免被扎肢体因血阻坏死）。随即排除毒液，冲洗伤口，现场用药，而后马上送医院进一步治疗。

蚊虫叮咬：在野外应尽量采取各种措施防止蚊虫叮咬，当被蚊虫叮咬时，可用氨水、肥皂水、盐水、小苏打水、氧化锌软膏等涂抹患处止痒消毒。

蜇伤：被蝎子、蜈蚣、黄蜂等毒虫蜇伤时，要先挤出毒液，然后用肥皂水、氨水、烟油、醋等涂擦伤口。还可内服外用蛇药。

蚂蟥叮咬：遇到蚂蟥叮咬时不要硬拔，而是用手拍打或用肥皂液、盐水、烟油、酒精滴在其前吸盘处或用烧着的香烟烫，让其自动脱落，然后压迫伤口止血，并用碘酒洗净伤口，以防感染。

（二）野外求救的方法

1. 利用烟火、光求救

在大漠、荒岛、丛林等处遇险时，可点燃树枝、树皮、树叶、干草等，白天加湿，用烟作为求救信号；夜间用火，向可能获救的方向点三堆火，用火光传送求救信号；白天还可用镜子、眼镜、玻璃片等借阳光反射，向空中救援飞机发出求救信号，通常光信号距离可达 20 多千米。

2. 利用声音求救

当陷入低洼的地方、密林中、塌陷物内或遇大雾、暗夜等情况需要求救时，间断性地呼救是十分必要的。不少类似遇险者，意志坚强，不断地呼救，最后终于获救。也可就地取材，利用哨声、击打声呼救。

3. 利用求救信号求救

利用求救信号求救，就是利用当今高科技的一些产品发出求救信号。现代科学的发展，各种现代化的工具如手机、电脑、卫星电话等都可以十分方便快捷地发出求救信号。最广为人知的是"SOS"国际通用的求救信号。"SOS"是"Save Our Soul（救救我们）"的缩写，在荒原、草地、丛林的空地上都可以用各种形式写上"SOS"大字求救，往往能够取得良好的效果。

第三节　定向越野

定向越野是一种借助地图和指北针按规定方向行进的体育活动。它以激烈的竞争性、广泛的知识性和浓厚的趣味性强烈地吸引着广大的定向爱好者。定向越野是一项非常健康的智慧型的体育项目，它不仅能强健体魄，使人们的体力、智力得到全面锻炼和提高，而且能培养参赛者独立思考、快速反应、果断处事的能力，还能增长知识、启发智力，调节人们的学习、生活和工作情绪。

一、定向越野的概念

定向越野是定向运动的主要比赛项目之一。运动员依据标有若干检查点和方向线的地图，借助于指北针，自己选择行进路线，依次到访各个检查点。在准备通过各个检查点的前提下，以全程耗时最少者为优胜。

二、定向运动的分类

定向运动按运动的方式可分为两种：徒步定向和借助交通工具定向。

徒步定向：丘陵地（山林地）定向、公园定向、校园定向等。

丘陵地（山林地）定向：是在生疏的丘陵地（或山林地）组织开展的定向越野，是定向越野比赛中组织开展得最为广泛的一种，它能给人一种回归自然和惊险刺激的感觉。比赛的成败全在于个人的识图用图、野外辨别方向和奔跑能力的强弱，能培养运动员独立分析和解决问题的能力和良好的逻辑思维能力。

公园定向：是利用公园的地形条件开展的定向越野，是一种偏重于娱乐的群众性体育活动。它融知识性、趣味性、娱乐性为一体，很受人们喜欢。公园内的地形条件一般都有一定的起伏，有山有水，大部分面积有植被覆盖，明显地物多。另外，公园一般都有地图或导游图，便于组织和人员集中，适于各种年龄、性别的人参加，是较理想的定向越野场地。

借助交通工具定向主要有自行车定向、滑雪定向和摩托车定向等。

三、定向越野器材

(一)地图

地图是定向越野最重要的器材,是定向越野必不可少的工具之一。要参加定向越野活动,必须学会看地图。定向越野地图比例尺、地貌符号、地物符号、方位线和图例注记五大主要要素组成定向越野地图。

1. 比例尺

定向越野通常采用1:15000地图。在我国大多数森林定向地图的比例尺为1:10000,大多数公园定向地图为1:5000。如需要,也可采用其他比例尺地图。

比赛时,一般是在运动途中采用自估法求实地距离。图上距离越长,自估的误差也越大。在图上量读的距离,无论是直线还是曲线,都是水平距离。实际距离受地形起伏大小的影响。

2. 地貌符号

定向越野地图采用等高线显示地球表面高低起伏的自然状态。等高线越密,坡度越陡,等高线越稀,坡度越缓。等高距(相邻两条等高线之间的实地垂直距离)的大小表示地貌的详略程度。等高距通常为5米,根据需要也可采用2~10米,在一幅图上只能使用一种等高距。等高线用棕色线条表示。

3. 地物符号

地面上的各种地物在定向地图上用符号表示,地物符号由图形和颜色组成。一般原则是:蓝色表示水系;棕色表示地面起伏状态(等高线)及公路、沥青地;绿色表示植被;黄色表示空旷地;黄绿色表示私人区及果园;黑色表示人造景观和岩石。对于禁区及不可逾越的障碍,比赛图中有专门的符号说明。在定向越野运动中,独立、明显地物的作用非常大,能帮助参赛者进行图地对照、判定运动方向和确定站立点,准确判定检查点的实地位置。不同的颜色符号表示不同的地物。在训练时,由于受现有条件的限制,一般使用单色或双色图。如用双色图时,等高线用棕色,其他用黑色。定向越野地图一般都有图例说明和表示通行难易程度的颜色和符号。

4. 方位线

地图的方位是上北下南、左西右东。在定向越野地图上,绘有若干条等距离平行的、北端有箭头的方向线,称磁北方向线,即磁子午线。箭头所指方向为地图的北方。利用磁北方向线可以标定地图和测量磁方位角。

5. 图例注记

定向越野地图上的图例注记主要包括:比例尺注记、等高距注记和图例说明。

(二)指北针

指北针主要用于在运动中辨别和保持方向。指北针样式较多,目前国际的定向越野比赛通常使用由透明有机玻璃制成的指北针。无论用何种指北针,都要能通过它透视地图,提高用图的速度。无论用何种指北针,只要灵敏度好即可。指北针通常由定向越野活动的组织者提供,也可由参赛者自备。

（三）打卡器

打卡器是参赛者到达各个检查点位置的凭据，组织者也可利用其检查运动员是否到了各个点标。打卡器有两种：一种是普通打卡器；另一种是电子打卡系统。

1. 普通打卡器

普通打卡器主要由点签和检查卡片组成。点签常用的有印章式和钳式两种；检查卡片由组织者自行设计。点签放在各个点标处，每个点标处只能放一人点签，用点签在检查卡片上做标记以证明到访了某个检查点。每个印章式点签和钳式点签均由不同的图案组成。

2. 电子打卡器（系统）

电子打卡器是目前最先进的电子计时打卡系统，主要由 SI 卡（指卡）、SI 器（打卡器）、热敏打印包（终端输出打印系统——读数计算器即读卡器和打印机）等组成。

（四）其他器材

检查点标志。检查点用于检验运动员是否按规定跑完全程，并在检查点处设置了专门的标志。检查点标志由三面标志旗连接而成。每面正方形小旗，沿对角线分开，左上为白色，右下为红色，旗的尺寸为 30 厘米×30 厘米。旗的材料可以用布、硬纸壳、胶合板、金属纸等材料制作。悬挂检查点标志的方法通常有两种：有桩式和无桩式。悬挂高度一般从检查点标志的上端计算，距地面 80～120 厘米。

另有号码布、起点会标、终点会标、音响设备、桌椅、急救器材等。

四、定向越野场地

定向越野比赛没有专门的场地，它直接利用野外自然地形作为赛场。由于地形对定向越野比赛的难易程度和用时长短有较大的影响，因此要根据比赛需要选择地形。一般情况下，比较理想的定向越野比赛地形应具备下列特点：中等起伏的丘陵地，植被适度；地形变化多样的有限通视地域；生疏的人烟稀少地区。组织定向越野活动也可在近郊区、城市公园或校园内进行。所选场地，对所有运动员都应是陌生的。定向越野比赛的路径通常按环形设计，也可设计成"一"字形或"弓"字形。由起点、检查点、终点构成定向越野比赛路线的基本骨架。在比赛中，检查点间的距离通常设计为 5000～1000 米。检查点的数量越多，比赛的难度越大，用的时间就越长；检查点的数量越少，比赛的难度就越小，用的时间就越短。

起点。起点地形以不让运动员观察到赛区的全貌为例，起点与第一检查点之间应有足够的遮蔽物。

路段。路段是定向越野比赛的关键部分，运动员的比赛成绩主要是在路段比赛中决定的。检查点的位置应使运动员既不能在很远的地方就能看到，也不能无须费力就能找到。要充分体现定向越野不仅是体能竞赛，更主要的是智能和技能的拼搏。

终点。终点与起点可设在同一场地内，也可单独设置。终点的地形要开阔，通视要好。要便于运动员做最后的冲刺和观众的观看。

全程路线的设计。全程路线的长度应视运动员的水平、性别、年龄和比赛所需的时间而定。一般比赛 80000～4000 米；精英赛 10000～1200 米；初学者的路线长度应适当缩短。

路线标记。起点用等边三角形符号表示，边长 7 毫米，三角形的一个角指向第一检查点方向。检查点用圆圈符号表示，直径5~6毫米，按顺序进行编号。终点由两个同心圆符号表示，直径分别为5毫米和7毫米。

五、定向越野训练

定向运动是一项能够使人的体力和智力得到全面锻炼与提高的新兴体育项目。在进行不同项目的定向运动时，由于使用的装备器材以及组织比赛的方法不同，因而需要的技能也不同。这里仅介绍徒步定向越野的基本技能。

(一)越野跑的方法

越野跑时，由于跑的地点和环境在变化，所以跑的技术也随之发生变化。下面介绍几种常见地形上的越野跑技术。在道路上跑时，基本上采用中、长跑技术，并尽量注意在路面平坦的地方奔跑。在草地上跑时，用全脚掌着地，同时留心向前下方看，以免陷入坑洼或碰在石头上。上坡时，上体应向前倾，大腿抬高一些，并用前脚掌着地，小步跑上去。遇到较陡的斜坡，可改用漫步的方法或用"之"字形跑法(走法)，必要时可用单手或双手辅助攀登。下坡时，上体应稍向后倾，并用全脚掌或脚跟着地的方法行进。遇到较陡的下坡或坡面很滑的斜坡时，可用侧脚掌着地，到达下坡的末端，便顺坡势疾跑至平地。从稍高的地方往下跳时，可用跨步跳的动作。在树林中奔跑时，注意不要被树枝、树叶、藤蔓等刮伤，特别要防止被树枝戳伤眼睛，要用一手或两手随时保护好眼睛。

(二)行进路线的选择

能够迅速、果断地选择最佳的行进路线，是运动员在比赛中取胜的重要手段，选择行进路线是在识图用图的基础上进行的，是体能与技能在比赛中的综合运用。

选择路线的标准：省体力、距离短、最安全、便于发挥自己的技能和体能优势。

选择路线的基本问题：当遇到高地(山岭)、陡坡、围栏等障碍时，要考虑是翻越还是绕行；当遇到密林、沼泽、水塘之类障碍时，要考虑是通过还是绕行。

选择路线需遵循的原则：走高不走低，即应尽量在高处(如山脊、山背)行进，避免在低处(如山谷、凹地)行进。因为地势高，展望高，便于确定站立点和保持行进方向；高处通风、干燥、杂草、虫害及其他危险少；人们习惯在高处行走，在高处常常会有放牧、砍柴踏出的小路，利用它便于提高运动速度。

起伏不大、树林稀疏的地段，坚持"选近不选远"的原则。

两个检查点之间，地形较平坦，树木不多，可直接越野行进，没必要沿路线绕行。

起伏较大、树林密集、障碍大的地段，坚持"统观全局提前绕"的原则。

两个检查点之间，既无道路可利用，陡坡、断崖等障碍又难以直接通过时，应对整个地形进行全面分析，避开难以通行的地段，选择适当的行进路线行进。

(三)定向越野的注意事项

选择路线后要考虑地物的变化。定向越野比赛使用的地图，一般情况下，都与实地有一定的差别。因为，制作一张比赛地图，需要一个过程，而实地地物的变化很快(如修路、盖房等)，一般地形的变化特点是地物变化大，地貌变化小。因此，当地图与现地有变化时，应重点对照地貌，根据地貌形态准确地选择行进路线。即使比赛时用的是最新的地图，也可能与实地有所差别。地图上标明的道路是有限的，而实地上有许许多多图上没有标明的小径(一般的山脊、山背上都有小径，独立房与独立房之间都有小径)，所以应把地貌的对照放在首位。

选择路线时要宁慢少停。在运动途中进行现地对照时，宁可运动速度慢一点，也要减少"停"(指停下来看地图，对照地形)的时间，或做到不停。比赛中宁可放慢速度在运动中对照地形，也不要停下来对照，这样才能加快运动速度。

迷失方向、走错路后要及时修正。在现地找不到目标、走错路、迷失方向的现象经常出现。当出现这种情况时，要冷静对待，根据不同的情况采用不同的方法处理，常用的方法有两种：

1. 回头法

迷失方向后，应停止前进，如错得不多，可按走过的路线，就地标定地图，对照地形，看迷失地区附近是否有较大或较突出的明显地形，如果有，就果断地放弃原行进方向向它靠拢，并利用它确定站立点，而后选择正确的行进路线。如果没有这个条件，就继续按原定方向前进，等待途中遇到能够确定站立点的机会后再取捷径插向正确的行进路线上去。

2. 登高法

迷失方向后，当确认实地位置与最近已知站立点距离较远时，用"回头法"会耽误更多的时间，这时可选择通视较好、地势较高的位置，根据与已知站立点的距离、概略方法进行图地对照，确定站立点在地图上的位置，再选择新的行进路线。

上述方法可灵活运用，无论采用哪种方法，都必须进行图地对照，确定站立点，而后才能正确地选择行进路线。

思考题

1. 行军前要做哪些准备？
2. 行军的组织实施包括哪些主要内容？
3. 宿营地的选择应注意哪些问题？
4. 露营应注意哪些安全问题？
5. 获取饮用水的方法有哪几种？
6. 如何对野外常见的伤病进行防治？
7. 野外求救的方法有哪些？

参考文献

[1] 许和震.开展创新教育培养新型军事人才[J].中国军事教育,2002.

[2] 张炜.关于中国军事外交的理论探讨[J].中国军事科学,2004.

[3] 郭真.当代美国军事外交的传统与调整探析[J].湖北社会科学,2005.

[4] 杨晨,文秋.冷战结束以来大国军事外交的演变趋势[J].外国军事学术,2007.

[5] 韩献栋,金淳洙.中国军事外交与新安全观[J].现代国际关系,2008.

[6] 韩怀智.当代中国军队的军事工作(上)[M].北京:中国社会科学出版社,1989.

[7] 朱如珂.军事教育学[M].2版.北京:解放军出版社,1992.

[8] 王文荣,张伊宁.邓小平新时期军队建设思想述要[M].北京:国防大学出版社,1993.

[9] 张炜.中国海防思想史[M].北京:海潮出版社,1995.

[10] 刘华秋.军备控制与裁军手册[M].北京:国防工业出版社,2000.

[11] 沈伟光.中国信息战[M].北京:新华出版社,2005.

[12] 贾晓炜.一体化作战知识读本[M].北京:长征出版社,2005.

[13] 奚纪荣,张国清.军事理论教程[M].上海:同济大学出版社,2006.

[14] 王军,刘小力.军事理论基础知识学习指南[M].北京:蓝天出版社,2007.

[15] 李凤旺.大学军事训练教程[M].杭州:浙江大学出版社,2008.

[16] 季建成,罗远标,纪海云.大学军事教程[M].北京:人民出版社,2009.

[17] 左惟.大学军事教程[M].南京:东南大学出版社,2009.

[18] 中国中央军事委员会.中国人民解放军内务条令[M].北京:军事科学出版社,2010.

[19] 中国中央军事委员会.中国人民解放军纪律条令[M].北京:军事科学出版社,2010.

[20] 中国中央军事委员会.中国人民解放军队列条令[M].北京:军事科学出版社,2010.

[21] 刘明福.坚持依法从严治军[M].北京:人民武警出版社,2010.

[22] 盛欣,曲向丽.2012世界军事形势分析[M].北京:国防大学出版社,2012.

[23] 斯德哥尔摩国际和平研究所.SIPRI年鉴2013:军备、裁军和国际安全[M].中国军控与裁军协会译.北京:时事出版社,2014.

[24] 中共中央宣传部.习近平总书记系列重要讲话读本[M].北京:学习出版社,2013.

[25] 徐建军,贺少华.现代军事教育[M].4版.长沙:中南大学出版社,2014.

[26] 王和中,吕冀蜀.大学军事教程[M].北京:清华大学出版社,2014.

[27] 高校军事理论教程编写组.高校军事理论教程[M].武汉:武汉大学出版社,2014.

[28] 刘亚洲.刘亚洲文集[M].武汉:长江文艺出版社,2014